Nana Sagi
Wiedergutmachung
für Israel

Nana Sagi

Wiedergutmachung für Israel

Die deutschen Zahlungen
und Leistungen

Seewald Verlag Stuttgart

Aus dem Englischen ins Deutsche
übertragen von Miriam Magal,
Tel Aviv
Titel der Originalausgabe:
»German Reparations. A History
of the Negotiations«
© The Magnes Press Jerusalem 1980

Die Forschungsarbeiten für dieses
Buch wurden durchgeführt im
Zusammenwirken mit dem Institut
für Jüdische Zeitgeschichte an der
Hebräischen Universität Jerusalem.

Alle Rechte der
deutschsprachigen Ausgabe
beim Seewald Verlag
Dr. Heinrich Seewald GmbH & Co.
Stuttgart-Degerloch 1981
Schutzumschlag von
Franz Wöllenmüller
Gesamtherstellung bei
Wilhelm Röck, Weinsberg
Printed in Germany
ISBN 3 512 00609 4

Inhalt

Einleitung von Professor Yehuda Bauer 7

Vorwort 8

Der Hintergrund der Verhandlungen 13

I. Deutsche Reparationen –
Die Einstellung der Alliierten 14

II. Jüdische Aktionen während des Krieges
zur Sicherstellung von Reparationen von
Deutschland 21

Bis zu den Verhandlungen mit Deutschland 1945 bis 1951 35

III. Jüdische Ansprüche nach dem Krieg
und ihre Durchsetzung 36

IV. Das Jahr der Entscheidung – 1951 54

V. Kontakte mit Deutschland –
Die Entstehung der Claims Conference

VI. Endgültige Formulierung der Ansprüche
gegenüber Deutschland 88

VII. Die wirtschaftliche und politische Lage
Deutschlands und ihr Einfluß auf die
jüdischen Ansprüche 101

Die Besprechungen in Wassenaar 107

VIII. Mißlingen der ersten Verhandlungsphase
(21. März bis 10. April 1952) 108

IX. Die Verhandlungen in einer Sackgasse –
Kompromiß bringt die Lösung 136

| X. | Die zweite Verhandlungsphase (22. Juni bis 22. August 1952) | 153 |

Die Abkommen und das Ringen um ihre Genehmigung 171

| XI. | Die Unterzeichnung der Abkommen in Luxemburg | 172 |

| XII. | Arabische Schritte gegen die Abkommen | 185 |

| XIII. | Ratifizierung des Wiedergutmachungsabkommens und Verabschiedung des Bundesentschädigungsgesetzes | 191 |

| XIV. | Durchführung der Luxemburger Abkommen | 200 |

Zusammenfassung 208

Anhang 1: Ansprüche auf Entschädigung aus Österreich 211

Anhang 2: Abkommen zwischen der Bundesrepublik Deutschland und dem Staat Israel 218

Anhang 3: Protokolle Nr. 1 und 2 zwischen der Bundesrepublik Deutschland und der Conference on Jewish Material Claims against Germany 236

Literaturverzeichnis 247

Abkürzungsverzeichnis 253

Anmerkungen 254

Personenregister 260

Einleitung

Wir sind stolz darauf, dem Leser den ersten Band der Geschichte der Conference on Jewish Material Claims against Germany, bekannter als die Claims Conference, vorstellen zu können. Der erste Band verfolgt die Geschichte der Kontakte und Verhandlungen, die zum Luxemburger Abkommen zwischen der Bundesrepublik Deutschland einerseits und der Claims Conference und dem Staat Israel andererseits führten. Diese Abkommen betrafen nur die materielle Entschädigung für einzelne NS-Opfer und die kollektive Wiedergutmachung. Ihre Auswirkungen auf die Politik in Israel, in Deutschland und in der Welt sind Gegenstand eines weiteren Bandes, der sich in Vorbereitung befindet. Ein zusätzlicher Band, der sich ebenfalls in Vorbereitung befindet, untersucht, wie das Geld verwendet wurde.

Der verstorbene Jacob Robinson, der dieses Projekt in die Wege leitete, wollte den ersten Band dem Andenken seines Bruders Nehemiah Robinson widmen, einer der wichtigsten Akteure im Drama der Entschädigungs- und Wiedergutmachungsabkommen. Leider erlebte Jacob Robinson nicht mehr seine Veröffentlichung. Er ist deshalb dem Andenken beider Brüder gewidmet, die solch eine lebenswichtige Rolle in der Geschichte nicht nur der Claims Conference, sondern auch in der Geschichte des jüdischen Volkes in der ersten Hälfte des zwanzigsten Jahrhunderts im allgemeinen spielten.

Unser aufrichtiger Dank gilt den Mitgliedern der Claims Conference, die dieses Unternehmen moralisch und materiell unterstützt haben, ohne daß sie versuchten, die Freiheit der Autorin einzuschränken, ihre eigenen Schlußfolgerungen zu ziehen. Unsere Freunde Maurice Boukstein, Benjamin Ferencz, Saul Kagan und insbesondere Mark Uveeler standen mit Rat und Kommentaren zur Seite. Die Hebräische Universität war durch ihren Präsidenten Avraham Harman ein aktiver Partner in diesem Unternehmen. Wir hoffen, mit ihrer gemeinsamen und andauernden Hilfe das Projekt zu Ende zu führen.

Jehuda Bauer
Leiter des Instituts für
jüdische Zeitgeschichte

Vorwort

Der Zweite Weltkrieg, in Umfang und Ausmaß der verheerendste Konflikt in der Geschichte der Menschheit, hat furchtbare Verluste an Leben und Eigentum verursacht. Während des Krieges und in den Jahren, die ihm vorausgingen, wurden Millionen von Menschen in Lagern gefangengehalten, Abertausende wurden einer Existenzmöglichkeit beraubt, weitere Abertausende wurden zwangsdeportiert und ins Exil geschickt. Die Zerstörungen durch die Kampfhandlungen zu Lande und aus der Luft waren horrend. Unschätzbares Vermögen ging aufgrund militärischer Aktionen, durch Plünderung, Enteignung, willkürliche Zerstörung und auch durch Deportationen verloren.

Darüber hinaus erlitt die Wirtschaft der von den Deutschen besetzten Länder entsetzlichen Schaden: Hunderte von Unternehmen konnten nicht mehr produzieren und mußten wegen Deportationen und Mangel an Rohstoffen ihre Tore schließen oder auch, weil die von ihnen hergestellten Erzeugnisse für die von Deutschland geplante Art von Wirtschaft nicht als notwendig erachtet wurden.

Von allen, die durch die Nationalsozialisten litten, hat niemand größere Verluste hinnehmen müssen als die Juden. Die Juden, Opfer eines festgelegten Plans von Enteignung, Deportation und Mord, wurden ihres Besitzes, ihres Vermögens und schließlich ihres Lebens beraubt. In Deutschland setzte der Prozeß, bei dem die Juden ihres Vermögens entäußert wurden und ihnen ihr Lebensunterhalt entzogen wurde, ab 1933 allmählich ein. In den von Deutschland besetzten und annektierten Ländern war es ein schneller Prozeß, die Enteignung vollkommen.

Jüdisches Vermögen wurde auf vielerlei Arten geplündert. In Deutschland, Österreich und der Tschechoslowakei wurden die Juden gezwungen, ihren Schmuck und andere Wertsachen auszuhändigen, ihre Bankkonten wurden eingefroren, sie durften nicht erben, und ihnen wurden kollektive Abgaben und Geldstrafen auferlegt. Juden, die die Beschlagnahmung ihres Vermögens befürchteten, versuchten, es – auf einmal oder in Teilen – durch fiktive Verkäufe Nichtjuden zu übertragen, oder verkauften es zu Preisen, die weit unter seinem wahren Wert lagen. Andere, ihres Lebensunterhalts beraubt und dringend Mittel zum Weiterleben benötigend, waren gezwungen, ihre Habe zu veräußern. Nachdem ihnen der größere Teil ihres Vermögens in Form einer Reichsfluchtsteuer genommen worden war, konnten diejenigen, die auswanderten, nur einen kleinen Betrag an deutschem Geld mitnehmen, und auch er wurde zu einem so niedrigen Kurs wie möglich in ausländische Devisen umgetauscht.

Nach Kriegsausbruch und dem Vordringen der deutschen Truppen in den Osten und später in den Westen liefen Tausende von Juden um ihr Leben; dabei gaben sie ihre Häuser in den besetzten Gebieten auf, und zwar praktisch zusammen mit ihrer gesamten Habe. Im Osten zogen die Deutschen jüdisches Vermögen ein, indem sie die Juden in Gettos und anderen geschlossenen Gebieten konzentrierten. Die aus ihrem Heim vertriebenen Juden, die nur einen geringen Teil ihrer Habe in Bündeln mitnehmen konnten, mußten den größten Teil ihres Besitzes zurücklassen. Das wenige, das sie mitgenommen hatten, wurde ihnen später genommen, als sie in Konzentrationslager deportiert oder bei deutschen »Aktionen« in den Gettos umgebracht wurden[1].

Schon zu Beginn des Krieges nahmen Ideen über Ansprüche an Deutschland nach dem Krieg (unter der Prämisse, daß Deutschland besiegt werden konnte) zur Entschädigung beschlagnahmten jüdischen Vermögens Form an.

Einzelne und Gruppen in England, Palästina und Amerika entwarfen Pläne und Vorschläge, die erstaunlich ähnlich und in einigen Punkten sogar identisch waren. Auf Konferenzen in Baltimore im Jahr 1941 und in Atlantic City 1944 wurde Entschädigung für einzelne und das jüdische Volk als Ganzes für die beispiellosen materiellen Verluste gefordert, Forderungen, die die meisten jüdischen Organisationen auf der ganzen Welt unterstützten.

Die noch während des Krieges öffentlich besprochenen Ansprüche waren formuliert worden, ohne daß man sich der Dimensionen der Massenvernichtungen bewußt gewesen wäre, die die Juden Europas heimgesucht hatten, und sie betrafen im wesentlichen materielle Verluste. Denn während der Umfang der Massenvernichtungen an Menschenleben noch nicht klar war, konnte die Menge von Besitz, der beschädigt, zerstört oder beschlagnahmt worden war, bereits abgeschätzt werden. Obwohl sich die Ansprüche, die nach dem Krieg unterbreitet wurden, als die Massenvernichtungen und die damit verbundenen Schrecken in ihrem vollen Ausmaß bekannt waren, nicht beträchtlich von den vorher umrissenen unterschieden, nahmen sie eine weitere Dimension an. Deutschland sollte mit einem moralischen Bann belegt werden; so fühlte und dachte man, und es wurde hervorgehoben, daß keine materielle Entschädigung, wie hoch sie auch immer sein mochte, den Verlust an Menschenleben und die Verrohung aller zivilisatorischen Werte je wiedergutmachen konnte, genauso wenig, wie sie die von den Nazis zugefügten Leiden und Qualen je sühnen konnte. Für ein Verbrechen solchen Ausmaßes konnte es einfach keine Sühne geben.

Die erhobenen Ansprüche betrafen somit also nur eine materielle

Entschädigung – für den Verlust von Vermögen und die Rehabilitierung der Überlebenden –; Vergeben oder Vergessen waren in keiner Weise beabsichtigt. Das jüdische Volk konnte Nazi-Deutschland nie seine Taten vergeben. Die Anspruberhebenden waren der Staat Israel im Namen der fünfhunderttausend NS-Opfer, die Zuflucht in seinen Grenzen gefunden hatten, und die Conference on Jewish Material Claims against Germany (the Claims Conference), d. h., die Konferenz für jüdische Ansprüche gegen Deutschland, im Namen sowohl der Opfer der NS-Verfolgungen, die in andere Länder als Israel gegangen waren, und im Namen des jüdischen Volkes als Ganzes, das Anspruch auf eine kollektive Wiedergutmachung für erbenloses jüdisches Vermögen hatte.

Die Verhandlungen zwischen dem Staat Israel, der Claims Conference und der Bundesrepublik Deutschland sieben Jahre nach Kriegsende lösten beim jüdischen Volk einen schmerzhaften emotionellen Konflikt aus. Aber trotz ernsthafter Vorbehalte, heftiger Angriffe und gewalttätiger Demonstrationen wurden die Verhandlungen fortgesetzt, und nach einer Reihe von Krisen wurden sie im September 1952 mit der Unterzeichnung des Luxemburger Abkommens abgeschlossen: das Wiedergutmachungsabkommen mit dem Staat Israel und zwei Protokolle – Protokoll Nr. 1 über das gesetzgebende Programm für die Entschädigung einzelner und Protokoll Nr. 2 über die Pauschalzahlung an die Claims Conference.

Weder verpflichtete das Völkerrecht Deutschland dazu, Israel und dem jüdischen Volk Entschädigung zu zahlen, noch übten die Mächte Druck auf die Bundesrepublik Deutschland aus, sie zu leisten. Es geschah aus eigenem freiem Willen heraus, vor allem als Folge des entschlossenen Standpunkts von Bundeskanzler Konrad Adenauer. In der Geschichte der Wiedergutmachung spielte er eine entscheidende Rolle, und es ist ihm zu verdanken, daß die moralische Verpflichtung, die seiner Ansicht nach dem deutschen Volk oblag, in eine vertragliche Verpflichtung umgewandelt wurde. Nach der Unterzeichnung des Luxemburger Abkommens, das in vieler Hinsicht eine völlige Neuerung im Völkerrecht war, zweifelten viele an seiner tatsächlichen Durchführung. Aber die Bundesrepublik Deutschland ist ihren Verpflichtungen bis zum letzten Buchstaben nachgekommen.

Erst 1966, als die Reparationszahlungen an Israel und die Claims Conference zu Ende gingen, konnten ihre volle Bedeutung für die Entwicklung des Staates Israel bewertet werden, sowie die gewaltige Arbeit der Claims Conference, die mit der empfangenen Pauschalzahlung Gemeinden wieder aufgebaut hatte, den Bedürftigen beistand und im erzieherischen und kulturellen Bereich tätig gewesen war, zusammengefaßt werden. Die Entschädigung einzelner wurde nach 1966 bis 1979 fortgesetzt, und damit konnten Abertausende von Überlebenden der NS-Verfolgungen ein neues Leben aufbauen.

Aber mehr als der wirtschaftliche Wert der Zahlungen stellte der dem Abkommen innewohnende Grundsatz eine Errungenschaft für Israel und die Claims Conference dar. Das bestätigt David Ben Gurion in seinem Brief, in dem er Nahum Goldmann nach der Unterzeichnung der Abkommen dankt:

»Dem Abkommen selbst wohnt eine große moralische und politische Bedeutung inne. Zum ersten Mal in der Geschichte der Beziehungen zwischen Völkern wurde ein Präzedenzfall geschaffen, in dem ein Staat – allein aufgrund moralischen Drucks – akzeptiert hat, Entschädigung den Opfern der Regierung zu zahlen, die ihm vorausging.

Zum ersten Mal in der Geschichte eines Volkes, das Hunderte von Jahren in den Ländern Europas verfolgt, unterdrückt, ausgeplündert und beraubt wurde, ist ein Verfolger und Plünderer dazu veranlaßt worden, einen Teil seiner Beute zurückzugeben und hat sich sogar verpflichtet, kollektive Entschädigungszahlungen zu leisten. Das ist zweifelsohne die Folge der Wiedererstehung des Staates Israel. In ihm ist ihm ein Schützer und Verteidiger seiner Rechte erstanden[2].«

Der Hintergrund
der Verhandlungen

I. Deutsche Reparationen –
Die Einstellung der Alliierten

Die Deutschland mit dem Versailler Vertrag nach dem Ersten Weltkrieg auferlegten Reparationen hatten ein bitteres Vermächtnis hinterlassen. Die Störungen in der Wirtschaft sowie der Innen- und Außenpolitik Deutschlands als Folge der Reparationen und Deutschlands Versuch, sich einer Zahlung so weit wie möglich zu entziehen, hatten auf der ganzen Welt katastrophale Folgen in jedem Bereich. Diese Reparationen, die mit der gegenseitigen Verschuldung der Ententemächte gekuppelt waren, untergruben die Struktur von Welthandel und Kredit, behinderten den Aufbau nach dem Krieg und trugen zur schweren Weltwirtschaftskrise von 1930 bei. Als deshalb zum ersten Mal in alliierten Kreisen die Idee zur Sprache kam, Deutschland, der Aggressor, der den Krieg vom Zaun gebrochen hatte und die Ursache für die gewaltige Zerstörung von Vermögen und Verlust an Leben gewesen war, müsse nach Kriegsende wieder Entschädigung leisten, zweifelten viele an der Weisheit solch einer Politik. Um ihre Ansicht zu stützen, brachten sie eine Vielfalt von Argumenten vor:

Reparationen in Geldform würden nicht nur die Wirtschaft des zahlenden Landes zerstören, sondern auch die des Landes, das sie erhielt.

Deutschland schuldete den Alliierten noch vom Ersten Weltkrieg her Geld; das wäre daher eine Quelle der Spannung, die die Möglichkeit untergraben würde, nach dem Krieg in Europa Frieden herzustellen.

Umfassende Reparationen könnten nur erhoben werden, wenn Deutschland direkt von den Alliierten besetzt wird. Nur durch eine strenge Überwachung der deutschen Wirtschaft könne die Zahlung sichergestellt werden; aber solch eine Überwachung würde die normale Wirtschaftstätigkeit sowohl in Deutschland wie in der Welt behindern. Es wäre notwendig, Einschränkungen im Handel und im monetären Bereich einzuführen, und das würde sich schädigend auswirken.

Deutschland würde nicht in der Lage sein, sämtliche Reparationen in Form von Geld zu zahlen. Selbst wenn seine sämtlichen Mittel im Ausland beschlagnahmt würden, reichten sie nicht dazu aus. Da ihm nichts anderes übrig bliebe, müßte es in Waren zahlen, und deshalb müsse es einen starken Ausfuhrhandel entwickeln – genau wie nach dem Ersten Weltkrieg. Damals drang Deutschland, um seine Ausfuhren zu erhöhen, auf den Weltmärkten vor, und zwar mit nachteiligen Folgen für Länder, die nichts mit dem Krieg oder den Reparationen zu tun hatten. Seinerzeit führten Großbritannien, Italien, Frankreich und

Belgien Schutzzölle ein. Außerdem wurde, da Deutschland Reparationen zahlen mußte, seine Schwerindustrie neu aufgebaut, obwohl die Ententemächte als eines ihrer Kriegsziele nachdrücklich die Zerstörung des deutschen Kriegspotentials, insbesondere seiner Schwerindustrie, angestrebt hatten[1].

Die Sowjets vertraten eine andere Einstellung gegenüber den Reparationen. Ihre Wirtschaft, die auf einer völligen Kontrolle von Produktion, Verteilung, Arbeitskräften und Naturschätzen durch die Behörden beruhte, konnte ihrer Ansicht nach ohne weiteres einen ständigen, unbegrenzten Zufluß von Einfuhren verkraften. Damals waren sie der Ansicht, sie könnten umfassende Reparationen von Deutschland erpressen, ohne sich um ihren Einfluß auf die Weltwirtschaft kümmern zu müssen. Darüber hinaus sorgte sich die UdSSR nicht um die Schwierigkeiten, die Reparationszahlungen für jedes in Deutschland nach dem Krieg einzurichtende demokratische Regime schaffen könnten; sie war bereit, Deutschland und seine Satelliten so lange wie notwendig zu kontrollieren und zu überwachen, um die Zahlungen sicherzustellen. Die Sowjets schlugen vor, die Reparationen unter den Alliierten entsprechend den Bedürfnissen jedes Landes für den Wiederaufbau seiner Wirtschaft zu verteilen. Da die USA und Großbritannien über Mittel für einen Wiederaufbau verfügten, sollten jene Länder bevorzugt behandelt werden, deren Wirtschaft am meisten gelitten hatte – das heißt, die Sowjetunion. Sie forderte Reparationen in Form von Waren und Produktionsmitteln (oft ganze Fabriken). Deutschland und seine Satelliten müßten dazu veranlaßt werden, den zu einer Reparation berechtigten Ländern Industrieausrüstung und Maschinen, Eisenbahnausrüstung, seetüchtige Schiffe und schwere Fahrzeuge, Kohle, Metalle und landwirtschaftliche Erzeugnisse auszuhändigen. Hinter dieser Forderung stand der Grundsatz, daß die besiegten Länder nach dem Krieg sich nicht in einer besseren Lage befinden dürften als die im Krieg angegriffenen Länder. Reparationen in Form von Waren – sowohl von Grundausrüstung wie laufender Produktion – müßten solange gezahlt werden, bis die besiegten Länder auf das gleiche Niveau wie die Länder gesunken waren, die sie mit Krieg überzogen hatten. Ebenso forderten die Russen Zwangsarbeiter in Gestalt deutscher Staatsbürger und der Satellitenländer für den Wiederaufbau der im Krieg verheerten Regionen[2].

Auch bei den westlichen Alliierten studierten Gruppen und Kreise einschließlich besonderer Forschungsorgane die internationalen Probleme, die nach dem Krieg auftauchen würden. Sie vertraten die Ansicht, daß Vermögensansprüche in den von den Deutschen besetzten oder annektierten Ländern nicht aufgegeben werden dürften und seine rechtmäßigen Eigentümer die Rückgabe dieses Vermögens fordern müßten. Diese Ansicht kommt in der ersten Stellungnahme der Alliierten (5. Januar 1943) zum Thema Rückerstattung und Reparationen zum Ausdruck. In diesem Papier erklärten die Regierungen von 17 alliierten Ländern und der französische Nationalrat, sie behielten sich das Recht vor, jeden Transfer von Vermögen oder Anspruch auf Vermögen in Gebieten unter der Kontrolle der Achsenmächte für ungültig zu erklären, gleichgültig, ob die Übertragung durch Zwang oder durch halblegale Mittel erfolgt war. Die Erklärung bezog sich auf schon vorgenommene Beschlagnahmungen und auf solche, die noch in der Zukunft stattfinden würden, und sie waren als eine Warnung an die Achsenmächte gedacht, daß die Alliierten eine Anerkennung solcher Akte verweigern würden. Zwar wurde nichts über sofort zu ergreifende legale Schritte gesagt, aber die Bedeutung der Erklärung lag darin, daß sie die Richtung einer zukünftigen Politik andeutete[3].

Einen Schritt weiter ging Sir Herbert Emerson, Leiter der zwischenstaatlichen Flüchtlingskommission, in einem Memorandum, das am 3. Juni 1943 den alliierten Regierungen zugestellt wurde. Darin brachte Emerson seine Ansicht zum Ausdruck, daß sich die Erklärung vom Januar 1943 nicht nur auf Beschlagnahmungen zur Kriegszeit beschränken dürfe, sondern auch auf jene, die vor dem Krieg aufgrund von Rasse, Religion oder politischer Meinung durchgeführt wurden. Ebenso schrieb er, seiner Ansicht nach sei es ungerecht, nur jenen Personen ihr Vermögen zurückzuerstatten, die den Nazis entflohen waren, und nicht jenen, die ihrem Zugriff nicht hatten entfliehen können.

In diesem Memorandum zeigte sich Emerson vor allem besorgt über die Werte, die die Nazis von den Juden eingezogen hatten und die sie 1938 (entsprechend des Schacht-Rublee-Plans) verwenden wollten, um die Ansiedlung von Juden außerhalb von Deutschland zu finanzieren. Zum ersten Mal erklärte damit ein internationales Organ – in diesem Fall die zwischenstaatliche Flüchtlingskommission –, daß Schritte unternommen werden müßten, um Reparationen für die Rehabilitierung einzelner Opfer und insbesondere von Juden zu sichern[4]. Auf der Alliierten-Konferenz in Paris im Dezember 1945, die sich mit deutschen Reparationen befaßte, wurde diese Ansicht bekräftigt und nach ihr gehandelt.

Gegen Ende 1943, als die durch die Nazis verursachte enorme Zerstörung in ihrem vollen Umfang bekannt wurde, änderte sich die Einstellung der Alliierten in bezug auf Reparationen entscheidend. Es war jetzt offensichtlich geworden, daß Reparationen in der einen oder anderen Form notwendig waren, um den Ländern, die gelitten hatten, beim Wiederaufbau nach dem Krieg zu helfen. Daß Deutschland Reparationen leisten mußte, wurde bald allgemein akzeptiert. Meinungsdifferenzen konzentrierten sich jetzt auf Umfang und Form der Reparationen und den Zeitraum, über den sie zu leisten waren.

Dieser Meinungswandel spiegelte sich in dem Plan in bezug auf die Beziehungen zwischen den siegreichen Alliierten und Deutschland nach dem Krieg wider, den der amerikanische Finanzminister Henry Morgenthau der zweiten Quebecer Konferenz im September 1944 vorlegte:

a) Nach dem Krieg müsse Deutschland sämtliche Maschinen und seine Industrieanlagen aushändigen, die in den von ihm verheerten Ländern benötigt würden, und die übrige deutsche Industrie müsse zerstört werden.

b) Deutschland müsse in ein Agrarland ohne jeden Handel verwandelt werden; Reparationsleistungen als solche würden nicht verlangt; an ihrer Stelle würden die Industrieanlagen als eine Form von Reparationen eingezogen[5].

Die erste offizielle Erklärung der Alliierten in dem Sinn, daß Deutschland Reparationen zahlen müsse, war in dem nach der Jalta-Konferenz am 10. Februar 1945 veröffentlichten Abkommen enthalten und beruhte auf den Vorstellungen, die in Quebec geäußert worden waren. Die Alliierten beschlossen, sie würden keine Reparationen in Geld fordern, um nicht Probleme mit Devisentransfer zu schaffen. Die Reparationen würden in Form von Waren und Industrieprodukten geleistet und in drei Arten erhoben:
– Industrieanlagen, Maschinen, Schiffe, deutsche Investitionen im Ausland;
– Transfer jährlicher Quoten aus der laufenden Industrieproduktion, und
– Verwendung deutscher Arbeitskräfte.

Leistungen in Form von Waren und Ausrüstung schalteten die Notwendigkeit für ausländische Anleihen aus, damit Deutschland zahlen konnte, wie es der Fall nach dem Ersten Weltkrieg gewesen war. Die UdSSR schlug vor, einen Pauschalbetrag von zwanzig Milliarden Dollars vom Reich zu fordern, der zu gleichen Teilen unter der Sowjetunion einerseits und den westlichen Alliierten andererseits aufzuteilen sei. Ihr Vorschlag wurde nicht akzeptiert[6].

Auf der Potsdamer Konferenz im Juli 1945 wurde zwar das Thema der den Alliierten zu zahlenden Reparationen diskutiert, aber ihre Höhe nicht festgelegt. Das dort geschlossene Abkommen sprach von Maschinen und Ausrüstung, die aus Deutschland als Reparationen abzutransportieren seien, und bestimmte, daß die Reparationen an die UdSSR aus der sowjetisch besetzten Zone Deutschlands kommen würden sowie aus beschlagnahmtem deutschem Vermögen in Bulgarien, Ungarn, Rumänien und der sowjetisch besetzten Zone in Österreich. Darüber hinaus würde die UdSSR 15 Prozent der Industrieanlagen und Maschinen erhalten, die im Westen eingezogen würden, dagegen würde sie periodisch bestimmte Mengen von Nahrungsmittelerzeugnissen in den Westen schicken. Weitere 10 Prozent Ausrüstung und Maschinen würde die UdSSR ohne einen gleichwertigen Transfer erhalten. Die Ansprüche der USA, Großbritanniens und anderer alliierter Länder, die zu Reparationen berechtigt waren, würden aus den westlichen Besatzungszonen kommen, weiter von deutschem Vermögen im Ausland (neben dem schon weiter oben erwähnten) und aus den von den Alliierten voraussichtlich in Deutschland eingezogenen Goldreserven. Bis eine Entscheidung über die Menge der aus den westlichen Besatzungszonen als Reparationen abzuführenden Güter, Maschinen und Waren getroffen werden konnte, sah das Potsdamer Abkommen die Beschlagnahmung der deutschen Marine und der Hälfte seiner Handelsflotte vor[7].

Nach Abschluß des Potsdamer Abkommens mußten die westlichen Alliierten die Einzelheiten der Mengen und Typen von Reparationen festlegen, zu denen sie aufgrund des Abkommens berechtigt waren. Diese Regelungen wurden im Pariser Reparationsabkommen niedergelegt, das am 21. Dezember 1945 am Ende der Pariser Reparationskonferenz (9. November bis 21. Dezember) unterzeichnet wurde. Das Abkommen legte den Anteil der Alliierten für alle Reparationskategorien nieder, setzte eine alliierte Organisation ein, um die Verteilung der Reparationen vorzunehmen (die alliierte Reparationsagentur), diskutierte die Verwendung des Goldes und des Schmucks, die voraussichtlich in Deutschland gefunden würden, und richtete einen Sonderfonds für die Rehabilitierung von Flüchtlingen ein, die nicht in ihre eigenen Länder zurückgeschickt werden konnten – die »Nichtrepatriierbaren[8]« (siehe Kap. III).

Obwohl die Frage der Rückerstattung von von Deutschland beschlagnahmtem Vermögen nicht auf der geplanten Tagesordnung der Pariser Reparationskonferenz stand, beschlossen zehn der Teilnehmerländer, sie in Übereinstimmung mit der Erklärung der Alliierten vom 5. Januar 1943 aufzunehmen. Die Rückgabe würde sich auf feststellbares Vermögen beziehen, sowie jenes, das während der Eroberung mit oder ohne Bezahlung beschlagnahmt worden war. Darüber hinaus sei Entschädigung zu zahlen für Gegenstände von künstlerischem, erzieherischem oder religiösem Charakter, die von den Deutschen beschlagnahmt worden waren, die jedoch nicht mehr ihren rechtmäßigen Besitzern zurückerstattet werden konnten[9].

Sofort nach Deutschlands Niederlage begannen die Sowjets mit der buchstabengetreuen Verwirklichung der Jalta- und Potsdamer Entscheidungen in ihrer Zone. Während der ersten zwei Jahre ihrer Besatzung verfolgten auch die westlichen Alliierten eine Politik der Demontage der deutschen Industrie – nicht so sehr, um Reparationen sicherzustellen, sondern um Deutschlands Kriegspotential zu zerstören. Das war eine Folge des Denkens der wichtigsten amerikanischen Politiker in den Jahren 1944 und 1945, der Weltfrieden sei nicht gesichert, solange Deutschland seine Schwerindustrie zurückbehielt. Noch folgten sie dem sogenannten Morgenthau-Plan vom September 1944 (Seite 17). Engländer und Amerikaner demontierten zuerst und vor allem die deutsche Schwerindustrie und schickten die Maschinen ins Ausland. Konzerne, die direkt am deutschen Kriegseinsatz teilgenommen hatten, wurden gesprengt und zerstört, während die Produktion in den verbleibenden Unternehmen einschließlich Eisen und Stahl auf niedrige Produktionsquoten beschränkt wurde. Außerdem kam die Forschung in Physik und Chemie zum Stillstand; Personen, die im Dritten Reich wichtige Ämter in den Geschäftsleitungen und der Wirtschaft bekleidet hatten, wurden verhaftet, so daß Wirtschaft und Verwaltung ihrer höheren Beamten beraubt waren.

Man wird bemerken, daß die Alliierten, oberflächlich betrachtet, nicht sehr viel anders vorgingen als die Nazis während des Krieges. Auch die Nazis hatten die eroberten Länder gezwungen, Rohstoffe nach Deutschland zu schicken, Industrieanlagen abtransportiert, Facharbeiter zur Arbeit in Deutschland mobil gemacht, Preise und Löhne kontrolliert, Lebensmittel und Verbrauchsgüter zugeteilt, Quoten für die Industrie- und landwirtschaftliche Produktion aufgestellt sowie Devisen und Ein- und Ausfuhren kontrolliert[10].

Das Potsdamer Abkommen sah vor, daß die Zukunft der deutschen Industrie von einer alliierten Demontagekommission geklärt würde, die darüber zu entscheiden hatte, welche Konzerne aufgelöst und den Alliierten als Reparationen übertragen würden. Das im März 1946 aufgestellte Programm legte den Nachdruck auf Sicherheit und nicht so sehr auf die Wirtschaft: Deutschland müsse daran gehindert werden, Flugzeuge und Schiffe zu bauen, seine metallurgische und chemische Industrie stark beschnitten und der Lebensstandard in Deutschland herabgesetzt werden. Diesem Plan entsprechend sollten das Bruttosozialprodukt Deutschlands die Hälfte und die Industrieerträge 45 Prozent des Niveaus von 1938 betragen.

Allerdings erlaubten es die politischen Realitäten nicht, den Plan zu verwirklichen. Der Kalte Krieg brach aus, Mißtrauen und Feindseligkeit gegenüber der Sowjetunion verstärkten sich, die britische und amerikanische Zone wurden 1947 zur Bizone vereint, und die Politik Deutschland gegenüber erlebte einen Wandel.

Der von den westlichen Alliierten kontrollierte Teil Deutschlands wurde jetzt in die Pläne für den Wiederaufbau Westeuropas einbezogen, und in der Bizone wurde der wirtschaftliche Wiederaufbau in die Wege geleitet.

Am 19. August 1947 veröffentlichte die amerikanische Militärregierung gemeinsam mit der britischen einen geänderten Industrieplan für die Bizone. Darin hieß es, die Bizone könne bei der vorherrschenden Reparationspolitik wirtschaftlich nicht gesunden; und damit die deutsche Industrie auf eigenen Füßen stehen und einen Beitrag zum wirtschaftlichen Wiederaufbau Westeuropas leisten könne, müsse sie wieder ihr Niveau von 1936 erreichen. Trotzdem wurde eine Liste von aufzulösenden Konzernen, vor allem Stahlwerke, aufgestellt. Die deutsche Wirtschaft wurde durch die Zerstörung dieser Konzerne beträchtlich geschädigt, was zu Befürchtungen Anlaß gab, der Plan für den Wiederaufbau Europas werde infolgedessen Schaden erleiden. Zum Teil aufgrund von Druck aus den USA und Großbritanniens wurden Reparationen und die Demontage von Industriekonzernen durch das Abkommen zwischen der westdeutschen Bundesrepublik und den alliierten Hochkommissaren vom 22. November 1949 beendet[11].

Das war eine von einer Reihe von Maßnahmen, zu denen auch der Marshall-Plan, eine Währungsreform, später der Plan für eine europäische Verteidigungsgemeinschaft und das vertragliche Abkommen zwischen der Bundesrepublik Deutschland und den Alliierten gehörten, mit denen Westdeutschland wieder in Westeuropa eingegliedert werden sollte. Entscheidend für den Wandel in der Einstellung der Alliierten gegenüber Deutschland war seine Lage auf der Landkarte. Die westlichen Alliierten waren bereit, eine vollkommene Wende in ihrer Politik zu vollziehen, um Deutschland daran zu hindern, kommunistisch oder neutral zu werden.

II. Jüdische Aktionen während des Krieges zur Sicherstellung von Reparationen von Deutschland

Seit 1939 und während des gesamten Krieges wurden Forderungen erhoben, daß Deutschland den Juden Entschädigung zahlen müsse. Anfangs stellten die Forderungen damals vorwiegend Juden in leitenden Positionen sowie jüdische Gelehrte und Forscher in Großbritannien und den Vereinigten Staaten, die aus von den Deutschen mit Krieg überzogenen Ländern geflohen waren und zwar als Entschädigung für Vermögen und Mittel, die den Juden genommen worden waren. Als sich dann 1944 Informationen über den von den Nazis begangenen Massenmord häuften, kristallisierte sich der Ruf nach kollektiven Reparationen an das jüdische Volk heraus.

Die Forderung nach deutschen Reparationen wurde zuerst von Schalom Adler-Rudel öffentlich zur Sprache gebracht, der sich jahrelang mit Flüchtlingshilfe und -rehabilitierung befaßt hatte, und zwar zuerst als Leiter der Organisation der Ostjuden in Berlin (1919 bis 1930) und dann als Leiter der Abteilung für produktive Wohlfahrt der jüdischen Gemeinde in Berlin (1930 bis 1934). 1939 befand er sich in London, wo er als Leiter des Central British Fund tätig war, der eingerichtet worden war, um jüdischen Flüchtlingen aus Deutschland beizustehen. Am 10. Oktober 1939, sofort nach Kriegsausbruch, verfaßte Adler-Rudel ein Memorandum mit konkreten Vorschlägen zur Sammlung genauer Informationen in bezug auf jüdische Forderungen nach Entschädigung von Deutschland. Das Memorandum ging an eine Reihe wichtiger Persönlichkeiten in England und den USA, von denen die meisten den Vorschlag ablehnten, darunter der Bankier Max W. Warburg, Wilfred Israel und Norman Bentwich. Allein Weizmann stimmte dem Prinzip zu, das dem Memorandum innewohnte, und lud Adler-Rudel zu einer Besprechung zu sich. Er versicherte ihm, er werde die Idee auf Treffen während seines bevorstehenden Besuchs in den Vereinigten Staaten und insbesondere mit den jüdischen Organisationen zur Sprache bringen[1].

Am 12. März 1940 traf Adler-Rudel mit Leonard Stein zusammen, dem Präsidenten der Anglo-Jewish Association, weiterhin mit L. Schwarz, Dozent an der London School of Economics, und A. Brotman, Sekretär des Jewish Board of Deputies. Sie diskutierten die Abschätzung von Verlusten, die die Juden durch Deutschland erlitten hatten; sie kamen jedoch zu keinen praktischen Schlußfolgerungen.

Spät im Jahr 1940, als Ben Gurion nach London kam, schickte Adler-Rudel ihm einen Durchschlag seines Memorandums und legte ihm dar, wie wenig bis zu jenem Zeitpunkt erreicht worden war. Adler-Rudel, der sich völlig isoliert fühlte, beklagte das fehlende Interesse, das jüdische Organe und leitende Männer und Frauen seinen Vorschlägen gegenüber bezeugten. Allerdings war ihr Nicht-Handeln verständlich: Großbritannien befand sich mitten im Krieg, und bei der Aufnahme und Eingliederung der zahlreichen Flüchtlinge aus Deutschland gab es große Schwierigkeiten. In dieser Lage neigten jüdische Organe und leitende Männer und Frauen nicht besonders dazu, sich mit Plänen für die Zeit nach dem Krieg zu befassen, dessen Ende kaum abzusehen war[2].

Einige Monate später, am 6. März 1941, schrieb Adler-Rudel ein weiteres Memorandum, das er Sir Herbert Emerson schickte, dem Leiter der zwischenstaatlichen Flüchtlingskommission. Im Memorandum schätzte er den den Juden in Deutschland und Österreich von den Nazis beigebrachten Schaden auf 4 Milliarden Mark, gleichzeitig unterbreitete er Vorschläge für eine genauere Abschätzung des Schadens und für Ansprüche auf eine Entschädigung. Ebenso unterstrich er den einzigartigen Charakter der Lage, in der nicht etwa zwei Staaten gegeneinander Krieg führten, sondern ein Staat seine eigenen Staatsbürger verfolgte und ihnen den Krieg erklärt hatte[3].

Adler-Rudel hatte seine Aktivitäten zu Beginn des Krieges in der Entschädigungsfrage aus eigener Initiative aufgenommen, ohne sich dessen bewußt zu sein, daß in den Vereinigten Staaten und Palästina ähnliches stattfand.

In den Vereinigten Staaten fingen wichtige jüdische Organisationen – der Jüdische Weltkongreß, das American Joint Distribution Committee (AJDC) und die American Jewish Conference (während des Zweiten Weltkriegs gegründet), unterstützt von jüdischen Forschern aus Europa, die relevante Information liefern konnten – im Jahr 1941 an, die Frage von Rehabilitierung und Entschädigung nach dem Krieg zu untersuchen.

Als erstes amerikanisches Organ brachte der Ausschuß für Friedensstudien, 1940 vom American Jewish Committee gegründet und von Professor Morris R. Cohen geleitet, die Frage von Entschädigung für die Juden Deutschlands zur Sprache. Er beabsichtigte, die Lage der Juden in Europa zu untersuchen und Vorschläge zu unterbreiten, um ihre Rechte zu wahren und nach dem Krieg Entschädigung für sie durchzusetzen[4].

Im März 1941 gründete der Jüdische Weltkongreß, der sein Hauptquartier bereits von Genf nach New York verlegt hatte, das Institut für jüdische Angelegenheiten, an dessen Spitze Jacob Robinson stand. Dieses Forschungsinstitut befaßte sich mit einer Reihe von Fragen; bald erwies sich jedoch, daß sich die jüdische Politik darauf konzentrieren müsse, für die Folgen der Naziverfolgung Abhilfe zu schaffen und die Überlebenden der europäischen Juden mit Mitteln zu ihrem Unterhalt zu versorgen. Folglich konzentrierte das Institut seine Bemühungen darauf, den Juden so hohe Entschädigungen wie nur möglich aus Deutschland zu sichern, sobald es besiegt war.

Das Prinzip, demzufolge das besiegte Land nicht nur den Siegern Reparationen zahlte, sondern auch einer verfolgten Minderheit seiner eigenen Staatsbürger, war eine Abweichung vom Völkerrecht[5]. Die Durchführung solch eines Plans rief nach einer wachen – besonders jüdischen – öffentlichen Meinung, die die betreffenden Regierungen zum Handeln anspornen würde. Zu diesem Zweck berief der Jüdische Weltkongreß eine panamerikanische Konferenz im November 1941 in Baltimore ein. Obwohl Deutschland damals auf dem Höhepunkt seiner Macht stand, diskutierte der Jüdische Weltkongreß Deutschlands Niederlage, die Befreiung der besetzten Länder und die Zahlung von Entschädigung für das gesamte gestohlene und geraubte Vermögen. In seiner Eröffnungsrede der Konferenz sagte Nahum Goldmann: »Wer bezweifelt, daß wir Juden jedes Anrecht auf internationale Hilfe für die Juden Europas nach dem Krieg haben? Wenn Reparationen gezahlt werden, dann haben wir als erste Anspruch darauf[6].«

Auch in Palästina wurde die Forderung nach Entschädigung für jüdisches Vermögen, das in Deutschland und den besetzten Ländern beschlagnahmt worden war, im Januar 1943 im Anschluß an die Erklärung der Alliierten erhoben. Die Initiative ging von der *Nir*-Gesellschaft aus, die vor dem Zweiten Weltkrieg das *Ha'awara*-Abkommen betreut hatte, demzufolge Kapital aus dem Besitz deutscher Juden nach Palästina überwiesen wurde. In einem Interview mit *Ha'aretz* vom 20. Januar 1943 unterschied *Nir*s Leiter, Zwi Schreiber, zwischen drei Arten von beschlagnahmtem Vermögen: individuelles Vermögen, für das Ansprüche gestellt werden konnten; privates, erbenloses Vermögen und Vermögen jüdischer Gemeinden und Organisationen, das zerstört worden war und für das es nicht möglich war, irgendwelche Ansprüche zu stellen. Ebenso verwies er auf die Tatsache, daß die notwendigen Daten über erlittene Verluste nicht registriert worden waren, noch war eine jüdische Organisation gegründet worden, die vor den zuständigen Behörden als der offizielle Anspruchserhebende des jüdischen Volkes für sein verlorenes Vermögen auftreten konnte.

Schreiber sah ganz richtig voraus, daß mögliche Rückerstattungen von der Bereitschaft der siegreichen Alliierten abhängig sein würden, in die inneren Angelegenheiten Deutschlands einzugreifen, und die Bereitschaft der zukünftigen deutschen Regierung, Reparationen zu leisten angesichts der Tatsache, daß die Juden nicht als einzigeAnsprüche an die Wirtschaftskapazität Deutschlands stellen würden. Er brachte seine Überzeugung zum Ausdruck, daß die notwendigen umfassenden Unterlagen mit Daten gut vorbereitet, gut geordnet und zentralisiert werden müßten.

Nir selbst machte Schritte in dieser Richtung und versuchte, so viele Ansprüche wie möglich für das Privatvermögen innerhalb der Reichsgrenzen zu sammeln. Die Gesellschaft schlug den Eigentümern solchen Vermögens, die in Palästina lebten und gültige Belege dafür erbringen konnten, vor, *Nir* eine Vollmacht auszustellen, sie vor den zuständigen Behörden zu vertreten und das Vermögen nach seiner Rückerstattung zu veräußern. *Nir* verpflichtete sich, Vermögensbesitzern bis zu 50 Prozent der durch die Veräußerung erhaltenen Beträge in bar auszuzahlen, der Rest würde in Form von Gesellschaftsaktien gezahlt. Damit wollte die Gesellschaft nicht nur die Bemühungen konzentrieren und Ausgaben sparen, sondern auch alle Mittel nach Palästina überweisen, wo sie in produktive Unternehmen zum Wohl der ganzen Nation investiert werden konnten. Schreiber hoffte, der Plan seiner Gesellschaft werde Interesse innerhalb der jüdischen Bevölkerung in Palästina, dem *Jischuw*, wecken, wie auch unter den Juden auf der ganzen Welt, und schließlich zur Gründung einer weltweiten jüdischen Organisation führen, die sich mit jüdischen Ansprüchen befassen würde[7].

Daß jüdische Einwanderer aus Deutschland, die ein persönliches Interesse an beschlagnahmtem jüdischem Vermögen hatten, sich um Entschädigung sorgten, war nur allzu natürlich, und der Verband mitteleuropäischer Einwanderer nach Palästina, der seine politischen Aktivitäten 1943 aufnahm, befaßte sich von jenem Zeitpunkt an mit dieser Frage.

Eines der hervorragenden Mitglieder des Verbands der mitteleuropäischen Einwanderer nach Palästina war Dr. Siegfried Moses. Im Dezember 1944 gründete er die palästinensische Zweigstelle des Rates zum Schutz der Rechte und Interessen von Juden aus Deutschland – ein internationales Organ mit Sitz in London. Moses untersuchte die Frage von Kriegsreparationen in Friedensverträgen, insbesondere im Versailler Vertrag, und versuchte zu beurteilen, welche Schlußfolgerungen aus Präzedenzfällen für die jüdische Sache gezogen werden konnten. Im Verlauf von 1943 veröffentlichte er mehrere Artikel in *Ha'aretz* und im Organ des Verbands mitteleuropäischer Einwanderer, in denen er den Umfang untersuchte, in dem geltendes Völkerrecht, wie im Versailler und anderen Friedensverträgen verkörpert, in den Dienst der jüdischen Sache gestellt werden konnte. Er folgerte, daß auf geltendes Recht nicht viel Verlaß sei und daß neue rechtliche Fundamente gelegt werden müßten. In bezug auf die Frage, wer die Ansprüche stellen sollte, empfahl Moses die Jewish Agency als das Organ, das nach dem

Krieg den Kollektivanspruch des jüdischen Volkes stellen solle[8].

Im September und Oktober 1943 veröffentlichte *Ha'aretz* einen Meinungsaustausch zwischen Moses und Nathan Feinberg, Professor für Völkerrecht und internationale Beziehungen. Während sich beide einig waren, die Zeit sei reif, das Anrecht der Juden auf Entschädigung durch umfassende politische Aktionen geltend zu machen, waren sie verschiedener Meinung in bezug auf die legalen Grundlagen, auf denen die Ansprüche beruhen sollten, und wer zu einer Entschädigung berechtigt sei. Feinberg untersuchte die Anrechte deutscher Juden, die in Deutschland geblieben waren, Moses befaßte sich dagegen mit den Ansprüchen von Juden in allen besetzten Ländern wie auch mit dem Kollektivanspruch des jüdischen Volkes. Feinberg wollte die im Sèvres-Vertrag (1920) verankerten Rechte für Minderheiten auf die Juden angewandt wissen, die Deutschland verlassen hatten, aber Moses bezweifelte die Weisheit dieser Einstellung. Die ganze Angelegenheit von Rechten für Minderheiten war seiner Ansicht nach unsicher und umstritten und mußte in bezug auf Entschädigungsansprüche erst noch in Kraft gesetzt werden. Sie konnten nicht als Grundlage für den Kollektivanspruch des jüdischen Volkes dienen. Statt dessen mußte seiner Ansicht nach ein legaler Rahmen geschaffen werden, der auch für politische Zwecke genutzt werden konnte. Die Juden, die nach 1933 aus Deutschland geflohen waren, sollten als eine im Krieg mit dem Reich befindliche Nation betrachtet werden, und als solche wäre sie zu Reparationen berechtigt wie alle anderen Nationen, die gegen Hitler kämpften. Würde ein solches Recht anerkannt, könnten die Juden, die aus Deutschland geflohen waren, entweder offiziell durch die alliierten Länder, in denen sie lebten, Entschädigung fordern oder, wenn sie nicht Staatsbürger eines alliierten Landes waren, durch eine besondere, zu diesem Zweck zu gründende internationale jüdische Organisation[9].

Moses erläuterte diese Punkte weiter in »Jüdische Ansprüche nach dem Krieg«, einer im September 1944 vom Verband mitteleuropäischer Einwanderer herausgegebenen Broschüre, die mit einer Reihe von Fragen begann: Würden jüdische Ansprüche auf Entschädigung in dem Friedensvertrag nach dem Krieg aufgenommen? Wer würde diese Ansprüche stellen, nachdem so viele Juden aus ihren Ländern vertrieben worden oder ausgewandert waren? Würden die Ansprüche von Juden, die aus Deutschland ausgewandert waren, anerkannt werden angesichts der Tatsache, daß sie gegen einen Staat erhoben würden, dessen Staatsbürger sie in der Vergangenheit selbst waren? Könnte ein Kollektivanspruch im Namen des jüdischen Volkes unterbreitet werden, und wer würde ihn stellen? Wie sollten die Ansprüche geordnet werden, und aufgrund welcher legalen Grundlage konnten sie gerechtfertigt werden[10]?

Nach Ansicht Moses' war es falsch, das Völkerrecht als Ausgangspunkt für den jüdischen Fall zu nehmen, genau wie es ein Fehler war, nur jene Ansprüche vorzubringen, die mit dem Völkerrecht übereinstimmten. Der zu verfolgende Kurs war genau umgekehrt: Erst einmal die Ansprüche ausarbeiten und danach die Legalitäten, wenn sie gestellt werden. Notwendig war ein politischer, kein juristischer Akt. Erst einmal müßten die Ansprüche als gerechtfertigt anerkannt werden; darauf würden politische Entscheidungen der Mächte folgen, die in Begriffen des Völkerrechts formuliert waren. Auf jeden Fall mußte eine Lage vermieden werden, in der die Erfüllung jüdischer Ansprüche von der internen Gesetzgebung in Deutschland abhängig wäre, denn das würde bedeuten, daß ihre Durchsetzung keineswegs sicher war. Die Bedingungen und Methoden für die Durchführung mußten in den Friedensverträgen niedergelegt werden[11]. Da es bisher üblich war, daß nur Staatsangehörige siegreicher Staaten Ansprüche auf Entschädigung stellen konnten, mußte diese Bestimmung in bezug auf Juden aufgenommen werden, um nicht Juden aus Deutschland diskriminierend zu behandeln.

Zusätzlich zu individueller Entschädigung müßte auch ein Kollektivanspruch für Wiedergutmachung an das jüdische Volk erhoben werden. Dieser Anspruch würde sich auf jüdisches Vermögen beziehen, dessen Eigentümer entweder unbekannt oder tot waren, sowie auf Vermögen jüdischer Einrichtungen und Gemeinden, die zerstört oder verschwunden waren, und für den Schaden, den das jüdische Volk unmittelbar in seiner Existenz als Volk erlitten hatte. Damit der Kollektivanspruch so wirksam wie möglich war, müßte ein Organ das jüdische Volk vertreten. Die Jewish Agency vertrat die Juden Palästinas, und es oblag ihr zusammen mit internationalen jüdischen Organisationen, die Initiative zu ergreifen, um ein repräsentatives Organ zu bestellen, das den Kollektivanspruch der Juden stellen konnte. Als erster Schritt müßte eine Zusammenarbeit zwischen den größeren jüdischen Organisationen in den Vereinigten Staaten und England und den Einwandererverbänden herbeigeführt werden. Die Rolle der zuletztgenannten, die es am meisten betraf, war von besonderer Bedeutung.

Eine notwendige Voraussetzung, um den Anspruch wirksam zu machen, war die Bereitschaft, Entschädigung in Form deutscher Waren und/oder Dienstleistungen zu akzeptieren. Die Jewish Agency müßte im voraus erklären, daß Palästina im Rahmen eines Ausgleichs zwischen Deutschland und dem jüdischen Volk bereit war, deutsche Waren zu akzeptieren. Juden, die sich in Palästina niedergelassen und zu einer Entschädigung berechtigt waren, konnten von der Jewish Agency entsprechend ihrer Ansprüche Geld erhalten. Die als Kollektivreparationen erhaltenen Waren würden dazu dienen, sowohl Palästina aufzubauen wie auch die NS-Opfer unter dem jüdischen Volk in der Diaspora zu rehabilitieren[12].

Zusätzlich zu Ansprüchen von Juden aus Deutschland sollte sich das Augenmerk auch auf Ansprüche von Juden aus von Deutschland annektierten oder besetzten Ländern richten. Diese letztgenannten Ansprüche würden wahrscheinlich von den betreffenden annektierten oder besetzten Ländern erhoben.

Zur Sicherung der Ansprüche nach dem Krieg schlug Moses die folgenden Phasen vor:

Politische Aktivitäten, die darauf abzielten, geplante Friedensverträge insoweit zu beeinflussen, wie sie jüdische Ansprüche betrafen; Registrierung aller jüdischen Ansprüche; Festlegen der Kapazität Palästinas, deutsche Waren aufzunehmen, insbesondere Kapitalgüter, Schiffe, Eisenbahnen usw., sofern sie geeignet seien, einzelne und kollektive Ansprüche zu befriedigen; Einziehen deutscher Immobilien und anderen Vermögens in Palästina.

Neben Ansprüchen wegen Verlust und Zerstörung von Vermögen würden auch Ansprüche (entsprechend den Bestimmungen des Versailler Vertrags) gestellt, die sich aus diskriminierender Gesetzgebung und Verwaltungsmaßnahmen seit Beginn des Naziregimes ergaben[13].

Dr. Moses' Broschüre wurde Dr. Weizmann in London als erste Unterlage vorgelegt, die die Reparationsfrage nach einer gründlichen Überprüfung der legalen Aspekte auf eine solide Grundlage stellte, und sie ermutigte Dr. Weizmann in nicht geringem Umfang, den Alliierten im Mai 1945 das Papier mit den jüdischen Forderungen zu unterbreiten[14]. Die Kristallisierung von jüdischen Ansprüchen nach dem Krieg verdankte dieser Broschüre viel, und sie enthielt schon die wichtigsten Punkte des Anspruchs, den der Staat Israel acht Jahre später erhob: den jüdischen Anspruch als eine Neuerung im Völkerrecht; den Kollektivanspruch in bezug auf erbenloses Vermögen und bezüglich des vom jüdischen Volk erlittenen Schadens; Entschädigungsleistungen durch Deutschland in Form von Waren zur Entwicklung von Palästina; die Gründung einer jüdischen Dachorganisation, die die Juden der Welt in ihren Ansprüchen auf Entschädigung durch Deutschland vertrat.

Der Verband mitteleuropäischer Einwanderer übernahm Dr. Moses' Empfehlungen. In dieser Resolution vom 27. Oktober 1944 in bezug auf jüdische Probleme nach dem Krieg hieß es:

Jüdische Ansprüche auf Entschädigung müssen auf Anerkennung der Tatsache beruhen, daß die Juden einer seit 1933 mit Deutschland in Krieg befindlichen Nation angehören; daß Reparationszahlungen für den Kollektivanspruch des jüdischen Volkes zuerst und vor allem zum Aufbau Palästinas zu nutzen seien und daß Einzelforderungen von Juden für durch die Nazis erlittene Schäden zentralisiert werden müßten; daß jede Anstrengung unternommen werden müsse, um sie durchzusetzen, wie auch betont werden müsse, daß es wünschenswert sei, solche Mittel nach Palästina zu überweisen[15].

Auf einer Versammlung des Verbands mitteleuropäischer Einwanderer, die am 23. Juni 1945 stattfand, betonte Dr. Moses die Bedeutung einer Zusammenarbeit zwischen dem Rat zum Schutz der Rechte und Interessen der Juden aus Deutschland und der Jewish Agency. Er brachte seine Hoffnung zum Ausdruck, daß die Jewish Agency bereit sei, in allen Angelegenheiten in bezug auf jüdische Ansprüche mit dem Rat zusammenzuarbeiten, und er fügte hinzu, daß damit nicht nur Zusammenarbeit bei konkreten Aktionen gemeint sei, sondern auch anschließend bei den Entscheidungen in bezug auf Verteilung und Verwendung der Mittel. Insofern sich der Rat als offizieller Vertreter der Juden aus Deutschland betrachtete, schlug Dr. Moses vor, der Rat solle, wann immer jüdische Gemeinden auf der ganzen Welt um ihre Meinung in Fragen jüdischer Ansprüche gebeten würden, konsultiert werden[16].

Im gleichen Jahr, in dem Moses' Broschüre erschien (1944), wurde unabhängig davon in den Vereinigten Staaten ein anderes Werk zur gleichen Frage herausgegeben. Das Buch von Dr. Nehemiah Robinson (Mitglied des Instituts für jüdische Angelegenheiten), »Indemnification and Reparations – Jewish Aspects«, d. h., Wiedergutmachung und Reparationen – jüdische Aspekte (New York, 1944), das ebenfalls eine Grundlage für den Anspruch auf Reparationen durch das jüdische Volk wurde, brachte Vorschläge ähnlich jenen von Moses.

Robinson beschrieb den Vorgang von Enteignung und Verfolgung der Juden, stufte den erlittenen Schaden nach Kategorien ein und schätzte den Wert des beschlagnahmten jüdischen Vermögens auf zwei Milliarden Dollar. Zweifelsohne würde Entschädigung gefordert, aber, betonte er, sei das keineswegs einfach. Viele Juden waren aus ihren Ursprungsländern ausgewandert und wollten oder konnten wahrscheinlich nicht mehr zurückkehren; viele andere, die unter NS-Verfolgung gelitten hatten, würden auswandern wollen; viele Juden waren getötet worden und hatten weder Familie noch Erben hinterlassen; Tausende von jüdischen Gemeinden waren ausgelöscht worden[17].

Robinson schlug vor, bei der Forderung nach Reparationen nach den folgenden Grundsätzen zu verfahren:

1. Umfassende Wiedergutmachung mit dem Ziel, jüdisches Leben wieder so herzustellen, wie es war, bevor die Juden diskriminierender Behandlung unterworfen wurden;
2. Rückerstattung von Vermögen, soweit es möglich sei – ob durch vorgeblich legale Mittel eingezogen oder beschlagnahmt oder unter Zwang verkauft, eingefroren oder übertragen.

3. Wo immer die Rechte auf jüdisches Vermögen unter außergewöhnlichen Umständen übertragen wurden, müsse angenommen werden, daß es unter Zwang geschah. Wo immer Belege für Vermögen vorgelegt würden, müsse solches Vermögen sofort seinen Eigentümern zurückerstattet werden. Der Vorgang, bei dem der Anspruch bestätigt wird, müsse einfach und schnell sein.
4. Eine Rückerstattung von Handels- oder Industrievermögen müsse das Einkommen, das aus diesem Vermögen erwachsen war, einschließen, genau wie Entschädigung für ein Sinken seines Wertes.
5. Bei Vermögen in Form von Bargeld, Wertpapieren, Aktien und Regierungsanleihen müsse die Währungsentwertung berücksichtigt werden, und es müsse volle Entschädigung gefordert werden.
6. Für Vermögen, das zerstört wurde oder aus anderen Gründen zu existieren aufgehört hat – und deshalb nicht seinen Eigentümern zurückerstattet werden kann – müsse volle Entschädigung geleistet werden.
7. Da Verlust und Zerstörung gewaltig sind, sei es nicht möglich, allen geschädigten Parteien sofort Entschädigung zu zahlen. In der deshalb aufzustellenden Reihenfolge müßten die Juden vor anderen Ansprucherhebenden Vorrang haben.
8. Jüdische Einrichtungen und Konzerne müßten wieder eingerichtet werden.
9. Die öffentlichen Dienste der Juden müßten wiederhergestellt werden.
10. Personen in den freien Berufen müßten wieder in ihren Berufen eingesetzt werden.
11. Für erlittene körperliche Schäden müsse Entschädigung geleistet werden.
12. Die Nationalität der geschädigten Partei dürfe beim Stellen eines Anspruches auf Entschädigung keine Rolle spielen, sondern nur ihr Wohnort, als sie den Schaden erlitt.
13. Wiedergutmachung müsse sofort nach Einstellung der Feindseligkeiten beginnen, und zwar noch vor Unterzeichnung von Friedensverträgen.

Zusätzlich zur Entschädigung einzelner müßten auch Ansprüche für erbenloses Vermögen unterbreitet werden. Normalerweise ist der Staat in solchen Fällen der Erbe, aber in diesem Fall wäre es dem jüdischen Volk gegenüber ungerecht, wenn das deutsche Finanzministerium Nutzen aus dem begangenen Massenmord zieht. Für die Überlebenden, von denen viele in andere Länder gegangen waren, müßten angemessene wirtschaftliche und politische Bedingungen gesichert werden, und für ihre Rehabilitierung müßten beträchtliche Mittel bereitgestellt werden. Zu diesem Zweck müsse das erbenlose Vermögen genutzt werden, und eine Nachfolgeorganisation müsse gegründet werden, die als Erbe fungieren und das Vermögen nutzen würde, um den Opfer zu helfen. Die Schaffung einer solchen Organisation sei durch eine Reihe von Faktoren bedingt; Juden aus Achsenländern oder neutralen Ländern könnten keine Hilfe aus ihrem Ursprungsland erwarten, und nur eine internationale Organisation wäre dazu in der Lage, sich mit dieser Frage zu befassen.

Um sicherzustellen, daß das Vermögen nicht beschädigt wird, an Wert verliert oder verschwindet, müsse es der jüdischen Nachfolgeorganisation in Obhut gegeben werden. Diese Organisation würde jüdischen Ansprucherhebenden wirtschaftliche und Rechtshilfe beim Stellen ihrer Ansprüche zuteil werden lassen, wie auch bei der Geltendmachung ihres Anrechts auf ihr Vermögen.

Da die Achsenländer wahrscheinlich einen Teil der Entschädigung in Form von Waren zahlen würden, müsse die Nachfolgeorganisation in der Lage sein, einen Teil dieser Waren anzufordern, sie zu verkaufen und die Erträge zu nutzen.

Die Nachfolgeorganisation würde für die gerechte Verteilung von Entschädigung an die Opfer der NS-Verfolgung sorgen und Soforthilfe leisten, wenn die Einzelentschädigung nicht innerhalb einer kurzen Zeitspanne durchgesetzt werden kann. Die Organisation müsse in jedem Land in allen Fragen, die mit der Entschädigungsfrage zusammenhängen, legalen Status haben. Sie müsse das Recht haben, Vermögen von einem Land ins andere zu übertragen, ohne durch Einschränkungen der Regierung darin behindert zu werden; mit internationalen Organen zusammenarbeiten, um Verhandlungen über beschlagnahmtes jüdisches Vermögen mit den Ländern zu führen, die zu den Achsenmächten gehörten, und sich an dem Prozeß zu beteiligen, eine Gesetzgebung in bezug auf Entschädigung durchzusetzen[18].

Robinson schloß sein Buch mit zwei wichtigen Bemerkungen, die sich anschließend als richtig erwiesen:

Zuerst, daß die Rückerstattung jüdischen Vermögens von der allgemeinen Einstellung der Alliierten Deutschland gegenüber abhängig sein werde: Ob die deutsche Industrie wieder aufgebaut würde oder nicht, in wieviele Teile Deutschland geteilt würde, und wie lange die alliierte Besatzung dauern würde.

Zweitens, daß Rehabilitierungsprojekte und die Nutzung von Rohstoffen, Waren und Ausrüstung im großen vorwiegend in Palästina durchführbar sein würden. Diese Projekte müßten mit den Bedürfnissen der palästinensischen Industrie koordiniert werden[19].

Die große Bedeutung von Robinsons Buch für die Entschädigungsfrage zeigte sich acht Jahre später, als der Entschädigungsanspruch von der Claims Conference in konkreter Form unterbreitet wurde. Damals leistete Dr. Robinson den wichtigsten Beitrag, indem er die Ansprüche in ihrer endgültigen Form formulierte, die Texte entwarf und die rechtlichen Grundlagen legte. Er entwarf die Protokolle zwischen der Claims Conference und Deutschland, und später war er in jeder Phase beim Erlassen und Verbessern der Gesetzgebung zur Wiedergutmachung anwesend. Sein Buch war genau wie die Broschüre von Dr. Moses geschrieben worden, ohne daß er sich des Umfangs und der Natur der europäischen Massenvernichtungen bewußt gewesen wäre; das erklärt auch, warum er von der Wiederherstellung des früheren Zustands sprechen konnte. Sobald die Dimensionen der Massenvernichtung bekannt wurden, schien das unmöglich. Trotzdem standen die wichtigsten Ansprüche, der erlittene Verlust, nach Kategorien geordnet, und die Methoden zur Wiedergutmachung, wie von ihm in seinem Buch dargelegt, auch in dem Anspruch, der der Bundesrepublik Deutschland von der Claims Conference im Jahr 1952 unterbreitet wurde.

Dr. Jacob Robinson, der Bruder von Nehemiah Robinson und einer der Leiter des Instituts für jüdische Angelegenheiten, entwarf denn auch die Resolutionen über Reparationen, die auf der Konferenz des Jüdischen Weltkongresses in Atlantic City vom 26. bis 30. November 1944 akzeptiert wurden.

Es war die größte internationale jüdische Konferenz, die während des Krieges stattfand. Sie dauerte fünf Tage, und an ihr nahmen 269 Delegierte teil, die jüdische Gemeinden in 40 Ländern vertraten. Zusätzlich zu 24 Mitgliedern des Exekutiv- und Verwaltungsausschusses des Jüdischen Weltkongresses waren 81 Delegierte aus den Vereinigten Staaten, 86 aus Übersee und 76 europäische stellvertretende Kommissionen mit Sitz in New York anwesend. Diese Delegierten sprachen im Namen der jüdischen Gemeinden, die noch von den Nazis unterjocht wurden oder soeben befreit worden waren. Der *Va'ad Leumi* aus Palästina schickte eine Delegation, bestehend aus Dr. Bernard Joseph, dem Vertreter der Exekutive der Jewish Agency, Dr. Siegfried Moses, Dr. Oscar Wolfsberg und Mordechai Bentov.

Die Konferenz in Atlantic City, auf der laufende Angelegenheiten und Probleme einer Rehabilitierung nach dem Krieg erörtert wurden, kann als Wendepunkt im Denken der jüdischen Organisationen und Gemeinden über aktuelle jüdische Fragen und über die Beziehungen des jüdischen Volkes zur nichtjüdischen Welt betrachtet werden.

Ein Sonderausschuß unter dem Vorsitz von Dr. Siegfried Moses befaßte sich mit den Problemen Rückerstattung und Wiedergutmachung. Die vom Ausschuß vorgebrachten Punkte waren die folgenden:

Die von Deutschland und seinen Satelliten zu zahlenden Reparationen;

das Vermögen der jüdischen Gemeinden, die vernichtet worden waren, und das erbenlose Vermögen von einzelnen.

Obwohl sich innerhalb des Ausschusses beträchtliche Meinungsverschiedenheiten abzeichneten, insbesondere in bezug auf die Nutzung erbenlosen jüdischen Vermögens, wurde die folgende Übereinstimmung schließlich erreicht: Deutschland müsse dazu verpflichtet werden, dem jüdischen Volk Wiedergutmachung zu zahlen, und die geretteten Mittel müßten zum Aufbau von Palästina als der einzigen konstruktiven Lösung des jüdischen Problems genutzt werden. Noah Barou, der Vizepräsident der britischen Filiale des Jüdischen Weltkongresses, schlug auch vor, jüdische Organisationen müßten für den Gesamtverlust, den das jüdische Volk erlitten hatte, Wiedergutmachung von der deutschen Regierung fordern[20].

Zwei Resolutionen, die auf der Konferenz in Atlantic City verabschiedet wurden, betrafen die Frage der Reparationen nach dem Krieg:

Resolution Nr. 4: Rückerstattung und Entschädigung für Verluste der überlebenden jüdischen Gemeinden sowie für einzelne jüdische Opfer der Nazi- und Faschistenmörder und Beschlagnahmung von Vermögen.

Resolution Nr. 5: Anerkennung des Prinzips, daß das jüdische Volk Anrecht auf kollektive Entschädigung habe für die materiellen und moralischen Verluste des jüdischen Volkes und seiner Einrichtungen oder die jener Juden, die (oder deren Erben) nicht selbst eigene Ansprüche stellen können. Diese Reparationen sollen dem Aufbau Palästinas dienen.

Die Resolutionen von Atlantic City bestätigten weiter, daß angesichts des beispiellosen Leids, das den europäischen Juden widerfahren war, die Ansprüche jüdischer Anspruchserhebender und ihrer Vertreter vorrangig behandelt werden müßten, sobald nationale und internationale Organe Reparationen erörterten[21].

Ebenso wurde die Gründung einer Nachfolgeorganisation – eine internationale Wiederaufbaukonferenz – und von Wiederaufbaukommissionen in den verschiedenen Ländern beschlossen, die sich um den Transfer von Entschädigungsleistungen an die Juden kümmern würden. Vermögensrechte, die jüdischen Gemeinden, Organisationen, Fonds und Einrichtungen gehörten, die nicht mehr existierten, oder Familien, die ohne Erben vernichtet worden waren, würden der internationalen jüdischen Wiederaufbaukonferenz übertragen. Diese Konferenz würde die ihr zur Verfügung stehenden Mittel zur Rehabilitierung der Juden von Europa und ihrer Gemeinden verwenden und Mittel für die Entwicklung Palästinas an die Jewish Agency überweisen. Sie würde als der legale Vertreter aller vermißten Juden und jener erklärt, die ihre Ansprüche nicht unterbreiten können. Die internationale Wiederaufbaukonferenz wäre berechtigt, an den Beratungen der Vereinten Nationen in bezug auf Reparationen und Entschädigungen teilzunehmen[22].

In diesen Jahren leitete die Exekutive der Jewish Agency parallele Schritte in die Wege. Am 24. September 1943 schickte Dr. Georg Landauer (von 1925 bis 1934 Leiter des Palästinabüros in Berlin, begeisterter Befürworter des *Ha'awara-*(»Transfer«-)Abkommens mit Deutschland und von 1934 bis 1954 Leiter des Zentralbüros der Jewish Agency für die Ansiedlung deutscher Juden) ein Memorandum an die Exekutive der Jewish Agency, in der er bekräftigte, dem jüdischen Volk müsse es nach Kriegsende erlaubt sein, seine Ansprüche gegenüber Deutschland zu stellen. Obwohl sich Landauer der Tatsache bewußt war, daß die Alliierten nicht bereitwillig die Vorstellung eines Kollektivanspruchs des jüdischen Volkes gegen Deutschland akzeptieren würden, bestand er darauf, daß der Anspruch angesichts der besonderen Rechnung, die zwischen Deutschen und Juden zu begleichen sei, unbedingt unterbreitet werden müsse. Als Hauptziel ihrer politischen Aktivitäten nach dem Krieg müsse die Jewish Agency den Anspruch durchsetzen[23].

Die Londoner Exekutive der Jewish Agency erörterte die Reparationsfrage im März und Mai 1943 und ernannte einen Ausschuß (mit Professor Frankenstein, Leo Istorik, Harry Sacher, Paul Singer und Schalom Adler-Rudel), der sich mit den damit zusammenhängenden Problemen auseinandersetzen sollte. Später im gleichen Jahr (1943) ernannte die Jerusalemer Exekutive einen Ausschuß, der sich ebenfalls mit Reparationen aus Deutschland befassen sowie einen Aktionsplan für die Nachkriegszeit aufstellen sollte. Seine Mitglieder waren David Ben Gurion, Elieser Kaplan, Dr. Siegfried Hoofien und Dr. Elieser Shmorak.

Diese beiden Ausschüsse waren auf einer Zusammenkunft der Exekutive der Jewish Agency in London am 8. März 1944 anwesend, auf der die Entschädigungsfrage diskutiert wurde. Gemäß Adler-Rudel wurde auch die Frage von Kollektivreparationen erörtert. Es gab Meinungsverschiedenheiten. Einige bezweifelten die Aussichten, solche Reparationen durchsetzen zu können, andere hielten sie für undurchführbar. Weizmann vertrat die Ansicht, die politische Nachkriegslage würde die Frage entscheiden. Würde darüber hinaus ein jüdischer Staat in Palästina gegründet, würde auch die Frage der Reparationen gelöst[24]. Nach dieser Zusammenkunft wurde der Rechtsberater der Exekutive der Jewish Agency, Dr. Bernard Joseph (später Dov Joseph) angewiesen, in einem Memorandum die einzigartige Natur des Schadens zu beschreiben, den die Juden durch die Nazis erlitten hatten, sowie die Argumente darzulegen, auf denen die von der Jewish Agency unterbreiteten Ansprüche basieren sollten.

Das Memorandum, das vierzehn Abschnitte enthielt, wurde der Exekutive der Jewish Agency am 27. April 1945 unterbreitet. Im ersten Teil, der den Schaden betraf, den die Juden Europas erlitten hatten, wich Dr. Joseph von Dr. Robinsons Schätzung ab und setzte den Verlust an jüdischem Vermögen auf 6 Milliarden Dollars an (ohne den Verlust, den die Nazis Juden in Rußland beigebracht hatten). Dr. Joseph betonte die Verantwortung der deutschen Satelliten für die den Juden in verschiedenen Ländern verursachten Verluste und schlug vor, daß es wahrscheinlich möglich sei, bestehendes Völkerrecht als die Grundlage für jüdische Ansprüche auf Entschädigung zu zitieren. Im zweiten Teil des Memorandums verwies Dr. Joseph auf die entscheidende Rolle, die Palästina bei der Lösung des Problems europäischer Juden spielte, und er erörterte die Rolle der Jewish Agency als Vertreterin jüdischer Interessen, einschließlich des Anrechts, Kollektivreparationen von Deutschland zu fordern. Das Memorandum sagte auch ausdrücklich, daß das Recht des jüdischen Volkes auf Kollektivreparationen, mit dem Naziopfer in Palästina rehabilitiert würden, keinesfalls das Anrecht von Personen beeinträchtigen dürfe, einzeln Entschädigung zu fordern[25].

Das Memorandum von Dr. Bernard Joseph war das letzte in einer langen Serie von Memoranda und Vorschlägen, die während des Kriegs in bezug auf die nach dem Krieg den Juden zu zahlende Entschädigung entworfen wurden. Solange der Krieg wütete, blieben diese Vorschläge lediglich seherische Spekulationen. Erst am Ende des Krieges erwies sich ihre Bedeutung.

Bis zu den Verhandlungen mit Deutschland 1945 bis 1951

III. Jüdische Ansprüche nach dem Krieg und ihre Durchsetzung

Am 20. September 1945 unterbreitete Chaim Weizmann im Namen der Jewish Agency den vier Mächten den ersten jüdischen Anspruch auf Rückerstattung von Vermögen und Wiedergutmachung nach dem Krieg. Jetzt wurde der Umfang der Untaten, die die Juden durch die Nazis erlitten hatten, nach und nach bekannt; darüber hinaus hatten die Alliierten auf der Potsdamer Konferenz ihre Ansprüche auf Entschädigung von Deutschland bereits festgelegt. Deshalb war seiner Ansicht nach der richtige Augenblick gekommen, daß die Jewish Agency – als Vertreterin des jüdischen Volkes und seiner Verbindung zu Palästina – den jüdischen Anspruch erhob.

Weizmann war in seiner Einstellung zum Thema sowohl von Siegfried Moses' Broschüre beeinflußt, die die legalen Aspekte des Anrechts der Juden auf persönliche und pauschale Entschädigung darlegte, wie auch von Dr. Bernard Josephs Memorandum, das den vom jüdischen Volk erlittenen Schaden und Verlust einzeln aufführte. Es sollte hinzugefügt werden, daß beide Verfasser die besondere Rolle Palästinas als Zufluchtsort für die Überlebenden der NS-Verfolgung betonten wie auch, daß kollektive Reparationen für seine Entwicklung notwendig waren.

Weizmann bediente sich dieser Argumente, und er fing seinen Brief an die vier Mächte mit einer Abschätzung des materiellen Schadens an, den die Juden Europas erlitten hatten und den er auf zwei Milliarden Pfund Sterling ansetzte. Andere Verbrechen gegen das jüdische Volk – Mord, Unterdrückung, das Ersticken geistiger und intellektueller schöpferischer Kräfte – konnten weder gemessen noch gesühnt werden.

Im Anschluß daran fuhr er mit den folgenden Ansprüchen fort:

1. Rückerstattung von Vermögen einschließlich Häusern, Anlagen, Ausrüstung, Mitteln, festverzinslichen Wertpapieren, Wertpapieren und Aktien, Wertsachen sowie kultureller, literarischer und künstlerischer Schätze. Waren die Besitzer des Vermögens, Einzelpersonen oder Einrichtungen, noch am Leben, müßten ihre Ansprüche in der gleichen Weise behandelt werden wie jene von Bürgern der Vereinten Nationen.

2. Erbenloses jüdisches Vermögen, das in den Achsen- und neutralen Ländern blieb, dürfe nicht an diese Staaten fallen, sondern müsse den Vertretern des jüdischen Volkes übertragen werden und auf diese Weise die materielle, geistige und kulturelle Rehabilitierung der Opfer der NS-Verfolgungen finanzieren. Erträge aus solchen Quel-

len, für die Verwendung in Palästina bestimmt, müßten der Jewish Agency ausgehändigt werden.
3. Da erbenloses Vermögen für die gewaltige Aufgabe von Rehabilitierung und Neuansiedlung in Palästina nicht ausreichen würde, müßte dem jüdischen Volk ein Prozentsatz aller von Deutschland geleisteten Reparationen zugeteilt werden. Diese Zuteilung in Form von Anlagen, Maschinen, Ausrüstung und Materialien, zur Entwicklung der Jüdischen Heimstätte in Palästina bestimmt, müßte der Jewish Agency anvertraut werden.
4. Der Anteil der dem jüdischen Volk zugeteilten Reparationen müßte auch die Immobilien von Deutschen umfassen, die früher in Palästina wohnten[1].

Weizmann erwähnte keine Ansprüche auf Entschädigung der Opfer der NS-Verfolgungen, die in andere Länder als Palästina ausgewandert waren. Die erhobenen Ansprüche wurden nur im Namen der Jewish Agency gestellt, die damals forderte, den 100 000 Überlebenden, die in Lagern für Displaced Persons lebten, die Einwanderung nach Palästina zu gestatten, und nicht im Namen einer weltweiten jüdischen Dachorganisation.

Somit war Weizmanns Memorandum lediglich die Grundlage für den Anspruch des Staates Israel, der der Bundesrepublik Deutschland sechs Jahre später unterbreitet wurde.

Gleichzeitig schickten die führenden jüdischen Organisationen in den Vereinigten Staaten jedoch Memoranda zur Reparationsfrage an das amerikanische Außenministerium. Schon im April 1945 unterbreiteten die American Jewish Conference und das American Jewish Committee Vorschläge.

Am 1. Februar 1946 richtete der Jüdische Weltkongreß ein Büro unter der Leitung von Dr. Nehemiah Robinson ein, das Information sammeln sowie internationale Aktivitäten in bezug auf Reparationen in die Wege leiten und fördern, Unterlagen sammeln und Empfehlungen zur Gesetzgebung machen sollte.

Dieses Büro gab Broschüren über Themen wie Rückerstattung von Vermögen, Kriegsschäden, den Status von Juden aus Achsenländern, die in alliierten Ländern wohnten, heraus wie auch Bulletins mit laufenden Nachrichten, die über die Fortschritte in Sache Reparationen informierten[2]. Um aber wirksamer handeln zu können, beschlossen die in diesem Bereich aktiven jüdischen Organisationen – die Jewish Agency, das American Jewish Joint Distribution Committee (AJDC), der Jüdische Weltkongreß, das American Jewish Committee und die American Jewish Conference – im Oktober 1945, einen gemeinsamen Ausschuß zu bestellen. Ihre jeweiligen Vertreter waren Maurice Boukstein (Rechtsberater der Jewish Agency in den USA), Moses Leavitt (stellvertretender Vorsitzender des AJDC), der Berater in ausländischen Angelegenheiten des American Jewish Committee, Nehemiah Robinson (Mitglied des Instituts für jüdische Angelegenheiten) und Isaiah Kennen (für die American Jewish Conference).

Der Ausschuß, der sich bemühte, die amerikanische Militärregierung zur Verabschiedung eines Gesetzes über Vermögensrückerstattung anzuregen wie auch erbenloses jüdisches Privat- und Gemeindevermögen einer noch zu gründenden Nachfolgeorganisation zu übertragen[3], nahm seine Arbeit mit sehr viel Schwung auf. Am 19. Oktober 1945, nur wenige Wochen nach seiner Bildung, unterbreitete der Ausschuß Unterstaatssekretär Dean Acheson und anderen hohen Beamten im Außenministerium Vorschläge und Empfehlungen[4].

Eine hervorragende Rolle bei den Kontakten mit dem Außenministerium und dem Weißen Haus spielte Jacob Blaustein (damals Vorsitzender des Exekutivausschusses des American Jewish Committee und von 1949 bis 1954 sein Präsident). Er nahm seine Aktivitäten auf höherer Regierungsebene in Sachen Entschädigung und Vermögensrückerstattung 1945 auf und er setzte diese Arbeit über fünfundzwanzig Jahre fort. Um Kontakte aufzunehmen und Personen im Außenministerium und im Weißen Haus zu beeinflussen, bediente er sich seiner persönlichen und politischen Beziehungen, die ein beträchtliches Gewicht hatten. Blaustein war ein Ölmagnat (er gehörte der Familie an, die die American Oil Company gegründet hatte), stellvertretender Vorsitzender der Vertriebskommission der amerikanischen Erdölbehörde während des Krieges und Mitglied anderer Kriegsbehörden. Nach dem Krieg war er als Berater der amerikanischen Delegation bei der Gründung der UNO tätig. Folglich hatte er Kontakte mit leitenden Gestalten der amerikanischen Regierung und sogar Zugang zum Präsidenten der Vereinigten Staaten.

Die Bemühungen des Ausschusses blieben nicht ohne Wirkung. Das Gesetz Nummer 59 der Militärregierung, das erste, das Rückerstattung von feststellbarem Vermögen in der amerikanischen Besatzungszone in Deutschland betraf, spiegelte deutlich den Einfluß von Außenministerium und Weißem Haus und indirekt des Ausschusses wider. Darüber hinaus war die Arbeit des Ausschusses auch in der Linie zu erkennen, die die amerikanischen Vertreter auf der Pariser Konferenz im November und Dezember 1945 einschlugen. Es war eine Konferenz der alliierten Mächte (außer Rußland und Polen), und sie war einberufen worden, um über die Verteilung deutschen Vermögens entsprechend dem Potsdamer Abkommen zu beschließen. Die Konferenz, die erste nach dem Krieg, die Entschädigungszahlungen an Opfer der NS-Verfolgungen diskutierte, die nicht in ihre Ursprungsländer zurückgeschickt werden konnten, beschloß die Einrichtung eines internationalen Entschädigungsfonds für diese »Nichtrepatriierbaren«. Die Idee wurde von den amerikanischen Delegierten vorgeschlagen, und sie drängten auf ihre Akzeptierung. Obwohl es Meinungsunterschiede über allgemeine Flüchtlingsprobleme gab, fühlten sich alle Delegierten dazu verpflichtet, den »Nichtrepatriierbaren« so schnell und wirksam wie möglich zu helfen. Damals wurde es zwar nicht ausdrücklich gesagt, wohl aber stillschweigend verstanden, daß viele davon Juden waren, und die Konferenz erkannte an, daß die Verantwortung für ihre Rehabilitierung der gesamten zivilisierten Welt oblag[5].

Der amerikanische Delegierte, Jim Angel, bereitete einen Resolutionsentwurf vor, der die Einrichtung eines Sonderfonds vorsah, mit dem Staatenlosen sofort geholfen werden sollte. Der gemeinsame Ausschuß der jüdischen Organisationen legte seine Kommentare vor, und der Entwurf wurde entsprechend abgeändert – nicht »Staatenlose«, was sich auf Abertausende beziehen würde, die nicht durch die Nazis gelitten hatten, sondern »Opfer der NS-Verfolgungen, die nicht repatriiert werden können«, und an die Stelle von »Soforthilfe« trat »Rehabilitierung und Ansiedlung«. Außerdem enthielt die geänderte Version jetzt auch das Anrecht auf das Stellen von Ansprüchen.

Der neue Entwurf wurde später als Artikel 8 der Konferenz-Resolutionen akzeptiert. »Nichtrepatriierbare« wurden als »Opfer der NS-Verfolgungen« definiert, »die der Rehabilitierung bedurften und von den Regierungen, die Reparationen von Deutschland erhielten, keine Unterstützung erwarten konnten (d. h., die USA, Frankreich, Großbritannien, die Tschechoslowakei, Jugoslawien). Es wurde beschlossen, in Konsultationen mit der zwischenstaatlichen Flüchtlingskommission ein Projekt vorzubereiten für:

Flüchtlinge aus Deutschland und Österreich, die nicht mehr in jene Länder zurückkehren konnten; Flüchtlinge aus Deutschland und Österreich, noch in jenen Ländern befindlich, denen bei der Auswanderung geholfen werden würde, und Flüchtlinge aus Ländern, die von den Nazis besetzt worden waren und die nicht in der Lage waren, in jene Länder zurückzukehren (außer den Kriegsgefangenen)[6].

Der internationale Fonds für die Rehabilitierung der »nichtrepatriierbaren« Flüchtlinge würde aus drei Quellen finanziert werden:

Teil des nichtmonetären Goldes, das die Alliierten in Deutschland finden würden; fünfundzwanzig Millionen Dollars aus deutschem Vermögen in neutralen Ländern und weitere fünfundzwanzig Millionen Dollars aus Vermögen in neutralen Ländern, das Opfern der NS-Verfolgungen gehörte, die gestorben waren, ohne Erben zu hinterlassen.

Artikel 8 stipulierte weiterhin, daß der Fonds von der zwischenstaatlichen Flüchtlingskommission verwaltet würde, der das in Deutschland gefundene Gold sowie das Bargeld anvertraut würde. Diese Mittel würden zur Rehabilitierung verwendet, nicht für die Entschädigung einzelner (und zwar für von öffentlichen Organisationen durchgeführte Projekte). Folglich würde der Empfang von Unterstützung aus diesem Fonds nicht spätere Ansprüche einer Person auf Entschädigung von der deutschen Regierung beeinträchtigen[7]. Einzelheiten darüber, wann und wie das Geld überwiesen würde, enthielt Artikel 8 nicht. Sie sollten zu einem späteren Zeitpunkt von Vertretern der fünf Regierungen zusammen mit der zwischenstaatlichen Flüchtlingskommission ausgearbeitet werden.

Für die Juden war die Pariser Konferenz etwas enttäuschend. Das jüdische Volk als solches war nicht vertreten. Dr. Jacob Robinson war im Namen des Jüdischen Weltkongresses anwesend, aber als Beobachter; auch bezogen sich die Resolutionen nicht ausdrücklich auf Juden. Darüber hinaus war klar, daß der vorgeschlagene Fonds sehr viel weniger war als das, was zur Rehabilitierung von Abertausenden entwurzelter Überlebender der NS-Verfolgungen, die der Hilfe bedurften, notwendig war. Trotzdem forderten die jüdischen Organisationen einen Anteil bei der Durchführung von Artikel 8. Projekte, an denen sie zu verschiedenen Phasen beteiligt würden, wurden mit Vertretern des Außenministeriums vorbereitet und diskutiert[8].

Kurz vor dem erneuten Zusammentreten der »großen Fünf« in Paris, um die Einzelheiten von Artikel 8 zu erörtern, bewegten der Jüdische Weltkongreß und die American Jewish Conference das Außenministerium dazu, einen jüdischen Beratungsausschuß zu ernennen, der bei der Durchführung des Artikels beteiligt würde. Der Ausschuß umfaßte Vertreter des Jüdischen Weltkongresses, der Jewish Agency, des AJDC, der American Jewish Conference und des American Jewish Committee.

Am 14. Juni 1946 unterzeichneten die fünf Mächte ein Abkommen, das die Einrichtung eines Fonds für nichtrepatriierbare Flüchtlinge vorsah, zu finanzieren aus den drei in Artikel 8 des Pariser Abkommens erwähnten Quellen; die Gelder dienten nicht persönlicher Entschädigung, sondern der Rehabilitierung und Unterstützung; da die meisten Flüchtlinge in dieser Kategorie Juden waren, sollten 90 Prozent des nichtmonetären Goldes in Deutschland, 90 Prozent der fünfundzwanzig Millionen Dollars aus deutschen Einlagen in neutralen Ländern und 95 Prozent des erbenlosen Vermögens in neutralen Ländern für die Rehabilitierung von Juden verwendet werden; deutsches Vermögen und Komplementfonds für Gold würden an die zwischenstaatliche Flüchtlingskommission oder die Nachfolgeorganisation gehen, die die Mittel öffentlichen Organen überweisen würden, die Projekte für Flüchtlingsrehabilitierung unterbreiteten. Ebenso wurde beschlossen, daß die für Juden bestimmten Mittel der Jewish Agency und dem AJDC übertragen würden, die bei Vorlegen von Projekten als die öffentlichen Organe anerkannt würden, die sich mit der Rehabilitierung von Juden und ihrer Unterstützung befassen, und daß die neutralen Länder 95 Prozent ihres erbenlosen Vermögens direkt der Jewish Agency und dem AJDC überweisen würden[9].

Kurz nach der formellen Bestätigung dieses Abkommens einigten sich die Jewish Agency und der AJDC, die seinen Inhalt kannten, die zu unterbreitenden Projekte zu koordinieren, wie auch, daß die unterbreiteten Ansprüche nicht die für die Juden im Abkommen vorgesehene Höhe überschreiten würde. Die Prämisse, die hinter dieser Regelung stand, war die, daß 100000 Menschen nach Palästina einwandern würden und daß die Jewish Agency für ihre Neuansiedlung verantwortlich sein würde.

Das Abkommen zwischen Jewish Agency und AJDC, das am 9. Juni 1946 im Namen der Jewish Agency von David Ben Gurion und für den AJDC von Harold Linder, dem stellvertretenden Vorsitzenden der Organisation unterzeichnet wurde[10], sah ebenfalls vor, daß:
der AJDC ein Drittel des deutschen Vermögens in neutralen Ländern erhalten würde sowie ein Drittel der Goldkomplementmittel in Deutschland. Mit diesen Beträgen würde der AJDC Projekte im Bereich ärztliche Hilfe, Kinderbetreuung, Bildung (allgemeine und berufliche) und Ansiedlung in Ländern außer Palästina einschließlich der Reisekosten finanzieren. Die Jewish Agency würde die anderen zwei Drittel erhalten; falls der AJDC auch die Einwanderungskosten nach Palästina tragen würde, würde er weitere sechzehn und zwei Drittel Prozent der Gelder oder die Einwanderungskosten erhalten; falls die 100000 Einwanderer nicht innerhalb eines Zeitraums von achtzehn Monaten in Palästina eintreffen, oder wenn ihre Rehabilitierungskosten von Großbritannien und den Vereinigten Staaten getragen würden, würde der AJDC nicht den zusätzlichen Prozentsatz erhalten. Ebenso wurde beschlossen, daß die im Abkommen der fünf Mächte im Juni erwähnten Mittel nicht von den Alliierten selbst verteilt, sondern direkt der Jewish Agency und dem AJDC zugehen würden. Diese beiden Organisationen würden unter sich die Projekte zur Nutzung der Mittel koordinieren.

Wie vorausgesehen, forderte die zwischenstaatliche Flüchtlingskommission im August 1946 die Jewish Agency und den AJDC auf, ihre Projekte für Hilfe und Rehabilitierung einzureichen, damit sie ihren Anteil an den Mitteln erhalten konnten. Die Projekte für Einwanderung und Transfer, Rehabilitierung von Kindern, ärztliche Einrichtungen, Berufsausbildung und Wirtschaftshilfe wurden schon kurz danach, im September 1946, unterbreitet.

Allerdings wurden die dem Fonds verfügbaren Mittel nicht mit dem gleichen Eifer verteilt. In der Praxis sah es so aus, daß die betreffenden

Mittel erst nach mehrjährigen Anstrengungen von der zwischenstaatlichen Flüchtlingskommission, der IRO, die sie Ende 1946 ablöste, der Jewish Agency und dem AJDC entgegengenommen werden konnten[11]. Von den neutralen Ländern, die deutsches Vermögen im Werte von fünfundzwanzig Millionen Dollars in ihrem Besitz hatten, überwies allein Schweden seinen Anteil (zwölfeinhalb Millionen Dollars) mit der fälligen Geschwindigkeit. Das Geld wurde der Jewish Agency bereits im Juli 1947 überwiesen, trotz der schwierigen internationalen Lage in bezug auf harte Währungen und Devisenkontrollen. Die Schweiz, die einen ähnlichen Betrag auszuhändigen hatte, nahm ihre erste Überweisung von viereinhalb Millionen Dollars erst im Juni 1948 vor und ihre zweite Rate von vier Millionen Dollars 1952. Die letzte Rate schickte die Schweiz 1958, im gleichen Jahr, in dem auch Portugal erst seine Zahlung leistete.

Die zweite Quelle von Mitteln – nichtmonetäres Gold in Deutschland – war noch schwieriger ausfindig zu machen, trotz der Hilfe, die die Amerikaner beim Aufspüren des Goldes gewährten. Klassifizierung, Abschätzen und Verkauf dauerten bis 1950. Erwartungen, die man in diese Quelle gesetzt hatte, wurden enttäuscht, und der Betrag, den die jüdischen Organisationen schließlich erhielten, betrug lediglich dreieinhalb Millionen Dollars.

Die Verhandlungen über erbenloses Vermögen in den neutralen Ländern, besonders in der Schweiz, zogen sich sogar noch mehr in die Länge und waren schwierig. Man fand keinen Ausweg, das Bankgeheimnis aufzuheben, das im Schweizer Gesetz verankert ist. Bemühungen von Regierungen, internationalen Organisationen und jüdischen Organisationen zeitigten erst 1962 Ergebnisse, sechzehn Jahre nach der Unterzeichnung des alliierten Abkommens über den Fonds[12].

Die verhältnismäßig mageren praktischen Ergebnisse aus dem Pariser Abkommen sollten nicht von einer Wertschätzung ihrer historischen Bedeutung ablenken. Dieses Abkommen legte wichtige, grundsätzliche Präzedenzfälle fest: Unter den Opfern der NS-Verfolgungen waren die Juden als eine besondere Gruppe anerkannt, die Anrecht auf Entschädigung hat. Darüber hinaus wurde auch das Anrecht der Juden, einzeln Entschädigung von Deutschland zu fordern, anerkannt.

Obwohl die Anstrengungen der Alliierten zur Sicherstellung von Unterstützung für jüdische Kriegsflüchtinge den Pessimismus von Siegfried Moses und Nehemiah Robinson rechtfertigten, die vorausgesehen hatten, daß die Alliierten sich nicht besonders anstrengen würden, um Entschädigungsleistungen für die Juden durchzusetzen, verabschiedeten die Alliierten und insbesondere die Vereinigten Staaten in ihren Besatzungszonen in Deutschland Gesetze zur Vermögensrückerstattung und Wiedergutmachung.

In ihrer Erklärung vom 5. Januar 1943 hatten die Alliierten ausdrücklich gesagt, daß jeder Transfer von Vermögen durch die Nazis und ihre Verbündeten als ungültig betrachtet würde, und mit den Besatzungserlässen behielten sich die Alliierten das Recht vor, Gesetze für die Rückerstattung von Vermögen zu verabschieden. Angesichts der in Deutschland während der ersten Jahre der alliierten Besatzung vorherrschenden Wirtschaftslage war das eine leichtere Aufgabe als Wiedergutmachung für den Verlust von Leben, körperlichen Schaden, Verschlechterung von Gesundheit, Verlust von Freiheit und beruflichem Ansehen. Das in Frage kommende Vermögen, das Wohnhäuser, Einrichtungen, Fabriken und öffentliche Gebäude umfaßte, existierte zum Teil noch und hatte einen Wert. Darüber hinaus bedeutete es, die Handlungen der Nazis anzuerkennen, würde das Eigentum nicht seinen rechtmäßigen Eigentümern zurückerstattet. Zwei Jahre lang hoffte man daraufhin, daß der alliierte Kontrollrat ein einheitliches Gesetz für die englische, die amerikanische, die russische und die französische Zone verabschieden würde, und ihre Rechtsoffiziere diskutierten denn auch zahlreiche Entwürfe. Die Hoffnung auf Handeln schwand jedoch dahin, als der Kalte Krieg zwischen der Sowjetunion und den westlichen Demokratien sich Anfang 1947 abzuzeichnen begann.

Sogar in der britischen, amerikanischen und französischen Zone konnte kein einheitliches Gesetz geschaffen werden. Zwischen den Jahren 1947 und 1949 verabschiedete jede Kontrollbehörde ein eigenes Gesetz in ihrer Zone[13].

Die ersten waren die amerikanischen und französischen Besatzungsbehörden. Beide verabschiedeten am 10. November 1947 ein Gesetz: in der amerikanischen Zone das Gesetz Nr. 59 der Militärregierung und in der französischen Zone das Militärgesetz Nr. 120.

Die jüdischen Organisationen in den USA spielten eine entscheidende Rolle beim Entwurf von Gesetz Nr. 59, und unter den Rückerstattungsgesetzen war es zweifelsohne das wichtigste und auch das am besten durchdachte. Die Lage in der amerikanischen Zone wurde begünstigt durch die positive Einstellung und das aufrichtige Interesse an Rückerstattung und Entschädigung jüdischer NS-Opfer, das der Militärgouverneur General Lucius Clay und sein Nachfolger John McCloy (später der amerikanische Hochkommissar in Deutschland) bezeugten. Beide, stets zur Hilfe bereit, gingen weit über ihre Pflicht hinaus und brachten selbst zahlreiche Vorschläge vor, die später beim Außen- und Kriegsministerium eingereicht wurden. General Clay, der sich in den Anfangsstadien, in denen sich das Rückerstattungsgesetz in der amerikanischen Zone entwickelte, aktiv beteiligte, drängte auf die Verabschiedung des Gesetzes und seine Durchführung[14].

Der Ausschuß von fünf jüdischen Organisationen hatte das Fundament für Gesetz 59 bereits 1946 gelegt. Am 2. Oktober unterbreitete er seine Anmerkungen zum vorgeschlagenen Rückerstattungsgesetz für die amerikanische Besatzungszone in Deutschland Dean Acheson im Außenministerium. Der Ausschuß schlug vor, erbenloses Vermögen nicht der zukünftigen deutschen Regierung auszuhändigen, sondern einer jüdischen Sonderorganisation, die mit dem Vermögen jüdische Flüchtlinge rehabilitieren würde. Das Vermögen jüdischer Organisationen und Gemeinden, die nicht länger existierten, sollte ebenfalls dieser Organisation ausgehändigt werden[15]. Mitte Oktober wurde der Entwurf eines Rückerstattungsgesetzes, von den Rechtsberatern des Kriegs- und des Außenministeriums vorbereitet, in diesen Ministerien erörtert. Anfangs war beabsichtigt, das Gesetz vom Länderrat entwerfen zu lassen, der Mitte Oktober 1946 mehrere Entwürfe des Rückerstattungsgesetzes ins Auge gefaßt hatte, aber sich nicht auf einen endgültigen Entwurf hatte einigen können. Einige Vorschläge des Ausschusses der fünf Organisationen wurden im Kriegs- und im Außenministerium schnell akzeptiert, wie Befreiung von Erbsteuer auf zurückerstattetes Vermögen. Diejenigen, die nicht akzeptiert wurden – Transfer von erbenlosem Vermögen an die jüdische Nachfolgeorganisation; Einrichtung einer militärischen Überwachungskommission; Ernennung von Beamten zur Überwachung der deutschen Rückerstattungsbehörden –, wurden mit General Clay bei seinem Besuch in New York im November 1946 diskutiert, woraufhin auch sie akzeptiert wurden. In diesem Zusammenhang war Dr. Nehemiah Robinson sehr aktiv, er stand in engem Kontakt mit General Clay und seinen Beratern. Die Änderungen wurden im neuen Gesetzentwurf vom März 1947 aufgenommen. Allerdings weigerte sich der Länderrat, das Gesetz zu verabschieden, und General Clay beschloß, die Frage durch die Alliierten entscheiden zu lassen. Schon bald zeigte sich, daß Amerikaner, Engländer und Franzosen verschiedene Ansichten über erbenloses Vermögen vertraten und daß die Aussichten, einen gemeinsamen Standpunkt zu erreichen, sehr gering waren. Daraufhin drängte der Ausschuß der fünf Organisationen General Clay und das Außenministerium, das Gesetz als Militärgesetz zu verabschieden, und das geschah denn auch am 10. November 1947[16].

Das französische Rückerstattungsgesetz, am gleichen Tag verabschiedet, war einfacher als das amerikanische Gesetz. Die britischen Behörden folgten dem amerikanischen und französischen Vorbild langsamer: Erst im Juli 1949 verabschiedeten sie endlich ein Gesetz für die englische Zone, das die wichtigsten Merkmale des amerikanischen Gesetzes enthielt – allerdings erst nach vielen Überredungsversuchen der zuständigen britischen Abteilungen im Außenministerium und in Deutschland[17]. Trotz der Verabschiedung dieser Gesetze blieben jedoch noch viele Probleme offen. Zum Beispiel deckten diese Gesetze nicht bestimmte Vermögenskategorien wie verlorengegangenes oder zerstörtes Vermögen, Bankkonten, festverzinsliche Wertpapiere, Wertpapiere und Aktien, Schmuck usw., noch berücksichtigten sie Ansprüche auf Rückerstattung gegen das Dritte Reich, die Nazipartei und angeschlossene Organisationen.

Das jeweils in der amerikanischen, der englischen und der französischen Zone verabschiedete Rückerstattungsgesetz bezog sich auf Nachfolgeorganisationen, die noch zu schaffen waren, um die Treuhänderschaft für erbloses und besitzerloses Vermögen zu übernehmen. Die Gründung einer Nachfolgeorganisation war früher vorgeschlagen worden, als der Ausschuß der fünf Organisationen 1946 die Rückerstattungsgesetze mit dem Außenministerium diskutierte.

Im Dezember 1946 hatte Bernard Bernstein, Rechtsberater der American Jewish Conference (während des Kriegs war er Eisenhowers Rechtsberater in SHAEF gewesen), die Gründung zweier Organe vorgeschlagen: eine jüdische Rückerstattungskommission, die als Nachfolgeorganisation die Rückerstattungsansprüche in bezug auf erbloses Privatvermögen wie auch das von Organisationen und Gemeinden, die verschwunden waren, wahrnahm. Die Kommission würde die gesamte Verantwortung in bezug auf das Vermögen übernehmen: es anfordern, in Besitz nehmen, dafür sorgen und die Einnahmen daraus zur Rehabilitierung, Neuansiedlung und Unterstützung der Auswanderung verwenden. Zum anderen eine Kommission für den kulturellen Wiederaufbau jüdischer Gemeinden in Europa, die sich der kulturellen und religiösen Gegenstände in Deutschland und in den von ihm besetzten Ländern annehmen würde: sie anfordern, sammeln und sie entweder ihren vorherigen Eigentümern zurückgeben oder an jüdische Organisationen, Einrichtungen und jüdische Gemeinden auf der ganzen Welt verteilen[18].

Die erste Nachfolgeorganisation, die Jewish Restitution Successor Organization (JRSO), mit Sitz in Nürnberg, wurde in Deutschland im Juni 1948 von den amerikanischen Behörden eingesetzt. Diese Organisation wurde von der amerikanischen Militärregierung ernannt, die Länder in der amerikanischen Besatzungszone hatten nichts damit zu tun.

JRSO setzte sich aus dreizehn jüdischen Organisationen zusammen*.

* Jewish Agency, AJDC, American Jewish Committee, Jüdischer Weltkongreß, Agudat-Israel-Weltorganisation, Board of Deputies der britischen Juden, Central British Fund, Rat zum Schutz der Rechte und Interessen der Juden aus Deutschland, Zentralausschuß befreiter Juden in Deutschland, *Conseil représentatif des juifs de France*, Jewish Cultural Reconstruction Inc., Anglo-Jewish Association und *Interessenvertretung israelitischer Kulturgemeinden* in der amerikanischen Zone in Deutschland.

Mit Unterstützung von General Clay wurde JRSO der Status einer Regierungsvertretung gewährt, die sich mit Rückerstattungsangelegenheiten in der amerikanischen Zone in Deutschland befaßte, und ihr wurden Einrichtungen für Büros, Transport usw. zugeteilt.

JRSO stellte mehrere tausend Ansprüche auf erbenloses Vermögen. Die auf diese Weise sichergestellten Gelder wurden zur Wohlfahrt und Hilfe der Jewish Agency und dem AJDC verwendet. Ebenso stellte die JRSO Ansprüche für die Rückerstattung des Vermögens von Gemeinden, Organisationen und Einrichtungen. Die erhaltenen Gelder wurden vor allem für die kulturellen und religiösen Bedürfnisse von in Deutschland wiederhergestellten Gemeinden genutzt, mit denen Synagogen und Wohlfahrtseinrichtungen gebaut wurden. Bis Ende 1967 hatte die JRSO 200 Millionen DM erhalten (zusätzlich zu Vermögen in Immobilien, das den Gemeinden rückerstattet wurde). Der größere Teil dieses Betrages wurde in einem Pauschalausgleich mit den Ländern und Westberlin sichergestellt[19].

Die parallele britische Organisation für die Vermögensrückerstattung – die Jewish Trust Corporation (JTC) – wurde 1950 eingesetzt, allerdings erst nach langwierigen Verhandlungen. Die Engländer hatten die Gründung einer einzigen Organisation für Juden und Nichtjuden gleichermaßen beabsichtigt, die Anspruch auf alles Vermögen erheben würde, das erbenlos oder nicht gefordert worden war, und die Erträge sollten unterschiedslos den NS-Opfern zugute kommen. Schließlich erkannten sie jedoch die Gerechtigkeit der Forderung jüdischer Organe nach einer getrennten Körperschaft an, die erbenloses, nicht gefordertes jüdisches Vermögen in der englischen Zone feststellen und zur Unterstützung und Rehabilitierung jüdischer Opfer nutzen würde; daraufhin wurde die JTC gegründet, die praktisch die gleichen Aufgaben und Vorrechte wie die JRSO hatte[20].

Hauptaufgabe der JTC war es, innerhalb von achtzehn Monaten Vermögen festzustellen und Anspruch darauf zu erheben, falls es bis zum 30. Juni 1950 (das letzte Datum, das das britische Rückerstattungsgesetz für das Einreichen von Ansprüchen von Vermögensbesitzern oder ihren Erben festlegte) von niemandem gefordert worden sei. Nur 30 Prozent der von der Jewish Trust Corporation unterbreiteten Ansprüche waren persönliche. Die restlichen 70 Prozent beruhten auf Nachforschungen und Übersichten, die die Körperschaft selbst durchgeführt hatte. Die Organisation reichte bei den Gerichten Ansprüche auf Rückerstattung von Vermögen in *natura* ein oder erreichte mit den gegenwärtigen Besitzern des Vermögens einen geldlichen Ausgleich. Ansprüche in bezug auf Verluste, die den Gemeinden entstanden waren, wurden in Ausgleichen mit den Ländern geregelt. Gegen Ende 1967 hatte die Jewish Trust Corporation ungefähr 170 Millionen DM sichergestellt. Diese Gelder gingen an die Jewish Agency, den AJDC, den Central British Fund, den Rat zum Schutz der Rechte von Juden aus Deutschland, Gemeinden in Deutschland und Organisationen zum Bau von Synagogen und *Jeschiwot* in Israel[21].

Die französische Nachfolgeorganisation, die französische Sektion der Jewish Trust Corporation, wurde erst 1952 gegründet. Anfangs gewährten die französischen Behörden den Ländern die Anrechte auf erbenloses Vermögen, und die sichergestellten Gelder wurden für allgemeine Entschädigungszwecke verwendet. Im September 1951 wurden diese Anrechte der Länder annulliert, und im März 1952 wurde die Nachfolgeorganisation gegründet. Gegen 1967 hatte sie 27,5 Millionen DM sichergestellt.

In bezug auf Entschädigung wurden in jenen Jahren in Deutschland Gesetze nur auf Länderebene verabschiedet. Das erste Gesetz über allgemeine Ansprüche, das am 1. April 1949 veröffentlicht wurde, wurde in Süddeutschland in der amerikanischen Zone unter Druck von der amerikanischen Militärregierung erlassen. Dieses Gesetz, gründlicher und umfassender als andere, unterschied sich von den in anderen Ländern erlassenen in bezug auf die Arten von Verlust und Schaden, die es berücksichtigte, die Definition der Opfer von Verfolgungen, die zum Einreichen von Ansprüchen berechtigt waren, und die Höhe von Entschädigung, die den geschädigten Parteien gewährt wurde. Aufgrund der fehlenden Koordinierung zwischen den Ländern waren die den Anspruchserhebenden gewährten Anrechte in jeder Region verschieden[22].

Regierungsstellen wurden eingerichtet, um die persönlichen Ansprüche zu bearbeiten, und Sondergerichte eingesetzt, um in umstrittenen Ansprüchen zu entscheiden. Im Juli 1948 schuf eine Gruppe deutscher jüdischer Rechtsanwälte eine Organisation, um Anspruchserhebenden, die sich in einer schweren wirtschaftlichen Lage befanden, Rechtsbeistand zu gewähren; ihnen zu helfen, das zu erhalten, wozu sie berechtigt waren, und sie vor habgierigen Rechtsanwälten zu schützen, die bemüht waren, ihre Ansprüche auszunutzen. Die Gruppe bereitete die Ansprüche mit größter Sorgfalt vor, stellte Belege und Unterlagen sicher und legte das Material den deutschen Gerichtshöfen vor. Dieses zuerst in England gegründete Organ entwickelte sich zu einer großen Organisation mit dem Namen United Restitution Organization. Als Hauptsitz von URO wurde London gewählt wegen seiner Nähe zu Deutschland und auch, weil es als Verbindung zwischen Deutschland, Israel und den USA diente – den Ländern, in denen die Mehrzahl der Anspruchserhebenden lebte. URO eröffnete Büros in Paris, New York, Los Angeles, Tel Aviv, Jerusalem und Haifa sowie Rechtsbüros in der amerikanischen, englischen und französischen Zone und in Berlin. Da für die Arbeit in diesen Büros Fachkenntnisse in deutschem Recht notwendig waren, wurden sie mit deutschen jüdischen Rechtsanwälten besetzt, die in Deutschland vor Hitler gearbeitet hatten.

Schon bald verkörperte URO die internationalen jüdischen Anstrengungen in bezug auf Wiedergutmachung, und die drei wichtigsten Organisationen, die sich mit dem jüdischen Flüchtlingsproblem befaßten – die Jewish Agency, der Central British Fund und der AJDC –, erklärten sich bereit, das bescheidene Budget zu finanzieren.

In den ersten Jahren ihrer Tätigkeit stellte URO nicht viel Geld sicher und befand sich in einem Dauerdefizit. Diese Schwierigkeiten hielten bis 1953 an, als die Bundesrepublik Deutschland ihr Wiedergutmachungsgesetz erließ, in dem sie Mittel für Wiedergutmachungsleistungen vorsah. Nach dem Luxemburger Abkommen übernahm die Claims Conference die finanzielle Verantwortung für URO, und im Jahr 1967 hatte URO zwei Milliarden DM für ihre Kunden sichergestellt sowie das gesamte Geld zurückgezahlt, das sie von den Organisationen erhalten hatte, die sie unterstützten[23].

Man wird sich daran erinnern, daß die Alliierten auf der Pariser Konferenz die Frage von erbenlosem jüdischem Vermögen in neutralen Ländern diskutierten und beschlossen, einen Betrag von fünfundzwanzig Millionen Dollars aus dieser Quelle für die Rehabilitierung nichtrepatriierbarer NS-Opfer bereitzustellen. In den alliierten Ländern selbst gab es noch eine große Menge jüdischen Vermögens. In den Vereinigten Staaten wurde Vermögen, das Juden aus Deutschland, Rumänien und Ungarn gehörte, jedoch als Feindvermögen gesperrt. Die Definition von feindlichen Staatsangehörigen umfaßte nicht nur eine feindliche Staatsbürgerschaft, sondern erstreckte sich auch auf feindlichen Wohnort oder Herkunft und berücksichtigte nicht die Tatsache, daß die Nazis die Juden ihrer Staatsbürgerschaft entblößt hatten. Entsprechend des amerikanischen Gesetzes über Handel mit dem Feind wurde das gesamte Feindvermögen im Land – zu dem auch das Vermögen von Juden aus Achsenländern gehörte – dem Alien Property Custodian übertragen, und es bestand keine Möglichkeit, es anzufordern. Das Problem wurde zum Teil durch die Allgemeine Genehmigung 42 gelöst, die das Vermögen einzelner freigab, die am 5. Oktober 1945 entweder in den Vereinigten Staaten oder in einem nicht gesperrten Land im Ausland gelebt hatten. Allerdings galt diese Allgemeine Genehmigung nicht für alle Juden, und damit der Alien Property Custodian ihr Vermögen zurückgeben konnte, verabschiedete der Kongreß im Mai 1946 und im August 1946 Staatsgesetz 322 bzw. 671. Diese Gesetze bestimmten, daß vom Alien Property Custodian verwaltetes Vermögen freigegeben werden solle, wenn der Besitzer sich zu keinem Zeitpunkt seit dem 8. Dezember 1941 seiner vollen Staatsbürgerrechte entsprechend der Gesetze des Landes, in dem er lebte, erfreut hatte. Diese Gesetze, die aufgrund der Schritte entworfen wurden, die der Ausschuß jüdischer Organisationen unternommen hatte, lösten noch nicht das Problem von Besitz, der nicht vom Alien Property Custodian verwaltet wurde, sondern vom Finanzministerium gesperrt worden war, vor allem Bankeinlagen. Nach Eingreifen des Kongresses erklärte sich das Finanzministerium in seinem Brief vom 19. Dezember 1946 bereit, bei diesen Mitteln nach den gleichen Bestimmungen zu verfahren, wie sie im Gesetz 671 angeführt waren. Ein weiteres ungelöstes Problem war das von erbenlosem Vermögen: Das Gesetz sah eine Wartezeit von fünfzehn Jahren vor, bevor ein Anspruch gestellt werden konnte. Der Ausschuß der jüdischen Organisationen drängte auf eine Abänderung des Gesetzes.

Der Ausschuß schlug vor, Artikel 32 des Gesetzes über Handel mit dem Feind in bezug auf einen Anspruch auf Vermögen, vom Eigentümer oder seinen Erben gestellt, zu erweitern, so daß die jüdischen Organisationen in den Vereinigten Staaten zum Nachfolger erbenlosen Vermögens ernannt werden konnten und zum Stellen von Ansprüchen auf Vermögen berechtigt waren, das bis zum August 1948 nicht gefordert worden war. Eine vorgeschlagene Änderung des Gesetzes, die die oben erwähnte Bestimmung enthielt und auch bestimmte, daß erbenloses Vermögen nur dann Nachfolgeorganisationen übertragen werden konnte, wenn diese Nachweise erbracht hatten, daß das Vermögen im Interesse der politischen, rassischen oder religiösen Gruppe verwaltet würde, der der vorherige Eigentümer angehört hatte, wurde im Außenministerium diskutiert und dem Senat am 27. Mai 1948 von Senator Robert Taft vorgelegt. Der Senat verabschiedete die Änderung erst 1954, woraufhin die fraglichen Gelder freigegeben und der JRSO ausgehändigt wurden[24].

Während die Arbeit in diesem Bereich der amerikanischen jüdischen Organisationen schnelle Fortschritte machte, wurde auch der neue Staat Israel aktiv. Da sich der Staat Israel mit ungeheuren und dringenden Problemen wie Verteidigung, Einwanderung und Aufbau konfrontiert sah, konnte er sich nicht sofort dem Reparationsproblem widmen. Aber schon Anfang 1950 bat der damalige Finanzminister Elieser Kaplan Dr. Hendrik van Dam, einen einflußreichen jüdischen Rechtsanwalt in Deutschland, der Generalsekretär des Zentralrats befreiter Juden in Deutschland war, darum, ein Memorandum in bezug auf die legale Grundlage für Ansprüche auf erbenloses Vermögen und die Aussichten aufzustellen, seine Rückerstattung an den Staat Israel durchzusetzen.' Am 1. Juli 1950 unterbreitete van Dam dem Finanzminister seine Schlußfolgerungen. Reparationen an das jüdische Volk, schrieb er, seien eine moralische Frage sowohl für Deutschland wie für das jüdische Volk. In Deutschland mache das Bewußtsein einer moralischen Verpflichtung inzwischen schon politischen und wirtschaftlichen Überlegungen Platz. Die deutsche Regierung, durch solche Überlegungen motiviert, sei daran interessiert, die Reparationsfrage zu regeln, aber ihre Bereitschaft werde nicht lange anhalten. Der moralische Anspruch des jüdischen Volkes könne – nicht weniger als die moralische Verpflichtung der Deutschen – nicht verleugnet werden, und Israel könne nicht länger Reparationen ablehnen. Da Israel früher oder später handeln müsse, solle es schon bald geschehen. Van Dam bestätigte das besondere Recht, das die Regierung Israels habe, im Namen des jüdischen Volkes einen Kollektivanspruch zu stellen. Israel selbst, folgerte er, stelle die legale Instanz dar, die Anspruch erheben könne.

Van Dam führte eine Reihe von Gründen an, die Handeln seitens der Regierung von Israel rechtfertigten: Da eine Einigung auf Regierungsebene erreicht werden müsse, gebe es keinen anderen Partner für die Verhandlungen als die Regierung von Israel. In jedem Fall würde es notwendig sein, Waren aus Deutschland einzuführen. Auch die USA hätten ein Interesse daran, daß Deutschland Israel Reparationen zahlt. Das würde sozusagen Amerikas Versagen bei der Entnazifizierung sowie ihr Hofieren Deutschlands aufwiegen.

Man wird bemerken, daß van Dam nicht die Möglichkeit erwog, daß andere jüdische Organe an den Verhandlungen mit Deutschland beteiligt würden[25].

Um ungefähr die gleiche Zeit, am 25. Juli 1950, wurde ein weiteres Memorandum über jüdische Ansprüche gegen Deutschland von Alexander Easterman verfaßt, dem europäischen politischen Sekretär des Jüdischen Weltkongresses. Es wurde Lord William Henderson überreicht, dem britischen Staatssekretär des Außenministeriums, genau als die Alliierten ihre zukünftigen Beziehungen zu Deutschland diskutieren wollten, und es beruhte auf der Voraussetzung, daß die Bundesrepublik die Verantwortung für die Taten des Dritten Reiches übernehmen müsse.

Eastermans Memorandum forderte Verbreiten des Wissens über das, was die Nazis getan hatten, weiter, Naziverbrecher vor Gericht zu stellen und zu bestrafen, sowie Umerziehung der Deutschen. Die Entschädigungsfrage nahm den größten Teil des Memorandums ein; dabei wies Easterman auf die unzureichenden Gesetze hin, die in dieser Hinsicht in der Bundesrepublik Deutschland in Kraft waren. Die in ihnen vorgesehenen Anspruchskategorien waren unvollständig, und außerdem begrenzten sie willkürlich die Zeit, in der Ansprüche gestellt werden konnten. (Entsprechend ihren Bestimmungen waren nur Personen, die sich am 1. Januar 1947 in Deutschland in der amerikanischen

Besatzungszone und am 1. Januar 1948 in der englischen Zone aufgehalten hatten, berechtigt, Ansprüche zu stellen. Dadurch waren viele tausende Anspruchsherhebende ausgeschlossen.)

Easterman schlug vor, daß die Rückerstattungsfrage in jedem zwischen den Alliierten und der Bundesrepublik in bezug auf Deutschlands Zukunft zu unterzeichnenden Abkommen den Alliierten vorbehalten bleiben und die deutsche Regierung ein einheitliches Entschädigungsgesetz für ganz Deutschland verabschieden müsse, das weder in bezug auf Ort noch Zeit begrenzt sei; Juden, die aus Deutschland vertrieben oder zum Auswandern gezwungen worden waren, sollten Entschädigung in den Ländern erhalten können, in denen sie lebten, und alle Vermögensgewinne, die sie erhielten, sollten von der »Lastenausgleichssteuer« befreit sein. (Lastenausgleich war eine durch das Gesetz vom 14. 8. 1952 allen Eigentumsbesitzern in Deutschland auferlegte Steuer, um die Not von Deutschen zu lindern, die aus dem Osten auf westdeutsches Gebiet vertrieben worden waren.)

Allerdings würde eine Entschädigung an den einzelnen nicht das gesamte von den Nazis beschlagnahmte Vermögen aufwiegen, noch würde sie in irgendeiner Weise eine Sühne für Mord, Leiden und Not darstellen, die das jüdische Volk als Ganzes erlitten hatte. Folglich trage Deutschland die zusätzliche Verantwortung, der es nachkommen müsse, dem jüdischen Volk eine Kollektivwiedergutmachung zu zahlen, und zwar in Form von Waren, Dienstleistungen und anderen Mitteln. Die Entschädigung müsse an die jüdischen Organisationen auf der ganzen Welt geleistet werden, die sich bemühten, die NS-Opfer in den Ländern zu rehabilitieren, in die sie geflohen waren. Jüdische Gemeinden auf der ganzen Welt hatten beträchtliche Opfer erbracht, um diesen Flüchtlingen zu helfen und sie zu rehabilitieren, eine Aufgabe, die noch viele Jahre mehr in Anspruch nehmen werde, und die Bundesrepublik müsse aufgefordert werden, einen Teil der Last zu tragen[26].

Während sowohl van Dam wie Easterman das Anrecht auf Kollektivreparationen bestätigten, erwähnte Easterman im Gegensatz zu van Dam nicht den Staat Israel, sondern nur die jüdischen Organisationen als voraussichtliche Empfänger von Wiedergutmachung.

Bei mehreren Gelegenheiten nach Vorlage seines Memorandums traf Easterman mit Henderson zusammen, um ihm die jüdische Stellung zur Entschädigungsfrage zu erläutern. In seiner Antwort im September 1950 vertrat Henderson die Ansicht, der Vorschlag in bezug auf Reparationen müsse von Deutschland selbst kommen; die Alliierten könnten es nicht zum Zahlen zwingen. Das spiegelte genau die Einstellung der Alliierten wider, die sie auch Israel gegenüber als Antwort auf seine Schritte in diesem Bereich wiederholten.

Kurz bevor die Verhandlungen über den Abschluß eines vertraglichen

Abkommens zwischen der Bundesrepublik und den Alliierten aufgenommen werden sollten, traf Easterman am 11. Januar 1951 erneut mit Henderson zusammen und legte ihm die jüdische Stellung zu den Reparationen dar. Henderson versprach, sein Bestes zu tun, um die Bundesrepublik dahingehend zu beeinflussen, ihren Verpflichtungen den NS-Opfern gegenüber nachzukommen, und er teilte Easterman mit, die Bundesrepublik habe bereits von den Alliierten die Anweisung erhalten, ein allgemeines Gesetz über Ansprüche zu erlassen. Easterman bestand darauf, die Alliierten hätten die Macht, Deutschland davon zu überzeugen, daß es den Juden gegenüber eine moralische Verpflichtung trage und einfach den ihnen zugefügten Schaden wiedergutmachen müsse. Henderson erwiderte, kein Geld auf der Welt könne das jüdische Volk für das ihm Angetane entschädigen, noch könne die deutsche Regierung angemessene Entschädigung leisten. Trotzdem fragte er, welcher Betrag als Entschädigung als angemessen erscheinen und wer ihn erhalten würde. Easterman sprach von 500 Millionen Pfund Sterling, die zum Teil für die Regierung von Israel bestimmt seien und zum Teil für eine Gruppierung internationaler jüdischer Organisationen, die sich mit Rehabilitierung und Unterstützung der NS-Opfer befaßten[27].

Eine Reihe von Punkten aus Eastermans Vorschlägen wurden später denn auch verwirklicht:

Im vertraglichen Abkommen zwischen der Bundesrepublik Deutschland und den Alliierten verpflichtete sich die Bundesrepublik tatsächlich dazu, ein allgemeines Gesetz über Ansprüche zu erlassen. Ebenso entsprach der Betrag, den Easterman für kollektive Wiedergutmachung erwähnte, eine halbe Milliarde Pfund Sterling, genau dem Betrag, den die Regierung von Israel später forderte (1,5 Milliarden Dollars). Zwar erwähnte Easterman es nicht in seinem Memorandum, daß kollektive Reparationen zum Teil von der Regierung von Israel und zum Teil von einer allgemeinen Vertretung jüdischer Organisationen gefordert und auch erhalten würden, aber er sah es voraus.

Während der gleichen Monate, gegen Ende 1950, diskutierte auch die Regierung von Israel die Reparationsfrage aus Deutschland. Nachdem der Finanzminister das Memorandum von van Dam erhalten hatte, ernannte die Regierung einen Ausschuß, der die verschiedenen Möglichkeiten untersuchen sollte, Reparationen von Deutschland zu fordern. Der Ausschuß brachte eine Reihe von Vorschlägen, die auf einer Zusammenkunft von Vertretern der Regierung, der Jewish Agency und des AJDC am 4. September 1950 in Jerusalem diskutiert wurden. Das war der erste Schritt zu einer Koordinierung in diesem Bereich zwischen der Regierung von Israel und den interessierten jüdischen Organisationen.

Georg Landauer, der Leiter des Zentralbüros für die Ansiedlung deutscher Juden der Jewish Agency, überprüfte die vom Ausschuß angeführten Vorschläge: Ein gesamtjüdisches Zentrum für Rückerstattung und Wiedergutmachung, das als einziges Organ zu Verhandlungen mit Deutschland bevollmächtigt sei, müsse gemeinsam von der Regierung von Israel, der Jewish Agency, dem AJDC, dem Central British Fund, URO, JRSO, der Jewish Trust Corporation und der französischen Rückerstattungsorganisation eingesetzt werden. Solch eine Organisation sei wesentlich; damit würde eine Duplikation der verschiedenen jüdischen Organisationen bei ihren Kontakten mit Deutschland vermieden, und es könne Druck auf Deutschland ausgeübt und aufrechterhalten werden, um ein so gutes Wiedergutmachungsgesetz wie möglich durchzusetzen. Diese Organisation würde sich auch bemühen, einen Kollektivausgleich aller jüdischen Ansprüche gegenüber Deutschland zu erreichen (einschließlich der Ansprüche einzelner), und sie würde auch mit dem Warentransfer beauftragt werden, die Israel als Reparationen akzeptieren würde.

Maurice Boukstein, Rechtsberater der Jewish Agency in den Vereinigten Staaten, widersetzte sich der Einbeziehung der israelischen Regierung und nichtstaatlicher Organisationen in ein und demselben Organ. Seiner Ansicht nach habe der von Landauer vorgeschlagene Kollektivanspruch keinerlei Aussichten auf Erfolg angesichts der Schwierigkeiten, denen die JRSO bis zu jenem Zeitpunkt begegnet war. Stattdessen sollten die damals mit Deutschland unterhaltenen getrennten Kontakte fortgeführt werden, wobei die diversen einbezogenen Organe ihre Aktivitäten koordinieren sollten. Auch Dr. Joseph Schwartz, der Generaldirektor von AJDC, und Dr. Nahum Goldmann neigten dieser Ansicht zu. Der Vorschlag, eine Gesamtorganisation einzurichten, wurde abgelehnt, und Boucksteins Einstellung – getrenntes Handeln mit Koordinierung – wurde angenommen[28].

IV. Das Jahr der Entscheidung – 1951

In dem langwierigen und mühsamen Prozeß, bei dem die Ansprüche gegen Deutschland formuliert wurden, war 1951 das Jahr der Entscheidung. Alle Anstrengungen der jüdischen Organisationen, der Jewish Agency und der israelischen Regierung, die während des Kriegs ihren Anfang genommen hatten, alle angeknüpften Kontakte und alle erfolgten Nachforschungen erreichten in jenem Jahr einen kritischen Punkt. Deutschland willigte in die Forderung ein, Wiedergutmachung zu zahlen, und erklärte sich bereit, die Sache in direkten Verhandlungen mit der israelischen Regierung und den jüdischen Organisationen der Welt zu diskutieren.

Anfangs gab es keine direkten Kontakte mit Deutschland. Den direkten Kontakten gingen zahlreiche Versuche voraus, durch die Mächte Druck auf Deutschland auszuüben, damit es sich fügt. Die Befürchtung, Deutschland erhalte in Kürze seine Souveränität zurück, wodurch es den Mächten bald unmöglich sein würde, in bezug auf Rückerstattung und Wiedergutmachung Einfluß auszuüben, führte zu hastigen und kräftigen Appellen. Als erstes wandte sich die israelische Regierung im Jahre 1951 an die vier Mächte.

In ihrer Note vom 16. Januar 1951 an die vier Mächte in bezug auf Rückerstattung und Wiedergutmachung unterzog die israelische Regierung die Gesetze und Bestimmungen einer Überprüfung, die bisher von Deutschland und den Alliierten erlassen worden waren; sie erklärte sie für ungenügend. Israel stellte die folgenden Forderungen:

1. Beibehalten der Kontrolle über Rückerstattung durch die alliierten Besatzungsbehörden sowie Beibehaltung des Militärrevisionsrates oder gleichwertiger nichtdeutscher Appellationsbehörden.
2. Verbessern bestehender Wiedergutmachungsgesetze – insbesondere Annahme eines allgemeinen Gesetzes über Ansprüche für die gesamte Bundesrepublik Deutschland.
3. Sofortige Annahme der finanziellen Verpflichtung gemäß den Wiedergutmachungsgesetzen durch die Regierung der Bundesrepublik, und zwar gemeinsam und einzeln mit jedem Land.
4. Beschleunigen der tatsächlichen Rückerstattung und Zahlung von Entschädigungsansprüchen.
5. Die dringende Lösung des Transferproblems von Devisen.

Israel ging näher auf sein besonderes Interesse am Transferproblem ein. Es hatte die Mehrzahl der Displaced Persons aufgenommen, die sich nach Kriegsende in den Lagern in Deutschland befanden, und dadurch hatte es eine finanzielle Last auf sich genommen, die sonst den

Besatzungsbehörden zugefallen wäre[1].

Am 20., 21. und 24. März 1951 antworteten die westlichen Alliierten auf die israelische Note im praktisch gleichen Wortlaut; die Sowjetunion antwortete nicht. Sie erklärten, die Verzögerung beim Erlassen eines Rückerstattungsgesetzes sei die Folge ihrer Hoffnung gewesen, daß ein einheitliches Rückerstattungsgesetz vom alliierten Kontrollrat für ganz Deutschland verabschiedet werde. Erst nachdem sie sich davon überzeugt hatten, daß das nicht möglich sei, waren einzeln Rückerstattungsgesetze in den verschiedenen Zonen erlassen worden. Die Trägheit des Rückerstattungsvorgangs, erklärten sie, sei lediglich durch die Natur juristischer Verfahren bedingt; darüber hinaus lebten viele Anspruchserhebende außerhalb Deutschlands. In bezug auf ein allgemeines Gesetz über Ansprüche ständen sie bereits mit der Bundesregierung in Verbindung.

Weiter erklärten sie, das Problem des Geldtransfers lasse sich nicht so einfach lösen. Deutschlands außerordentlich ungünstige Lage in bezug auf ausländische Devisen sowie die anhaltende Notwendigkeit für finanzielle Unterstützung von außen machten es notwendig, die existierenden Einschränkungen im Devisentransfer in Deutschland aufrechtzuerhalten. Solange Deutschland noch von Hilfe von außen abhängig sei, um sein laufendes Budget auszugleichen, könnten Kapitalausfuhren nicht genehmigt werden. Bis zu jenem Zeitpunkt, zu dem über die Form zukünftiger Beziehungen zu Deutschland entschieden werde, müsse die Frage, wie die Rückerstattungsansprüche zu regeln seien, in der Schwebe bleiben. In der Zwischenzeit würden die Alliierten fest auf der Durchführung der bestehenden Rückerstattungsgesetze bestehen[2].

In der Praxis erschwerten zahlreiche Hindernisse jedoch die volle Durchführung der Rückerstattungsgesetze, die die Alliierten in ihren Zonen erlassen hatten. Deutsche, die sich im Besitz jüdischen Vermögens befanden, es entweder beschlagnahmten oder zu einem symbolischen Preis erworben, zeigten sich zunehmend weniger dazu bereit, es zurückzugeben. In der Hoffnung, daß die Vermögensrückerstattung aufhören würde, sobald der Besatzungsstatus durch ein vertragliches Abkommen ersetzt sein würde, ermutigten Interessengruppen jede mögliche Verzögerung bei der Durchführung des Rückerstattungsgesetzes. Die Behörden ihrerseits waren nicht bereit, sich wegen dieser Frage mit den eigenen Staatsbürgern Spannungen zu verschaffen. Auch waren sie beim Transfer von Entschädigung für beschlagnahmtes oder illegal erworbenes Vermögen an Anspruchserhebende im Ausland durch die von den Alliierten auferlegten Devisenbeschränkungen behindert.

Israels Forderung nach anhaltender Überwachung von Rückerstattung und Wiedergutmachung in Deutschland hatte die jüdischen Organisationen in den Vereinigten Staaten und England seit Ende 1950 bis

Ende 1951 beschäftigt[3]; sie wurde im Januar 1951 bei einem Treffen zwischen Easterman und Henderson, dem britischen Staatssekretär des Außenministeriums, erörtert. Wiederholt wurde die Forderung erhoben, die deutsche Regierung müsse in jedem neuen Abkommen zwischen Deutschland und den Alliierten verpflichtet werden, die Gesetzgebung über Vermögensrückerstattung durchzusetzen, die von den Alliierten erlassenen Gesetze zu erweitern und die Durchführung zu beschleunigen. Die Überwachung der Rückerstattung müsse jedoch den Alliierten vorbehalten bleiben. Befürchtungen, die Rückerstattung deutscher Kontrolle zu überlassen, beruhten auf den folgenden Überlegungen:

Die Entscheidungen deutscher Gerichte waren ungünstig und mußten durch das höchste alliierte Gericht revidiert werden.

Mehrere deutsche politische Parteien hatten offen drastische Änderungen des Gesetzes befürwortet, und keine deutsche Stimme hatte sich zur Verteidigung der Rückerstattung erhoben.

Deutsche im Besitz jüdischen Vermögens hatten sich hartnäckig geweigert, ihre moralischen und rechtlichen Verpflichtungen anzuerkennen[4].

Die vom Ausschuß der fünf amerikanischen Organisationen bei zahlreichen Kontakten mit Beamten des Außenministeriums in diesen Monaten erhobenen Forderungen wurden in einem Memorandum vom 18. April 1951 zusammengefaßt. Unter anderem hieß es darin, die Rückerstattung von Vermögen finde nur nach endlosen Verzögerungen statt, und deshalb müsse der alliierte Revisionsrat beibehalten werden, bis die Rückerstattung abgeschlossen sei. Deutschland müsse dazu verpflichtet werden, die bestehende Gesetzgebung zu achten, durchzuführen und zu erweitern; sie dürfe ohne Genehmigung der Alliierten nicht geändert werden. Ebenso schlug er vor, bei der Bonner Regierung darauf zu drängen, ein allgemeines Gesetz über Ansprüche nach dem Vorbild des Gesetzes in der amerikanischen Zone zu erlassen. Die deutsche Regierung müsse die Mittel und das Personal liefern, um die Wiedergutmachungsgesetze durchzuführen. Der neue Ausgleich mit Deutschland müsse die Rechte der jüdischen Nachfolgeorganisationen festlegen. Deutschland müsse den Geldtransfer an Ansprucherhebende im Ausland genehmigen. Auf jüdisches Vermögen dürfe keine Lastenausgleichsteuer erhoben werden[5].

Diese Forderungen betrachteten die amerikanische und die britische Regierung verständnisvoll. Am 17. Mai 1951 setzte das britische Außenministerium einen Ausschuß mit drei Mitgliedern ein, um den Fortschritt bei der Bearbeitung von Ansprüchen gemäß dem britischen Militärgesetz 59 in der englischen Zone in Deutschland und gemäß Erlaß 180 im englischen Sektor in Berlin zu überprüfen. (Das britische

Gesetz vom 12. Mai 1949 beruhte auf dem Gesetz 59 der amerikanischen Militärregierung und richtete sich in allen wichtigen Einzelheiten nach ihm.) Der Ausschuß erhielt die Anweisung zu überprüfen, ob das Gesetz richtig durchgeführt wurde; weiterhin, warum Verzögerungen eintraten; wie auch konkrete Schritte zu empfehlen, mit denen der britische Hohe Kommissar die Ursachen für die Verzögerungen aus dem Weg räumen oder mindern konnte, bevor die Überwachung über die Rückerstattung aus den Händen gegeben wurde. Zum Vorsitzenden des Ausschusses wurde Richter D. N. O'Sullivan ernannt, der Rechtsberater in der englischen Zone, seine anderen Mitglieder waren Alexander Easterman und Norman Bentwich. Sowohl die Zusammensetzung des Ausschusses wie die Anweisungen an ihn zeugten von der Bereitwilligkeit der britischen Regierung, jüdischen Forderungen in bezug auf Rückerstattung und Wiedergutmachung in der englischen Zone in Deutschland nachzukommen.

Der Ausschuß ging nach Deutschland, um Belege zu sammeln, und am 30. Juni 1951, nachdem er von Lord Henderson zur Eile gedrängt wurde, legte er seinen Bericht vor. Die Schlußfolgerungen wurden in einem offiziellen Weißpapier am 24. Oktober 1951 veröffentlicht[6]. In seinem Bericht gab der Ausschuß einen vergleichenden Überblick über die Durchführung der Rückerstattungsgesetze in den drei Zonen und in Berlin. Es zeigte sich, daß in der französischen Zone 60 Prozent der Fälle erledigt waren, in der amerikanischen 37 Prozent, in der englischen 14 Prozent und in Berlin nur 5 Prozent. Der Ausschuß analysierte die Ursachen für die Verzögerung in der englischen Zone und führte zwei politische Hauptgründe an:

Glaube und Hoffnung der Deutschen, die Rückerstattungsgesetzgebung werde aufgegeben oder drastisch geändert, sobald der Besatzungsstatus zu Ende gehe, und die Schaffung von Verbänden, die es sich zum ausdrücklichen Ziel gesetzt hatten, Widerstand gegen die Rückerstattungsgesetze zu organisieren. Ihre Werbung zielte darauf ab, freundschaftliche Ausgleiche zu vereiteln und die Arbeit der zuständigen deutschen Behörden zu verzögern.

Außerdem gab es verwaltungstechnische Hindernisse: Schwierigkeiten beim Erbanspruch; Schwierigkeiten, Ansprüche in Reichsmark in Ansprüche in Deutscher Mark umzurechnen; das Fehlen eines allgemeinen Gesetzes über Ansprüche in der englischen Zone; die Unwilligkeit der deutschen öffentlichen Behörden, Befehle der Rückerstattungsbehörden effektiv durchzusetzen; Verzögerungen bei der Bearbeitung von Ansprüchen gegen das frühere Deutsche Reich; Unsicherheit in bezug auf die Anwendung des geplanten Lastenausgleichsgesetzes.

Um die Lage zu verbessern, empfahl der Ausschuß, der britische Hohe Kommissar müsse eine Erklärung in dem Sinn abgeben, daß die

Vermögensrückerstattung gemäß dem bestehenden Gesetz fortgeführt würde und daß jedes vertragliche Abkommen mit der Bundesregierung eine Verpflichtung dieser Regierung enthalten müsse, das Rückerstattungsgesetz beizubehalten und durchzuführen und den Anordnungen der Rückerstattungsbehörden nachzukommen. Weiter wurde empfohlen, die Überwachung der Alliierten über Rückerstattungsgerichtshöfe beizubehalten; Schritte zu unternehmen, um die Zahl von Richtern und Büropersonal in den Rückerstattungsbüros und Kammern zu erhöhen; den ganzen Rückerstattungsmechanismus neu zu überprüfen und eine Entscheidung über die Verpflichtungen des Reichs zu treffen, wobei verwaltungstechnische Schritte ergriffen werden müßten, um sicherzustellen, daß die Rückerstattungsansprüche gegen das Reich erfüllt werden. Gesetz 59 müsse geändert werden, damit kein Zweifel daran bestehe, daß die Rückerstattungsbehörden die Befugnis haben, über den Erbanspruch zu entscheiden, deren Anweisungen für die deutschen Behörden bindend sind. Der Wechselkurs von RM in DM müsse gesetzlich festgelegt werden, und die Bundesregierung müsse gedrängt werden, ein allgemeines Gesetz über Ansprüche zu verabschieden. Ebenso schlug der Ausschuß vor, es müsse, bevor die Überwachung aus den Händen gegeben wird, eine Entscheidung über die Befreiung von der geplanten Lastenausgleichssteuer auf Vermögen getroffen werden, für das Rückerstattungsansprüche vorliegen; Gesetz 59 müsse geändert werden, um freundschaftliche Ausgleiche in bezug auf Rückerstattung nachträglich geltend zu machen, und die Bundesregierung müsse gedrängt werden, die Verpflichtung für Rückerstattungsansprüche gegen das Deutsche Reich zu akzeptieren, und schließlich müsse das vertragliche Abkommen mit der Bundesregierung den Fortbestand dieser Verpflichtung vorsehen wie auch Sondergarantien, um ihre Erfüllung sicherzustellen.

Die Jewish Trust Corporation (JTC) solle gebeten werden, einen Kollektivanspruch für jedes der Länder aufzustellen zum Zwecke eines Gesamtausgleichs, und die britischen Behörden sollten zu diesem Zweck Verhandlungen mit den deutschen Behörden aufnehmen. Ähnliche Verhandlungen sollten mit der Bundesregierung in die Wege geleitet werden, um einen Gesamtausgleich der Ansprüche der JTC gegen das ehemalige Deutsche Reich zu erreichen. Ebenso müßten Schritte unternommen werden, um die Einschränkungen für den Transfer von Beträgen aufzuheben, die auf Sperrkontos von Anspruchserhebenden außerhalb des Bundesgebietes eingezahlt wurden, ebenso sei eine Bestimmung im vertraglichen Abkommen aufzunehmen, um sicherzustellen, daß die Einschränkungen nicht wieder eingeführt würden[7].

Das britische Außenministerium akzeptierte den größeren Teil der Empfehlungen des Ausschusses. Gesetz 59 wurde wie vorgeschlagen geändert, und Schritte wurden unternommen, um der Umkehrung der Rückerstattungsgesetze in Deutschland Einhalt zu gebieten und die Bedeutung zu unterstreichen, die diese Gesetze auch nach dem zu schließenden vertraglichen Abkommen behalten würden.

Am 27. Juli 1951 setzte der britische Hohe Kommissar Sir Ivone Kirkpatrick die Ministerpräsidenten in der englischen Zone in Deutschland in einem Brief, der in der Presse veröffentlicht wurde, über die Entschlossenheit der britischen Regierung in Kenntnis, die Rückerstattung bis zum Ende durchgeführt wissen zu wollen. Darüber hinaus beabsichtigte die Regierung Seiner Majestät auch, dafür zu sorgen, daß das vertragliche Abkommen Bestimmungen enthalte, die die Beibehaltung des Gesetzes sicherstellen, das die Rückerstattung in der englischen Zone regelt, wie auch die weitere Durchführung des Rückerstattungsprogramms[8].

Dieser Brief schloß sich einem früheren (12. Juni) Brief des amerikanischen Hohen Kommissars John McCloy an die Ministerpräsidenten der amerikanischen Zone an, der entsprechend dem Vorschlag des englischen Ausschusses als sein Vorbild diente. Wie schon zuvor erwähnt, trug McCloys persönliche Einstellung zu einer beschleunigten Verabschiedung eines Rückerstattungsgesetzes bei. Aber damit gab er sich nicht zufrieden. Nach Verabschiedung des Gesetzes drängte er auch weiterhin darauf, die Schwierigkeiten und Hindernisse aus dem Weg zu räumen, die seine Durchführung behinderten. Bei seinen Anstrengungen, die Rückerstattung schneller voranzutreiben, schickte er Briefe an die zuständigen deutschen Behörden und traf die Beamten auch persönlich. Ebenso ermutigte er Kollektivausgleiche zwischen den Ländern in der amerikanischen Zone und der JSRO und sorgte für die Restaurierung erbenlosen Vermögens.

Sein offener Brief vom Juni 1951 an die Ministerpräsidenten in der amerikanischen Zone, der wie der englische Brief auch der Presse zugestellt wurde, sollte alle Zweifel in bezug auf die Absichten der Alliierten aus dem Weg räumen. Zuerst verwies McCloy auf Briefe und Kommentare, die in der deutschen Presse erschienen waren, sowie auf von Organisationen verbreitete Vorschläge und Erklärungen – Angehörigen der Länderregierungen zugeschrieben –, die zusammen Spekulationen über die amerikanische Politik in bezug auf die Rückerstattung feststellbaren Vermögens ermutigten, und bestätigte erneut diese Politik. Personen und Organisationen, die aufgrund von NS-Verfolgungen ihr Vermögen verloren hatten, müßten entweder ihr Vermögen zurückerhalten oder dafür entschädigt werden. Es bestehe keinerlei Absicht, von diesen Grundsätzen abzuweichen, noch die Verpflichtungen aufzuheben, die den Besitzern von Vermögen oblagen, für das eine Rückerstattung in Frage kam. Beamten, die mit dem Vollzug des

Rückerstattungsgesetzes beschäftigt waren, müßten davon in Kenntnis gesetzt werden, daß sich die amerikanische Politik in dieser Hinsicht nicht ändern würde[9].

Während die Frage von Rückerstattung und Entschädigung an einzelne erledigt wurde, wurde auch die Forderung nach Kollektivreparationen von Deutschland an das jüdische Volk als Ganzes erhoben. In ihrer Note vom 16. Januar 1951 sagte die israelische Regierung, sie behalte sich das Recht vor, einem Problem, das nicht durch die bestehenden Gesetze in bezug auf Rückerstattung und Wiedergutmachung gedeckt sei, eine Sondernote zu widmen: das Problem der Reparationen, die Deutschland dem gesamten jüdischen Volk schulde. Jüdische Einwohner Europas waren massenweise ermordet worden, und gegenwärtig gab es niemanden, der Einzelansprüche für die Rückerstattung ihres Vermögens oder Entschädigungsleistungen hätte stellen können.

Diese Forderung wurde später in der Note der israelischen Regierung vom 12. März 1951 an die vier Mächte gestellt, eine Note, die die Hauptstütze in der Geschichte der Verhandlungen mit Deutschland ist. Hier wurde zum ersten Mal der Kollektivanspruch an Deutschland in allen Einzelheiten und mit allen Begründungen erhoben. Neun Monate später wurde sie von Konrad Adenauer als Grundlage für Verhandlungen zwischen der Bundesrepublik Deutschland und Israel und den jüdischen Organisationen akzeptiert, und sie diente denn auch dem Abkommen als Grundlage, das am Ende der Verhandlungen in Waasenaar geschlossen wurde.

Der größte Teil der Note war einem Bericht des historischen Hintergrunds gewidmet, das Werk von Leo Kohn, zu jenem Zeitpunkt Berater des israelischen Außenministeriums. David Horowitz, damals Generaldirektor des Finanzministeriums, lieferte die Zahlen zum Berechnen des Anspruchs. Er riet, sie auf die Tatsache zu gründen, daß der *Jischuw* in Palästina und Israel eine halbe Million Juden eingegliedert hatte, die Opfer der NS-Verfolgungen gewesen waren, und schlug vor, die Eingliederungskosten dieser Einwanderer auf dreitausend Dollars pro Kopf anzusetzen. Auf einer klaren, präzisen und unumstößlichen Grundlage kam er auf diese Weise auf insgesamt eineinhalb Milliarden Dollars[10].

In einer Erklärung vor der *Knesseth* am 14. März 1951 sagte Außenminister Mosche Scharett zu der den Mächten zugestellten Note:

»Vor den Augen der ganzen Welt stellt dieses Dokument die Großmächte vor einen Anspruch, der noch nicht in die Tagesordnung der internationalen Gemeinschaft aufgenommen wurde. Darin fordert die Regierung von Israel, Deutschland mit Reparationszahlungen von insgesamt eineinhalb Milliarden Dollar zu belegen, ein Betrag, der knapp ein Viertel des beschlagnahmten Vermögens darstellt. Wir stellen diese Forderung in dem Bewußtsein, daß das deutsche Volk in seiner Gesamtheit für das Töten und die Plünderung verantwortlich ist, die das vorherige Regime dem Hause Israel in Europa beigebracht hat, und daß diese Verantwortung beide Teile Deutschlands betrifft. Die Regierung von Israel, die den Staat Israel als Träger der Anrechte der abgeschlachteten Millionen betrachtet und als berechtigt und verpflichtet, in ihrem Namen Wiedergutmachung zu fordern als das einzige souveräne Organ eines Volkes, das wegen seiner Nationalität zum Tode verurteilt wurde, erhebt für sich Anspruch auf diesen Betrag der Reparationsleistungen. Die Forderung nach Reparationen wurde aufgrund der Belastung berechnet, die das Volk in Israel und die jüdischen Organisationen auf der ganzen Welt auf sich genommen haben, die Rehabilitierung und Eingliederung von einer halben Million Überlebenden der Massenvernichtung zu tragen, die sich in Israel niedergelassen haben oder sich in Zukunft in Israel niederlassen[11].«

Die Note an die Mächte war scharf formuliert; sie brachte jüdische Bitterkeit und Feindseligkeit gegenüber Deutschland zum Ausdruck. Sie begann mit einer erschreckenden Aufzählung des systematischen Abschlachtens von sechs Millionen in dem deutschen Bestreben, das jüdische Volk auszumerzen. Sie schätzte jüdisches Vermögen, das beschlagnahmt worden war, auf sechs Milliarden Dollar. Dieser Betrag enthielt die Kollektivstrafe, die den Juden Deutschlands im November 1938 auferlegt wurde, sowie andere von den Nazibehörden auferlegte diskriminierende Geldstrafen, Abgaben und Steuern. Sie erklärte, die israelische Regierung betrachte die Bundesregierung als die Nachfolgeregierung und als solche verantwortlich für die Taten des Dritten Reiches.

Die Note betonte wiederholt, es könne weder Sühne noch materielle Entschädigung für das Verbrechen von Völkermord geben, es könne lediglich Entschädigung für die Erben der Opfer und Rehabilitierung für jene durchgesetzt werden, die am Leben geblieben waren. Noch erfreuten sich die Deutschen der Früchte des Mords und der Beschlagnahmungen, die im Dritten Reich begangen worden waren. Die Toten konnten nicht mehr ins Leben zurückgerufen werden, aber immerhin sei es möglich zu fordern, daß das deutsche Volk jüdisches Vermögen zurückgebe und für die Rehabilitierung der Überlebenden aufkomme.

Der zweite Teil der Note beschrieb Palästinas Rolle beim Eingliedern und Rehabilitieren jener, die seit 1933 vor dem Nazismus gerettet worden waren. In den achtzehn Jahren, die seither vergangen waren, hatte der *Jischuw* in Palästina ungefähr eine halbe Million Menschen aufgenommen und rehabilitiert. Die meisten waren völlig mittellos eingetroffen, viele als unheilbare Invaliden oder Krüppel. Palästina hatte keine entwickelte Wirtschaft, und nach seiner Gründung richtete Israel seine Wirtschaftsstruktur darauf ein, für die Einwanderer Unterhaltsmöglichkeiten zu schaffen. Der größere Teil der Ausgaben dafür wurde von den Einwohnern Israels getragen. Es wurden Steuern erhoben und wirtschaftliche Sparmaßnahmen eingeführt. Nach dem Krieg, als Reparationen von Deutschland gefordert wurden, hatte das jüdische Volk keinen legalen Status innerhalb der Familie der Nationen. Aus diesem Grund wurden seine Forderungen nicht früher gestellt, obwohl diese Ansprüche aus moralischer Sicht bedeutend zwingender als die jeder anderen Nation waren. Jetzt konnte Israel jedoch im Namen des jüdischen Volkes sprechen und Wiedergutmachung in seinem Namen fordern.

Der zu fordernde Betrag müsse im Verhältnis stehen zu dem Unrecht, das dem jüdischen Volk durch die Nazis widerfahren war, und gleichzeitig auch zu den finanziellen Kosten für die Rehabilitierung der Überlebenden in Israel. Die israelische Regierung sei nicht in der Lage, detaillierte Daten über beschlagnahmtes Vermögen sicherzustellen und zu unterbreiten, das auf sechs Milliarden Dollars veranschlagt wurde.

Deshalb bleibe Israel nichts anderes übrig, als seinen Anspruch auf die Beträge zu gründen, die notwendig waren zur Eingliederung und Rehabilitierung der halben Million Überlebenden des Nazismus. Der dazu benötigte Betrag betrage eineinhalb Milliarden Dollars. Das entsprach ungefähr dem Wert der Ausfuhren aus der Bundesrepublik im Jahr 1950. Mit dem Wirtschaftsaufschwung Deutschlands würden die deutschen Ausfuhren wahrscheinlich beträchtlich ansteigen. Würden die Reparationsleistungen über eine Reihe von Jahren verteilt und teilweise in Form von Waren geleistet, würden sie die Kapazität des deutschen Volkes nicht überschreiten. Kein Fortschritt sei möglich, Deutschland wieder seinen Platz innerhalb der Familie der Nationen zurückzugeben, solange seine Schuld nicht beglichen war.

In seiner Rede vor der Knesseth (die sich ausschließlich mit der Note befaßte) wies Scharett darauf hin, daß die von der israelischen Regierung geforderten Reparationen die deutsche Regierung nicht von ihrer Verantwortung befreien werde, einzelnen Entschädigung zu zahlen. Sie seien lediglich ein Beitrag, um die Rechnung zwischen dem deutschen Volk und dem jüdischen Volk einer Begleichung näherzubringen.

Scharett brachte die Hoffnung zum Ausdruck, daß die in Kürze zusammentretende Viermächte-Konferenz sich mit der Forderung nach Reparationszahlungen befassen wie auch Deutschland die Pflicht auferlegen würde, diese Zahlungen zu leisten. Da auf der Konferenz die endgültige Regelung der Beziehungen zwischen den Mächten und Deutschland diskutiert würde, sei es unvorstellbar, daß Deutschland in der zivilisierten Welt akzeptiert werde, bevor es seine Beute ausgehändigt habe[12].

Es lohnt sich, eine Reihe von Punkten in dieser Note und in Scharetts

Rede zu betrachten, die später in den Verhandlungen diskutiert und in das Abkommen aufgenommen wurden, das zwischen Israel und der Bundesrepublik unterzeichnet wurde:

Israel forderte darin eineinhalb Milliarden Dollars von Deutschland. Später teilte es die Forderung unter den beiden Teilen Deutschlands auf und forderte von der Bundesrepublik eine Milliarde Dollars. Die Verhandlungen wurden anschließend auf der Grundlage dieses Betrags geführt, und sie endeten mit einem Kompromiß, demzufolge Israel siebenhundert Millionen Dollars erhielt. Die Note enthielt den Vorschlag, die Zahlungen zum Teil in Form von Waren vorzunehmen – was später tatsächlich der Fall war –, sowie, daß die Zahlungen über eine Reihe von Jahren verteilt würden, damit sie Deutschlands Zahlungsfähigkeit nicht überforderten. In seiner Rede vor der Knesseth hob Scharett auch hervor, daß die Pauschalzahlungen Deutschland nicht von seiner Pflicht befreien, den Überlebenden des Nazismus einzeln Entschädigung zu zahlen. Beide Punkte wurden später in parallelen Verhandlungen mit den Deutschen geklärt und in zwei getrennten Dokumenten verankert: Die Pauschalzahlung wurde später im *Schilumum-*(Reparations-)Abkommen mit Israel geregelt und die Zahlung individueller Entschädigung und die notwendige Gesetzgebung in Protokoll Nr. 1 mit der Claims Conference.

Nachdem die Note den Mächten zugestellt worden war, fuhr David Horowitz nach Washington, London und Paris, um ihre Zustimmung zu Israels Forderungen zu erhalten. Als erstes traf er mit dem amerikanischen Außenminister Dean Acheson zusammen, der Israel gegenüber extrem reserviert eingestellt war. Horowitz beschrieb vor Acheson die Massenvernichtungen und machte Israels moralischen und legalen Anspruch auf Reparationszahlungen aus Deutschland geltend. Er betonte, daß die NS-Verbrechen nicht gesühnt werden könnten, es jedoch unvorstellbar sei, daß Israel, weil es die NS-Opfer rehabilitierte, wirtschaftliche Entbehrungen auf sich nehmen müsse, während die Deutschen sich an den Früchten ihrer gesamten Beute erfreuen könnten.

Acheson war von den Argumenten beeindruckt, aber, so behauptete er, er sei nicht in der Lage, eine Entscheidung in der Angelegenheit zu treffen; er verwies Horowitz an Henry Byroade, den Leiter des deutschen Referats im Außenministerium. Sie trafen am Tag darauf zusammen, und Byroade erklärte, die von Horowitz unterbreiteten Argumente und Überlegungen hätten ihn vor einen unwiderlegbaren moralischen Anspruch gestellt. Er versprach, dem amerikanischen Vertreter im Ausschuß der drei Besatzungsmächte in London zu schreiben und ihn anzuweisen, Horowitz zu empfangen. Byroade selbst wolle sich nicht verpflichten, etwas zu der Angelegenheit zu äußern, da er keine

Instruktionen erhalten habe.

Als nächstes traf Horowitz einen Vertreter des Finanzministeriums, der eigenartigerweise die politischen Aspekte aufdeckte. Die Vereinigten Staaten, deutete er an, seien an engen Beziehungen zu Deutschland interessiert und deshalb nicht ohne weiteres bereit, Druck in einer Angelegenheit auszuüben, die ihm mißfiel. Ebenso erklärte er, da es vor allem der amerikanische Steuerzahler sei, der die Hauptlast für Deutschlands wirtschaftlichen Wiederaufbau trage, er es aller Voraussicht nach schließlich auch wäre, der das Hauptgewicht der israelischen Forderung tragen würde. Der Vertreter des Finanzministeriums bezweifelte, ob dem israelischen Anspruch zugestimmt werden könne.

Horowitz wiederholte seine Argumente bei einem Treffen mit Averell Harriman, damals eine hervorragende politische Gestalt, der zuhörte, jedoch nichts dazu sagte.

Nach der Gesprächsrunde in Washington fuhr Horowitz nach London weiter, wo er, wie von Byroade vorgeschlagen, den amerikanischen Vertreter im Ausschuß der Besatzungsmächte aufsuchte. Dieser Vertreter hatte allem Anschein nach Anweisungen erhalten, Israel in seinem Anspruch zu unterstützen, allerdings keine Verpflichtung in bezug auf den Umfang der Reparationszahlungen einzugehen. Er sprach von den praktischen Schwierigkeiten, schlug die Ernennung eines Ausschusses vor, um das Problem zu erörtern, verwies auf Deutschlands Wirtschaftsschwierigkeiten und schlug vor, mit Hilfe der Vereinigten Staaten Kontakt mit den Deutschen aufzunehmen. Darauf erwiderte Horowitz reserviert: Israel wolle die Anerkennung im Prinzip durchsetzen, daß Deutschland Israel und dem jüdischen Volk gegenüber eine Schuld trage, daß angesichts der politischen und emotionellen Hindernisse ein direkter Kontakt jedoch außerordentlich schwierig sei.

In London traf Horowitz auch Henderson, den britischen Staatssekretär des Außenministeriums. Zwar war Hendersons allgemeine Reaktion günstig, allerdings sah er viele Schwierigkeiten im wirtschaftlichen Bereich voraus und bezweifelte, ob Deutschland dazu veranlaßt werden könne, einer Erfüllung von Israels Anspruch zuzustimmen.

In Paris traf Horowitz Charpentier vom französischen Außenministerium, der zwar auch die Hindernisse hervorhob, gleichzeitig jedoch andeutete, Israel solle hartnäckig bleiben.

Als letzten traf Horowitz nach einer Reihe von Treffen Alexander Parodi, ebenfalls vom französischen Außenministerium, dessen Einfluß in diesem Bereich entscheidend war. Es war ein enttäuschendes Treffen. Parodis Einstellung bezog sich lediglich auf die legalen Aspekte. Er brachte seine Unterstützung für den moralischen Standpunkt zum Ausdruck, erhob aber den Einwand, der Staat Israel habe überhaupt keine legale Befugnis, schließlich habe er zur Zeit der Massenvernichtungen noch nicht existiert"[13].

Diese Reaktionen, denen Horowitz begegnete, wurden später in der Antwort der westlichen Alliierten an Israel vom 5. Juli 1951 wiederholt. (Auch diesmal antwortete die UdSSR nicht.)

Die Antworten waren höflich, vorsichtig und voller Ausflüchte. Die Alliierten brachten ihre Sympathie dem jüdischen Volk gegenüber zum Ausdruck angesichts dessen, was ihm durch die Nazis widerfahren war, und stimmten der Ansicht Israels zu, daß keine materielle Entschädigung die Tötungen und Leiden, die die Juden erfahren hatten, wiedergutmachen könne. Die Vereinigten Staaten und England betonten, daß sie selbst während des Kriegs zahlreichen NS-Opfern Zuflucht geboten hätten. Ebenso zählten sie auch ausführlich auf, was bisher für jüdische Flüchtlinge unternommen worden sei. Sie verwiesen auf Absatz 8 des Pariser Abkommens, gemäß dem ein Sonderfonds zum Beistand von Flüchtlingen eingerichtet worden war, von dem der größere Teil zur Hilfe von Juden genutzt worden sei; weiter auf die 350 000 Pfund Sterling, die Israel (am 30. März 1949) von England zugestellt worden waren, Gelder, die England gemäß dem Pariser Abkommen als Palästinas Anteil zur Mandatszeit erhalten hatte; außerdem hätten die Alliierten der Internationalen Flüchtlingsorganisation (IRO) Beiträge gezahlt, die die Kosten für die Reise von Flüchtlingen aus Europa nach Palästina getragen hatte.

Weiter sagten die Alliierten, sie sähen keine Möglichkeit, den Beginn einer neuen Phase in den Beziehungen zwischen den Alliierten und der Bundesrepublik Deutschland von der Akzeptierung der Bundesregierung abhängig zu machen, der Regierung von Israel Reparationen zu zahlen. Solange eine endgültige Regelung noch in der Schwebe sei, für die kein Datum vorhergesagt werden könne, seien sie durch das Pariser Abkommen daran gehindert, entweder im eigenen Namen oder in dem anderer Staaten, weitere Reparationsforderungen an Deutschland zu stellen[14].

Obwohl die Mächte die moralische Berechtigung des jüdischen Anspruchs anerkannten – nachdem der Umfang der Massenvernichtungen voll bekannt geworden war –, war ihre Einstellung und insbesondere die der Vereinigten Staaten in anderen Überlegungen verwurzelt, vor allem solchen im politischen, militärischen und wirtschaftlichen Bereich. Im Hintergrund drohte der »Kalte Krieg«. Die Vereinigten Staaten waren entschlossen, mit Hilfe des Marshall-Plans schwachen, instabilen Ländern in Europa zu helfen, damit sie nicht vom Kommunismus überrannt würden. Deutschlands geographische Lage und potentielle Stärke konnte nicht übersehen werden. Deshalb wurden die Pläne der Alliierten für eine Bestrafung Deutschlands schon bald durch Pläne für seine Rehabilitierung und Neueingliederung abgelöst.

Deutschland sollte Westeuropa nähergebracht und in die dort zu gründenden wirtschaftlichen, politischen und militärischen Organisationen aufgenommen werden.

Aus diesem Grund waren die Vereinigten Staaten, die noch nicht einmal die ihnen zustehenden Reparationen gefordert hatten, nicht dazu bereit, sich Deutschland, einen wichtigen potentiellen Alliierten, dadurch zu entfremden, daß sie von ihm die Zahlung eines hohen Betrags als Reparationen an einen dritten Staat verlangten. Wirtschaftliche Überlegungen verstärkten diese Neigung. Noch erhielt Deutschland nach dem Marshall-Plan Hilfe und Unterstützung, und in den Vereinigten Staaten bezweifelte man ernsthaft seine Fähigkeit, die Last von Reparationen tragen zu können. Sie befürchteten, daß der Wechsel für die Zahlungen infolgedessen zuguterletzt vom amerikanischen Steuerzahler eingelöst werden müsse.

Um die Akzeptierung des jüdischen Anspruchs sicherzustellen, ohne selbst Deutschland zum Zahlen zu zwingen, waren die Amerikaner bereit, direkte Verhandlungen zwischen Deutschland und Israel zu empfehlen. Sie waren bereit, ihren Einfluß auf Deutschland im Verlauf der Verhandlungen geltend zu machen, nicht jedoch, das Geld für Israel von Deutschland zu fordern[15].

Die Antwort, die Israel von den Mächten erhalten hatte, wies auf die Unabwendbarkeit einer veränderten Taktik von Israel und den jüdischen Organisationen hin. Mehrere Jahre lang hatten sie ihre Ansprüche an die Alliierten gerichtet, obwohl inzwischen schon die Bundesrepublik Deutschland gegründet worden war. Die Möglichkeit, sich direkt an Deutschland zu wenden, war nicht ins Auge gefaßt worden. Jetzt kamen sie zur Schlußfolgerung, daß sich die Alliierten nicht anstrengen würden, um für andere Reparationen durchzusetzen. Die einzige positive Reaktion auf ihren Anspruch kam denn auch nur von den Deutschen. Schon kurz darauf fanden die ersten Kontakte mit der Bundesrepublik statt.

V. Kontakte mit Deutschland – Die Entstehung der Claims Conference

Zwar hatte die autorisierte Antwort der Alliierten angedeutet, es sei an der Zeit, direkt Kontakt mit Deutschland aufzunehmen, aber die Faktoren, die diesen Kontakt vorher verhindert hatten, waren nicht so schnell aus dem Weg geräumt. Aber noch während sie sich behaupteten, machten sich andere Überlegungen doch ebenfalls bemerkbar. Die entscheidendsten entstanden durch Israels ernste Wirtschaftslage.

In den ersten beiden Jahren seiner Existenz hatte Israel 700000 Einwanderer aufgenommen, eine größere Zahl von Juden, als vor der Staatsgründung in Palästina gelebt hatten. Die meisten kamen ohne jede Habe, viele waren Invaliden oder erwerbsunfähig. Noch gab es ernsthafte Probleme, die Neuankömmlinge mit einer Unterkunft und Beschäftigung zu versorgen. Auch die Verteidigungskosten lasteten schwer auf der Wirtschaft, und beträchtliche Mittel wurden für Sicherheitszwecke abgezweigt. Es entwickelte sich eine inflationäre Lage, und um sie unter Kontrolle zu halten, wurde ein Programm »wirtschaftlicher Sparmaßnahmen« eingeführt. Aber 1951 erwies sich, daß die Programme, mit denen die Wirtschaft direkt und systematisch überwacht werden sollte – Kontrolle von Produktion, Preisen, Löhnen und ausländischen Devisen –, fehlgeschlagen waren. Der Schwarzmarkt blühte, die Wirtschaftskrise hatte sich verschlimmert, und die Reserven an ausländischen Devisen waren völlig erschöpft. Um seine Wirtschaftsgrundlage zu stärken, mußte Israel jedwede Anstrengung machen, um alle möglichen Einkommensquellen mobilzumachen. Und hier – das sah man ein – könnten Zahlungen aus Deutschland mit zu den bedeutsamsten gehören[1].

Die Bundesrepublik Deutschland ihrerseits hatte seit der Währungsreform von 1948 einen bemerkenswerten Wirtschaftsaufschwung erlebt, das spätere deutsche »Wirtschaftswunder«. Die Produktion war 1949 um 43 Prozent gestiegen, 1950 um 77 Prozent und 1951 um 20 Prozent. Obwohl 1950 immer noch 10 Prozent seiner Bevölkerung arbeitslos waren – vorwiegend Flüchtlinge und Vertriebene –, stieg die Beschäftigung weiter an. 1953 war die Zahl der Arbeitslosen auf eine Million gesunken. Wenn Deutschlands Wirtschaft 1949 noch ihr Niveau von 1936 erreichen mußte, hatte sie es 1950 bereits überflügelt. Die Goldreserven wuchsen ständig, genau wie die Spareinlagen. Als der Marshall-Plan 1952 abgelaufen war, war Deutschland erneut wirtschaftlich unabhängig und seinen Nachbarländern im Wettbewerb um eine Nasenlänge voraus. Die während und nach dem Krieg verlorenen

Industrieanlagen (eine Folge der Demontage großer Konzerne) waren völlig durch modernere Ausrüstung ersetzt worden[2]. Auch deutscher Fleiß und Effizienz, Gehorsam und Arbeitsdisziplin spielten eine Rolle und trugen zum »Wirtschaftswunder« bei. Insgesamt betrachtet, war es jetzt klar, daß Deutschland sehr viel weniger Zeit brauchte, um sich von seiner Verwüstung zu erholen und die Millionen Flüchtlinge und Vertriebenen einzugliedern, als vorhergesehen. Im Jahr 1951 befand sich die Bundesrepublik Deutschland bereits auf dem Weg zur Wirtschaftsblüte.

Diese Entwicklungen übersah die israelische Regierung nicht, als sie zu einer positiven Abschätzung von Deutschlands Fähigkeit kam, einem Reparationsanspruch nachzukommen, wenn er gestellt wurde. Zur gleichen Zeit, als die schwierige Option einer direkten Kontaktaufnahme mit Deutschland sich als zunehmend unvermeidlich erwies, mehrten sich die Anzeichen dafür, daß deutsche Regierungskreise und insbesondere Kanzler Adenauer bereit waren, dem jüdischen Volk Wiedergutmachung anzutragen.

Nach dem Krieg waren die Deutschen, die sich aus ihrer Zerstörung ausgruben, dem Schicksal der Juden gegenüber größtenteils gleichgültig. Der Schock, der die ganze Welt schüttelte, als Bilder und andere Enthüllungen über die Konzentrationslager veröffentlicht wurden, weckte in Deutschland kaum ein Echo. Der Antisemitismus war nicht völlig mit dem Dritten Reich verschwunden, und die Deutschen neigten dazu, ihre Schuld entweder abzulehnen oder sich zu weigern, für sie zu sühnen. Die Entnazifizierung, die unter den Deutschen als ungerecht und rachelüstern galt, verstärkte diese Tendenz lediglich, und die jüdischen Displaced Persons, die in Deutschland in Lagern lebten – und, wie man allgemein glaubte, nicht arbeiteten, sondern vom Schwarzmarkt lebten –, entzündeten weiteren Haß bei den Deutschen.

Die Christlich-Demokratische Union, die CDU, die wichtigste der neugegründeten politischen Parteien Deutschlands, hatte kaum etwas zum Schicksal der Juden zu sagen. Sie sah sich dringenderen Problemen konfrontiert: Wirtschaftsnot, physische Zerstörung, Wohnungsmangel, die Flüchtlingsfrage. Dagegen brachte die Sozialdemokratische Partei, die SPD, die sich in der Opposition befand, ihre Unterstützung für Deutschlands Juden zum Ausdruck. In Deutschland hatte es stets eine Verbindung zwischen Juden und Sozialisten gegeben, und die zuletztgenannten gehörten auch zu jenen, die von den Nazis verfolgt worden waren. Nach dem Krieg konnten die Sozialisten, die ein verhältnismäßig reines Gewissen hatten und unbefleckt waren, offene und feste Forderungen nach einer Wiedergutmachung für die Juden fordern. Kurt Schumacher, selbst ein ehemaliger NS-Häftling, verurteilte die NS-Verbrechen, ohne zu zögern; er forderte, Antisemitismus zu einem

Verbrechen zu erklären. In einer Rede in San Francisco im Oktober 1947 erklärte er als erster deutscher leitender Politiker, Deutschland müsse den Juden Entschädigung für den materiellen Verlust zahlen, wie auch Wiedergutmachung für das ihnen zugefügte Unrecht. Sein Vorschlag wurde anschließend vom Kongreß der Sozialdemokratischen Partei unterstützt.

Im Mai 1949, als das Grundgesetz der Bundesrepublik veröffentlicht wurde, erfolgte auch ein erster Schritt in Richtung auf die Juden. Das Grundgesetz bezog sich auf die Menschenrechte: Die Juden erhielten vor dem Gesetz zusammen mit anderen Minderheiten volle Gleichberechtigung. Keine Diskriminierung, weder zugunsten noch gegen jemanden, war wegen seines Geschlechts, seiner Herkunft, Rasse, Religion oder politischen Ansichten erlaubt[3]. Im August fanden Wahlen statt, die Regierungsorgane wurden eingerichtet, aber noch mußte die Bundesrepublik eine offizielle Stellung sowohl gegenüber Israel wie auch dem jüdischen Volk beziehen. In seiner ersten Rede vor dem Bundestag als Kanzler, am 20. September, erwähnte Adenauer die jüdische Frage mit keinem einzigen Wort. Dagegen erklärte Kurt Schumacher in seiner Rede am Tag darauf, die NS-Verbrechen gegen die Juden Europas müßten gegenüber jedermann deutlich gemacht werden, denn diese Verbrechen hätten Deutschland für eine ganze Ära entwürdigt[4].

Dieses Problem türmte sich nun für Adenauer drohend auf. Er notierte in seinen Memoiren, daß er die Regelung der Beziehungen zu den Juden als eine seiner wichtigsten Aufgaben betrachtet habe, als er 1949 zum Kanzler gewählt wurde[5].

Im Oktober und November führte Konrad Adenauer zahlreiche Gespräche mit seinem wichtigsten politischen Berater Herbert Blankenhorn, wie die Beziehungen zwischen Deutschland und den Juden und zwischen Deutschland und Israel auf eine neue Grundlage gestellt werden könnten. Adenauer vertrat die Ansicht, Deutschland könne seinen guten Namen in der Welt und das Vertrauen anderer erst dann zurückgewinnen, wenn der Bundestag die Nazi-Vergangenheit verurteilte und Wiedergutmachung im großen vorschlug, um die Not der Überlebenden zu lindern und bei ihrer Rehabilitierung behilflich zu sein. Er erkannte, daß damit das fürchterliche, im Namen des deutschen Volkes begangene Verbrechen nicht aus der Welt geschaffen werden könne. Bestenfalls würde damit der bittere Rückstand überwunden, der im Herzen von Juden und Nichtjuden nach den NS-Verbrechen zurückgeblieben war. Gleichzeitig würde eine Wiedergutmachung dabei behilflich sein, daß das deutsche Volk die Schrecken der Vergangenheit allgemein erkannte, genau wie die Notwendigkeit für eine radikal andere Zukunft[6].

Am 11. November 1949 gab Kanzler Adenauer auf einem für ihn veranstalteten Empfang von Leitern der jüdischen Gemeinde in Deutschland seine erste öffentliche Erklärung zu jüdischen Fragen und seiner Einstellung zu Israel ab. Anschließend wurde er von Karl Marx interviewt, dem Herausgeber der *Allgemeinen Wochenzeitung der Juden in Deutschland*. Er sagte, er bringe nicht nur seine persönliche Meinung zum Ausdruck, sondern auch die Ansicht der neuen deutschen Regierung. Juden in Deutschland, so betonte er, würden fortan als gleichberechtigte Bürger in jeder Hinsicht behandelt. Sie würden teilhaben am politischen und gesellschaftlichen Aufbau des Landes. Das deutsche Volk sei entschlossen, für die in seinem Namen von einem verbrecherischen Regime gegen die Juden begangenen Schrecken zu sühnen. Zu wenig sei in dieser Hinsicht seit 1945 geschehen, und die Bundesregierung habe nunmehr beschlossen, angemessene Schritte zu unternehmen. Die Regierung werde ihre Vollmacht nutzen, um das Gesetz gegen Diskriminierung, rassistische Tendenzen und alle Ausdrücke von Antisemitismus anzuwenden. Eine Sonderabteilung werde im Innenministerium eingerichtet mit dem alleinigen Zweck, die Rechte der Juden im politischen, wirtschaftlichen und gesellschaftlichen Leben Deutschlands wahrzunehmen.

In bezug auf Wiedergutmachung sagte er, sie müßte Bestandteil der zukünftigen Vergangenheitsbewältigung Deutschlands werden. Die Bundesrepublik müsse versuchen, das den Juden zugefügte wirtschaftliche Unrecht wiedergutzumachen. Angesichts der Tatsache, daß der Staat Israel jetzt die stärkste Konzentration des jüdischen Volkes enthielt, schlage die Bundesregierung vor, Israel Waren im Werte von zehn Millionen DM zu seinem Aufbau und seiner Stärkung zu übergeben als erstes Zeichen der Sühne, die erfolgen müsse aufgrund des Unrechts, das den Juden der Welt durch die Nazis widerfahren war[7].

Daß keiner dieser Vorschläge Tatsache wurde, sollte nicht von der Bedeutung ablenken, daß Adenauer sie überhaupt zum Ausdruck gebracht hat. Hier berührte er bereits alle Elemente, um die es bei den anschließenden Diskussionen über die Frage ging.

Adenauers Sicht und seine Handlungen in bezug auf Wiedergutmachung an das jüdische Volk waren zu einem großen Umfang durch persönliche Faktoren bestimmt. Während der Weimarer Zeit hatte er enge Beziehungen zu Juden unterhalten. Als Bürgermeister von Köln (bis 1933) war er Vorsitzender des dortigen propalästinensischen Ausschusses gewesen. Nachdem er aus dem Bürgermeisteramt entfernt worden war, erhielt er finanzielle Unterstützung von seinen jüdischen Freunden. Er selbst war zweimal von der Gestapo verhaftet worden, und erst kurz vor der Besetzung Deutschlands konnte er aus dem Gefängnis fliehen. Als frommer Katholik betrachtete Adenauer die NS-

Aktionen gegen die Juden als ein Verbrechen und wollte für sie sühnen. Das also war seine persönliche Geschichte, die für die Entstehung eines starken moralischen Impulses verantwortlich war, der ihn antrieb, sich an Israel und die Juden der Welt zu wenden, um die Schwierigkeiten zu überwinden, die während der Verhandlungen immer wieder auftraten, und das Abkommen zu schließen, das trotz vielerlei Gegendrucks letzten Endes unterzeichnet, ratifiziert und verwirklicht wurde.

Die Bedeutung der persönlichen und moralischen Zwänge, die Adenauers Einstellung bestimmten, wird noch dadurch unterstrichen, daß, wie man sich erinnern wird, die siegreichen Mächte keinerlei Druck auf ihn ausübten, überhaupt Verhandlungen aufzunehmen. Die Mächte waren weder bereit, Reparationen für Israel zu fordern, noch Deutschland zu zwingen, sie zu zahlen. Adenauer stimmte der Forderung der israelischen Regierung in ihrer Note, nicht an ihn, sondern an die Mächte gerichtet, aus eigener Initiative zu. Es stimmt, daß auch Überlegungen einer politischen Berechnung eine Rolle spielten. Adenauer selbst wies darauf mehr als einmal hin mit den Worten, ein Ausgleich mit den Juden sei für Deutschlands Rehabilitierung notwendig. Solch ein Ausgleich als Beweis dafür, daß Deutschland die Vergangenheit abgeschüttelt, sie verurteilt hatte und bereit war, Entschädigung zu leisten und zu sühnen, soweit es möglich war, würde es Deutschland erleichtern, wieder von der Familie der Nationen akzeptiert zu werden.

Angesichts der internationalen Lage zur damaligen Zeit dürfte die Bedeutung dieser Erwägungen einer politischen Zweckdienlichkeit allerdings verblassen. Nachdem sich der Kalte Krieg verstärkt hatte, insbesondere während des Koreakrieges, war eine völlige Umkehrung der westlichen Politik Deutschland gegenüber eingetreten. In einer Entwicklung, die wahrscheinlich auch eingetreten wäre ohne jeden Wiedergutmachungsausgleich mit Israel und dem jüdischen Volk, galt Deutschland nicht länger als der geschlagene Feind, sondern als Verbündeter. Im April 1949 hatten die Westmächte noch vor der Gründung der Bundesrepublik die Einrichtung eines neuen Besatzungsregimes beschlossen, unter dem der in Deutschland zu gründende Staat völlige Freiheit in den Bereichen Gesetzgebung, Verwaltung und Justiz haben würde unter der Bedingung, daß alle Reste von Nazismus getilgt und die Zügel der Außenpolitik, Abrüstung und Sicherheit den Besatzungsmächten vorbehalten blieben. Die Demontage von Fabriken zum Zweck des Abtransportes in westliche Länder wurde eingeschränkt. Zwei Jahre später, als in Waasenaar Verhandlungen geführt wurden, verhandelten die Alliierten ihrerseits über eine Änderung des Status des besetzten Deutschlands. Das hatten die Außenminister der Westmächte Ende 1950 beschlossen. Wie wichtig das Element von Zweckdienlichkeit für

Adenauers Einstellung auch immer gewesen sein mag, kann es doch kaum als wesentlich betrachtet werden, noch kann es die moralische und erzieherische Bedeutung schmälern, die den Kern des Abkommens mit Israel und dem jüdischen Volk bildet. Die buchstabengetreue Verwirklichung des Abkommens und der beiden Protokolle offenbarte diesen wesentlichen Kern weiter.

Kontakt einer anderen Art wurde um ungefähr diese Zeit angeknüpft, als Mitglieder der deutschen und der israelischen parlamentarischen Delegation auf dem Kongreß der interparlamentarischen Union 1950 in Istanbul zusammentrafen. Ben Zwi, der Sprecher der israelischen Delegation, protestierte gegen die Anwesenheit der Deutschen. Es sei beleidigend für jeden ehrlichen und aufrichtigen Menschen, sagte er, gezwungen zu werden, mit den Deutschen umzugehen, so als seien sie unbefleckt durch das, was in ihrem Namen der Menschheit und insbesondere dem jüdischen Volk zugefügt worden war.

Carlo Schmid, Mitglied der deutschen Delegation, stimmte ihm zu, daß Deutschland niemals vergessen dürfe, was dem jüdischen Volk und anderen Völkern angetan worden war. Die Deutschen seien tatsächlich kollektiv für das verantwortlich, was in ihrem Namen begangen worden war. Nichts könne diese Schuld der Deutschen je aufheben, fügte er hinzu. Selbst wenn die Deutschen für all das Entschädigung leisten würden, ungeachtet dessen, in welchem Umfang, seien sie nicht dazu berechtigt, vom jüdischen Volk Vergessen zu erwarten, noch daß sie aufhörten, die Deutschen mißtrauisch zu betrachten.

Zwei Tage später fand dank der Vermittlung des Schweizer Delegierten ein Treffen zwischen Mitgliedern der israelischen und der deutschen Delegation statt. Das Gespräch wurde auf Französisch geführt, obwohl die Israelis sehr viel besser Deutsch als Französisch sprachen. Schmid als Sprecher für die Deutschen sagte, die Deutschen betrachteten die Wiedergutmachung als eine Angelegenheit in ihrem eigenen Interesse. Würde Israel Reparationszahlungen akzeptieren, könnten die Deutschen sich selbst besser in die Augen blicken. Sie wußten, damit könne ihre Schuld nicht verringert werden, aber eine finanzielle Anstrengung, um materielle Entschädigung zu leisten, würde ihnen mindestens etwas helfen, ihr Gewissen zu erleichtern. Nach stundenlangen Verhandlungen erreichten sie eine Einigung: Die Israelis würden in der Knesseth sondieren, ob ein Angebot von der deutschen Regierung zur Aufnahme von Verhandlungen über Reparationszahlungen an Israel ins Auge gefaßt werden konnte; die Deutschen würden den Beschluß der Knesseth akzeptieren. Ebenso diskutierten sie über den Vermittler zwischen Bundesrepublik und Knesseth und einigten sich auf den israelischen Konsul in München, Chaim Yahil (Hoffman), und auf deutscher Seite wurde Jakob Altmeier ausgewählt, ein jüdisches Bundestagsmitglied[8].

Im Februar 1951 kam das Thema Wiedergutmachung zum ersten Mal vor dem Bundestag zur Sprache. Carlo Schmid, Sprecher der Sozialdemokratischen Partei im Bundestag, gab einen Überblick über das den Juden zugefügte Leid und wies auf die unterschiedlichen Regelungen über erbenloses Vermögen in den verschiedenen Zonen gemäß bestehender Gesetze hin. Er betonte, es sei für Deutschland notwendig, sein Gewissen in bezug auf seine Verbrechen in der Vergangenheit gegen die Juden zu reinigen; er drängte, ein einheitliches Bundesgesetz als einen winzigen Schritt in diese Richtung zu verabschieden, das die Anrechte auf alles erbenlose Vermögen dem Staat Israel übertragen würde. Nach der Debatte wurde die Angelegenheit an den Verfassungsausschuß des Bundestags weitergeleitet, wo sie lange Monate blieb[9].

Trotz dieser ersten Fühler blieb Israels Einstellung Deutschland gegenüber unverändert. Am 9. Januar 1951, als die Westmächte alle nichtkommunistischen UNO-Mitglieder aufforderten, den Kriegszustand zwischen ihnen und Deutschland zu beenden, gaben siebenundvierzig Staaten ihre Bereitschaft dazu bekannt. Israel lehnte ab[10].

Ungeachtet Adenauers Interview vom 11. November 1949 hatte die Bundesrepublik bisher noch keine offene, öffentliche und offizielle Erklärung in dem Sinn abgegeben, daß ihre Einstellung zu den Juden sich von der des Dritten Reichs unterscheide oder daß sie den Krieg verurteilte, den Hitler den Juden erklärt hatte. Als Reaktion auf dieses Vakuum wurden in verschiedenen Kreisen in Deutschland Stimmen vernehmbar, die die Ansicht vertraten, es sei an der Zeit, das jüdische Volk um Vergebung zu bitten.

Am 30. August 1951 veröffentlichte Erich Lüth, ein Hamburger Journalist, einen Artikel unter der Überschrift: Wir bitten Israel um Frieden. Rudolf Küstermeier von der *Welt* veröffentlichte einen ähnlichen Artikel. Beide weckten ein günstiges Echo und trugen viel zur Schaffung einer »Wir bitten Israel um Frieden«-Bewegung bei, der sich katholische und evangelische Gruppen in verschiedenen Landesteilen in Deutschland anschlossen. Zu jenen, die für die Bewegung arbeiteten, zählten Willy Brandt, Dekan Heinrich Grüber aus Berlin und Dekan Hermann Mass, die viele Juden vor den Nazis gerettet hatten[11].

In dieser Phase wurde persönlichen, inoffiziellen Kontakten noch eine große Bedeutung beigemessen, die schon eine geraume Zeit vorher auf höchster Ebene mit der deutschen Regierung angeknüpft worden waren und die schließlich zu Adenauers Erklärung vor dem Bundestag vom 27. September 1951 führten. Der Mann, der diese Kontakte angeknüpft und gepflegt und lange Zeit allein und auf eigene Faust gehandelt hatte, war Noah Barou, der Vorsitzende der europäischen Exekutive des Jüdischen Weltkongresses.

Barou nahm seine ersten Kontakte mit Deutschland schon 1950 auf, als die Angelegenheit von Wiedergutmachung an das jüdische Volk unbeliebt war und völlig unrealistisch schien. Dabei trat er nicht als Vertreter oder Bote des Jüdischen Weltkongresses auf, sondern als Privatmann; als solcher ging er unzählige Male nach Deutschland, um Kontakte mit dortigen Regierungskreisen aufzunehmen. Er begann mit ersten Kontakten auf einer niedrigeren Ebene der Bundesregierung, wo er an Deutschlands moralische Verpflichtung erinnerte, dem jüdischen Volk Wiedergutmachung zu zahlen. Trotz weiten Widerstands in Israel und anderenorts gegenüber der Vorstellung, »Blutgeld« von Deutschland entgegenzunehmen, und trotz der Zweifel, ob Deutschland angesichts seiner unsteten Wirtschaft überhaupt zu einer Wiedergutmachung im großen fähig sei, erweiterte Barou unaufhörlich das Netz seiner Kontakte. Im Laufe der Zeit reichten seine Verbindungen bis in die obersten Beamtenränge der Bundesrepublik: zu Walter Hallstein, Adenauers Außenminister, und zu Herbert Blankenhorn, Leiter des politischen Referats im Außenministerium und Adenauers Berater[12].

Man wird sich erinnern, daß Israel seinen Kollektivanspruch zum ersten Mal am 12. März 1951 in einer Note an die Mächte stellte. Adenauer wurde von der Note von deutschen diplomatischen Vertretern in Paris, London und Washington in Kenntnis gesetzt; er beschloß, dazu Stellung zu nehmen. Er wies Blankenhorn, der sich zu jenem Zeitpunkt in London aufhielt, an, Verbindung mit befugten jüdischen Kreisen aufzunehmen und einen Weg zu finden, um ein umfassendes Programm für kollektive Wiedergutmachung neben der Wiedergutmachung für einzelne durchzuführen.

Blankenhorn traf Barou in London und unterbreitete ihm das Problem. In seiner Antwort führte Barou die Bedingungen an, die Israel und die jüdischen Organisationen niedergelegt hatten: a) Vor einer Aufnahme offizieller Verhandlungen zwischen der Bundesrepublik Deutschland und dem jüdischen Volk müsse der Kanzler vor dem Bundestag erklären, die Bundesrepublik übernehme die Verantwortung für das, was dem jüdischen Volk durch die Nazis widerfahren war; b) Deutschland müsse ausdrücklich versprechen, es sei bereit, Wiedergutmachung für die materiellen Verluste zu leisten, die den Juden beigebracht worden waren; c) Vertreter des jüdischen Volkes und Israels müßten offiziell zur Aufnahme von Verhandlungen geladen werden. Blankenhorn leitete diese Bedingungen an Adenauer weiter, der sie akzeptierte[13].

Kurz danach, im April 1951, fand das erste Treffen zwischen Adenauer und israelischen Vertretern statt. Das Treffen, während eines Besuchs Adenauers in Paris, war inoffiziell und wurde streng geheimgehalten. David Horowitz, der, wie man sich erinnern wird, für die Idee verantwortlich war, Israels Anspruch auf die Rehabilitierungskosten von überlebenden NS-Opfern in Israel zu basieren, vertrat Israel. Ihn begleitete der israelische Botschafter in Paris, Maurice Fischer. Das Treffen war mit Hilfe von Jakob Altmeier vereinbart worden, dem schon erwähnten jüdischen Bundestagsmitglied, der sich für die Wiedergutmachung einsetzte, und E. K. Livneh, dem israelischen Konsul in München. Es soll hierzu noch erklärt werden, daß das israelische Konsulat in München noch vor der Gründung der Bundesrepublik eröffnet worden war. Damals war es bei den Besatzungsbehörden akkreditiert; es hatte keinerlei Verbindung mit deutschen Behörden. Die Aufgaben des Konsuls beschränkten sich auf Angelegenheiten der Displaced Persons und UNRRA. Nach dem September 1949 wurde das Konsulat bei den deutschen Behörden akkreditiert, und seine Aufgaben wurden erweitert.

Horowitz unterbreitete Adenauer den jüdischen Anspruch – sowohl die Gründe, auf denen er beruhte, wie die Argumente, die diese Gründe rechtfertigten. Er sprach schneidend und mit Gefühl. Adenauer antwortete, er verstehe die Gefühle der Israelis; er erinnerte daran, daß auch er selbst unter den Nazis gelitten hatte. Er unterstrich seine Bereitschaft, alles in seiner Macht Stehende zu tun, um die von den Nazis verursachten materiellen Verluste wiedergutzumachen. Auch versprach er, Horowitz' Wunsch zu untersuchen, demzufolge Deutschland erklären müsse, es akzeptiere die Verantwortung für das im Dritten Reich Geschehene[14].

Der erste Entwurf der Erklärung, um die Deutschland gebeten worden war, war im Juli 1951 fertig, in dem Monat, als Israel die Antwort voller Ausflüchte der Alliierten auf seine Note erhielt. Das israelische Außenministerium richtete gleichzeitig im geheimen eine »Sonderabteilung« unter der Leitung von Elieser Shinnar ein, die ihre Arbeit an der Vorbereitung materieller Ansprüche des jüdischen Volkes gegen Deutschland aufnehmen sollte[15].

Zwischen Israel, Bonn, London und New York wurde über den vorgeschlagenen Entwurf von Adenauers Erklärung verhandelt. Die Diskussionen dauerten insgesamt drei volle Monate, da die Deutschen abgeneigt waren zu erklären, die ganze Nation sei schuld an den von den Nazis verübten Verbrechen. Auch wollten sie einer unbegrenzten finanziellen Verantwortung nicht zustimmen. Andererseits war es klar, daß das jüdische Volk seine unbeugsame Haltung zu den NS-Verbrechen und die Verantwortung dafür nicht aufgeben würde: Dieses Leid und diese Morde konnten nicht gesühnt werden.

Barou, der sich an diesen Verhandlungen aktiv beteiligte, war sich der Schwierigkeiten der Deutschen bewußt. Die Erklärung vor dem Bundestag sollte nicht nur von der Christlich-Demokratischen Union des Kanzlers akzeptiert werden, sondern auch von den anderen Parteien und den Ministern der Koalition der Bundesregierung. Es war wichtig, das deutsche Volk allmählich von seiner Verantwortung gegenüber den überlebenden NS-Verfolgten zu überzeugen. Folglich wurde beschlossen, auf die Anklage des deutschen Volkes als Ganzes zu verzichten[16].

Erst im September einigte man sich auf einen Text, der für Israel und die jüdischen Organisationen annehmbar war. Den Entwurf der Erklärung übergab Jakob Altmeier dann Nahum Goldmann, der ihn beurteilen sollte; dieser stimmte ihm zu. Bevor Adenauer die Erklärung vor dem Bundestag abgab, legte er sie Theodor Heuss, dem Bundespräsidenten, vor, der schon zuvor die Idee befürwortet hatte, Deutschland müsse den Juden Wiedergutmachung zahlen. Auch den Vertretern der Bundestagsparteien wurde der Entwurf vorgelegt. Der Text der Erklärung wurde von allen akzeptiert und gutgeheißen[17].

Adenauer gab seine historische Erklärung über die Rückerstattung von Vermögen und die Zahlung von Wiedergutmachung auf der Bundestagssitzung am 27. September 1951 ab. Diese Erklärung war der Höhepunkt der langen Serie von geheimen Bemühungen von Privatpersonen sowohl auf deutscher wie auf israelischer Seite.

Die Erklärung, die das Fundament für eine neue jüdische Einstellung gegenüber dem deutschen Volk legen sollte, begann nicht mit einem Hinweis auf die Vergangenheit, einem Eingestehen von Schuld oder Ausdruck von Gewissensbissen, sondern sie betonte die positiven Schritte, die die Regierung der Bundesrepublik ergriffen hatte, um die Rechte der Juden in Deutschland zu sichern. Die jüngere Generation in Deutschland würde in einem Geist der Toleranz und des Verstehens erzogen werden. Kreise, die aktiv Antisemitismus verbreiteten, würden mit der vollen Strenge des Gesetzes bestraft werden. Nach diesen Zusicherungen wandte sich Adenauer der Vergangenheit zu. Der größte Teil des deutschen Volkes, darauf bestand er, betrachte die NS-Verbrechen mit Abscheu und hatte nicht an ihnen Teil gehabt. Unaussprechliche Verbrechen seien jedoch im Namen des deutschen Volkes verübt worden, und sowohl für die Verluste wie das Leid, das die Juden erlitten hatten, müßte moralische und materielle Wiedergutmachung geleistet werden. Damit erfüllte Adenauer gegen Ende seiner Rede die erste und die zweite Bedingung, die ihm der Staat Israel und die jüdischen Organisationen gestellt hatten: Die Bundesrepublik müsse die Verantwortung für die Verbrechen des Dritten Reichs übernehmen, und sie müsse ihre Bereitwilligkeit zum Ausdruck bringen, Wiedergutmachung zu zahlen. Eine Reihe von Schritten seien bereits in bezug auf Wiedergutmachung ergriffen worden, aber, betonte er, die Bundesregierung würde dafür sorgen, daß die Wiedergutmachungsgesetze erweitert und ihre Durchführung intensiviert werde. Der Umfang der Wiedergutmachung werde jedoch durch die Wirtschaftslage begrenzt: die

Belastungen aufgrund von Kriegsschäden und die Notwendigkeit, Millionen von Flüchtlingen und Vertriebenen aufzunehmen. (Diese Einwände erhoben die Deutschen erneut während der Verhandlungen in Wassenaar.)

Schließlich gab Adenauer bekannt, die Bundesrepublik sei bereit, zusammen mit Vertretern der Juden und Israels eine Lösung für das Wiedergutmachungsproblem zu suchen – damit war die dritte Bedingung erfüllt. Indem er auf die Tatsache hinwies, daß Israel heimatlose jüdische Flüchtlinge aufgenommen hatte, deutete er die finanzielle Grundlage des Kollektivanspruchs an, den Israel – wenn auch noch nicht direkt – an Deutschland gestellt hatte und dem er in seiner Rede zugestimmt hatte[18].

In der Debatte nach Adenauers Rede erklärte Paul Löbe als Sprecher für die Sozialdemokratische Partei, Deutschland sei moralisch dazu verpflichtet, eine Aussöhnung mit den Juden der Welt und Israel anzustreben. Deutschland müsse den ersten Schritt in diese Richtung tun. Während er also die Erklärung unterstützte, kritisierte er doch die Bundesregierung, den Schritt nicht früher gemacht zu haben. Adenauer hatte die wirtschaftlichen Einschränkungen für ein Wiedergutmachungsprogramm im großen erwähnt, aber Löbe war der Ansicht, daß das deutsche Volk wegen des beispiellosen Umfangs der verübten Verbrechen Opfer auf sich nehmen müsse. Sie allein würden beweisen, daß es sich tatsächlich um einen Schritt handelte, mit dem die Gerechtigkeit in Deutschland wiederhergestellt würde. Sprecher für die Christlichen Demokraten, die Freien Demokraten, die Zentrumspartei, die Deutsche Partei und die Bayrische Partei unterstützten ausnahmslos die Erklärung des Kanzlers; die Kommunisten und die Ultrarechten enthielten sich der Stimme. Hermann Ehlers, der Bundestagspräsident, versprach in seiner abschließenden Rede, der Bundestag werde alle in der Erklärung der Bundesregierung angeführten Schritte ergreifen. Er forderte die Bundestagsmitglieder auf, aufzustehen und dadurch zu zeigen, daß das Haus sich einig sei in seiner Sympathie für die NS-Opfer und bereit, die durch die Vergangenheit bedingten Schlußfolgerungen zu ziehen. Der Bundestag stand auf und hielt eine Gedenkminute ein, eine Geste, die die moralische Bedeutung der Entscheidung versinnbildlichte, die an jenem Tag im Bundestag getroffen worden war[19].

Die Reaktionen auf Adenauers Erklärung in Deutschland und der Welt waren größtenteils positiv und folgten sofort. Der amerikanische Hohe Kommissar John McCloy teilte Adenauer in einem Telegramm mit, er sei zutiefst von seiner Erklärung bewegt, und die Lösung des Problems zwischen Juden und Deutschen sei der Prüfstein für die deutsche Demokratie[20].

Dr. Leo Baeck, ehemaliger Vorsitzender der Reichsvertretung und der Reichsvereinigung (d. h., Reichsvertretung der Juden in Deutschland zur Zeit der Nazis), schrieb Adenauer, die von ihm auf sich genommene Verpflichtung schaffe die Grundlage für offene und aufrichtige Diskussionen zwischen Juden und Deutschen. Nahum Goldmann stellte fest, die Erklärung sei eine Neuerung in der Geschichte der Politik. Gewöhnlich versuche jede Seite zu beweisen, daß sie sich völlig im Recht befindet, und stelle moralische Forderungen an die andere Partei. Hier aber hatte das deutsche Volk aus eigenem freiem Willen die Verbrechen der Vergangenheit eingestanden[21]. Auch die Reaktion der Presse in Großbritannien und den Vereinigten Staaten war außerordentlich günstig. Die Erklärung wurde als Beweis einer moralischen Wiedergeburt Deutschlands betrachtet sowie als Einschlagen eines neuen Weges.

Israels Reaktion erfolgte noch am gleichen Tag wie die Rede des Kanzlers. Sie war vorsichtig, aber nicht feindlich. Die Stellungnahme der israelischen Regierung, die Deutschland durch E. K. Livneh, den Konsul in München, überreicht wurde, begann, indem sie die gegen das jüdische Volk verübten Verbrechen betonte, die nicht durch die deutsche Erklärung ungeschehen gemacht werden könnten. Trotzdem räumte die Antwort ein, daß die Erklärung ein Versuch seitens der Bundesregierung sei, das Problem zu lösen und dem jüdischen Volk materielle und moralische Wiedergutmachung anzubieten. Sie ging weiter und brachte ihre Zufriedenheit über die Absicht der Bundesregierung zum Ausdruck, Deutschland vom Antisemitismus zu reinigen. Es sei die Pflicht Deutschlands, sich an der Rehabilitierung des jüdischen Volkes durch Kollektivwiedergutmachung zu beteiligen, die genutzt würde zur Neuansiedlung und Eingliederung der überlebenden NS-Opfer, von denen die meisten in Israel aufgenommen worden waren. Die Antwort schloß mit einer Versicherung, die israelische Regierung werde die Erklärung des Kanzlers studieren und später ihre Antwort auf seine Vorschläge bekanntgeben[22].

Der vorsichtige Ton der Antwort und ihre Zusage, die Erklärung des Kanzlers zu untersuchen, wiesen darauf hin, daß die israelische Regierung beschlossen hatte, der einzige Weg, Wiedergutmachung von Deutschland durchzusetzen, sei ein direkter Kontakt. Das würde jedoch angesichts der in Israel und unter den Juden der Welt gegenüber Deutschland vorherrschenden Einstellung ein sehr kompliziertes Unternehmen werden. Allein die mögliche Kontaktaufnahme mit Deutschland selbst reichte aus, um scharfe Meinungsunterschiede, zornige Debatten und stürmische und heftige Demonstrationen auszulösen. Trotzdem war die Ansicht, die sich letzten Endes als entscheidend erweisen würde, alle möglichen Schritte müßten unternommen werden, um Wiedergutmachung für die materiellen Verluste sicherzustellen, auch nicht ohne Befürworter.

Der Weg, der zwischen der Kenntnisnahme der deutschen Erklärung bis zum Beschluß lag, tatsächlich Verhandlungen aufzunehmen, war noch sehr lang. Bei den langwierigen und geheimen Verhandlungen spielte Dr. Nahum Goldmann, damals Präsident des Jüdischen Weltkongresses und Vorsitzender der Exekutive der Jewish Agency, eine entscheidende Rolle.

Man wird sich erinnern, daß Goldmann sich schon auf den Konferenzen in Baltimore und Atlantic City dafür ausgesprochen hatte, Wiedergutmachung von Deutschland zu akzeptieren. Aber 1951 war es sehr viel schwieriger, diese Position zu verteidigen. Das Ganze weckte Emotionen und außerordentliche Spannung. In zahlreichen Reden und Artikeln (z. B. in seinem Artikel im »Zion Quarterly«, 1952, Bd. I, Nr. 3) argumentierte Goldmann in einer Diskussion des Problems der Beziehungen zwischen Deutschland und Israel, ein Unterschied müsse gemacht werden zwischen einer Normalisierung der Beziehungen – zum damaligen Zeitpunkt unvorstellbar – und dem materiellen Aspekt: Rückerstattung von eingezogenem jüdischem Vermögen. Die Juden hätten einen unbestreitbaren Anspruch auf das erbenlos gebliebene Vermögen, und es sei unmoralisch, auf dieses Recht zu verzichten, denn es würde bedeuten, die Mörder und Diebe zu belohnen. Darüber hinaus sollten sich Nationen in ihrer Politik nicht von Emotionen leiten lassen. Sie müßten nach ihren Interessen handeln, und das Interesse des Staates Israel verlange jetzt ein gewisses Maß an Koexistenz mit Deutschland. Wegen dieser Ansichten wurde Goldmann als Verräter verurteilt und verunglimpft. Es gab sogar Mordandrohungen gegen ihn, und auf mehreren Reisen mußte er sich von Leibwächtern begleiten lassen[23].

Noch ein weiteres Problem mußte bewältigt werden: Sobald Israel den deutschen Vorschlag akzeptierte, mußten die Juden eine einheitliche Stellung beziehen, um Reparationen von Deutschland durchzusetzen. Zu diesem Zweck wandte sich Mosche Scharett Ende 1951 an Nahum Goldmann und schlug ihm vor, als Vorsitzender der Exekutive der Jewish Agency Vertreter der wichtigsten jüdischen Organisationen auf der Welt zu einer Konferenz einzuberufen, die ihre Unterstützung für Israels Forderung nach Wiedergutmachung zum Ausdruck bringen und gleichzeitig eine geschlossene jüdische Front zeigen würde.

Die Diskussion darüber mit Scharett, Kaplan, Eschkol, Landauer, Goldmann und Shinnar fand im Oktober 1951 statt. Typische Meinungsverschiedenheiten zeigten sich zwischen den Vertretern der israelischen Regierung einerseits und Goldmann andererseits. Die Regierung beabsichtigte, die Unterstützung der Juden der Welt für ihre Forderungen hervorzuheben. Dr. Shinnar hatte sogar einen Vorschlag

vorbereitet, um die Aktivitäten der israelischen Regierung und der
jüdischen Organisationen zu koordinieren. Aber Goldmann widersetzte
sich dem Vorschlag mit der Begründung, Shinnar habe zu sehr das
Recht des Staates Israel hervorgehoben, das jüdische Volk zu vertreten
und das Recht der jüdischen Organisationen aber vernachlässigt[24].

Die Regierungsvertreter argumentierten, falls die jüdischen Organisationen einen zusätzlichen Anspruch auf erbenloses Vermögen gemäß der Resolution von Atlantic City stellten, würde er nicht Israels Anspruch ergänzen, sondern mit ihm konkurrieren, obwohl er nicht auf der gleichen Grundlage beruhte. Sie befürchteten, es sei unmöglich, an Deutschland zwei parallele Kollektivansprüche zu stellen, da es zu einem Ausgleich mit einer kollektiven Wiedergutmachung für das jüdische Volk bereit sei[25].

Schließlich wurde ein Kompromiß geschlossen: Eine Konferenz der wichtigen jüdischen Organisationen würde einberufen werden, um ihre Unterstützung für Israels Anspruch zum Ausdruck zu bringen wie auch für die Forderung nach Einzelentschädigung für NS-Opfer auf der ganzen Welt, aber diese Konferenz würde nicht zusätzlich einen Kollektivanspruch erheben.

Entsprechend dieser Entscheidung berief Goldmann Vertreter der zweiundzwanzig wichtigen jüdischen Organisationen aus den Vereinigten Staaten, England, Frankreich, Kanada, Australien, Argentinien und Südafrika* zu einem Treffen nach New York ein.

Die Vertreter dieser Organisationen, die die ganze Skala jüdischer Meinungen (außer den Kommunisten) vertraten und die alle in ihren Heimatländern auf nationaler – und sogar auf internationaler – Ebene wichtig waren, traten am 26. Oktober 1951 im Waldorf-Astoria Hotel in New York zusammen. Die Eröffnungssitzung erfuhr eine dramatische Unterbrechung, als eine Gruppe junger Menschen mit Fahnen und Plakaten mit Hakenkreuzen und ablehnenden Parolen in den Konferenzsaal eindrang. Dieses gewaltsame Vorgehen verwirrte die Delegierten und brachte sie außer Fassung, aber schon bald räumte die Polizei den Saal, und die Sitzung wurde fortgesetzt[26]. Dieser Ausbruch, der

---

* Die zum Treffen geladenen Organisationen waren folgende: die Jewish Agency, der AJDC, der Jüdische Weltkongreß, der American Jewish Congress, das American Jewish Committee, Benei Brith, das Board of Deputies britischer Juden, die *Agudat-Israel*-Weltorganisation, die *Alliance Israélite*, die britische Sektion des Jüdischen Weltkongresses, der Central British Fund, der Synagogenrat von Amerika, der American Zionist Council, die Anglo-Jewish Association, der Jüdische Kanadische Kongreß, der *Conseil représentatif des Juifs de France*, der Rat zum Schutz der Rechte und Interessen der Juden aus Deutschland, die *Delegación de Asociaciones Israelitas Argentinas*, die Exekutive australischer Juden, der jüdische Arbeiterausschuß, das südafrikanische Board of Deputies und die jüdischen Kriegsveteranen der USA sowie der Zentralrat der Juden in Deutschland.

noch nicht in den Hintergrund verdrängte Emotionen verkörperte und die Konferenzteilnehmer an den starken Widerstand gegen jeden Kontakt mit Deutschland erinnerte, zeigte, welches Problem die Aufnahme von Verhandlungen darstellte. Seit 1948 waren bereits große Beträge von Deutschland empfangen worden, sowohl durch private Ansprucherhebende wie Nachfolgeorganisationen, und die Frage war deshalb nicht, ob Geld aus Deutschland akzeptiert werden solle, sondern ob die Zeit für das jüdische Volk schon reif sei, direkt Kontakt mit Deutschland aufzunehmen.

Am Ende der Sitzung hatten die Vertreter aller dieser Organisationen trotz ihrer tiefen Meinungsunterschiede einen einheitlichen Standpunkt erreicht, der sowohl ungewöhnlich wie eindrucksvoll war. Darüber hinaus blieb die hier geschaffene geschlossene jüdische Front während des ganzen Verhandlungszeitraums mit Deutschland unversehrt, und sie machte auf Deutschland und die Weltmeinung einen großen Eindruck.

Abschließend erklärte die Konferenz, Art und Größenordnung der von Nazi-Deutschland an den Juden verübten Verbrechen könnten durch keinerlei materielle Wiedergutmachung gesühnt werden. Keine Entschädigung könne die Vernichtung von Menschenleben und die Zerstörung kultureller Werte wiedergutmachen. Aber jeder Grundsatz von Gerechtigkeit und menschlicher Aufrichtigkeit erfordere es, daß das deutsche Volk mindestens das eingezogene jüdische Vermögen zurückerstatte, die Opfer einschließlich ihrer Erben und Nachfolger für die Verfolgung entschädige und für die Rehabilitierung der Überlebenden zahle, so wie in Israels Note vom 12. März 1951 gefordert.

Die Konferenz bekräftigte, daß der Wert von Adenauers Mitteilung vor dem Bundestag, in der er Deutschlands Bereitschaft zum Ausdruck brachte, Wiedergutmachung zu zahlen, am Tempo und Umfang der Durchführung gemessen werde.

Deshalb bekräftigte die Konferenz ihre volle Unterstützung für den von der Regierung von Israel erhobenen Anspruch in bezug auf die Rehabilitierung von Opfern der NS-Verfolgung in Israel. Ebenso forderte sie Erledigung aller anderen jüdischen Ansprüche einschließlich Ansprüchen für Rückerstattung und Wiedergutmachung von einzelnen, Nachfolgeorganisationen und anderen sowie Ansprüche für die Rehabilitierung der jüdischen Opfer der NS-Verfolgung. Auch forderte sie sofortige Schritte, um die bestehende Gesetzgebung über Rückerstattung und Wiedergutmachung sowie die Verfahren zu verbessern, eine solche Gesetzgebung zu verabschieden, wo es sie bisher noch nicht gab, und die Bearbeitung jüdischer Ansprüche in diesen Bereichen zu beschleunigen[27].

Es sollte auch darauf hingewiesen werden, daß sowohl in Israels

Reaktion auf Adenauers Erklärung wie in dem Hinweis darauf in der Entscheidung der Konferenz betont wurde, daß noch kein Vorschlag aus Ostdeutschland eingetroffen sei, das nicht weniger als der Westen zur Zahlung von Wiedergutmachung an das jüdische Volk verpflichtet war.

Die Konferenz setzte ein stellvertretendes Organ für zukünftige Aktivitäten ein, die sogenannte Conference on Jewish Material Claims against Germany, d. h., die Konferenz für jüdische materielle Ansprüche gegen Deutschland. Schon der Name hob hervor, daß es sich lediglich um materielle Fragen gegenüber Deutschland handelte, womit er betonte, daß es für die NS-Verbrechen keine Sühne geben könne. Die Organisation setzte es sich zum Ziel, sowohl Israels Anspruch zu unterstützen, wie auch Ansprüche für NS-Opfer zu stellen, die außerhalb Israels lebten. Die Konferenz wählte auch die Vorstandsmitglieder der Claims Conference: Nahum Goldmann, Vorsitzender; Jakob Blaustein, erster stellvertretender Vorsitzender; Moses Leavitt, Schatzmeister; Jules Braunschvig, Samuel Bronfman, Rudolf Kelman, Adolph Held, Barnett Janner, Noah Barou, Henry d'Avigdor Goldsmid, Frank Goldmann, Israel Goldstein, Isaac Lewin, Shad Polier, Vizepräsidenten; Saul Kagan, Sekretär. Damit war die erste Phase, die Organisation, die der Vorbereitung für die Verhandlungen diente, erfolgreich (und überraschend schnell) abgeschlossen.

Noch mußte ein weiterer Schritt unternommen werden: ein sondierendes Gespräch mit Adenauer, um die Bereitschaft der deutschen Regierung zu Verhandlungen zu überprüfen. Für diese Aufgabe wurde Dr. Goldmann gewählt. Bis zu jenem Zeitpunkt hatte Goldmann jede Kontaktaufnahme mit Vertretern der Bundesrepublik vermieden. Er hatte frühere Vorschläge, den Kanzler oder einen seiner engeren Mitarbeiter zu treffen, als verfrüht abgelehnt. Solange Deutschland sich nicht als verantwortlich für die Taten des Reiches sowie seine Bereitschaft erklärt hatte, Wiedergutmachung für sie zu leisten, sei ein Treffen nicht am Platz. Um jedoch jetzt das jüdische Volk davon zu überzeugen, daß die Verhandlungen seriös seien, war ein praktischer Schritt seitens Deutschlands notwendig, bevor eine Entscheidung zur Aufnahme von Verhandlungen getroffen werden konnte. Jemand mußte mit Adenauer sprechen, um das zu regeln. Ben Gurion traf mit Goldmann zusammen, und sie beschlossen, Goldmann würde den Kanzler außerhalb der Grenzen Deutschlands unter höchster Geheimhaltung treffen. Goldmann sollte Adenauer dazu überreden, dem Betrag von einer Milliarde Dollar zuzustimmen, dem Anteil der Bundesrepublik am Gesamtbetrag, der von beiden Teilen Deutschlands gefordert würde, als Grundlage und Ausgangspunkt für die Verhandlungen. Zeigte sich der Kanzler bereit, diesem Anspruch zuzustimmen, würde Ben Gurion die Knesseth um die Vollmacht bitten, Verhandlungen mit Deutschland aufzunehmen.

Mit dieser Unterstützung von Ben Gurion bat Goldmann Barou, über Blankenhorn ein Treffen mit dem Kanzler in die Wege zu leiten und jede Vorsichtsmaßnahme zu treffen, damit dies geheim blieb. Das Treffen war für den 6. Dezember in London anberaumt; Goldmann vertrat dort sowohl den Staat Israel wie die Juden der Welt[28]. In diesem Stadium sollte Adenauer mit einer Persönlichkeit zusammentreffen, die alle jüdischen Interessen vertrat, und angesichts von Goldmanns Position, der ihm verliehenen Vollmacht und seiner großen und diversen Erfahrungen und Beziehungen, war er die geeignetste Person. In seinen Memoiren lobt Adenauer Goldmann, der seiner Ansicht nach in jeder Hinsicht die beste Wahl war, die getroffen werden konnte[29].

Ein Anreiz für Adenauer, das Treffen zu diesem Zeitpunkt zu vereinbaren, war eine weitere Note von Israel an die vier Mächte vom 30. November 1951. In dieser Note, Israels Antwort auf die Note der Mächte vom Juli, wies die israelische Regierung die Behauptung der Alliierten zurück, was bis zu jenem Zeitpunkt für die Flüchtlinge und die überlebenden NS-Opfer getan worden sei, könne als teilweise Israels Anspruch an Deutschland erfüllend betrachtet werden. Der Anspruch auf eineinhalb Milliarden Dollar wurde wiederholt, wobei Israel argumentierte, Deutschland könne diese Last tragen, ohne daß es sich an die alliierten Regierungen um Hilfe wenden müsse. Die Note endete mit einem Hinweis auf Adenauers Erklärung vom 27. September, gleichzeitig fügte sie hinzu, Adenauers Erklärung befreie die Alliierten nicht von ihrer Verantwortung. Sie hatten den entscheidenden Einfluß und die Kontrolle über die Angelegenheiten Deutschlands seit Kriegsende, und sie vertraten die Interessen und das Gewissen der Weltgemeinschaft in allem, was sich auf deutsche Verbrechen und deutsche Verpflichtungen bezog. Deshalb würden sie ein weiteres Mal aufgefordert, ihren Einfluß geltend zu machen, damit Deutschland dem israelischen Anspruch nachkomme[30].

Auch diese Note war nicht an Deutschland gerichtet worden, trotzdem reagierte Deutschland als erstes. Adenauer beschloß, Goldmann zu treffen. Er bat ihn, wie schon gesagt, ihn während seines Besuchs in London aufzusuchen. Das Treffen, das am 6. Dezember im Claridge Hotel in London stattfand, war von entscheidender Bedeutung für den Beginn der Verhandlungen. Auf diesen beiden Männern ruhte eine gewaltige Verantwortung. Um Ben Gurion empfehlen zu können, die Knesseth um Vollmacht für die Aufnahme von Verhandlungen zu bitten, mußte Goldmann Adenauer überreden, Israels Anspruch zuzustimmen.

Würde diese Gelegenheit vertan, würden die Aussichten auf spätere Verhandlungen mit Deutschland ernsthaft dahinschwinden und damit die Möglichkeit, Wiedergutmachung von Deutschland durchzusetzen, um den Staat Israel zu stärken, vergeben worden sein.

Andererseits befand sich auch der Kanzler in einer schwierigen Lage. Der von Deutschland geforderte Betrag war ungeheuer. Es stimmt, Deutschlands Wirtschaftslage hatte sich stark gebessert, aber Ende 1951 war noch nicht das Wirtschaftswunder abzusehen, das in den kommenden Jahren eintreten würde. Die große Frage war die, ob Adenauer, aus eigener Initiative heraus und ohne seine Kollegen in der Regierung zu konsultieren, sich verpflichten würde, seinem Land solch eine schwere Last aufzubürden.

Diese Besorgnis, mit der sich Goldmann zum Treffen begab, wuchs einen Tag vorher noch stärker, nachdem er sich mit Blankenhorn unterhalten hatte. Man wird sich erinnern, daß Blankenhorn eine wichtige Rolle bei der Kontaktaufnahme zwischen Deutschland und den jüdischen Organisationen gespielt hatte und daß er Verhandlungen mit den und Wiedergutmachung an die Juden befürwortete. Als Goldmann ihm jedoch mitteilte, er beabsichtige, Adenauer zu bitten, sich zu einer Wiedergutmachung von einer Milliarde Dollar zu verpflichten, antwortete Blankenhorn ihm, das sei unvorstellbar. Angesichts seiner Wirtschaftslage könne Deutschland sich Zahlungen solcher Größenordnung nicht leisten. Darüber hinaus könne Adenauer nicht ohne Konsultation mit den Mitgliedern seiner Regierung entscheiden. Goldmann erwiderte, gerade das sei die Vorbedingung für die Aufnahme von Verhandlungen.

Das Treffen mit Adenauer fand unter völliger Geheimhaltung statt. Beide Seiten waren schon vorher übereingekommen, es zu verleugnen, falls es bekannt würde. Goldmann wurde von Barou begleitet.

Obwohl Goldmann und Adenauer beide erfahrene alte Staatsmänner waren, war das Treffen für beide ein zutiefst erregendes Ereignis. Goldmann berichtete später, er sei beeindruckt davon gewesen, wie Adenauer in einem für einen Politiker seltenen Umfang Treue zu moralischen Grundsätzen mit außerordentlichem politischem Geschick in sich vereine. Goldmann bat, ohne Unterbrechung sprechen zu dürfen, um den Zweck seines Besuches zu erklären. Er beschrieb die tiefe Spaltung innerhalb des jüdischen Volkes, verursacht durch die Frage von Direktkontakten mit Deutschland. Trotzdem sei er durch die Erklärung des Kanzlers dazu ermutigt worden, zu versuchen, ihn zu treffen. Das jüdische Volk könne nicht vergessen, was ihm durch die Nazis widerfahren war; wenn jedoch die Bundesrepublik ihre Bereitschaft zeige, die Überlebenden zu entschädigen – insoweit eine Entschädigung überhaupt möglich war –, würde sie damit den Juden und der Welt beweisen, daß sie sich von ihrem Vorgänger unterschied. Solch eine Geste sei nur dann sinnvoll, wenn sie in einer annehmbaren Beziehung zum Umfang des Unrechts stand, das verübt worden war.

Der Frage müsse man sich nicht von einer geschäftlichen Seite, sondern vom moralischen Standpunkt her nähern: Beabsichtige die deutsche Regierung zu handeln im geschäftlichen Sinn, dann sei es besser, das Gespräch überhaupt nicht erst zu beginnen.

Goldmann unterbreitete Israels Forderung nach einer Milliarde Dollar als Vorbedingung für die Verhandlungen. Er sagte, er verstehe die Schwierigkeiten des Kanzlers, diesem Anspruch zuzustimmen, aber er betonte, ohne eine diese Verpflichtung akzeptierende Erklärung würden weder die Knesseth noch die Claims Conference ihre Zustimmung zu Verhandlungen geben. Abschließend brachte er sein Vertrauen zum Ausdruck, daß der Kanzler diese Verpflichtung akzeptieren und sie sogar schriftlich bestätigen werde.

Adenauer, der sichtlich bewegt war, antwortete, er habe während Goldmanns Rede die Flügel der Geschichte schlagen hören. Es sei sein Wunsch gewesen, dem jüdischen Volk Wiedergutmachung für die Taten der Nazis zu leisten. Das sei für ihn eine moralische Frage. Deshalb sei er bereit, die Verantwortung auf sich zu nehmen und schriftlich die von ihm erbetene Verpflichtung für eine Milliarde Dollars festzuhalten[31].

Adenauer hielt sein Versprechen in einem persönlichen Brief, den er Goldmann noch am gleichen Tag schrieb. Er begann ihn, indem er auf seine Erklärung vor dem Bundestag hinwies, in der er seine Bereitschaft zum Ausdruck gebracht hatte, mit den Vertretern des jüdischen Volkes und mit Israel Verhandlungen aufzunehmen, und er fuhr fort, die Zeit dafür sei jetzt gekommen. Er forderte Goldmann als Vorsitzenden der Claims Conference auf, die Claims Conference und die israelische Regierung von Deutschlands Bereitschaft zu Verhandlungen in Kenntnis zu setzen.

Entsprechend Goldmanns Bitte sagte Adenauer in dem Brief, die deutsche Regierung betrachte die Frage der Wiedergutmachung als eine moralische Verpflichtung, und seiner Ansicht nach sei das deutsche Volk dazu verpflichtet, alles in seiner Macht Stehende zu tun, um für das Unrecht zu sühnen, das dem jüdischen Volk zugefügt worden war. Er begrüße demnach die Gelegenheit, zum Aufbau des Staates Israel durch Warenlieferungen und Dienstleistungen beitragen zu können. Im Namen der Bundesregierung akzeptierte Adenauer die Forderungen, die in der israelischen Note vom 12. März 1951 gestellt worden waren, als Grundlage für die Verhandlungen[32].

Dieser Brief, mit dem die Verantwortung für die Taten der Nazis akzeptiert wurden sowie Israels Forderung als Grundlage für die Verhandlungen und der die Zahlung von Reparationen in Form von Waren und Dienstleistungen vorschlug, bahnte den Weg für den nächsten Schritt: Genehmigung für die Verhandlungen. Diesen Schritt begleiteten jedoch Stürme der Gewalt und heftige Kritik in Israel und in der Bundesrepublik Deutschland.

In Deutschland kam die Reaktion auf Adenauers »persönlichen Schritt« – als er ohne Konsultationen mit seiner Regierung eine Verpflichtung akzeptierte, die seinem Land eine schwere Wirtschaftslast aufbürdete – zuerst aus mächtigen Wirtschaftskreisen sowie denen der Industrie und des Handels. Sie widersetzten sich Adenauer und argumentierten, eine Forderung, bei der eine nicht exakt vorhersagbare finanzielle Verpflichtung auf dem Spiel stand, könne nicht akzeptiert werden. Zu den Hauptgegnern gehörte Fritz Schäffer, der deutsche Finanzminister, der die Ansicht vertrat, das deutsche Budget sei bereits schwer mit den Besatzungskosten und denen für die Unterstützung von Millionen von Flüchtlingen belastet. Würde die israelische Forderung dazukommen, könne das heikle Gleichgewicht gestört werden, das erreicht worden war[33].

Die Reaktion in Israel war noch intensiver. Als die Frage der Verhandlungen am 7. Januar 1952 der Knesseth unterbreitet wurde, die die Regierung bevollmächtigen sollte, die Verhandlungen aufzunehmen, brach ein Sturm der Gewalt aus. Während die Knesseth die Frage diskutierte, wütete vor den Toren der Knesseth eine stürmische Demonstration, die von der Cheruth-Partei angeführt wurde. Zum ersten Mal in ihrer Geschichte erlebte die Knesseth einen Versuch, sie mit Gewalt von ihrer Arbeit – Debatte und Treffen von Entscheidungen – abzuhalten. Die Demonstranten bewarfen das Gebäude mit Steinen. Die Polizei schritt nachdrücklich ein, der Kampf dauerte stundenlang, und Hunderte von Menschen wurden verletzt.

Ben Gurion eröffnete die Debatte in der Knesseth. Er zählte die Abfolge der Ereignisse auf, angefangen mit der Zustellung der ersten israelischen Note an die Mächte am 16. Januar 1951 bis zu Adenauers Brief vom 6. Dezember 1951. Er gab eine Übersicht für die Gründe von Israels Anspruch und verwies auf die Unterstützung, die es durch die Claims Conference erhalten hatte.

Ben Gurion schloß, indem er nochmals bekräftigte, die Vertreter Israels seien dazu verpflichtet, zusammen mit den Vertretern der Juden der Welt unverzüglich zu handeln, um eine so hohe Entschädigung wie möglich für private Ansprucherhebende und das ganze jüdische Volk für das ihnen Genommene durchzusetzen. Wenn nicht, würden die Mörder des jüdischen Volkes sowohl »getötet wie geerbt« haben.

Die Debatte dauerte zwei Tage. Bei der Abstimmung am 9. Januar stimmten 61 Knessethmitglieder für die Verhandlungen (die Parteien *Mapai*, *Hapoel Hamisrachi* und *Agudat Israel*) und 50 dagegen (*Cheruth*, die Nationale Religiöse Partei, die Allgemeinen Zionisten, die Progressiven, *Mapam* und *Maki*), fünf enthielten sich der Stimme, und vier waren nicht anwesend. Die Knesseth schickte die Gesetzesvorlage zur endgültigen Entscheidung in den Ausschuß für Auswärtiges und Verteidigung, der die israelische Regierung am 15. Januar 1952 bevollmächtigte, in der Frage der Reparationen von Deutschland Schritte zu ergreifen und zu diesem Zweck direkt mit Deutschland zu verhandeln[34].

Die Claims Conference hatte die Entscheidung der Knesseth abgewartet, bevor sie einen eigenen Standpunkt bezog. Am 20. Januar 1952 berief Goldmann eine Vollversammlung der Claims Conference in New York ein. Auch bei diesem Treffen war die Debatte bitter und stürmisch, aber schließlich wurde eine positive Entscheidung mit einer größeren Mehrheit als in der Knesseth getroffen. Es wurde beschlossen, die Entscheidung der israelischen Regierung zu stützen und zu fordern, daß Deutschland in bezug auf alle gestellten Ansprüche handeln, das Wiedergutmachungsgesetz schnell verwirklichen, weitere und umfassendere Gesetzgebung verabschieden und die Ansprüche auf erbloses Vermögen regeln solle[35].

Für die Verhandlungen wurde ein Präsidium gewählt. Der Vorsitzende des Präsidiums war Nahum Goldmann und seine anderen Mitglieder Jacob Blaustein (Präsident des American Jewish Committee), Frank Goldmann (Präsident von Benei Brith), Dr. Israel Goldstein (Präsident des American Jewish Congress), Adolph Held (Vorsitzender des jüdischen Arbeiterausschusses), Barnett Janner (Vizepräsident des Board of Deputies britischer Juden) und Jules Braunschvig (Vizepräsident der *Alliance*). Damit war die Phase abgeschlossen, in der die Grundlagen für die Verhandlungen gelegt wurden. Festgelegt werden mußten nur noch die Ansprüche, die Delegationen, der Ort und das Verfahren.

VI. Endgültige Formulierung der Ansprüche gegenüber Deutschland

Der Staat Israel hatte einen Anspruch gegenüber Deutschland indirekt über die vier Mächte am 12. März 1951, direkt auf dem Treffen zwischen Goldmann und Adenauer im Dezember 1951 gestellt, den die Claims Conference nach ihrer Bildung unterstützt hatte, wie sie auch Änderungen der Gesetze über Entschädigung für einzelne Ansprucherhebende gefordert hatte. Sie selbst hatte keinen eigenen Anspruch gegenüber Deutschland gestellt. Sobald jedoch die Entscheidung über die Aufnahme von Verhandlungen mit Deutschland ratifiziert worden war, beschloß das Präsidium der Claims Conference, die beiden Arten von Ansprüchen, die sie selbst stellen würde, in ihrer endgültigen Form auszuarbeiten.

Die erste forderte, daß die Bundesregierung ein einheitliches Gesetz über die Rückerstattung von Vermögen und die Zahlung von Wiedergutmachung verabschieden müsse, wie auch die finanzielle Verantwortung für die Durchführung jedes Abkommens übernehme, das schließlich geschlossen würde; die zweite bezog sich auf den Anspruch auf Kollektivwiedergutmachung an das jüdische Volk für erbenloses jüdisches Vermögen entsprechend der Richtlinien, die diverse jüdische Organisationen im Verlauf der zehn vorhergehenden Jahre niedergelegt hatten.

Hier erhob sich jedoch ein Problem, das die Regierung von Israel schon im Oktober vorhergesehen hatte. Es war möglich, daß Israels Kollektivanspruch und der der jüdischen Organisationen sich überschnitten. Deshalb wurden Versuche unternommen, eine Entscheidung über das Verhältnis zwischen beiden herbeizuführen.

Auf der Gründungsversammlung der Claims Conference waren mehrere Alternativen diskutiert worden: a) Israels Anspruch erhalte Vorrang oder sogar ein Monopol auf einen Ausgleich; b) Israels Anspruch würde um eine halbe Milliarde Dollar erhöht, um den Kollektivanspruch der Claims Conference zu decken; c) die Ansprüche würden gleichzeitig unterbreitet, ohne daß einem Vorrang eingeräumt würde[1]. Aus Achtung vor Israel erwähnten die auf diesem Treffen getroffenen Entscheidungen keinen zusätzlichen Anspruch.

Kurz danach, noch bevor die Entscheidung über die Aufnahme von Verhandlungen mit Deutschland im Prinzip akzeptiert worden war, hatte die Claims Conference begonnen, Wege zu diskutieren, wie ihr Anspruch Deutschland unterbreitet werden könne. Dabei wurden mehrere Möglichkeiten erwogen:

a) Der Staat Israel und die Claims Conference würden einen gemeinsamen Anspruch für unersetzlichen Schaden stellen, der seit 1933 den Juden in Deutschland und den annektierten und besetzten Gebieten zugefügt worden war.
b) Israel und die Claims Conference würden einen gemeinsamen Anspruch für die Kosten der Rehabilitierung und Neuansiedlung der NS-Opfer unterbreiten. Er würde insgesamt zwei Milliarden Dollar betragen, und zwar eineinhalb Milliarden für Israel, der Rest für NS-Opfer außerhalb von Israel.
c) Israel würde seinen eigenen Anspruch stellen, basierend auf den Kosten für die Rehabilitierung und Neuansiedlung der NS-Opfer. Als Anspruch von einem Staat an einen anderen würde er größere Kraft besitzen. Auch in seiner Erklärung hatte Adenauer schon hervorgehoben, daß Israel eine große Anzahl von Flüchtlingen aufgenommen hatte.
d) Die Claims Conference würde ihren eigenen Anspruch für die Kosten der Rehabilitierung und Neuansiedlung von NS-Opfern außerhalb von Israel stellen – schließlich hatten alle jüdischen Organisationen dafür Hunderte von Millionen Dollar aufgebracht.
e) Israel würde einen Anspruch unterbreiten, basierend auf den Kosten der Rehabilitierung und Neuansiedlung, und die Claims Conference würde einen Anspruch aufgrund einer Erweiterung der Grundsätze erheben, die in der bestehenden Rückerstattungs- und allgemeinen Gesetzgebung über Ansprüche auf erbenlosen und nicht geforderten jüdischen Besitz vorgesehen waren, sowie auf Vermögen von Juden, die Deutschland verlassen hatten, das vom Reich eingezogen worden war; weiter auf Gelder, die als Sondersteuern oder -abgaben erhoben worden waren, und auf Vermögen, das außerhalb Deutschlands beschlagnahmt und nach Deutschland gebracht worden war. Dieser vorgeschlagene Anspruch betrug insgesamt US$ 818 580 000[2].

Die Conference bat Benjamin Ferencz um eine Beurteilung der Vorschläge (Ferencz hatte im Namen der JRSO bereits eine mehrjährige Erfahrung mit Ansprüchen in bezug auf erbenloses Vermögen gesammelt; er war Ankläger gegen die Einsatzgruppen in den Nürnberger Prozessen gewesen; weiterhin kannte er den Themenkreis NS-Beschlagnahmungen von jüdischem Vermögen außerordentlich gut). Er wurde schon zu Beginn zur Claims Conference hinzugewählt und diente später ihrer Delegation in Wassenaar als Berater. In einem Brief vom 24. Dezember 1951 tadelte Ferencz alle Vorschläge außer dem letzten:
a) Ein gemeinsamer Anspruch von der Regierung von Israel und privaten Organisationen sei keine annehmbare Idee.
b) Deutschland habe weder Israel noch die jüdischen Organisationen

gebeten, Rehabilitierungsvorhaben durchzuführen, und es war nicht möglich, es zu verpflichten, für sie aufzukommen.

c) Israel könne die Regelung des gesamten jüdischen Anspruchs gegen Deutschland nicht völlig allein wahrnehmen.

d) Es sei unmöglich, die schon von Israel gestellte Forderung zu ignorieren.

e) Der Vorschlag für eine unabhängige Vertretung durch Israel beruhe auf Ausgaben für Unterstützung, dagegen begründe die Conference ihren Vorschlag auf einen allgemeinen Grundsatz von Nachfolge. Das hielt er für durchführbar, betonte jedoch die Notwendigkeit, die Ansprüche Israels und die der Claims Conference zu koordinieren. Nichtsdestoweniger ließen diese Vorschläge, wie schon die anderen, die wirklich entscheidenden Faktoren außer acht: Deutschlands Bereitwilligkeit oder Fähigkeit zu zahlen[3].

Später erwies sich, daß Ferencz in jedem Punkt recht hatte. Schließlich wurde der Anspruch unterbreitet, den er empfohlen hatte. Die Verhandlungen gerieten genau über den Punkt in eine Krise, auf den er hingewiesen hatte, nämlich Deutschlands Behauptung, seine Zahlungsfähigkeit sei begrenzt.

Ein Fachausschuß, von der Claims Conference eingesetzt, unterbreitete am 9. Januar 1952 eine Reihe von Memoranda mit Vorschlägen über die Form, in der die Ansprüche gestellt werden sollten. Das erste Memorandum teilte die Ansprüche in solche gegen Privatpersonen und Organe und solche gegen Deutschland auf; es befaßte sich vorwiegend mit dem zweitgenannten. Dieser wurde weiter in nachweisbare einzelne Ansprüche und nachweisbare oder abschätzbare Kollektivansprüche geteilt. Die erste Kategorie umfaßte Ansprüche, die vor einem Gericht feststellbar waren und sich zum Beispiel auf Bankkonten, bestimmte Wertpapiere oder diskriminierende Steuern bezogen. Der Anspruchsherhebende konnte das Opfer selbst sein, sein Erbe oder eine anerkannte Nachfolgeorganisation. In bezug auf diese riet der Ausschuß, die Forderung nach einer Verbesserung der bestehenden deutschen Gesetzgebung zu stellen.

Die zweite Kategorie betraf Verluste, die nicht vor einem Gericht nachgewiesen werden konnten, aber zweifelsohne den Juden zugefügt worden waren. Der Gesamtverlust an jüdischem Leben und Vermögen, unter der bestehenden Gesetzgebung nicht zurückzugewinnen, anhand deutscher Unterlagen jedoch feststellbar oder abschätzbar, fiel in diese Kategorie. Das jüdische Volk hatte ein Anrecht darauf, in bezug auf dieses Vermögen und diesen Verlust einen Kollektivanspruch zu stellen. Die Grundlage für diesen Anspruch würde die NS-Erklärung vom totalen Krieg gegen das jüdische Volk bilden. Der Ausschuß kam zu dem Schluß, daß dieser Anspruch im Namen des jüdischen Volkes sowohl vom Staat Israel wie den in Organisationen zusammengeschlossenen Juden gestellt werden müsse und daß die als Wiedergutmachung erhaltenen Gelder im gegenseitigen Einverständnis aufgeteilt würden[4].

In einem zweiten Memorandum stufte der Ausschuß die Ansprüche gemäß der Arten von Schäden, Arten von Ansprüchen und Arten von Belegen ein, die für den Anspruch und die Anspruchherhebenden zur Verfügung standen. Zwei Arten von Vermögensschaden konnten ersetzt werden: feststellbares Vermögen, das seinem Besitzer *in natura* zurückerstattet werden konnte, und Vermögen, dessen Besitzer es nicht zurückerstatten konnte und für das Entschädigung gezahlt wurde. Diese waren bereits in der Vermögensrückerstattung vorgesehen. Alle anderen Arten von Schäden – Freiheitsentzug, Beeinträchtigung der Gesundheit, Verlust von Leben, Schaden aufgrund von Berufsverbot, diskriminierende Besteuerung, Vermögensverlust, der nicht durch Rückerstattungsgesetze gedeckt war – waren im Bereich der allgemeinen Gesetze über Ansprüche vorgesehen, die in der amerikanischen und englischen Besatzungszone und in Westberlin existierten, oder in den Sondergesetzen in der französischen Zone über besondere Schadensarten.

Die Ansprüche würden entweder gegen Privatpersonen erhoben oder gegen öffentliche Organe: das Reich, die Länder, die Kommunalbehörden. Im letzten Fall stellte sich die Frage nach der Verantwortung der Bundesrepublik für die Taten des Dritten Reiches. Bei Ansprüchen wie Freiheitsentzug, Beeinträchtigung von Gesundheit, Verlust von Leben, Schädigung der Ausbildung und Berufsverbot lag die Verantwortung bei öffentlichen Organen, den Ländern und Berlin.

Die Aufteilung in zwei Gruppen – entsprechend den Belegen, die schon im ersten Memorandum niedergelegt waren – wurde hier weiter ausgeführt:

a) Einzelne Ansprüche, für die Belege gefunden werden konnten;
b) Kollektivansprüche, die überprüft oder abgeschätzt werden konnten.

Die erste Gruppe umfaßte Verluste, Privatpersonen oder Kollektiveinrichtungen in Fällen zugefügt, bei denen Existenz und Umfang des Vermögens nachgewiesen werden konnten: Land, Häuser, Fabriken und Anlagen, Wertpapiere und Aktien, Schmuck, Kunstgegenstände, Bankkonten.

Die zweite Gruppe umfaßte alle Schadenstypen, von denen bekannt war, daß sie beigebracht wurden, und deren Umfang abgeschätzt werden konnte. Zum Beispiel waren die Juden Deutschlands gezwungen worden, den Behörden Gelder, Schmuck und Wertsachen auszuhändigen, deren Gesamtwert bei weitem das übertraf, was nachgewiesen werden konnte. Der Überschuß des Gesamtwertes über den nachweisbaren Teil konnte als »kollektiv nachweisbarer Verlust« betrachtet werden. Das gleiche traf auch in bezug auf von Deutschland annektierte Länder zu. In vielen Fällen gab es keinen Beweis, wenn die Nazis jüdisches Vermögen beschlagnahmt oder Juden gezwungen hatten, den Besitz auf andere Personen zu übertragen. Das Vermögen von Menschen in Konzentrations- und Vernichtungslagern war eingezogen worden. Der bewegliche Besitz von Gemeinden in den besetzten Ländern war beschlagnahmt oder zerstört, zerstreut oder geplündert worden, und zwar von Beamten und Privatpersonen; er würde nie wieder gefunden. Schulden an jüdische Organisationen oder Privatpersonen waren gestrichen worden.

Darüber hinaus hatten Millionen von Menschen ihre Arbeit, ihre Freiheit, ihr Leben verloren. Das konnte nicht auf einer individuellen Grundlage nachgewiesen werden. Bis zu jenem Zeitpunkt hatten die Deutschen weder Entschädigung für diese Verluste gezahlt noch für Schäden und Verluste, die den Juden außerhalb Deutschlands zugefügt worden waren. Aber Adenauers Erklärung, in der er die Verantwortung für NS-Handlungen außerhalb Deutschlands auf sich nahm, lieferte eine Grundlage für diese Ansprüche.

Was die Anspruchserhebenden betraf, konnten gewöhnliche Ansprüche für feststellbaren Schaden vom Opfer selbst, seinen Erben oder der Nachfolgeorganisation gestellt werden. Der Anspruchserhebende für den Kollektivanspruch müßte das ganze jüdische Volk sein, nämlich der Staat Israel sowie das übrige jüdische Volk, das die jüdischen Organisationen vertraten. Es wäre möglich, einen oder zwei Ansprüche zu stellen[5].

Der Abschlußbericht, den der Fachausschuß vorbereitete, umfaßte einen detaillierten Plan für die Deutschland zu unterbreitenden Ansprüche:
1. Bestehende Gesetze über Rückerstattung und Entschädigung müßten wirksamer durchgeführt werden.
2. Bestehende Gesetzgebung über allgemeine Ansprüche müsse auf die gesamte Bundesrepublik ausgedehnt werden.
3. Die bestehende Gesetzgebung über allgemeine Ansprüche müsse geändert werden, um Auslassungen zu korrigieren sowie solche fehlerhafte Bestimmungen, die sich aufgrund von Einschränkungen in bezug auf Wohnort und die Höchstgrenze für Ansprüche ergaben.
4. Eine zusätzliche Gesetzgebung müsse verabschiedet werden, um sicherzustellen, daß Entschädigung für durch das Reich verursachten wirtschaftlichen Verlust völlig gleich war, gleichgültig, ob er direkt dem Reich zugute gekommen war oder der NS-Partei.
5. Die Nachfolgeorganisationen müßten, wo immer es notwendig war, als die angemessenen Empfänger erbenlosen Vermögens und nicht

geforderter Anteile von Immobilien anerkannt werden, die dem NS-Staat und der -Partei zugute gekommen waren. Kollektivausgleiche über die Ansprüche der Nachfolgeorganisationen müßten erreicht werden.

Um diese *Desiderata* in Kraft zu setzen, müsse die Bundesregierung, sagten die Experten, einige ziemlich drastische Schritte ergreifen: Die Deutschen müßten die Verbindlichkeiten für feststellbares Vermögen, das vom Reich eingezogen worden war, übernehmen. Es war nicht möglich, solches Vermögen im Rahmen der bestehenden Rückerstattungsgesetze zurückzugeben. Die Bundesrepublik hatte das Vermögen des Reiches innerhalb ihrer Grenzen übernommen sowie bestimmte Verpflichtungen des Reiches wie Rückzahlungen von Auslandsschulden, die Zahlung von Ruhegeldern an Staatsbeamte usw. Ungefähr ein Drittel der 150 000 Rückerstattungsansprüche gemäß Militärgesetz Nr. 59 konnten erst erledigt werden, wenn die Bonner Regierung diese Verantwortung akzeptiere.

Darüber hinaus müsse die Bundesregierung die bestehende Situation korrigieren, in der die Länderregierungen Überlebenden der NS-Verfolgung, die aufgrund der bestehenden Gesetze über allgemeine Ansprüche zu Entschädigung für Freiheitsentzug, Verlust von Leben, Beeinträchtigung der Gesundheit, Schaden an Vermögen und Verlust von potentiellen Verdiensten oder Einkommen berechtigt waren, nur symbolische Zahlungen leisteten. Mindestens 150 000 solcher Forderungen seien in der amerikanischen und französischen Zone und in Berlin gestellt worden. Die Länder berücksichtigten nicht die Interessen von NS-Überlebenden, die außerhalb Deutschlands lebten. Ihre Ansprüche betrugen 45 Prozent der Gesamtansprüche in der amerikanischen Zone, aber sie hätten nur 5 Prozent der von den Ländern gezahlten Beträge erhalten. Die Bonner Regierung könne diese Situation korrigieren, indem sie den Ländern finanzielle Unterstützung zukommen lasse oder indem sie die gesetzgebende Verantwortung übernehme.

Bonn müsse die Gültigkeit des Gesetzes über allgemeine Ansprüche, das in der amerikanischen Zone in Kraft war, auf die englische Zone ausdehnen. Bestehende Gesetze in der englischen Zone berücksichtigten nicht Überlebende, die außerhalb Deutschlands lebten, noch sahen sie Entschädigung für wirtschaftliche Verluste vor. Man schätzte die Zahl deutscher Juden, die aus der jetzigen englischen Zone ausgewandert waren, und die der Displaced Persons, die in der Zone in Konzentrationslagern gewesen und durch dieses Gesetz benachteiligt waren, auf ungefähr 500 000 Menschen.

Auch müßten die Bonner Behörden die Fehler und Auslassungen in den bestehenden Gesetzen über Ansprüche korrigieren, die sich aus willkürlichen Bestimmungen in bezug auf Wohnort und Höchstgrenze von Ansprüchen ergaben. Nach den bestehenden Gesetzen war keine Entschädigung für Freiheitsentzug für überlebende NS-Verfolgte vorgesehen, die Deutschland zwischen dem 8. Mai 1945 und dem 1. Januar 1947 verlassen hatten. Das bestehende Gesetz sah eine 20prozentige Entschädigung für Schäden an Besitz und Vermögen vor. In der amerikanischen Zone setzte das Gesetz über Ansprüche den Höchstbetrag für jede Kategorie von wirtschaftlichem Schaden oder Verlust auf DM 75 000 an. In der französischen Zone und Berlin war der festgelegte Betrag niedriger. Die einheitliche Zahl müsse überall die gleiche wie in der amerikanischen Zone sein, sagten die Experten. Außerdem müßten die Deutschen die Verantwortung für Schäden oder Verluste akzeptieren, die nicht durch bestehende Gesetzgebung gedeckt und das Ergebnis von der Beschlagnahme beweglichen Vermögens durch Einrichtung des Dritten Reiches oder der NS-Partei in Großdeutschland gewesen waren. Gemäß der zehnten und elften Bestimmung des Reichsbürgergesetzes – der Erlaß über Beschlagnahme von Wertsachen – hatten Reich und Partei von Vermögen im Werte von Hunderten von Millionen Mark Besitz ergriffen. Adenauer hatte in seiner Erklärung gesagt, daß die Bonner Regierung die einzige legale Regierung sei, die Deutschland vertrat: Folglich trug sie die Verantwortung für die vom Reich vorgenommenen Beschlagnahmungen. Deshalb müsse sie auch die Verantwortung für die wirtschaftlichen Verluste akzeptieren, die von der Zahlung diskriminierender Steuern an das Reich herrührten, die unter der bestehenden Gesetzgebung nicht zurückzugewinnen waren. Das waren die kollektiven Geldstrafen, die im November 1938 den deutschen Juden auferlegt worden waren, sowie die Reichsfluchtsteuer, Zahlungen an die Golddiskontbank für das Recht, Haushaltsartikel aus dem Reich zu nehmen, und Gelder, die die Behörde für ausländische Devisen im Verlauf von Wechseltransaktionen eingezogen hatte (manchmal bis zu neunzig Prozent des inbegriffenen jüdischen Geldes). Die Experten forderten auch, Bonn müsse die Verantwortung für den Verlust von Vermögen übernehmen, das von Reichs- und Parteibehörden außerhalb der Grenzen von Großdeutschland eingezogen worden war. Der Wert dieses Vermögens sei enorm und könne unmöglich abgeschätzt werden. Zum Beispiel wurden allein in Westeuropa 71 000 Wohnungen geplündert, die Möbel wurden nach Deutschland geschickt. Die Deutschen setzten den Wert der Möbel in jeder Wohnung auf 10 000 Mark an, so daß sich der Wert der Beschlagnahme zu 710 Millionen Mark addieren würde. In der Region von Lublin allein belief sich der Wert eingezogenen Vermögens auf 400 Millionen Mark. Ansprüche in bezug auf dieses Vermögen müsse von Personen akzeptiert werden, die nicht in ihre Ursprungsländer zurückgekehrt seien und keine Entschädigung gemäß den dort in Kraft befindlichen Entschädigungsgesetzen (falls es sie überhaupt gab) erhalten könnten. Die Deutschen müßten jetzt die Rückerstattung erleichtern, indem sie die Nachfolgeorganisationen als berechtigt anerkannten, erbenloses Vermögen zu erhalten, das dem NS-Staat und der Partei zugefallen war. Gemäß den bestehenden Rückerstattungsgesetzen in den verschiedenen Besatzungszonen würde ihnen erbenloses Vermögen jetzt ohnehin übertragen. Die Bonner Regierung werde aufgefordert, sie anzuerkennen und mit ihnen einen kollektiven Ausgleich für Entschädigung einzugehen, um nicht die Gerichte mit Tausenden von Einzelansprüchen zu überfluten.

Bonn müsse auch die Ruhegelder jüdischer Beamten zahlen einschließlich die von Angestellten jüdischer Gemeinden und anerkannter jüdischer Einrichtungen; weiterhin die NS-Opfer von der schon zuvor erwähnten Lastenausgleichssteuer befreien sowie Gelder für Unterhalt und Wartung jüdischer Friedhöfe in Deutschland und Berlin zuteilen.

Der Fachausschuß betonte in seinem Bericht abschließend, daß diese Ansprüche, neben dem vom Staat Israel unterbreiteten Anspruch, nicht den gesamten ungeheuren Schaden deckten, den die Nazis den Juden zugefügt hatten, aber die Erfüllung dieser Forderungen würde die dringendsten Bedürfnisse des Staates Israel und der NS-Opfer decken, die außerhalb Israels lebten[6].

Nachdem die Claims Conference die von ihr zu stellenden Ansprüche in ihre endgültige Form gebracht hatte, mußten die Parteien – Israel, die jüdischen Organisationen und Deutschland – Datum und Ort für die eigentlichen Verhandlungen bestimmen. Am 13. Februar fand ein vorbereitendes Treffen zwischen Vertretern aus Israel und der Claims Conference in Paris statt, um die verschiedenen Strategien zu koordinieren. Israel wurde durch seinen Außenminister, Mosche Scharett, vertreten sowie durch die israelische Delegation zu den Verhandlungen unter der Leitung von Giora Josephtal und Elieser Shinnar. Josephtal, Schatzmeister der Jewish Agency und Leiter ihrer Abteilung für Einwanderung, war in Deutschland geboren und Fachmann für nach Israel eingewanderte Flüchtlinge, ihre Rehabilitierung und Eingliederung. Shinnar, ebenfalls in Deutschland geboren, war zum damaligen Zeitpunkt Leiter der im Außenministerium eingerichteten Sonderabteilung, die sich mit dem Thema Ansprüche gegenüber Deutschland befaßte. Die anderen Mitglieder der israelischen Delegation waren Eli Nathan von der Rechtsabteilung des Außenministeriums und Yitzhak Basner, verantwortlich für ausländische Devisen im Finanzministerium (später kam er bei einem Flugzeugunglück auf dem Weg nach Washington ums Leben). Sekretär und Sprecher der Delegation war Gerschon Avner vom Außenministerium. Rechtsberater in Vertragssachen war Jacob Robinson[7], der sich den Verhandlungen erst in der zweiten Phase anschloß.

Angesichts der Bedeutung dieses Treffens war die Claims Conference durch ihr Präsidium vertreten: Nahum Goldmann, Jacob Blaustein, Israel Goldstein, Adolph Held, Barnett Janner, Frank Goldmann und Jules Braunschvig.

Auf dieser Zusammenkunft wurde beschlossen, daß es zwei Delegationen geben würde, daß sie parallele, nicht gemeinsame Verhandlungen führen und Deutschland zwei getrennte Ansprüche unterbreiten würden. Israel würde den Kollektivanspruch stellen und die Claims Conference einen Anspruch im Namen individueller Anspruchsheberder für Änderung und Erweitern bestehender Gesetze über Ansprüche sowie getrennt einen Kollektivanspruch von 500 Millionen Dollars. Dieser Betrag war nur ein kleiner Teil des von den Nazis in Deutschland und den besetzten Gebieten eingezogenen Vermögens, das erbenlos geblieben war; er war auch nur ein Teil der kollektiven Geldstrafe, die den Juden Deutschlands auferlegt worden war, und anderer Zwangsabgaben[8].

Damit erreichte die Claims Conference das dritte Stadium ihrer Entwicklung: den Status, den Goldmann schon Mitte 1951 vorhergesehen hatte, als in Jerusalem die Gründung eines gemeinsamen Organs der wichtigen jüdischen Organisationen diskutiert wurde. Anfangs unterstützte die Claims Conference nur Israels Anspruch, aber später beschloß sie, zusätzlich einen Anspruch im Namen individueller Anspruchsheberder außerhalb von Israel zu stellen. Trotz der im Dezember 1951 zum Ausdruck gebrachten Befürchtungen und Bedenken, die Kollektivansprüche würden sich möglicherweise überschneiden, unterbreitete sie jetzt einen eigenen Kollektivanspruch für erbenloses jüdisches Vermögen. Aber es gab einen Unterschied zwischen dem Kollektivanspruch Israels und dem der Claims Conference, und zwar nicht nur in der Art, sondern auch in bezug auf die Gründe, auf denen sie beruhten. Während sich Israels Kollektivanspruch auf die Kosten für Eingliederung und Rehabilitierung der NS-Opfer bezog, beruhte der Anspruch der Claims Conference auf erbenlosem, nicht gefordertem jüdischem Besitz außer jenem, der gemäß früherer Bestimmungen, die Deutschland erwachsen waren, von einzelnen oder Nachfolgeorganisationen angefordert wurde.

Angesichts dieser Unterschiede beschloß man auf der Pariser Zusammenkunft, die Ansprüche müßten gesondert jeweils von der zuständigen Delegation betreut werden.

Nach dem Treffen in Paris formulierte die Claims Conference ihre Ansprüche neu. Jetzt waren sie in zwei Kategorien eingestuft: individuelle Ansprüche im Namen der überlebenden NS-Opfer und ihrer Erben und die Kollektivansprüche der Claims Conference.

In der Kategorie »individuelle Ansprüche« würden Forderungen gestellt werden für:

1. Wiedergutmachung für Freiheitsentzug für jene Juden, die Nazi-Deutschland verlassen hatten; Juden, die in Deutschland im Untergrund hatten leben müssen; und Personen, die Deutschland zwischen dem 8. Mai 1945 und dem 1. Januar 1947 verlassen hatten.
2. Entschädigung für verschiedene Arten von wirtschaftlichem Verlust.
3. Vereinfachung des Verfahrens zur Überprüfung von Entschädigungsansprüchen, wenn die notwendigen Unterlagen verlorengegangen oder zerstört waren.
4. Verwandten das Recht zu geben, bestimmte Ansprüche zu stellen.
5. Die Höhe der Entschädigung dem Lebenshaltungsindex in Deutschland anzupassen.
6. Übernahme der Verantwortung für die Zahlung von Ruhegeldern an Beamte und Angestellte jüdischer Gemeinden und Einrichtungen.
7. Änderung der Gesetzgebung in der französischen Zone und Westberlin, um sie dem Gesetz in der amerikanischen Zone anzugleichen.
8. Änderung der Gesetze über Ansprüche in der englischen Zone.
9. Erweiterung der Gesetzgebung über Entschädigung und Wiedergutmachung, um zusätzliche Kategorien von Anspruchserhebenden aufzunehmen:
    a) Entschädigung für Zwangsabgaben, die den Juden in Deutschland auferlegt worden waren, wie die Reichsfluchtsteuer, die Judenvermögensabgabe und Steuern, die Juden in den Großdeutschland annektierten Gebieten auferlegt worden waren (die Grenzen vom 31. Dezember 1939).
    b) Entschädigung für Vermögen, das innerhalb der Grenzen von Großdeutschland von Reichs- und NS-Parteieinrichtungen eingezogen worden war.
    c) Entschädigung für Vermögen, von den Reichs- und NS-Parteieinrichtungen außerhalb der Grenzen von Großdeutschland eingezogen.
10. Durchführung der oben angeführten Verpflichtungen innerhalb von fünf Jahren.
11. Befreiung von der Lastenausgleichssteuer für Überlebende der NS-Verfolgung.
12. Übernahme der Verantwortung durch die Bundesregierung für Akte des Dritten Reiches in bezug auf alles, was mit der Vermögensrückerstattung zu tun hatte.

Der Kollektivanspruch der Claims Conference sah vor, daß die Bundesrepublik der Claims Conference einen angemessenen Anteil von erbenlosem Vermögen übertragen müsse, das weder von individuellen Anspruchserhebenden noch von einer Nachfolgeorganisation gefordert worden war[9].

Nachdem die Ansprüche Israels und der Claims Conference formuliert und koordiniert waren, traf Goldmann Adenauer ein zweites Mal. Bei dieser Zusammenkunft am 17. Februar in London teilte Goldmann Adenauer offiziell mit, daß Israel und die Claims Conference sich bereiterklärten, mit Deutschland zu verhandeln. Sie schlugen vor, die Verhandlungen am 21. März in Belgien oder Holland aufzunehmen. Die Wahl war auf ein neutrales Land gefallen, weil die israelische Regierung der Knesseth versprochen hatte, kein israelischer Staatsbürger werde Deutschland betreten, wie auch kein Deutscher die Erlaubnis erhalte, nach Israel zu kommen. Für die Verhandlungen wurde schließlich die Kleinstadt Wassenaar gewählt, ungefähr fünf Kilometer von Den Haag entfernt. Wassenaar, verhältnismäßig abgelegen, wurde ausgesucht, um die Delegierten Israels und der Claims Conference vor erwarteten Angriffen extremer jüdischer Gruppen zu schützen. Andererseits lag der Ort nahe genug bei Den Haag, wo sowohl die israelische wie die deutsche Botschaft lagen, was die Kommunikation mit Jerusalem und Bonn erleichtern würde.

Zehn Tage nach seiner Rückkehr aus London, am 29. Februar, teilte Adenauer in einem Brief seinem Finanzminister Fritz Schäffer den Inhalt seiner Gespräche mit Goldmann im Dezember und Februar mit sowie seine Zustimmung zu Verhandlungen, die im März auf der Grundlage von Israels Anspruch auf eine Milliarde Dollar beginnen würden. Er forderte Schäffer auf, die deutsche Delegation zu den Verhandlungen zu ernennen und so bald wie möglich die notwendigen Vorbereitungen zu treffen. Ebenso teilte er ihm mit, die Verhandlungen würden unter der Schirmherrschaft des Auswärtigen Amtes stattfinden.

Adenauer, der Widerstand bei Schäffer vorhersah, schrieb, er hoffe, die Verhandlungen würden in einer dem moralischen und politischen Gewicht der Ansprüche und der Natur der deutschen Verpflichtung angemessenen Atmosphäre geführt. Ebenso forderte er seinen Finanzminister auf, Erwägungen und Bedenken zu übersehen, die normalerweise berücksichtigt werden müßten[10].

Am 26. Februar fand eine letzte Besprechung in der Wohnung von Mosche Scharett in Jerusalem zwischen Mitgliedern der Delegation und anderen statt, die etwas mit Reparationen und der Vorbereitung für die Verhandlungen zu tun hatten. Die wichtigsten Punkte auf der Tagesordnung waren Sicherheitsprobleme und Public Relations. Es wurde beschlossen bekanntzugeben, die Gespräche würden in Brüssel stattfinden, um das wahre Ziel der Delegation geheimzuhalten. Auch die Delegation der Claims Conference teilte mit, sie breche nach Brüssel auf[11].

Am 10. März trat das Präsidium der Claims Conference in London zusammen, um ihre Delegation für die Verhandlungen mit Deutschland zu ernennen. Moses Leavitt (Vizepräsident des AJDC) wurde zum Vorsitzenden der Delegation ernannt. Ihre anderen Mitglieder waren Alexander Easterman, der politische Sekretär des Jüdischen Weltkongresses für Europa, der schon vorher mit Reparationen von Deutschland beschäftigt gewesen war, Maurice Boukstein, Rechtsberater der Jewish Agency in den USA, und Seymour Rubin, Berater für Auswärtiges des American Jewish Committee. Bevor Rubin für das American Jewish Committee arbeitete, war er stellvertretender Leiter von OPA (Office of Price Administration) gewesen und hatte Kontakt mit hochgestellten Beamten im amerikanischen Außenministerium einschließlich Robert Murphy, dem ehemaligen Unterstaatssekretär im Außenministerium. Diese Verbindungen wurden später genutzt, als die Verhandlungen in eine Krise gerieten. Jerome Jacobson wurde zum Delegationssekretär ernannt, und eine Reihe von Rechtsexperten und anderen Fachleuten wurden dazugewählt: Dr. Nehemiah Robinson, Dr. Hendrik van Dam, Benjamin Ferencz, Fritz Goldschmidt und Richard Lach[12].

Nehemiah Robinson hatte sich jahrelang für die Reparationsfrage eingesetzt. Er hatte denn auch vorgeschlagen, die Ansprüche entsprechend der benötigten Mittel zu formulieren und sie dann mit theoretischen Rechtfertigungen abzustützen, die auf Völkerrecht und der öffentlichen Meinung beruhten. Er spielte eine entscheidende Rolle, als die Ansprüche ihre endgültige Form erhielten, wie auch später bei den Gesprächen selbst und beim Entwurf der Protokolle.

Einige Tage vor dem für die Aufnahme der Verhandlungen festgelegten Datum, am 17. März, fanden im Grosvenor Hotel in London letzte Besprechungen zwischen dem Präsidium der Claims Conference, den Delegierten der Claims Conference und der israelischen Delegation statt, die am Tag vorher in London eingetroffen war. Auch Mosche Scharett nahm an diesen Besprechungen teil. Die jetzt zum letzten Mal erörterten Fragen betrafen die Kategorien von zu unterbreitenden Ansprüchen, die Anspruchserhebenden für die verschiedenen Anspruchskategorien, die Gründe, auf denen die Ansprüche beruhen würden, und ihren Umfang. Entwürfe für die Reden, die die Delegation bei der Eröffnung halten würden, wurden auch diskutiert. Ferencz, Robinson und Norman Bentwich bereiteten Entwürfe für die Reden für die Claims Conference vor. Ein endgültiger Text wurde angenommen und mit der Rede der israelischen Delegation in Einklang gebracht[13].

Die Mitglieder der beiden Delegationen brachen am 19. März von London nach Amsterdam auf. Von jenem Zeitpunkt an standen sie unter strengster Sicherheitsüberwachung; Leibwächter waren ihnen ebenfalls zugeteilt. Es wurde beschlossen, nicht alle zusammen reisen zu lassen, sie würden in zwei Flugzeugen London verlassen. Bei ihrer Ankunft in Amsterdam nach Einbruch der Dunkelheit wurden sie von holländischen Sicherheitsbeamten, ohne daß sie Zollabfertigung und Paßkontrolle passieren mußten, direkt nach dem Oudkasteel in Wassenaar gebracht, wo die Gespräche mit der deutschen Delegation zwei Tage später begannen[14].

Die Delegationen setzten ihre Besprechungen bis zur letzten Minute mit Experten und anderen mit Reparationen beschäftigten Personen fort, nicht jedoch mit Mitgliedern der Delegationen. Die meisten wichtigen Persönlichkeiten, die sich seit 1939 mit der Frage beschäftigt und dazu Artikel veröffentlicht und Ideen vorgeschlagen hatten – Nehemiah Robinson, Schalom Adler-Rudel, Georg Landauer (der gebeten wurde, die Rolle eines Verbindungsmannes zwischen den beiden Delegationen zu übernehmen) und Noah Barou –, waren in Wassenaar. Zwei Personen, die einen wichtigen Beitrag zur Idee von Reparationen von Deutschland und ihre praktische Verwirklichung geleistet hatten, waren nicht anwesend. Der eine war Siegfried Moses, dessen Memorandum, wie man sich noch erinnern wird, die Grundlage für den Anspruch des Staates Israel gebildet hatte und der sich jetzt als Staatskontrolleur nicht für eine weitere Aufgabe freimachen konnte. Der zweite war Nahum Goldmann, der sich absichtlich von den Verhandlungen fernhielt. Er hielt es für besser, im Abseits zu bleiben, um eingreifen zu können, falls sich Schwierigkeiten ergäben[15]. Denn trotz Kanzler Adenauers Verpflichtungen rechnete man von Anfang an mit Schwierigkeiten wegen Deutschlands Wirtschaftslage, seiner begrenzten finanziellen Möglichkeiten und seiner anderen Verpflichtungen seinen Vorkriegsgläubigern gegenüber.

VII. Die wirtschaftliche und politische Lage Deutschlands und ihr Einfluß auf die jüdischen Ansprüche

Anfang 1952 nahm Deutschland an einer Reihe von gleichzeitig stattfindenden Konferenzen teil. Das Ergebnis jeder dieser Konferenzen würde Deutschlands wirtschaftliche und politische Zukunft voraussichtlich stark beeinflussen. Es gab die Londoner Schuldenkonferenz, die Wassenaar-Konferenz, Verhandlungen mit den Alliierten über die Beendigung des Besatzungsstatus von Deutschland und Verhandlungen über Deutschlands Beteiligung in einer europäischen Verteidigungsgemeinschaft. Gleichzeitig fanden in Deutschland Diskussionen über die Lastenausgleichsgesetze statt, mit denen die deutsche Bevölkerung gerecht an den Kosten für die Aufnahme von Flüchtlingen und Vertriebenen beteiligt werden sollte, die zu Millionen nach dem Krieg nach Deutschland geströmt waren.

Die ersten Anzeichen einer wirtschaftlichen Besserung in Deutschland zeichneten sich schon 1952 ab. Die Wirtschaftspolitik der Regierung war auf Währungsstabilität ausgerichtet und konzentrierte sich auf die Zahlungsbilanz. Ende 1951 war schließlich eine günstige Zahlungsbilanz erreicht.

Allerdings hatten die Alliierten ihre Anerkennung der Souveränität der Bundesrepublik von der Übernahme der Beträge durch die Bonner Regierung abhängig gemacht, die Deutschland den Alliierten noch aus der Vorkriegszeit schuldete. Bei ihrer Gründung hatte sich die Bundesrepublik zur alleinigen Nachfolgerin des Dritten Reichs erklärt, und das war die Grundlage, auf der die Alliierten die Übernahme dieser Schulden von ihr erwarteten.

Mit diesem Problem befaßte sich die Konferenz für die Begleichung von Deutschlands Auslandsschulden, die am 28. Februar 1952 in London begann und an der Vertreter von dreiundzwanzig Staaten teilnahmen[1].

Deutschlands Schulden an die Alliierten beliefen sich auf 13,5 Milliarden Mark. Die deutsche Delegation in London unter der Leitung von Hermann Abs strebte an, diesen Betrag zu verringern. Abs versuchte es, indem er auf Deutschlands ernste Wirtschaftslage als den Grund hinwies, die Zinsen zu stornieren, die sich im Laufe der Jahre angesammelt hatten. Er hoffte, die Schuld könne auf diese Weise von 13,5 Milliarden auf 7,3 Milliarden DM herabgesetzt werden. Ganz offensichtlich würde Abs einer der Hauptgegner sein, sollte Deutschland neue finanzielle Verpflichtungen auf sich nehmen, während er versuchte, die bestehenden zu verringern. Auf einem Treffen mit Adenauer am 3. Dezember 1951, auf dem die bevorstehende Londoner Konferenz und die deutsche Zahlungsbilanz erörtert werden sollte, behauptete Abs, Deutschland könne keine neuen Verpflichtungen eingehen, ohne zuerst die Zustimmung früherer Gläubiger dazu einzuholen. Das war ein Versuch durch Abs, Adenauer davon abzuhalten, Verpflichtungen Israel gegenüber einzugehen, aber Adenauer hörte nicht auf ihn. Drei Tage später schrieb er Goldmann seinen Brief. Abs war davon nichts gesagt worden, und er erfuhr es zufällig nach Eröffnung der Schuldenkonferenz in London. Auf der Konferenz setzte der israelische Beobachter Mosche Keren die Delegierten von Israels Anspruch gegenüber Deutschland sowie Adenauers grundsätzlicher Zustimmung dazu in Kenntnis. Die Nachricht war ein Schock für Abs, der um neue Anweisungen bat. Am 8. März wurde er nach Bonn gerufen; dort wurde er über die Verhandlungen auf der Grundlage des israelischen Anspruchs informiert, die kurz darauf in Wassenaar beginnen sollten. Als Reaktion darauf trat er als Leiter der deutschen Delegation der Londoner Schuldenkonferenz zurück. Als Grund gab er an, Adenauer habe seine Anstrengungen untergraben, Deutschlands Schulden zu verringern. Schließlich überredete Adenauer ihn, in seinem Amt zu bleiben, aber auf die Forderung von Abs hin teilte Walter Hallstein der israelischen Regierung mit, Deutschland beabsichtige, das Ergebnis der Konferenzen in Wassenaar und London zu koordinieren. Auf diese Weise wollte Abs eine Herabsetzung der israelischen Ansprüche durchsetzen und mit Israel nach der gleichen Methode handeln wie mit den Gläubigern in London[2].

Auch Adenauer war sich der Verbindung zwischen den beiden Konferenzen bewußt. Die Londoner Schuldenkonferenz sollte Deutschlands finanzielle Glaubwürdigkeit in den Augen der Welt wiederherstellen, um so die Grundlagen für einen umfassenden Außenhandel zu legen. Durch die Wassenaar-Konferenz wollte Adenauer Deutschlands moralische Stellung in der Welt verbessern, dazu waren jedoch schwere Verpflichtungen vonnöten. Seiner Ansicht nach konnte Deutschland nicht seinen Verpflichtungen Israel und der Claims Conference gegenüber nachkommen, wenn die Gespräche in London fehlschlugen und es keine Kredite aufnehmen konnte. Deutschlands Jahresbudget sah insgesamt 500 Millionen DM für die Rückzahlung aller Schulden vor, aber auf der Londoner Schuldenkonferenz war es schon aufgefordert worden, Jahresraten von DM 567 Millionen zu zahlen, und dieser Betrag sollte nach fünf Jahren auf DM 765 Millionen jährlich erhöht werden.

Israel und die Claims Conference lehnten sofort den Versuch ab, die beiden Konferenzen miteinander zu verbinden. Ihr Standpunkt beruhte im wesentlichen auf dem Unterschied zwischen den beiden Zusammenkünften, und sie hielten während der gesamten ersten Phase der Gespräche daran auch fest.

Zu jenem Zeitpunkt litt Deutschland unter einem ernsthaften Mangel an ausländischen Devisen. Vor Beginn der Verhandlungen streckte es Fühler aus mit der Andeutung, falls Israel bereit sei, Zahlungen in Waren zu akzeptieren, und nicht auf Barzahlung bestehen würde, sei eine Regelung möglich. Dieser Punkt wurde am 16. März zwischen Goldmann und Barou einerseits und Blankenhorn, Hallstein und Abs andererseits in einer Reihe von Gesprächen erörtert. Israel lehnte den Vorschlag ab. Von Anfang an waren also die Londoner Konferenz und Deutschlands Zahlungsfähigkeit die Ursache für Meinungsverschiedenheiten in Wassenaar[3].

Die Einstellung der Alliierten komplizierte die Schwierigkeiten noch mehr. Mitte 1951 war ein Dreierausschuß für deutsche Schulden in London gegründet worden; er hatte bereits vorbereitende Zusammenkünfte aufgenommen.

Ein vom Ausschuß im Dezember 1951 vorbereitetes Memorandum faßte Umfang der Schulden und inbegriffene Ansprüche zusammen. Dieses Memorandum zeigte sehr deutlich, daß die Gläubiger nicht beabsichtigten, es irgendeiner anderen Gruppe zu erlauben, einen ansehnlichen Anteil von Deutschlands ausländischen Devisen oder Mitteln zu fordern[4]. Mehrere jüdische Organisationen hielten es für sehr wünschenswert, daß Israel auf der Konferenz der Gläubiger vertreten sei oder daß Israels Ansichten durch eine andere Regierung dargelegt würden, aber Israel lehnte es ab. Auch Kreise im amerikanischen Außenministerium waren dagegen, daß Israel und die Claims Conference an dieser Konferenz teilnahmen. Sie vertraten die Ansicht, daß auf ihr nur Deutschlands Vorkriegsschulden diskutiert würden und daß die Teilnehmer jüdischer und israelischer Delegationen Feindseligkeit bei den anderen Gläubigern wecken würde, insbesondere, wenn die zuerstgenannten darauf bestanden, daß ihre Ansprüche vorrangig behandelt würden. Darüber hinaus würde den Deutschen damit ein wichtiger Beweggrund geliefert, sich einer Regelung der jüdischen Ansprüche durch direkte Verhandlungen zu widersetzen, denn wenn sie der Ansicht waren, die jüdischen Ansprüche seien bereits in London geregelt worden, könnten sie jede weitere Verantwortung von sich weisen.

Angesichts dieser Argumente wurde beschlossen, einen Beobachter zur Londoner Schuldenkonferenz zu schicken, der die Aufgabe haben würde, die Delegierten darauf aufmerksam zu machen, daß Adenauer Deutschlands Verantwortung für den den Juden durch die Nazis zugefügten materiellen Schaden bereits anerkannt hatte, wie er sich auch verpflichtet hatte, Entschädigung von insgesamt einer Milliarde Dollars zu zahlen. Ebenso würde er die Beratungen der Konferenz verfolgen, damit schnelles Handeln möglich war, falls jüdische Ansprüche gefährdet würden[5].

Keren war Israels Beobachter auf der Londoner Schuldenkonferenz, und er unterbreitete ihr am 29. Februar 1952 die Mitteilung der israelischen Regierung. Die Mitteilung betonte, die israelische Regierung sei sich bewußt, daß die von ihr gestellten Ansprüche über die Grenzen der Konferenz hinausgingen, aber sie wolle die Delegierten von der Existenz der Kollektivansprüche Israels und der der Claims Conference über die Ansprüche für individuelle Entschädigung hinaus in Kenntnis setzen. Sie verwies auf Adenauers Rede vor dem Bundestag und seinen Brief an Goldmann vom 6. Dezember sowie auf die bevorstehenden Verhandlungen zwischen Deutschland, Israel und der Claims Conference. Die Mitteilung schloß mit Israels Erklärung, es könne keine Gesamtregelung von Deutschlands Auslandsschulden geben, die diese Ansprüche nicht als gleichberechtigt berücksichtigten[6].

Zur gleichen Zeit wie die Konferenzen in London und Wassenaar fanden auch Verhandlungen zwischen den Alliierten und der Bundesrepublik über das zukünftige vertragliche Abkommen statt, mit dem die Besatzung beendet und die Beziehungen auf eine neue Grundlage gestellt würden. Die erwartete Regelung weckte Besorgnis und Befürchtungen bei den jüdischen Organisationen in den Vereinigten Staaten, die schon in der Angelegenheit im Frühling und Sommer 1951 aktiv geworden waren, noch bevor die Sache von den Außenministern der Westmächte diskutiert wurde. Jetzt, da der Punkt schließlich auf der Tagesordnung stand, schickte die Regierung von Israel am 17. und 25. März 1952 dazu Noten an die Alliierten. In diesen Noten wies die israelische Regierung darauf hin, daß sogar, als die Frage von Rückerstattung und Entschädigung noch ausschließlich den Besatzungsbehörden vorbehalten war, in Deutschland bereits eine organisierte Bewegung entstanden war, deren Ziel es sei, die Gesetzgebung über Rückerstattung zu beschneiden, sobald der Besatzungsstatus beendet war. Das wurde voll im Bericht des O'Sullivan-Ausschusses (siehe S. 57–59) bestätigt, und viele Ansprüche wurden denn auch nicht erledigt. Deshalb unterbreitete Israel den Alliierten die Forderungen:

a) Bei jeder vertraglichen Regelung, die zwischen den Besatzungsmächten und der Bundesregierung erreicht würde, müsse die Zuletztgenannte dazu verpflichtet werden, die Rückerstattungsgesetze beizubehalten und schnell anzuwenden.

b) Die Alliierten Berufungsgerichte und die bindende Wirkung ihrer Entscheidungen müßten beibehalten werden.

c) Verbesserung bestehender Wiedergutmachungsgesetze und

Annahme eines Gesetzes über allgemeine Ansprüche für die ganze Bundesrepublik nach dem Vorbild des Gesetzes in der amerikanischen Zone müßten sichergestellt werden.

d) Die Bundesbehörden müßten finanzielle Beiträge an die Länder zahlen, damit sie die Wiedergutmachungsgesetze voll und schnell anwenden konnten.

e) Die Bundesrepublik müsse die Verantwortung für Ansprüche gegen das Reich für Verlust und Schaden übernehmen, die die Folge von Beschlagnahme beweglichen Vermögens waren einschließlich Bankkonten und Geldbeträgen, die durch diskriminierende und tyrannische Steuern erhoben worden waren[7].

Als weiteren Grund zur Besorgnis betrachtete die Claims Conference die Lastenausgleichssteuer. Zu jenem Zeitpunkt, Anfang März 1952, hatte ein Bundestagsausschuß seine Diskussionen über das Lastenausgleichsgesetz beendet, ein Gesetz, das schon seit einiger Zeit erwartet wurde. Die Claims Conference betrachtete die Steuer als eine Absicht Deutschlands, Lasten zu bewältigen, die das Ergebnis seiner eigenen Aggression waren, und sie unternahm Schritte, um zu verhindern, daß überlebenden NS-Verfolgten zurückerstattetes Vermögen mit dieser Steuer belegt wurde. Zu diesem Zweck wurden dem amerikanischen Außenministerium und dem amerikanischen Hohen Kommissar McCloy eine Reihe von Memoranda zugestellt. Als sie erfuhr, daß das geplante Gesetz keine Befreiung von der Steuer für die NS-Opfer vorsah, schickte sie am 4. März 1952 ein weiteres Memorandum. Darin wurde die Befreiung von der Steuer gefordert ebenso wie eine Zuteilung eines Teils der mit dem neuen Gesetz eingezogenen Gelder für individuelle Entschädigung durch die Länder[8].

Vor diesem Spannungshintergrund zwischen Deutschland einerseits und Israel und der Claims Conference andererseits – wegen der Londoner Schuldenkonferenz, der Unterzeichnung des neuen vertraglichen Abkommens mit Deutschland und dem Verabschieden des Gesetzes über die Lastenausgleichssteuer – wurden nun also die Verhandlungen in Wassenaar aufgenommen.

Die Besprechungen
in Wassenaar

VIII. Mißlingen der ersten Verhandlungsphase (21. März bis 10. April 1952)

Das Datum für den Beginn der Gespräche – der Gipfel nach langen Jahren der Anstrengungen, Ansprüche zu formulieren, Kontakte zu kultivieren und Druck auszuüben – war auf den 21. März 1952 angesetzt. Der gewählte Ort war Oudkasteel, früher eine Burg, jetzt ein Hotel, in dem die Delegierten Israels und der Claims Conference wohnten, nachdem sie am 19. März eingetroffen waren.

Die Sicherheitsanweisungen, die Daniel Laor (Lichtenstein), der von der israelischen Regierung ernannte Sicherheitsbeamte, den Delegierten gegeben hatte, waren strikt: Die Delegierten wurden aufgefordert, bei Unterhaltungen im Hotel – auf den Korridoren, in den Zimmern und Gemeinschaftsräumen – vorsichtig zu sein, nicht mit Fremden über die Konferenz zu sprechen und Geheimhaltung zu bewahren. Sie wurden gebeten, sofort mitzuteilen, falls sie in ihren Zimmern etwas Verdächtiges oder irgendeine Veränderung nach einer Abwesenheit bemerkten. Die Zimmer wurden zum Teil ebenfalls aufgrund von Sicherheitserwägungen ausgewählt. Die Delegierten wurden weiterhin gebeten, ungewöhnlich vorsichtig mit Papieren, Unterlagen und Noten im Zusammenhang mit der Konferenz umzugehen und sie nicht herumliegen zu lassen. Auch durften sie nur mit besonderen Autos fahren[1].

Man befürchtete, daß extreme Gruppen versuchen würden, die Konferenzteilnehmer anzugreifen. Einige von ihnen hatten noch in den Vereinigten Staaten und London Drohungen von jüdischen Extremistengruppen erhalten, sie würden angegriffen oder getötet, falls sie mit den Deutschen verhandelten. Während der ganzen Verhandlungen wurde alles, was den Delegierten mit der Post zugeschickt wurde, von der holländischen Sicherheitspolizei überprüft[2].

Eine Woche nach Beginn der Konferenz fand denn auch tatsächlich ein Angriff statt, nicht in Wassenaar, sondern in München und nicht auf einen der Delegierten, sondern auf Adenauer. Eine unbekannte Person in München gab zwei Kindern ein Paket, das sie nach Bonn schicken sollten. Es weckte Verdacht und wurde der Polizei überreicht, die feststellte, daß es Sprengstoff enthielt. Ein Sprengexperte, der das Paket untersuchte, wurde getötet, als es ihm in den Händen explodierte. Das Paket trug Adenauers Anschrift.

Am 31. März gingen bei mehreren französischen Zeitungen identische Briefe ein, die zwei Tage vorher aus Genf abgeschickt worden waren. Die Absender unterzeichneten als »Die Organisation jüdischer

Partisanen« und übernahmen die Verantwortung für den Attentatsversuch auf Adenauer. Im Brief hieß es:

»Unser Krieg mit den Mördern wird nie zu Ende gehen. Das deutsche Volk, das sechs Millionen Juden kaltblütig ermordet hat, versucht nun, unser Vergeben zu erhalten, indem es uns etwas von unserem durch sie eingezogenen Vermögen zurückgibt. Sie versuchen, unser Volk und die ganze Welt zu täuschen, indem sie Verhandlungen mit ›Vertretern des jüdischen Volkes‹ führen, wobei sie sich vormachen, daß sie auf diese Weise Reue zeigen und unser Vertrauen verdienen. Sie müssen wissen, daß ihre Taten ihnen nie vergeben werden, weder jetzt noch in der Zukunft. Nichts, was sie durch Wiedergutmachung tun können, kann sie von ihren Verbrechen reinigen. Das jüdische Volk wird es Deutschland nie erlauben, in die Gemeinschaft der Nationen zurückzukehren.«

Der Kanzler wurde von dem Brief in Kenntnis gesetzt, aber er sagte nichts dazu. Der deutsche Staatssekretär im Auswärtigen Amt, Dr. Lenz, sagte, falls ein solcher Brief tatsächlich von einer jüdischen Terroristenorganisation komme, könnten diese Kreise nicht als stellvertretend für das jüdische Volk betrachtet werden. Ein Sprecher des Jüdischen Weltkongresses in London erklärte, die im Brief erwähnte Organisation gebe es nicht.

Nach dem fehlgeschlagenen Attentatsversuch wurde Adenauer von Menschen auf der ganzen Welt zu seiner Rettung beglückwünscht, darunter von Churchill, Eden, de Gaspari, den drei alliierten Hohen Kommisaren in Deutschland und vielen jüdischen leitenden Personen.

Schon bald stellte sich heraus, daß es nicht bei diesem einen Versuch blieb, um die Verhandlungen durch physischen Angriff zu vereiteln. Am 21. März erhielt die deutsche Delegation, die am Tag vorher in Wassenaar eingetroffen war, ein Sprengstoffpaket ähnlich dem in München entdeckten. Dank der strengen Sicherheitsvorkehrungen in Wassenaar wurde auch dieses Paket rechtzeitig entdeckt und auch dieser Versuch vereitelt[3].

An der Spitze der deutschen Delegation zu den Verhandlungen stand ein Jurist, Franz Böhm, Dekan der Goethe-Universität in Frankfurt. Ihn hatte Adenauer gewählt, weil Böhms Ansichten, in Artikeln und Reden zum Ausdruck gebracht, über die Notwendigkeit für Entschädigung an das jüdische Volk seinen eigenen sehr nahe waren. Wie Adenauer war auch Böhm von den Nazis verfolgt worden. Wegen seines offenen Widerstands gegen die antijüdischen Maßnahmen des Naziregimes war er 1938 aus seinem Amt als Universitätsdozent entfernt worden. Ihm zur Seite stand in Wassenaar Dr. Otto Küster, ein Rechtsanwalt aus Stuttgart, Fachmann für Rückerstattungs- und Entschädigungsgesetze und Leiter der Abteilung, die im Innenministerium von Baden-Württemberg die Rückerstattung betreute. Auch er war ein Antinazi gewesen, und 1933 wurde er wegen seiner Weigerung, mit den Nazis zusammenzuarbeiten, aus seinem Amt als Richter entfernt. Aufgrund ihrer Vergangenheit und ihres moralischen Charakters waren Böhm und Küster hervorragende Menschen, aber sie waren keine Fachleute für Wirtschaftsfragen. Eines der wichtigsten Mitglieder der deutschen Delegation war Bernard Wolf aus dem Bundesfinanzministerium. Da er ebenfalls Mitglied der deutschen Delegation zur Schuldenkonferenz in London war, verkörperte er Deutschlands Versuch, die beiden Konferenzen miteinander zu verbinden. Die anderen Delegationsmitglieder kamen entweder vom Bundesfinanz- oder -wirtschaftsministerium: Ludwig, Berater des Finanzministeriums; Eckelmann, Berater im gleichen Ministerium; Dr. Aschner, Leiter des Bundesministeriums für Wirtschaft, und Felsch, Berater im gleichen Ministerium. Diese Wirtschaftsexperten waren nicht ständige Mitglieder der Delegation, und im Verlauf der Besprechungen wurden weitere Fachleute je nach Bedarf herbeigerufen. Der Sekretär der Delegation war Dr. Abraham Frowein vom Auswärtigen Amt[4].

Am 20. März, dem Tag, an dem die deutsche Delegation eintraf, hielten die Sekretäre der drei Delegationen – Abraham Frowein, Gerschon Avner und Jerome Jacobson – ihre erste gemeinsame Zusammenkunft. Das Treffen, bei dem Dr. Kurt Lewin den Vorsitz führte, der für das Protokoll für die israelische Delegation verantwortlich war, war ausschließlich Verfahrensfragen gewidmet.

Es war beschlossen worden, die Diskussionen zwischen den Delegationen auf englisch zu führen, und Dolmetscher standen zur Verfügung, falls sich die Deutschen nicht gut genug in dieser Sprache ausdrücken konnten. Aber in der Praxis hielt man sich nicht an diese Einschränkung der Tagungssprache. Die meisten Mitglieder der israelischen Delegation stammten ursprünglich aus Deutschland, und im Verlauf der Diskussionen wechselten sie schon bald ins Deutsche über. Aber Englisch behauptete sich in den Diskussionen mit der Delegation der Claims Conference[5].

Die Sitzungen mit der israelischen Delegation und der Delegation der Claims Conference fanden getrennt in Zimmer Nr. 10 im zweiten Stock des Oudkasteel statt. Es wurde beschlossen, zwei Sitzungen täglich abzuhalten – eine mit der israelischen Delegation morgens und eine mit der Delegation der Claims Conference nachmittags. Falls es sich als notwendig erwies, konnte eine dritte Sitzung abends stattfinden. Die Sitzungslänge würde nicht im voraus festgelegt werden, sondern sich danach richten, wie die Dinge liefen. Weder am Samstag noch am Sonntag würden Sitzungen gehalten.

Die Sekretäre der Delegationen aus Israel und der Claims Conference wollten mit den Verhandlungen schon am gleichen Tag beginnen, aber Frowein lehnte das mit der Begründung ab, die deutsche Delegation sei erst eingetroffen und habe noch keine Zeit gehabt, sich vorzubereiten. Es wurde deshalb beschlossen, die Besprechungen, wie vorher vereinbart, am Freitag, den 21. März mit einer Sitzung mit der israelischen Delegation um 10 Uhr vormittags zu beginnen und mit der Delegation der Claims Conference um 15.30 Uhr. Jede Delegation würde zu Beginn eine kurze Rede verlesen, und die Delegationen würden Durchschläge ihrer Eröffnungsreden auf englisch und deutsch austauschen.

Avner und Jacobson teilten Frowein die Absicht ihrer Delegationen mit, ihre Eröffnungsrede der Presse zur Veröffentlichung zu überreichen, und fragten ihn um seine Meinung. Frowein antwortete, seine Delegation befürworte eine Veröffentlichung nicht. Avner und Jacobson bestanden jedoch darauf, daß die Bürger Israels, die Juden auf der ganzen Welt und die Weltpresse außerordentlich an den Diskussionen interessiert seien. Schließlich stimmte Frowein der Veröffentlichung der Eröffnungsreden zu.

In bezug auf Kontakte mit der Presse im allgemeinen wurde beschlossen, daß Journalisten und Fotografen der Zutritt zum Konferenzsaal verwehrt würde, die Presse würde nicht über den Verlauf der Diskussionen in Kenntnis gesetzt, und Meinungsverschiedenheiten über bestimmte Fragen würden nicht veröffentlicht. Jede Delegation, die eine Mitteilung an die Presse machen oder Nachrichten veröffentlichen wolle, müsse vorher die Zustimmung der beiden anderen Delegationen einholen. Solche Mitteilungen würden lediglich in ihrem eigenen Namen veröffentlicht.

Da das Interesse der Weltpresse an den Verhandlungen nicht völlig außer acht gelassen werden konnte, würde jede Delegation die Möglichkeit haben, informell mit der Presse zusammenzutreffen, um sie inoffiziell auf dem laufenden zu halten. Allerdings würden Anstrengungen gemacht, solche Treffen auf ein Mindestmaß zu beschränken. Ebenso wurde beschlossen, keine offiziellen Berichte über die Besprechungen zu veröffentlichen. Statt dessen würden die Vertreter zweier Delegationen, der deutschen und der israelischen oder der deutschen und der der Claims Conference, einen gemeinsamen Bericht über ihre Besprechungen herausgeben, der auf englisch und deutsch veröffentlicht würde.

Frowein forderte, daß die Delegationen Beglaubigungsschreiben austauschten. Avner stimmte zu, allerdings schränkte er ein, es sei besser, das kurz vor Unterzeichnen des endgültigen Abkommens vorzunehmen; diese Forderung stellte den Vertreter der Claims Conference jedoch vor ein Problem. Seine Delegation vertrat keine Regierung – demzufolge war sie bei niemandem akkreditiert. Deshalb schlug Jacobson vor, daß die Delegation der Claims Conference zu Beginn der Verhandlungen eine Erklärung über Zusammensetzung und Natur der Claims Conference abgeben und das von ihrem Präsidium vorbereitete Beglaubigungsschreiben unterbreiten würde. Frowein stimmte zu.

In bezug auf eine andere Angelegenheit sagte Gerschon Avner, daß trotz der Tatsache, daß die Mitglieder der deutschen Delegation, Gestalten des öffentlichen Lebens, bekannt für ihre antinazistische Vergangenheit waren, die Kontakte zwischen den jüdischen und den deutschen Delegierten formell bleiben müßten. Die israelische Delegation war von ihrer Regierung angewiesen worden, jeden gesellschaftlichen Kontakt mit der deutschen Delegation zu vermeiden, und demzufolge bat Avner, der israelischen Delegation keine Einladungen gesellschaftlicher Natur zu überreichen.

Es wurde beschlossen, falls die Verhandlungen einen Punkt erreichten, an dem weiterer Kontakt notwendig würde, man Unterausschüsse ernennen würde, die selbst Zeit und Ort ihrer Treffen bestimmen würden.

Am Ende dieses Treffens wies Frowein darauf hin, daß der israelische Beobachter auf der Londoner Schuldenkonferenz, Mosche Keren, mit Hermann Abs zusammengetroffen war und von ihm gehört hatte, die Verhandlungen in Wassenaar würden wahrscheinlich in eine Reihe von Phasen aufgeteilt. Avner erhob sofort Einspruch, seine Delegation könne nicht zustimmen, die Verhandlungen auf diese Weise zu zerstückeln[6].

Die israelische Delegation glaubte aufgrund von Adenauers ausdrücklicher Verpflichtung, daß die Verhandlungen schnell vorangehen würden. Sie erwartete, innerhalb einer kurzen Zeit Fortschritte zu machen und Übereinstimmung über die zu zahlenden Beträge und die Mittel und Wege ihrer Zahlung zu erreichen. Was dann tatsächlich eintrat, kam Abs' Vorhersage sehr viel näher. Die Verhandlungen wurden in Phasen aufgeteilt und erst nach sechsmonatigen angespannten, nervenbelastenden Besprechungen zu Ende geführt.

Nach diesen Vorgesprächen kam der für den Verhandlungsbeginn angesetzte Tag heran. In dem stark bewachten Oudkasteel betrat die israelische Delegation unter dem wachsamen Auge von holländischen Sicherheitsbeamten in Zivil, in der Nähe von Zimmer 10 stationiert, um 10 Uhr vormittags den Konferenzsaal. Die Mitglieder der deutschen Delegation, die auf sie warteten, standen auf. In einer frostigen offiziellen Atmosphäre begrüßten sich die Delegierten, und die Mitglieder wurden miteinander bekanntgemacht. Die Beglaubigungsschreiben wurden ausgetauscht, alle blieben stehen[7].

Gerschon Avner verlas die Eröffnungsrede der israelischen Regierung auf englisch. Die Rede, emotionell und schneidend, begann mit einem

Hinweis auf die israelische Note an die Mächte am 12. März 1951, fuhr fort mit Adenauers Erklärung vor dem Bundestag am 27. September 1951 und seinem Brief an Goldmann vom 6. Dezember des gleichen Jahres. Wie in der Note an die Mächte erinnerte die Mitteilung an den Feldzug der Nazis zu Mord und Beschlagnahme von Vermögen, den sie gegen das jüdische Volk geführt hatten, und die Rolle des *Jischuw* im Land Israel bei der Aufnahme überlebender NS-Verfolgter als der Grundlage für den Anspruch an Deutschland. Israels Anspruch, wurde noch einmal wiederholt, stütze sich nicht auf den Wert des Vermögens, das die Nazis eingezogen hatten und bei weitem die Summe überschreite, die in der Note an die Mächte angeführt war. Der Reparationsanspruch beruhe auf den Kosten für die Aufnahme und Neuansiedlung in Israel von jüdischen Einwanderern aus Ländern, die früher unter der NS-Herrschaft gestanden hatten. Ihre Zahl wurde auf ungefähr 500 000 geschätzt, für die ein Gesamtbetrag von eineinhalb Milliarden Dollars notwendig sei. Der Anteil der Bundesrepublik an dem geforderten Betrag beliefe sich auf eine Milliarde Dollars. Die israelische Mitteilung endete, indem sie die materielle Natur des israelischen Anspruchs hervorhob und die Entscheidung, alle vorhersehbaren Kontakte mit Deutschland allein auf diesen Bereich zu beschränken[8].

Die Eröffnungsrede der deutschen Delegation wurde von Professor Böhm verlesen. Er erinnerte an die Verpflichtung, die Adenauer in seiner Rede vor dem Bundestag auf sich genommen hatte, dem jüdischen Volk Wiedergutmachung zu zahlen, und bestätigte, daß materielle Leistungen lediglich ein Teil der Kollektivwiedergutmachung seien, die Deutschland schuldete. Dem schlossen sich sofort Beweggründe an, warum Deutschland dem Anspruch nicht nachkommen könne:

a) Deutschlands Fähigkeit, Gelder und Waren ins Ausland zu schikken, sei durch Bestimmungen der Alliierten begrenzt sowie durch Erwägungen im Zusammenhang mit der Londoner Schuldenkonferenz. Es sei eindeutig notwendig, hieß es weiter, die Verpflichtungen, die Deutschland in London auf sich nehme, mit der endgültigen Gesamtregelung seiner Schuld an das jüdische Volk zu koordinieren.

b) Auch sei Deutschlands Zahlungsfähigkeit durch andere laufende Verpflichtungen begrenzt, und zwar jenen in bezug auf die Aufnahme von Flüchtlingen und ihrer Rehabilitierung.

Diese Situation, ging das Argument weiter, mache es notwendig, die Verhandlungen in eine Reihe von Phasen aufzuteilen. Im ersten Stadium würden Natur, Grundlage und Umfang der Ansprüche Israels und der Claims Conference geklärt werden. Ebenso müsse auch die Beziehung zwischen diesen Ansprüchen gegenüber Deutschland und den Entschädigungsansprüchen einzelner geklärt werden.

Die Regierung würde die Ergebnisse dieser Phase untersuchen und sie gegen das Ergebnis der Londoner Schuldenkonferenz abwiegen. Dann würde sie im Rahmen einer geplanten Gesamtregelung von Deutschlands Gesamtschulden beschließen, wie sie den Ansprüchen Israels und des jüdischen Volkes nachkommen könne. Erst dann würde die Delegation Anweisungen für eine zweite Verhandlungsphase erhalten.

Der Hinweis auf Deutschlands begrenzte Zahlungsfähigkeit, schloß die Mitteilung, bedeute nicht, Deutschland sei zahlungsunwillig, sondern nur, daß bestimmte objektive Faktoren nicht außer acht gelassen werden dürften[9].

Nach dem Verlesen der deutschen Mitteilung wurde die nächste Sitzung für Montag den 24. März anberaumt. Aus israelischer Sicht war die deutsche Mitteilung eine Enttäuschung. Sie hob nicht nur Deutschlands begrenzte Zahlungsfähigkeit hervor, sondern stellte auch klar heraus, daß die Verhandlungen nicht schnell voranschreiten würden, sondern in einer Reihe von Phasen je nach der Entwicklung in London. In ihren Anweisungen an die Delegation vom 11. März 1952 hatte die deutsche Regierung denn auch ausdrücklich bestimmt, die Bundesrepublik könne keine zusätzlichen Verpflichtungen auf sich nehmen, bevor sie wußte, wieviel sie ihren westlichen Gläubigern zahlen müsse. Da die Gelder für eine Regelung mit Israel, der Claims Conference und den einzelnen Anspruchserhebenden darüber hinaus vom Jahresbudget kommen müßten, konnte nur ein begrenzter fester Betrag dafür im Rahmen der Gesamtregelung für die Bezahlung der Auslandsschulden der Bundesrepublik abgezweigt werden.

Ebenso wiesen die deutschen Instruktionen die Delegation an, die erste Phase der Verhandlungen als informativ zu behandeln mit dem Ziel, die Ansprüche Israels und der jüdischen Organisationen zu definieren und zu klären. Die deutsche Delegation besaß keinerlei Vollmachten, und das stellten die Israelis nur allzu bald fest. Die Delegation war nicht bevollmächtigt, eine Stellungnahme abzugeben, noch Verpflichtungen zu akzeptieren, sondern nur dazu, die jüdischen Ansprüche dem Kanzler zu unterbreiten, damit er sie beurteilen und über sie entscheiden konnte[10].

Am Nachmittag des gleichen Tages fand das erste Treffen zwischen der Delegation der Claims Conference und der deutschen Delegation statt. Auch dieses Treffen war formell und folgte den Vorschriften des Protokolls. Die Delegationen wurden einander ohne einen Händedruck noch irgendwelche Begrüßungen vorgestellt. Jerome Jacobson erklärte dann die Zusammensetzung der Claims Conference und zählte ihre Mitgliedsorganisationen auf. Er legte das Beglaubigungsschreiben vor, das der Delegation vom Conference-Präsidium ausgestellt worden war, nachdem die Deutschen es am Tag vorher gefordert hatten. Dieses

Beglaubigungsschreiben wurde der deutschen Delegation übergeben, die ihrerseits ihr Beglaubigungsschreiben dem Sekretär der Delegation der Claims Conference überreichte.

Dann verlas der Vorsitzende der Delegation der Claims Conference, Moses Leavitt, die Eröffnungsrede seiner Delegation. Sie begann mit dem Hinweis, daß die Claims Conference stellvertretend für die meisten wichtigen jüdischen Weltorganisationen sei, die Kanzler Adenauers Einladung gefolgt waren, an der Diskussion aus einem Pflicht- und Verantwortungsgefühl für das Wohl jener Juden heraus teilzunehmen, die die Politik des Völkermords des Dritten Reiches überlebt hatten.

Die Mitteilung wies weiter auf die Unterstützung der Claims Conference für Israels Anspruch gegen Deutschland hin. Genau wie die Regierung von Israel erklärte sich auch die Claims Conference lediglich dazu bereit, über Ansprüche materieller Natur zu verhandeln. Es könne keine Verhandlungen über moralische Ansprüche geben. Moralische Klimaverbesserung sei unmöglich. Falls überhaupt etwas gebessert werden könne, dann nur durch die Erneuerung jener, die unbeschreibliche Verbrechen begangen hatten, und jener, die es zugelassen hatten, daß solche Verbrechen in ihrem Namen begangen wurden. Es sei an der Nachwelt zu beurteilen, ob und wann eine solche Erneuerung eingetreten sei.

Um ihre materiellen Ansprüche zu begründen, gab die Claims Conference einen Überblick über die Beschlagnahmen und Vernichtungen, die die Nazis gegen die Juden in Deutschland und in den annektierten und besetzten Ländern in Gang gesetzt hatten.

Sie wies auf die Anstrengungen der Juden auf der ganzen Welt hin, die Überlebenden aufzunehmen, sie zu ernähren und für ihre Gesundheit, Erziehung und Bildung, Beschäftigung und Rehabilitierung zu sorgen. Dazu waren gewaltige Mittel notwendig. Auf dieser Grundlage erhob die Claims Conference die folgenden Ansprüche:

a) Die Bundesrepublik müsse die Verantwortung für die vom Reich begangenen Beschlagnahmungen übernehmen, um das Stellen von Ansprüchen für das betreffende Vermögen zu ermöglichen.

b) Die Rückerstattungsgesetze müßten auch dann in Kraft bleiben, wenn die Bundesrepublik ihre volle Souveränität erhält.

c) Bestehende Gesetze über Ansprüche müßten auf ganz Deutschland ausgedehnt und zusätzliche Gesetze müßten verabschiedet werden, um zusätzliche Kategorien von Anspruchserhebenden aufzunehmen.

d) Erbenloses Vermögen müsse Organisationen übertragen werden, die sich mit der Rehabilitierung von überlebenden NS-Verfolgten befassen[11].

Nachdem die Claims-Conference-Delegation ihre Eröffnungsrede verlesen hatte, wiederholte die deutsche Delegation die schon auf der

Vormittagssitzung vorgelesene Mitteilung. Am Ende der Sitzung teilte Leavitt mit, die Eröffnungsrede der Claims Conference werde der Presse übergeben. Die Deutschen erklärten sich damit einverstanden, und die Claims Conference veröffentlichte die Rede noch am gleichen Tag in der Presse[12].

Man wird bemerken, daß die Eröffnungsrede der Claims Conference sich nicht ausdrücklich auf den Kollektivanspruch bezog, statt dessen verwies sie in allgemeinen Begriffen auf die Vermögensrückerstattung an Nachfolgeorganisationen. Das entsprach ganz den Anweisungen an die Delegation vom 13. März 1952, die bestimmte, Erledigung individueller Ansprüche auf Entschädigung müsse der Vorrang vor Erledigung des Kollektivanspruchs eingeräumt werden. Falls es unmöglich sei, individuelle Ansprüche und den Kollektivanspruch durchzusetzen, müsse der zuletztgenannte geopfert werden[13].

Die zweite Sitzung mit der israelischen Delegation fand, wie geplant, am 24. März statt. Damit begann die erste Phase der Verhandlungen, die ungefähr vierzehn Tage später in einer Sackgasse endeten. Angesichts der von den Parteien bezogenen Stellungen war es fast sicher, daß ein Abkommen nicht leicht zu erreichen war. Israel wollte die Verhandlungen schnell führen, damit die Zahlungen so früh wie möglich begannen. Nicht nur war die Wirtschaftslage des Landes äußerst schlecht; es brauchte dringend Hilfe: Auch um dem Widerstand zuhause gegen ihre Entscheidung für die Verhandlungen mit Deutschland zu begegnen, mußte die israelische Regierung sofortige und eindrucksvolle Errungenschaften vorweisen[14]. Aber die Deutschen, die, wie schon erwähnt, nicht befugt waren, Entscheidungen zu treffen, wollten sich lediglich Israels Anspruch anhören, ihn herabzusetzen versuchen und ihn nach Bonn weiterleiten.

Die Sitzung vom 24. März fand unter dem Vorsitz von Giora Josephthal statt. Er begann mit einer scharfen Erwiderung auf die deutsche Mitteilung, wobei er sogar andeutete, die Verhandlungen sollten abgebrochen werden. Aber es war klar, daß solch ein Schritt zu einem so frühen Zeitpunkt sinnlos war. Shinnar unterbreitete den israelischen Anspruch gegen Deutschland auf den Betrag von einer Milliarde Dollar, ein Drittel davon in Bargeld innerhalb von fünf Jahren zahlbar und zwei Drittel davon in Waren in Jahresraten. Die Diskussion begann auf der Grundlage dieses Anspruches. Die Deutschen stellten sowohl die Zahl der Flüchtlinge in Frage, die Israel behauptete, aufgenommen zu haben, sowie die geschätzten Kosten je Flüchtling. Sie behaupteten, nicht alle der fünfhunderttausend Flüchtlinge, die in Israel eingetroffen waren, seien direkt von den Nazis verfolgt worden, viele seien im Jahr 1945 in ihre Ursprungsländer in Osteuropa zurückgekehrt und erst nach ein oder zwei Jahren nach Palästina aufgebrochen.

Die Israelis antworteten, diese Juden seien gezwungen gewesen, ihre Ursprungsländer, in die sie zurückgekehrt waren, wegen des Hasses wieder zu verlassen, den die Nazis entfacht und angeschürt hatten. Ihre Wohnungen und ihr Vermögen seien in andere Hände übergegangen, sie konnten keine Arbeit finden, und sie wurden von der Bevölkerung am Ort tätlich angegriffen. Hätten die Nazis diese Juden nicht verfolgt, hätten sie die meisten Juden in diesen Ländern nicht ermordet und um ihre Habe gebracht, wären sie in ihrer Heimat geblieben.

Die Deutschen wiederholten auch ihren Standpunkt über die Verbindung zwischen den Besprechungen in Wassenaar und jenen in London. Israel weigerte sich, diese Verbindung als unlösbar zu akzeptieren, denn es vertrat die Ansicht, sein Anspruch sei einzigartig, stehe für sich selbst da, und ihm müsse Vorrang eingeräumt werden. Die Angelegenheit wurde diskutiert, und schließlich wurde eine Kompromißformel erreicht, die das folgende bedeutete: Der Israel zu zahlende Betrag würde auf der Wassenaar-Konferenz beschlossen. Aber Zahlungsform und -zeitplan würden erst nach einer einmonatigen Unterbrechung der Besprechungen geregelt, während der die deutschen Delegationen aus Wassenaar und London in Bonn zusammentreten würden. Bis dahin würde die Bundesregierung ein klares Bild von ihrer Gesamtverschuldung haben[15].

Die Spannung, die in der Luft gelegen hatte, als die Ausgangspositionen unterbreitet wurden, zerstreute sich im Verlauf der ersten Tage. Shinnar und Küster stellten fest, daß beide aus Stuttgart stammten und sogar die gleiche Oberschule besucht und bei den gleichen Lehrern gelernt hatten. (Sie schickten gemeinsam einem ihrer früheren Lehrer eine Ansichtskarte.) Es fiel ihnen leicht, vom Englischen ins Deutsche überzuwechseln. Die Delegationsleiter trafen sich beim Abendessen für engere informelle Kontakte und um ihre Probleme freier diskutieren zu können. Josephthal und Shinnar waren bei diesen Zusammenkünften von Böhm und Küster äußerst günstig beeindruckt[16].

Nachdem die Israelis ihren Anspruch unterbreitet hatten und er diskutiert worden war, mußten die Deutschen ihre Vorschläge über den zu zahlenden Betrag darlegen und die Mittel und Wege seiner Bezahlung. Zu diesem Zweck reisten die Leiter der deutschen Delegation wiederholt nach Bonn zu Diskussionen mit Kanzler und Finanzminister. Küster und Böhm sahen Adenauer am 1. April bei einer Zusammenkunft, an der auch Abs, Schäffer und Hallstein teilnahmen. Böhm schlug vor, einen Betrag von 750 Millionen Dollar an Israel zu überweisen. Seiner Ansicht nach mußte die Zahlung an Israel von solcher Größenordnung sein, daß er einen ernsthaften Versuch darstellte, Reue zu zeigen.

Abs widersetzte sich heftig und drohte erneut, als Leiter der Londoner

Delegation zurückzutreten, falls dieser Vorschlag akzeptiert werde. Als er feststellte, daß Adenauer dazu neigte, Böhms Vorschlag zu akzeptieren, forderte er, die Gläubiger davon in Kenntnis zu setzen. Ebenso bat er den Hohen Kommissar, General McCloy, als Vertreter einer der wichtigsten Gläubiger Deutschlands um seine Meinung zu dem Vorschlag. McCloy brachte seine Überzeugung zum Ausdruck, daß Wiedergutmachung an Israel gezahlt werden müsse, ungeachtet von Deutschlands Wirtschaftslage.

Trotz Abs' Widerstand gegen einen seiner Ansicht nach übertriebenen Betrag entwarfen Böhm und Küster eine Antwort an Israel und die Claims Conference entsprechend Böhms Vorschlag.

Die deutsche Antwort wurde Israel am 5. April überreicht[17]. In ihr hieß es, daß Israel Deutschland einen Anspruch in Höhe von DM 6,3 Milliarden unterbreitet hatte, der Anteil der Bundesrepublik daran betrage DM 4,5 Milliarden oder eine Milliarde Dollar; allerdings sei die Bundesrepublik der Ansicht, der Israel geschuldete Betrag, der für die Eingliederung von Flüchtlingen in Israel benötigt werde, belaufe sich auf DM 4,5 Milliarden, wobei der Anteil der Bundesrepublik DM 3 Milliarden (750 Millionen Dollar) betragen würde. Wegen ihrer wirtschaftlichen und finanziellen Lage könne die Bundesrepublik gegenwärtig weder Höhe noch Daten der Raten festlegen. Der Anspruch Israels würde im Rahmen der Regelung behandelt, die in London für die Bezahlung deutscher Schulden erzielt würde[18].

Die Antwort der israelischen Delegation war eine in scharfe Worte gefaßte Mitteilung mit dem Datum vom 8. April. Die deutsche Mitteilung wurde darin als völlig unzufriedenstellend bezeichnet, weiterhin als ernsthaft die Besprechungen behindernd. Indem die deutsche Delegation zwischen einer anerkannten Verpflichtung Israel gegenüber und dem tatsächlichen Betrag zu ihrer Regelung unterschied, habe sie ein völlig neues Element in die Verhandlungen eingeführt. Die deutsche Delegation habe ihre Schuld anerkannt, die bereits zurückgeschraubt worden war; statt sie jedoch als bindend zu akzeptieren, versuche sie nunmehr, sie weiter herabzusetzen.

Die israelische Delegation verzeichnete voller Groll, daß die deutsche Delegation bei ihrer Rückkehr aus Bonn wiederum den Zusammenhang mit der Londoner Schuldenkonferenz hervorhob, trotz der im Verlauf der Verhandlungen beschlossenen Formulierungen und trotz des einzigartigen Charakters der Besprechungen in Wassenaar. Diese könnten auf keinen Fall auf der gleichen Ebene behandelt werden wie die kommerziellen Verhandlungen in London. Angesichts dieses Hintergrunds hatte Israel von Deutschland außerordentliche Opfer erwartet. Die israelische Delegation schloß, indem sie Deutschland aufforderte, formell ein Datum mitzuteilen, an dem die deutsche Regierung ihre

Vorschläge bekanntgeben würde, und zwar zu den Punkten: Umfang der Verpflichtung, die die Bundesregierung auf sich nehmen würde; der Zeitraum, über den die deutsche Verpflichtung geregelt würde; und die Grundsätze ihrer Durchführung einschließlich allgemeiner Vorschläge für den Zeitraum, der für die Warenlieferungen notwendig sein würde[19].

Falls die Deutschen nicht so schnell wie möglich einige konkrete Vorschläge unterbreiteten, was ihnen unter den gegebenen Umständen kaum möglich war, schien eine Krise unvermeidbar. Josephthal wandte sich an Nahum Goldmann, der sich zu jenem Zeitpunkt in Washington aufhielt, und bat ihn, nach Europa zu kommen. Goldmann kam seinem Ruf nach. Allem Anschein nach war die Situation, die er von vorneherein vorausgesehen hatte, in der sein Eingreifen notwendig sein würde, jetzt eingetreten.

Am 9. April händigte die deutsche Delegation den Israelis die von ihnen geforderte Mitteilung aus, aber sie bezog sich erneut auf die enge Verbindung zwischen den Verhandlungen in Wassenaar und London. Sie behauptete, in dieser Frage reiche es nicht, daß die deutsche Regierung und das Parlament eine Entscheidung träfen, auch die Gläubiger müßten ihr zustimmen. Aus diesem Grund könne Deutschland weder Höhe noch Datum der Zahlungen bekanntgeben, sondern müsse auf die Wiederaufnahme der Besprechungen der Londoner Schuldenkonferenz warten[20].

Es sollte durchaus hier vermerkt werden, daß Böhm und Küster persönlich die israelischen Ansprüche befürworteten, aber sie waren durch Anweisungen aus Bonn gebunden und konnten nichts tun, um ihnen voll nachzukommen. Mit einem Gefühl der Krise und Enttäuschung ging das erste Kapitel der Verhandlungen mit Israel also zu Ende. Die israelische Delegation reiste nach London ab; Avner ging nach Israel, um dem Ausschuß für Auswärtiges und Verteidigung der Knesseth Bericht zu erstatten.

Während die Verhandlungen mit Israel in eine Sackgasse gerieten, schritten jene mit der Claims Conference mit verhältnismäßig günstigen Ergebnissen voran. Die erste Sitzung mit der Delegation der Claims Conference fand am 24. März statt. Leavitt forderte zuerst einmal eine Erklärung zur Eröffnungsrede der Deutschen, die auch nach Ansicht der Delegation der Claims Conference enttäuschend und voller Ausflüchte war. Er verlangte eine Klärung der Punkte in bezug auf das Einteilen der Verhandlungen in Phasen und Deutschlands wirtschaftliche Zahlungsfähigkeit.

Leavitt postulierte, es sei wünschenswert, so schnell wie möglich zu Ergebnissen zu kommen, wie auch, daß eine Entscheidung über Betrag und Zahlungsbedingungen schnell getroffen werden müsse. Seiner

Ansicht nach könne über Deutschlands Zahlungsfähigkeit diskutiert werden. Die besondere Natur des jüdischen Anspruchs forderte Opfer von Deutschland. Darüber hinaus konnten wirtschaftliche Entwicklungen nicht ohne weiteres vorhergesehen werden, und Deutschlands Zahlungsfähigkeit hinge vielmehr eher von seiner Zahlungsbereitschaft ab[21].

Dann unterbreiteten die Vertreter der Claims Conference die im Februar formulierten Ansprüche. Sie umfaßten: Rückerstattungsgesetze – die Notwendigkeit für die Durchführung einer Rückerstattung, die Verantwortung der Bundesregierung für die Taten des Reiches, Ausdehnen der Entschädigungsgesetze auf ganz Deutschland; Erweitern der Kategorien von Anspruchserhebenden; Entschädigung für Anspruchserhebende aus Großdeutschland und den von Deutschland besetzten Gebieten; Verantwortung für die Beschlagnahme von Vermögen durch Partei- und Reichseinrichtungen außerhalb Deutschlands; Erfüllung der Verpflichtungen innerhalb von vier Jahren; Befreiung von der Lastenausgleichssteuer sowie den Kollektivanspruch von 500 Millionen Dollar. Die deutsche Antwort war größtenteils günstig in bezug auf die Gesetze über Entschädigung, abgesehen von einigen Vorbehalten über die Entschädigung für Anspruchserhebende aus Ostdeutschland und Gebieten östlich der Oder-Neiße-Linie[22].

Auf der nächsten Sitzung am 25. März teilte Böhm der Delegation der Claims Conference, wie zuvor schon der israelischen Delegation, mit, daß die Londoner Konferenz am 5. April eine Pause einlegen werde. Da die deutschen Delegationen beider Konferenzen in Bonn zusammentreten müßten, um die Lage mit Mitgliedern der Bundesregierung zu erörtern, schlug er vor, die Besprechungen in Wassenaar ebenfalls an jenem Datum aufzuschieben. Die Unterbrechung würde drei Wochen dauern.

Küster teilte den Delegierten mit, daß der Bundestag in Kürze in einem Ausschuß das gesetzgebende Programm im Sinne der diskutierten Linien behandeln würde. Leavitt wollte wissen, ob die in Wassenaar beschlossenen Empfehlungen im Gesetz verankert würden. Er forderte die Bundesregierung mit ihrer Mehrheit im Bundestag auf, diese Gesetzgebung zu verabschieden. Küster erhob Einspruch gegen den Kollektivanspruch der Claims Conference und schlug vor – womit er die Befürchtung einer Überschneidung rechtfertigte, auf die schon die israelische Regierung hingewiesen hatte –, falls ein Abkommen mit Israel erreicht würde, daß die Claims Conference nur die Hälfte ihres Anspruchs erhalten solle. Seiner Ansicht nach beruhte der israelische Anspruch nicht nur auf den Kosten der Rehabilitierung, sondern auch auf der Ansicht, Deutschland habe kein Recht, aus erbenlosem Vermögen Nutzen zu ziehen. Dementsprechend müsse die verbleibende Hälfte des Anspruchs der Claims Conference in der Zahlung an Israel enthalten sein. Leavitt lehnte dieses Argument ab.

Nach der Sitzung traf Leavitt mit Josephthal und Shinnar zusammen, um den deutschen Vorbehalt zu erörtern. Seiner Ansicht nach würden die Deutschen an ihrer Stellung festhalten, solange auch Israel seinen Anspruch auf den Wert von erbenlosem Vermögen begründete. Damit würde der Anspruch der Claims Conference geschädigt, ohne gleichzeitig die Höhe des israelischen Anspruchs zu steigern. Shinnar antwortete, es sei nicht möglich, Israels Anspruch lediglich auf die Rehabilitierungskosten zu begründen. Das würde die deutschen Reparationen zu einer *ex gratia* Zahlung machen. Israel müsse seinen Anspruch auf eine moralische Grundlage stellen, nicht auf Mildtätigkeit[23].

Am 25. März wurde auf der Sitzung vorgeschlagen, einen Unterausschuß einzusetzen, um die Einzelheiten der geplanten Gesetzgebung zu überprüfen. Auf der Sitzung am nächsten Tag erweiterte Leavitt den Vorschlag und schlug zwei Ausschüsse vor: einen für Gesetzgebung und einen zweiten für erbenloses Vermögen. Es wurde statt dessen beschlossen, einen Fachausschuß für Gesetzgebung einzusetzen, der sofort seine Treffen aufnehmen würde. Es erhob sich die Frage nach Deutschlands Verantwortung für Vermögen, das in den von Deutschland annektierten Gebieten eingezogen worden war, wie in Österreich, der Tschechoslowakei, Memel und Danzig. Die Deutschen brachten sofort ihre Vorbehalte Österreich gegenüber zum Ausdruck, die Leavitt glatt von der Hand wies.

Meinungsverschiedenheiten über die Verpflichtung der deutschen Regierung, eventuell erreichte Empfehlungen zu akzeptieren, sowie das Problem des Kollektivanspruchs konnten nicht beigelegt werden[24].

Der Fachausschuß mit Küster und Ludwig auf deutscher Seite und Lach, Kagan, Goldschmidt und Robinson für die Claims Conference trat noch am gleichen Tag zusammen und stellte eine Liste mit dreiundzwanzig Punkten zusammen, über die diskutiert werden sollte. Sieben wurden erörtert, und allem Anschein nach war der Bereich, über den sich die beiden Delegationen einig waren, größer als der, in dem sie es nicht waren. Sie glaubten, der Ausschuß werden nach zwei weiteren Zusammenkünften in der Lage sein, seine Schlußfolgerungen in allen Einzelheiten für das gesetzgebende Programm der Vollversammlung zu unterbreiten, damit es von ihr akzeptiert und offiziell bestätigt werden konnte[25].

Die folgenden Punkte wurden für eine Diskussion zusammengestellt:
1. Beibehalten bestehender Gesetzgebung über Vermögensrückerstattung.
2. Übernahme der Verantwortung für Ansprüche auf die Rückerstat-

tung von vom Reich eingezogenem Vermögen durch die Bundesrepublik.
3. Erweiterung der in der amerikanischen Zone bestehenden Wiedergutmachungsgesetze auf die ganze Bundesrepublik.
4. Beschleunigung der Bearbeitung von Wiedergutmachungsansprüchen.
5. Änderung von Artikel 38 des Wiedergutmachungsgesetzes in der amerikanischen Zone, um Diskriminierung gegen Anspruchserhebende auszuschalten, die außerhalb Deutschlands lebten.
6. Bereitstellung angemessener Mittel durch die Bundesrepublik zum Zweck der Wiedergutmachungszahlungen.
7. Erhöhung der obersten Grenze jährlicher Zahlungen.
8. Angleichung der jährlichen Zahlungen an Anspruchserhebende an die Erhöhungen für andere laufende Zahlungen.
9. Erweiterung der Wiedergutmachung für Schädigung der Berufsausbildung und Bildung.
10. Vorrang für Ansprüche alter Menschen.
11. Erweiterung der Wiedergutmachung für Freiheitsentzug für Anspruchserhebende, die Deutschland vor dem 1. Januar 1947 verlassen hatten.
12. Gewähren von Wiedergutmachung für Freiheitsentzug für Juden, die das Reich seit 1933 verlassen hatten.
13. Gewähren von Wiedergutmachung für Personen, die im Untergrund gelebt hatten.
14. Gewähren von Wiedergutmachung für Angestellte jüdischer Gemeinden und öffentlicher Einrichtungen, vergleichbar mit der deutschen Beamten gewährten Entschädigung.
15. Möglichkeit einer Vererbbarkeit der Wiedergutmachungsansprüche.
16. Vereinfachung des Verfahrens zum Nachweis von Wiedergutmachungsansprüchen.
17. Gewährung von Wiedergutmachung für Anspruchserhebende aus Ostdeutschland.
18. Gewähren von Wiedergutmachung für Anspruchserhebende aus Gebieten östlich der Oder-Neiße-Linie.
19. Gewähren von Wiedergutmachung für Anspruchserhebende aus Österreich.
20. Gewähren von Entschädigungen für Vermögensschäden für Anspruchserhebende aus den besetzten Gebieten.
21. Durchführung der vier vorhergehenden Kategorien von Ansprüchen innerhalb von vier Jahren.
22. Gewähren einer Befreiung von der Lastenausgleichssteuer für Anspruchserhebende.

23. Erneuerung der Ruhegeldzahlungen für Veteranen des Ersten Weltkrieges[26].

Der Fachausschuß beendete seine Besprechungen am 31. März. In den meisten Punkten war Übereinstimmung erreicht worden, aber mehrere blieben noch umstritten: der Wechselkurs von RM zu DM bei Ansprüchen für Entschädigung auf verschwundenes Vermögen und das Problem einer Entschädigung für Anspruchserhebende aus Gebieten östlich der Oder-Neiße-Linie, Österreich, dem Sudetenland, Memel, Danzig und den besetzten Gebieten. Der zuletztgenannte sollte sich als ernsthafter Streitpunkt erweisen, denn Leavitt blieb bei seiner Ansicht, als er dem Präsidium der Claims Conference am 31. März Bericht erstattete, der Kollektivanspruch der Claims Conference habe das erbenlose Vermögen in jenen Gebieten berücksichtigt. Indem die Claims Conference zustimmte, daß die Bundesrepublik Deutschland lediglich zwei Drittel der Entschädigung an Anspruchserhebende aus jenen Gebieten zahlen würde – unter der Prämisse, daß Ostdeutschland das restliche Drittel zahlen würde –, hatte sie Deutschland schon eine Konzession eingeräumt[27].

Das gesetzgebende Programm wurde eingehend auf der Vollversammlung der beiden Delegationen am 31. März erörtert, und in bezug auf die meisten der 23 Punkte gelangte man zu einer Einigung:
1. Die bestehende Gesetzgebung würde beibehalten. Noch war die Zusammensetzung des Obersten Berufungsgerichts nicht geregelt: Die Claims Conference wollte am Status quo festhalten, die Deutschen wollten die alliierten Gerichte durch den deutschen Obersten Gerichtshof ersetzt wissen.
2. Die Bundesregierung müsse die Verantwortung für die Ansprüche gegen das Dritte Reich entsprechend der Vermögensrückerstattungsgesetze gegenüber sowohl einzelnen Anspruchserhebenden wie auch Nachfolgeorganisationen übernehmen. Allerdings gingen die Meinungen über den Wechselkurs für Entschädigungszahlungen für verschwundene Vermögen noch auseinander.
3. Die in der amerikanischen Zone in Kraft befindlichen Gesetze über Wiedergutmachung müßten auf die ganze Bundesrepublik ausgedehnt werden.
4. Das gesetzgebende Programm müsse bis 1960 voll durchgeführt sein. Die deutsche Delegation würde der Bundesregierung empfehlen, besondere Bewilligungen im Budget vorzusehen, um die Durchführung des Programms zu beschleunigen. Die Claims Conference wollte einen kürzeren Zeitraum festlegen.
5. Bei der Bearbeitung von Ansprüchen dürfe es keine Diskriminierung zugunsten von Anspruchserhebenden geben, die in Deutsch-

land lebten, gegenüber solchen, die außerhalb von Deutschland lebten.
6. Die Bundesregierung müsse Mittel aus dem Budget für die Entschädigungsansprüche vorsehen.
7. Die Höchstgrenze von DM 25 000 für Zahlungen würde sich nur auf Entschädigung für Schaden beziehen, der bis zum 1. Juni 1945 eingetreten war. Für Existenzschäden, die nach jenem Datum eingetreten waren, würde es solch eine Begrenzung der Ansprüche nicht geben.
8. Jährliche Wiedergutmachungszahlungen würden auf der Grundlage der Jahresruhegelder vergleichbarer Kategorien deutscher Beamter berechnet.
9. Änderungen der Wiedergutmachungsgesetze müßten eine Klausel über Wiedergutmachung für Schäden an Berufsausbildung und Bildung enthalten.
10. Die Ansprüche älterer Menschen müßten bevorzugt bearbeitet werden.
11. Anspruchserhebende, die nachweisen konnten, daß sie in Konzentrationslagern gefangengehalten worden waren, müßten einen Pauschalbetrag von DM 3000 als Entschädigung für Freiheitsentzug erhalten, selbst wenn sich die Anspruchserhebenden nach dem 1. Januar 1947 nicht mehr in Deutschland aufhielten.
12. Entschädigung für Freiheitsentzug müsse auch Personen gezahlt werden, die aus Deutschland ausgewandert waren, und die Diskriminierung gegen solche Personen gemäß dem Gesetz in der amerikanischen Zone müsse aufgehoben werden.
13. Wiedergutmachung für Freiheitsentzug müsse auch Personen gewährt werden, die im Untergrund gelebt hatten.
14. Entschädigung müsse Angestellten jüdischer Gemeinden und öffentlicher Einrichtungen gewährt werden.
15. In bezug auf das Recht, Ansprüche für Freiheitsentzug zu ererben, wurde beschlossen, falls der Anspruchserhebende gestorben war, bevor er seinen Anspruch einreichen konnte, aber nach dem 8. Mai 1945, daß seine Erben an seiner Statt Anspruch stellen könnten.
16. In bezug auf Belege zur Stützung von Ansprüchen wurde beschlossen, daß Umstände wie Verlust von Unterlagen und der Tod von Zeugen entsprechend berücksichtigt würden. Die Gerichte müßten die Verfahren in bezug auf das Erbringen von Beweisen vereinfachen.

Meinungsverschiedenheiten zeigten sich über Artikel 17 über Entschädigung für Anspruchserhebende aus dem Gebiet von Ostdeutschland. Die Claims Conference verlangte Entschädigung für Anspruchserhebende aus Ostdeutschland in Höhe von zwei Dritteln der in der

Bundesrepublik gewährten Entschädigung. Die Deutschen lehnten die
Zahlung jeder Entschädigung an Anspruchserhebende aus Ostdeutschland ab, die nach dem 1. Januar 1947 in die Bundesrepublik gekommen
waren. Küster vertrat die Ansicht, der bundesdeutsche Steuerzahler
müsse diese Last nicht tragen, nur weil sich Ostdeutschland weigere,
eine Entschädigung zu zahlen. Ebenso weigerten sich die Deutschen,
Anspruchserhebenden aus Gebieten östlich der Oder-Neiße-Linie Entschädigung zu zahlen (Artikel 18), nicht einmal in Höhe von zwei
Dritteln, wenn sie nach dem 1. Januar 1947 in die Bundesrepublik
gekommen waren[28].

Die Diskussionen über die dreiundzwanzig Punkte dauerten bis zum
3. April an. Unterschiede zeigten sich in bezug auf Entschädigung für
Anspruchserhebende aus Österreich. Küster argumentierte, daß, falls die
deutsche Regierung irgendwelche Verpflichtungen in bezug auf Österreich akzeptiere, beträchtlicher Widerstand in der deutschen Öffentlichkeit entstehen würde, die die Ansicht vertrat, Österreich müsse seine
Schulden selbst bezahlen. Als einen möglichen Kompromiß schlug
Küster vor, Anspruchserhebende aus Österreich sollten die Hälfte der
Judenvermögensabgabe erhalten, und zwar weil ein Teil der so eingezogenen Gelder dem deutschen Finanzamt zugeflossen sei, wie auch, weil
das Dritte Reich zusammen mit den österreichischen Befürwortern des
Anschlusses die Ursache für das Leid gewesen seien, das den Juden
Österreichs widerfahren war.

Leavitt antwortete darauf, daß die Juden der Welt nicht zwischen dem
unterschieden, was den Juden Deutschlands zugefügt worden war, und
dem, was den Juden Österreichs widerfahren war. Die von den Juden
Österreichs eingezogenen Gelder seien dem Reich zugeflossen, und
demzufolge gebe sich die Claims Conference auf keinen Fall mit der
Zahlung der Hälfte der Judenvermögensabgabe zufrieden und schon gar
nicht mit einer Bezahlung zum Wechselkurs von RM 10 zu DM 1. Hier
sollte darauf hingewiesen werden, daß Böhm, der im allgemeinen die
jüdischen Forderungen stützte, sich heftig dieser Forderung widersetze.
Er behauptete, die geldliche Last müsse gleichmäßig von den Nachfolgestaaten des Reiches getragen werden. In Deutschlands Augen sei Österreich ein Nachfolgestaat und nicht, wie es von den Westmächten
betrachtet wurde, ein von Deutschland besetztes Land. Selbst jene
Deutschen, die der Ansicht waren, die Juden müßten Entschädigung
erhalten, vertraten den Standpunkt, es dürfe Österreich nicht erlaubt
werden, sich seiner Verantwortung zu entziehen. Damit würde ein
starker Widerstand geweckt, und die Bundesregierung würde in der
Wiedergutmachungsfrage ernsthaft behindert werden.

Böhm argumentierte weiter, die Annexion Österreichs könne nicht
mit der Eroberung der anderen Länder verglichen werden. Die Öster-

reicher hatten die Nazis begeistert begrüßt. Hitler selbst war Österreicher gewesen. In anderen besetzten Ländern waren Nazianhänger bei der Bevölkerung verhaßt; in Österreich waren sie die Bevölkerung. Die Meinungsverschiedenheiten zwischen den Delegationen über Österreich konnten nicht beigelegt werden.

Artikel 20 über die Wiedergutmachung für Anspruchserhebende aus den besetzten Gebieten war eine weitere Ursache für Unterschiede, die erneut Deutschlands negative Einstellung zum Kollektivanspruch der Claims Conference offenbarte. Zwar stimmte die Claims Conference zu, Entschädigung solle nur jenen Personen gewährt werden, die nicht länger Bürger jener Länder waren, aber die deutsche Delegation schlug vor, solche Ansprüche nur dann zu akzeptieren, wenn die Claims Conference ihren Anspruch auf erbenloses Vermögen aufzugeben bereit war.

In bezug auf die Lastenausgleichssteuer teilte die deutsche Delegation mit, sie wolle dazu aus Bonn einen Fachmann vom Finanzministerium anfordern. In der Zwischenzeit wurde vorgeschlagen: a) die Befreiung von der Steuer für Personen zu erhöhen, die ihrer Existenzgrundlage beraubt und gezwungen worden waren auszuwandern; b) die Bezahlung der Steuer bis zum Empfang der Entschädigung aufzuschieben; c) die Steuer für Anspruchserhebende herabzusetzen, die weniger Entschädigung als gefordert erhalten hatten, und zwar um einen Betrag, der dem Unterschied zwischen dem von ihnen geforderten und dem tatsächlich erhaltenen entsprach; d) eine Befreiung von der Steuer zu gewähren, falls die Entschädigungsansprüche nur zu 40 Prozent erfüllt worden waren[29].

Nach dieser Sitzung fuhr Küster fort, die noch ungelösten Probleme von Anspruchserhebenden aus Ostdeutschland, aus Gebieten östlich der Oder-Neiße-Linie und aus den annektierten und besetzten Gebieten zu behandeln. Am Tag darauf unterbreitete er einen Kompromißvorschlag. Dementsprechend würden Anspruchserhebende, die die Ostzone Deutschlands verlassen hatten, volle Entschädigung von der Bundesrepublik erhalten, wenn sie vor Ende 1951 in die Bundesrepublik gekommen waren oder falls sie sich dort nach jenem Datum niedergelassen hatten und nachgewiesen worden war, daß sie nicht ohne Gefahr für Leben und Freiheit nach Ostdeutschland zurückkehren konnten. Einwanderer aus Ostdeutschland würden keine Rückerstattungsentschädigung erhalten, das heißt, keine geldliche Entschädigung für Vermögen, das nicht zurückgegeben werden konnte, weil es verlorengegangen oder zerstört war.

Anspruchserhebende aus Gebieten östlich der Oder-Neiße-Linie würden von der Bundesrepublik zwei Drittel der ihnen zustehenden Entschädigung erhalten sowie zwei Drittel einer Rückerstattungsentschädigung für Vermögen. Anspruchserhebende aus den annektierten Gebieten wie Danzig, Memel und dem Sudetenland würden die gleiche Entschädigung erhalten wie Anspruchserhebende von östlich der Oder-Neiße-Linie.

Anspruchserhebende aus Österreich würden Entschädigung nur für Steuern erhalten, die für den Transfer von Vermögen erhoben worden waren, und für die Reichsfluchtsteuer, sonst jedoch nur die Hälfte des üblichen Entschädigungsanspruchs. Falls in Österreich eingezogenes Vermögen nach Deutschland gebracht worden war, würden seine Besitzer zwei Drittel der in Deutschland in Kraft befindlichen Rückerstattungszahlungen erhalten. Anspruchserhebende aus besetzten Gebieten in Osteuropa, die in Konzentrationslagern gefangengehalten und in Deutschland befreit worden waren und die sich bis zum 1. Januar 1947 in Deutschland aufgehalten hatten, würden einen Pauschalbetrag von DM 3000 als Entschädigung für Freiheitsentzug erhalten. Anspruchserhebende aus den besetzten Gebieten in Westeuropa würden zwei Drittel der in Deutschland in Kraft befindlichen Entschädigungszahlungen erhalten, falls sie nicht aus ihren Ursprungsländern eine Entschädigung erhielten. Ebenso würden sie zwei Drittel der Rückerstattungszahlungen erhalten, falls ihr Vermögen nach Deutschland gebracht worden war[30].

Küsters Vorschläge wurden auf der Vollversammlung am 7. April diskutiert. Die Delegation der Claims Conference lehnte seinen Vorschlag in bezug auf Anspruchserhebende aus Ostdeutschland ab. Dagegen akzeptierte sie die Vorschläge in bezug auf Anspruchserhebende aus Gebieten östlich der Oder-Neiße-Linie, Memel, Danzig und dem Sudetenland. In bezug auf Österreich wurde beschlossen, Entschädigung jenen Anspruchserhebenden zu gewähren, die außerhalb Österreichs lebten, und zwar die Hälfte des gegenwärtigen Wertes für die Judenvermögensabgabe und die Reichsfluchtsteuer. Die Delegation der Claims Conference stimmte diesem Kompromißvorschlag zu, denn sie nahm an, Überlebende der NS-Verfolgung, die noch in Österreich lebten, würden nicht dazu in der Lage sein, Ansprüche zu stellen. In bezug auf die Anspruchserhebenden aus besetzten Gebieten im Osten akzeptierte die Delegation der Claims Conference Küsters Vorschlag, allerdings unter der Bedingung, daß er sich auch auf Insassen von Konzentrationslagern erstrecken müsse, die überall in ganz Deutschland befreit worden waren, nicht nur in Westdeutschland, sowie auf Personen, die vom Roten Kreuz aus Deutschland in die Schweiz oder nach Schweden gebracht worden waren. Was Rückerstattungszahlungen anbetraf, wurde beschlossen, daß Anspruchserhebende aus den westeuropäischen Ländern zwei Drittel Entschädigung erhalten würden, falls ihr Vermögen nach Deutschland gebracht worden war. Die Claims Conference stellte eine ähnliche Forderung für Osteuropa, aber die Deutschen stimmten einer Pauschalzahlung für Vermögen nur dann zu, wenn es bei Sonderaktionen wie der »Aktion Reinhardt« eingezogen worden war (Massaker und Beschlagnahme jüdischen Vermögens im Bezirk Lublin). Dem schloß sich eine Diskussion an, um den Begriff »Auswanderer« zu definieren, um zu den Anspruchsrhebenden auch Juden zu zählen, die Deutschland und Österreich verlassen hatten und dann von den Nazis in Belgien, Holland und Frankreich eingeholt worden waren. Auf polnische Juden, die in Frankreich lebten, jedoch nicht die französische Staatsbürgerschaft besaßen und deren Vermögen geplündert worden war, würde sich diese Definition ebenfalls erstrecken[31].

Auf dieser Sitzung vom 7. April legte Leavitt einen Entwurf der gemeinsamen Empfehlungen für ein gesetzgebendes Programm vor, in dem die Punkte zusammengefaßt worden waren, über die man schon Übereinstimmung erzielt hatte. Der Entwurf sagte, daß die Delegationen bei ihren Verhandlungen zu einer Einigung gelangt seien, und sie empfahlen den Behörden, denen gegenüber sie verantwortlich waren, das Abkommen zu ratifizieren. Gemäß diesem Abkommen würde die Bundesregierung ein gesetzgebendes Programm über *Wiedergutmachung* verabschieden: Der Entwurf sah vor, wie vorgeschlagen, die in der amerikanischen Zone bestehende Gesetzgebung auf ganz Deutschland auszudehnen, und zwar zusammen mit späteren Änderungen.

Die Bundesregierung würde ausreichende Mittel für die Erledigung von Wiedergutmachungsansprüchen bereitstellen.

Ebenso würde die Bundesregierung jede Anstrengung machen, um das Wiedergutmachungsprogramm zum Gesetz zu erheben und die darunter fällig werdenden Ansprüche bis 1960 zu erledigen. Das Programm würde für Anspruchserhebende, die in Deutschland lebten oder die aus Deutschland ausgewandert waren, bis 1957 durchgeführt sein.

Jahresrenten an Anspruchserhebende würden auf der gleichen Grundlage berechnet werden wie die Ruhegelder für vergleichbare Kategorien von in den Ruhestand getretenen Beamten. Jede Erhöhung dieser Ruhegelder würde eine gleichzeitige Erhöhung der Entschädigungszahlungen bedeuten.

Weiterhin sah der Entwurf vor, die Wiedergutmachungsgesetze zu erweitern, um Schädigungen in Berufsausbildung und Bildung zu decken. Vorrang würde den Wiedergutmachungsansprüchen von Personen gegeben, die über sechzig Jahre alt waren. Es hieß weiter im Entwurf, falls der Anspruchserhebende nach dem 8. Mai 1945 gestorben war, bevor er seinen Anspruch hatte einreichen können, würden seine nächsten Erben berechtigt sein, einen Anspruch auf Entschädigung für Freiheitsentzug zu stellen. In dieser Hinsicht würde die Verbindung zwischen der Verfolgung, der die betreffende Person ausgesetzt war, und der Todesursache berücksichtigt.

Weiter besagte der Entwurf, daß Artikel Nr. 9 des Wiedergutmachungsgesetzes in der amerikanischen Zone so interpretiert werden müsse, daß die dort festgelegten Einschränkungen sich nicht auf im Testament bestellte Erben beziehen.

Eine Höchstentschädigung von DM 25000 würde dem Entwurf gemäß nur für Schaden gezahlt, der vor dem 1. Juni 1945 eingetreten war. Zusätzliche Ansprüche auf Wiedergutmachung konnten für Existenzschäden gestellt werden, die nach jenem Datum eingetreten waren. Wichtig sei hier vor allem, fuhr der Entwurf fort, daß kein Unterschied bei der Behandlung von Ansprucherhebenden gemacht würde, die auf dem Gebiet der Bundesrepublik und jenen, die außerhalb davon lebten, und auch Ansprucherhebende, die von einem Staat in den anderen gingen, würden nicht ihrer Rechte verlustig gehen. Weiterhin würden Insassen von Konzentrationslagern, die von den westlichen Alliierten befreit oder die vom Roten Kreuz oder anderen Hilfsagenturen nach der Befreiung außerhalb von Deutschland gebracht worden waren, einen Pauschalbetrag von DM 3000 als Wiedergutmachung für Freiheitsentzug erhalten, selbst, wenn sie sich nicht in den Lagern für Displaced Persons in der Bundesrepublik aufgehalten, noch am 1. Januar 1947 ihren gewöhnlichen Wohnsitz in der Republik hatten. Waren sie weniger als zwanzig Monate gefangengehalten, würden sie einen niedrigeren Betrag erhalten.

Der Entwurf sagte, die bestehende Diskriminierung in dem Gesetz in der amerikanischen Zone in bezug auf Ansprüche von Auswanderern bezüglich Freiheitsentzug würde aufgehoben. Wiedergutmachung für Freiheitsentzug würde auch Personen gewährt, die im »Untergrund« gelebt hatten. Weiterhin würden auch Beamte und Angestellte jüdischer Gemeinden und öffentlicher Einrichtungen Wiedergutmachung erhalten.

Zu den wichtigsten strittigen Punkten sagte der Entwurf, die Bundesrepublik würde zwei Drittel der Wiedergutmachung zahlen, die in den Wiedergutmachungsgesetzen der Republik für Ansprucherhebende vorgesehen waren, die aus deutschen Gebieten östlich der Oder-Neiße-Linie ausgewandert waren (am 31. Dezember 1937), sowie aus Danzig, Memel und dem Sudetenland. Die Bundesrepublik würde Auswanderern aus Österreich die Hälfte der Wiedergutmachung zahlen, die gemäß den Wiedergutmachungsgesetzen der Republik für Gelder zahlbar war, die von ihnen durch Sonderabgaben einschließlich der Reichsfluchtsteuer erhoben worden waren. Die Bundesrepublik würde zwei Drittel der Entschädigung, in den Wiedergutmachungsgesetzen der Republik vorgesehen, an Ansprucherhebende aus Westeuropa zahlen, die gemäß bestehender Wiedergutmachungsgesetze keinerlei Wiedergutmachung erhielten, weil sie ihren gewöhnlichen Wohnsitz nicht in dem Land hatten, in dem der Schaden zugefügt worden war, oder die dort zwar ihren gewöhnlichen Wohnsitz hatten, aber nicht Staatsbürger des Landes waren. Wurden Nachweise benötigt, müßten die Schwierigkeiten berücksichtigt werden, die die Folge der NS-Verfolgungen waren: Verlust und Zerstörung von Unterlagen, Tod von Zeugen, usw. Beamte, die Wiedergutmachungsfälle bearbeiteten, müßten sich bemühen, die Tatsachen festzulegen und nicht Nachweise in Fällen, zu verlangen, in denen es möglich war, mit gesundem Menschenverstand eine Entscheidung zu treffen, oder in Fällen, die als mit anderen Fällen identisch betrachtet werden könnten.

Die gleichen Überlegungen würden auch bei Nachweisen des Erbrechts berücksichtigt, und Unterlagen würden nur in außergewöhnlichen Fällen gefordert. Ebenso würden keine übertriebenen oder formalistischen Forderungen in bezug auf Feststellung des rechtmäßigen Wohnsitzes noch des gewöhnlichen Wohnsitzes erhoben.

In bezug auf Rückerstattung schlug der Entwurf vor, die in der Bundesrepublik bestehenden Rückerstattungsgesetze beizubehalten. Die Bundesrepublik, hieß es, sei verpflichtet zum Erfüllen aller Verpflichtungen des Deutschen Reiches, die die Folge von Rückerstattungsgesetzgebung waren, die auf dem Gebiet der deutschen Bundesrepublik bestanden, und solche Verpflichtung erstrecke sich sowohl auf individuelle Ansprüche wie auf gemäß dem Gesetz ernannte Nachfolgeorganisationen. Die Bundesrepublik würde Ansprucherhebenden, die aus Gebieten östlich der Oder-Neiße-Linie, aus Danzig, dem Memelland und dem Sudetenland ausgewandert waren, zwei Drittel der Rückerstattungsverpflichtungen zahlen. Diese Verpflichtung sei nicht gültig, falls nachgewiesen werde, daß es unmöglich war, das Vermögen aufgrund von Ereignissen während des Krieges im Osten und in der Zeit danach zurückzugeben. Die Last des Beweises ruhe auf der Bundesrepublik. Die Bundesrepublik würde zwei Drittel der Rückerstattungsverpflichtungen an Auswanderer aus Österreich zahlen. Diese Verpflichtung würde auf Vermögen beschränkt sein, das nach Deutschland gebracht und verkauft und dessen Erlös nach Deutschland überwiesen worden war.

Die Bundesrepublik würde zwei Drittel der Rückerstattungsverpflichtungen Anspruchherebender aus Westeuropa zahlen, die solche Entschädigung gemäß bestehender Wiedergutmachungsgesetze nicht erhielten, weil sie entweder nicht ihren gewöhnlichen Wohnsitz in den betreffenden Ländern hatten oder nicht ihre Staatsangehörigkeit besaßen, vorausgesetzt, das Vermögen oder der Erlös aus seinem Verkauf war nach Deutschland überwiesen worden. Ebenso würde die Bundesrepublik zwei Drittel der Rückerstattungsverpflichtungen an Anspruchherebende aus Osteuropa zahlen, die solche Entschädigung nicht gemäß bestehender Wiedergutmachungsgesetzgebung erhielten, weil sie nicht ihren gewöhnlichen Wohnsitz in den Ländern hatten, in denen der Schaden zugefügt worden war, oder nicht Staatsangehörige jener Länder waren, vorausgesetzt, daß sich die Ansprüche auf Vermögensbeschlagnahmungen in Sonderaktionen bezogen, wobei das Vermögen oder der Erlös aus seinem Verkauf nach Deutschland überwiesen worden war. Darüber hinaus würde die Bundesrepublik auch für Umzugsgut und andere Güter auf Lager verantwortlich sein, die die deutschen Behörden in Holland, Belgien, in Triest und anderen Häfen eingezogen hatten. Um in Bearbeitung befindliche Ansprüche zu schützen, wurde hinzugefügt, daß nichts in dem Dokument bestehende Rechte von Anspruchserhebenden schmälern würde. Weiterhin war wichtig, daß die im Dokument erwähnte Bundesrepublik auch Westberlin einschloß[32].

Neben diesem Entwurf gemeinsamer Empfehlungen schlug Leavitt auch vor, daß die Parteien ein Memorandum unterzeichneten, in dem die noch strittigen Fragen überprüft würden. Die Deutschen stimmten dem zweiten Vorschlag zu, lehnten jedoch die Unterzeichnung der gemeinsamen Empfehlungen ab. Bevor das geschehen könne, erklärten sie – und der Vertreter des Finanzministeriums Ludwig bestand darauf –, müßten sie erst einen Voranschlag der Beträge haben, die benötigt würden, um das vorgeschlagene gesetzgebende Programm zu verwirklichen.

Anfangs wies die Claims Conference das mit dem Argument zurück, Hauptzweck der gemeinsamen Empfehlungen sei es, Deutschlands Zahlungsbereitschaft zu beweisen. Schließlich fügte sich Leavitt jedoch der Forderung der Deutschen. Wie er in seinem Bericht an das Präsidium der Claims Conference vom 8. April erklärte, waren die deutschen Voranschläge seiner Ansicht nach übertrieben. Aufgrund seiner Zustimmung würde die Claims Conference beweisen können, daß die benötigten Beträge in Wirklichkeit niedriger waren, und damit würde das Projekt verwirklicht werden können[33].

Auf der Sitzung am nächsten Tag erklärte sich Kagan bereit, ein Dokument für die zweite Phase der Besprechungen vorzubereiten, in dem er die Voranschläge der Claims Conference und der Deutschen darlegen und vergleichen würde.

Der Kostenvoranschlag der Ansprüche war untrennbar mit Deutschlands Zahlungsfähigkeit verbunden, ein Punkt, den die Deutschen auf der Vollversammlung am 8. April ansprachen. Sie wiesen darauf hin, daß die in den gemeinsamen Empfehlungen Deutschland aufgezwungenen Verpflichtungen aufgestellt worden waren, ohne daß dieser grundsätzliche Faktor berücksichtigt worden sei. Ludwig schlug vor, in den gemeinsamen Empfehlungen einen Paragraphen aufzunehmen, der sagen würde, daß Deutschland die Empfehlungen nicht als absolute

Verpflichtung ohne Rücksicht auf seine Zahlungsfähigkeit betrachtete. Böhm, der Leavitts Einwände aus dem Weg räumen wollte, erklärte, falls die Bundesregierung die gemeinsamen Empfehlungen aufgrund seiner begrenzten Zahlungsfähigkeit ablehne, würde der deutschen Delegation vorgeworfen, falsche Hoffnungen geweckt zu haben. Die Bundesregierung habe die Delegation zur Mitteilung bevollmächtigt, die Regierung behalte sich das Recht vor, die gemeinsamen Empfehlungen in bezug auf ihre Zahlungsfähigkeit zu überprüfen. Die Aufnahme des zusätzlich vorgeschlagenen Paragraphen in das Abkommen würde lediglich bestätigen, daß die Delegation der Claims Conference davon in Kenntnis gesetzt worden sei. Schließlich stimmte Leavitt der Aufnahme dieser Einschränkung zu, aber in einem Brief, den die deutsche Delegation der Delegation der Claims Conference überreichen werde[34].

Auf einer zweiten Sitzung am gleichen Tag erklärte Küster, seine Delegation sei bereit, Leavitts Vorschlag zu akzeptieren. Leavitt betonte, daß diese Besprechungen sieben Jahre nach Kriegsende stattfänden und daß seither genug Zeit vergangen sei. Die gestellten Ansprüche seien Mindestansprüche, und wenn auch sie noch gekürzt würden, könnte das lediglich bedeuten, daß Deutschland nicht bereit sei, auch nur Mindestverpflichtungen auf sich zu nehmen. Deshalb werde von der deutschen Delegation jede Anstrengung erwartet, um die deutsche Regierung davon zu überzeugen, die gemeinsamen Empfehlungen zu akzeptieren. Ebenso verwies Leavitt auf das Problem von erblosem Vermögen und des Kollektivanspruchs. Böhm blieb bei seiner Ansicht, dieser Anspruch übersteige die Grenzen von Deutschlands Zahlungsfähigkeit und er könne deshalb nicht diskutiert werden. Aber das gesetzgebende Programm würde von Vertretern der Bundesregierung und den Delegationen zur Londoner und zur Wassenaar Konferenz während der kurz bevorstehenden Pause diskutiert werden. Böhm brachte seine Hoffnung zum Ausdruck, daß bis zum 10. Mai eine Entscheidung möglich sei, woraufhin die Besprechungen wieder aufgenommen werden könnten. In seinen abschließenden Bemerkungen hob Leavitt die schlechte Wirkung hervor, die eine Ablehnung des Kollektivanspruchs in den Augen der Juden auf der Welt haben würde[35].

Dann unterzeichneten Leavitt, Küster und Böhm die gemeinsamen Empfehlungen, und Leavitt legte das Memorandum mit den Ansichten beider Parteien über die fünf noch ungelösten Punkte vor.

1. Der Anspruch gegen das Reich auf Rückerstattungszahlungen und Entschädigung: Die Claims Conference verlangte von Deutschland volle Entschädigung für Waren und bewegliches Eigentum, das von den Reichsbehörden eingezogen worden war; das lehnte die deutsche Delegation ab. Der vorgeschlagene Kompromiß sah vor, daß Deutschland den vollen Wert von Haushaltsartikeln und bewegli-

chem Eigentum sowie den Inhalt von Möbelwagen bezahle. Für jeden Anspruch auf eingezogenes Vermögen würden die ersten DM 10000 voll bezahlt werden, die nächsten DM 10000 in einer Höhe von 60 Prozent und der Rest in einer Höhe von 40 Prozent. Für jeden Geldanspruch gegen das Dritte Reich würden die ersten DM 10000 voll zurückgezahlt und der Rest in einer Höhe von 20 Prozent. Die Deutschen neigten dazu, das zu akzeptieren. In bezug auf Wertpapiere und Aktien und festverzinsliche Wertpapiere der Regierung schlugen die Deutschen vor, daß, falls die Wertpapiere und Aktien vom Reich verkauft worden waren, die Ansprucherhebenden den Betrag erhalten würden, der durch den Verkauf erzielt worden war. Für die übrigen Wertpapiere und Aktien würde Entschädigung in einer Höhe von 40 Prozent gewährt werden.
2. Ansprucherhebende aus dem Ostteil Deutschlands: Die Claims Conference schlug vor, Personen, die aus Ostdeutschland ausgewandert waren, würden zwei Drittel der Rückerstattungs- und Wiedergutmachungszahlungen erhalten. Dazu hatte Küster seinen Kompromiß vorgeschlagen: Personen, die aus Ostdeutschland ausgewandert waren, würden Wiedergutmachung nur dann erhalten, wenn sie vor dem 31. Dezember 1951 in der Bundesrepublik eingetroffen waren, oder wenn sie nach diesem Datum eingetroffen waren und nachgewiesen werden konnte, daß sie nicht in den Osten zurückkehren konnten, ohne Leben und Freiheit aufs Spiel zu setzen.
3. Wiedergutmachung für diskriminierende Besteuerung: Die Claims Conference schlug vor, daß in jedem Fall die ersten DM 10000 von den Juden auferlegten Sonderabgaben in einem Verhältnis von DM 1 zu RM 1 zurückgezahlt würden. Das lehnten die Deutschen ab.
4. Die Lastenausgleichssteuer: Die Claims Conference schlug vor, daß das gesamte Vermögen, das Überlebenden der NS-Verfolgung gehörte, völlig von jeder Besteuerung nach der Lastenausgleichsgesetzgebung befreit werde. Die Deutschen schlugen vor, ein Fachmann auf diesem Gebiet müsse die Angelegenheit untersuchen. Bis das geschah, würden überlebenden NS-Verfolgten eine Reihe von Konzessionen eingeräumt wie Aufschieben der Zahlung der Steuer, bis die Entschädigung des Ansprucherhebenden tatsächlich gezahlt war; hatte der Ansprucherhebende nur einen Teil des von ihm Geforderten erhalten, würde der nicht erhaltene Betrag von der Steuer abgezogen; für die Befreiung von der Steuer würde die oberste Grenze des Vermögens erhöht werden.
5. Zahlungen an Veteranen des Ersten Weltkriegs: Die Claims Conference schlug die Erneuerung der Ruhegeldzahlungen an Veteranen des Ersten Weltkriegs vor. Diesem Anspruch stimmten die Deutschen im Prinzip zu, schlugen jedoch vor, daß auch er einem

Fachmann zur Entscheidung vorgelegt würde[36].

Während diese Angelegenheiten diskutiert wurden, wurde Böhm ans Telefon gebeten. Bei seiner Rückkehr erklärte er, Deutschland könne seine Antwort auf die Ansprüche Israels und der Claims Conference nicht vor dem 19. Juni geben. Jetzt war klar, daß die Besprechungen nicht, wie vorher übereingekommen, am 19. Mai erneuert, sondern um einen ganzen Monat aufgeschoben würden[37].

Wie auf der Vormittagssitzung übereingekommen, überreichte Böhm Leavitt einen Brief mit den Vorbehalten in bezug auf die Zahlungsfähigkeit der Bundesrepublik. Im Brief hieß es:

In bezug auf das Abkommen über gemeinsame Empfehlungen für deutsche Wiedergutmachungsgesetzgebung ... Während dieser Verhandlungen sind wir übereingekommen, daß die angesichts der Erklärung des Bundeskanzlers vom 21. September 1951 ins Auge gefaßten Maßnahmen einer Untersuchung bedürfen, um festzustellen, in welchem Umfang sie mit Deutschlands begrenzter Zahlungsfähigkeit in Einklang gebracht werden können, insbesondere, soweit sie ausländische Verpflichtungen betreffen. Ferner sind wir übereingekommen, daß eine solche Untersuchung nicht Gegenstand unserer Verhandlungen ist und daß sie es in keinem Fall während der ersten Phase hätte werden können ... Wir hatten vorgehabt (dieses Abkommen zu schließen), wobei wir uns voll der Tatsache bewußt waren, daß die Bundesregierung unsere Empfehlungen oder mindestens einige davon aus diversen Gründen als unannehmbar betrachtet, sowie, daß sie Deutschlands Zahlungsfähigkeit überschreiten. Dieser letzte Beweggrund soll keine Ablehnung der deutschen Delegation durch die Bundesregierung darstellen[38].

Trotz dieses Vorbehalts, trotz der noch offenen Meinungsverschiedenheiten und des noch ungelösten Problems des Kollektivanspruchs sah es ganz so aus, als sei die erste Verhandlungsphase mit der Delegation der Claims Conference mit beträchtlichem Erfolg zu Ende geführt worden, insbesondere, wenn man die Sackgasse betrachtet, in die die Diskussionen mit Israel geraten waren. (Man wird sich daran erinnern, daß die Claims Conference ihren Kollektivanspruch auf den zweiten Platz verwiesen hatte.) In seinem abschließenden Bericht an das Präsidium der Claims Conference (14. September 1952) bezeichnete Leavitt die gemeinsamen Empfehlungen als eine wichtige Errungenschaft, denn sie zeigten eine Übereinstimmung von ungefähr 90 Prozent in den an Deutschland gestellten Ansprüchen.

Leavitt sah eine Reihe von Gründen für diesen relativen Erfolg: Erstens hatten die Deutschen nicht geglaubt, in dieser Phase mit der Claims Conference ein Kollektivabkommen abzuschließen, und deshalb sprachen sie leichter auf das gesetzgebende Programm an. Zweitens sei

Dr. Küster ernsthaft darum bemüht, über das gesetzgebende Programm zu einer Einigung zu gelangen. Auch Professor Böhm sei aufrichtig und ernsthaft, aber er befürwortete das gesetzgebende Programm nicht so entschieden wie Küster[39].

IX. Die Verhandlungen in einer Sackgasse – Kompromiß bringt die Lösung

Man wird sich daran erinnern, daß die Israelis ihre Gespräche nach der enttäuschenden deutschen Antwort vom 9. April abbrachen. Die israelische Delegation teilte mit, sie werde die Verhandlungen erst wieder aufnehmen, wenn die Deutschen konkrete Vorschläge unterbreiteten. Die Claims Conference schloß sich dieser Mitteilung an, und der verhältnismäßige Erfolg, den sie erreicht hatte, schwächte nicht die Entschlossenheit beider Delegationen, eine geschlossene jüdische Front beizubehalten.

Sobald deutlich wurde, daß die Verhandlungen völlig zum Stillstand gekommen waren, reisten die beiden jüdischen Delegationen von Wassenaar nach London ab. Für die Aktivitäten, die sie jetzt in die Wege leiten wollten – Anwenden von Druck, Nutzen von Kontakten, Aufrufe an die Mächte, die Presse und die öffentliche Meinung –, eignete sich London sehr viel besser als Den Haag.

Kontakte mit der Presse hatte die Delegation der Claims Conference schon in Wassenaar aufgenommen mit dem Ziel, über die Krise so weite Kreise wie möglich in den Vereinigten Staaten zu informieren. Der Delegationssekretär Jerry Jacobson bereitete ein Weißpapier über die Besprechungen vor, das für den Gebrauch der Presse bestimmt war. Seymour Rubin wandte sich an Michael Hoffman, den Europakorrespondenten der *New York Times*, der sich damals in Genf aufhielt, und überredete ihn, nach Den Haag zu kommen. Hoffman unterhielt sich mit den Delegationsmitgliedern, und einige Tage, nachdem die Krise einen Höhepunkt erreicht hatte, erschien in der *New York Times* eine Artikelserie über das Thema, die die Deutschen scharf verurteilte[1].

In London war die israelische Delegation ebenfalls in diesem Bereich tätig; unter anderem trafen Josephthal und David Horowitz (in London, um eine britische Anleihe für Israel zu diskutieren) die Wirtschaftskorrespondenten von Reuter und der Londoner *Times* bei einem Mittagessen am 23. April und erklärten ihnen den Stillstand der Gespräche. Artikel dazu erschienen in England, aber im großen und ganzen hatte das, was in der amerikanischen und britischen Presse erschien, kaum eine Wirkung. Josephthal, der aus London schrieb, brachte die Meinung zum Ausdruck, in den Vereinigten Staaten sei nicht viel zum Thema veröffentlicht worden, vor allem aufgrund von Druck des amerikanischen Außenministeriums. Er deutete an, das Außenministerium übe Druck auf die Zeitungen aus, nicht zu stark auf Reparationen zu drängen, aus der Befürchtung heraus, daß schließlich der amerikanische Steuerzahler die Zahlungslast würde tragen müssen[2].

Als nächstes wandte man sich an die Mächte. Das Hauptziel dabei war es, die Unterstützung der Vereinigten Staaten, deren Einstellung ein entscheidendes Gewicht im politischen und wirtschaftlichen Bereich in Deutschland hatte, für die jüdische Sache zu gewinnen. Eine feindliche oder sogar neutrale Stellung der Vereinigten Staaten würde zu Israels Nachteil von Adenauers politischen Gegnern und Kreisen an beiden Enden der politischen Skala genutzt werden.

Die Erfahrung hatte Israel schon die Fallen eines formellen Appells an die Mächte aufgezeigt. Dieses Mal fand der Kontakt auf vertraulicher Ebene über Personen statt, die Verbindungen zu den höchsten Kreisen der englischen und amerikanischen Regierung unterhielten. Von Anfang an hatte Seymor Rubin regelmäßig Information über den Fortschritt der Verhandlungen an den amerikanischen Botschafter in Den Haag, Selden Chapin, weitergeleitet. Jetzt wurde es jedoch notwendig, auf einer höheren Ebene aktiv zu werden[3].

Anfang April wandte sich Ferencz auf die Aufforderung der israelischen Delegation hin an den amerikanischen Hohen Kommissar General McCloy, den er noch aus der Zeit kannte, als er Ankläger in den Nürnberger Prozessen gewesen war[4]. Als sie sich am 3. April trafen, um die sich drohend abzeichnende Krise in den Verhandlungen mit Israel zu diskutieren, beschrieb Ferencz die unangenehme Lage der israelischen Delegation. Sie stehe unter starkem Druck, zu Ergebnissen zu gelangen, und müsse in einer Reihe wesentlicher Punkte sofortige Zustimmung durchsetzen. Sollten die Gespräche abgebrochen werden, bevor etwas Greifbares erreicht worden sei, würde sich die israelische Regierung in einer sehr unbequemen Lage befinden. Er schlug McCloy vor, mit Adenauer zusammenzutreffen und ihn dazu zu überreden, seine Zustimmung zu dem Gesamtbetrag zu geben, den Deutschland an Israel zu zahlen bereit sei. Das Problem von Mitteln und Wegen der Bezahlung könne nach der Unterbrechung der Gespräche und nach Klärung mit der deutschen Delegation in London diskutiert werden. Diese Regelung sei für beide Seiten zufriedenstellend. Israel würde einen wichtigen Erfolg errungen haben, der die Gläubiger in London nicht besonders stören werde, da noch kein konkretes Abkommen mit der israelischen Regierung unterzeichnet worden sei.

McCloy neigte dazu, Ferencz' Vorschlag zuzustimmen, und versprach, ihn mit Hallstein und Adenauer zu erörtern. Das Treffen mit ihnen fand noch am gleichen Tag statt. Am nächsten Tag berichtete McCloy Ferencz, Hallstein, der kurz zuvor aus den USA zurückgekehrt war, habe ihm (McCloy) angedeutet, daß das amerikanische Außenministerium und die amerikanische Delegation in London dazu neigten, Abs' Ansicht zu stützen, daß kein endgültiger Betrag auf Israels Anspruch hin festgelegt werden dürfe, bevor nicht ein Abkommen mit den Gläubigern in London erreicht worden war. McCloy befürchtete, ein Einschreiten seinerseits würde der amerikanischen Politik zuwiderlaufen. Ferencz überprüfte die Stellung des amerikanischen Außenministeriums, wie sie in den Fernschreiben an den Hohen Kommissar in Deutschland zum Ausdruck kam, und er kam zu dem Schluß, daß die Schreiben zwar ziemlich ungenau gehalten waren, aber doch eher Israel günstig zugeneigt waren. Er faßte seine Befunde in einem Memorandum an McCloy zusammen, um die Schritte zu unterstützen, um die er ihn gebeten hatte.

Etwas später am gleichen Tag trafen McCloy, der britische Hohe Kommissar Kirkpatrick, der französische Hohe Kommissar François Poncet, Adenauer, Hallstein und Blankenhorn zusammen, um die Verhandlungen über das vertragliche Abkommen mit Deutschland zu diskutieren. McCloy nutzte eine kurze Pause in den Diskussionen, um mit dem Kanzler über die Probleme im Zusammenhang mit Israels Anspruch zu sprechen.

In einer weiteren Anstrengung, einer Krise vorzubeugen, traf McCloy auch Abs und versuchte, ihn zu einer Änderung seines Standpunkts zu bewegen. Allerdings wurde McCloy bei seinen Anstrengungen durch die Unsicherheit behindert, ob er nun durch Washington unterstützt wurde oder nicht. Nach einer weiteren Unterredung mit Adenauer teilte McCloy Ferencz mit, Adenauer sei fest entschlossen, sein Versprechen für die Zahlung von Wiedergutmachung einzuhalten, aber er müsse sein Kabinett dazu überreden, ebenfalls zuzustimmen. Hallstein, Blankenhorn, Böhm und Küster unterstützten die jüdischen Ansprüche.

Die Anweisungen, auf die McCloy wartete, trafen in einem Fernschreiben aus Washington ein, und sie trugen das Datum 5. April. Sie wiesen ihn an, einen Abbruch der Verhandlungen zu verhindern zu versuchen, gleichzeitig jedoch keinen Standpunkt in bezug auf den zu zahlenden Betrag zu beziehen, um nicht die Vereinigten Staaten zu irgendwelchen finanziellen Auslagen zu verpflichten. Um zu einem Kompromiß zu gelangen, gab McCloy einen weiteren Vorschlag von Adenauer an Ferencz weiter: Teams von Ingenieuren sollten nach Israel geschickt werden, um sofort die Arbeit an einem Bewässerungsprogramm oder dem Bau von Altersheimen aufzunehmen, als Geste und Bezeugung des guten Willens seitens Deutschlands. Ferencz reichte den Vorschlag an die israelische Delegation weiter, die ihn aus der Befürchtung heraus ablehnte, in Israel würde die Geste als Ersatz für das auszuhandelnde Wiedergutmachungsabkommen mißinterpretiert[5].

Die von McCloy in diesem Stadium ergriffenen Schritte waren praktisch nutzlos. Trotz McCloys persönlicher Unterstützung für Reparationszahlungen durch Deutschland und seiner persönlichen Kontakte mit Adenauer, war er nicht bereit, über die Politik seiner Regierung hinauszugehen. Gleichzeitig wurden in Washington Kontakte mit Regierungsbeamten, Senatoren und Kongreßmitgliedern aufgenommen, um zu versuchen, auf sie einzuwirken, damit sie Deutschland beeinflußten. Jacob Blaustein, der diese Kontakte wahrnahm, stellte Präsident Truman, dem amerikanischen Außenminister Dean Acheson und höheren Beamten im Außenministerium Briefe und Memoranda zu. In einer persönlichen Unterredung mit Truman am 7. April bat er den Präsidenten, Deutschland zu beeinflussen und sogar Druck auf es auszuüben, damit es die Verhandlungen mit Israel nicht unterbreche.

Genau wie in der Vergangenheit lehnten die Vereinigten Staaten es auch jetzt ab, Deutschland dazu zu zwingen, auf Israels Ansprüche einzugehen. Truman wollte nicht über einen Ausdruck seiner Unterstützung für eine zufriedenstellende und ehrenhafte Regelung von Israels Ansprüchen hinausgehen. Eine entsprechende Botschaft wurde Adenauer und der israelischen Botschaft in Washington von McCloy übermittelt. Zwar betonte die Mitteilung Deutschlands Verpflichtung gegenüber dem jüdischen Volk, aber sie erwähnte nicht ausdrücklich das Beilegen der Krise in den Gesprächen, und sie war für die israelische Delegation in London eine Enttäuschung[6].

Auch in London wurden Versuche unternommen, Kontakte mit Regierungsmitgliedern aufzunehmen und ihre Unterstützung für die israelische Position zu gewinnen. Josephthal traf Hector MacNeil, ehemaliger Wirtschaftsminister in der Labour Regierung, der aktiv für die jüdischen Ansprüche tätig gewesen war, Selwyn Lloyd, Edens Stellvertreter, und Hugh Dalton[7].

Auch Easterman nutzte seine früheren Verbindungen zu Regierungsmitgliedern. Er traf Eden im Vorraum des Unterhauses und versuchte, ihn dazu zu überreden, Druck auf Deutschland auszuüben. Hector MacNeil war ebenfalls bei dieser Unterhaltung zugegen. Easterman zufolge kam auch Churchill vorbei und bemerkte, Deutschland müsse den jüdischen Ansprüchen nachkommen[8].

Zu diesem Zeitpunkt fanden bereits die endgültigen Besprechungen über das vertragliche Abkommen mit Deutschland statt, das einen Monat später unterzeichnet werden sollte. Man hoffte, die alliierten Außenminister würden diese Gelegenheit nutzen, um Deutschland zu drängen, den Stillstand zu beenden, indem es der israelischen Forderung nachgab.

Aber wie schon achtzehn Monate vorher wollten die Mächte Deutschland nichts aufzwingen. Wie damals würde eine Lösung, falls sie kam, nur von deutscher Seite kommen. Und was denn auch schließlich einen Kompromiß herbeiführte und in einem Abkommen endete, waren nicht etwa Appelle an die Mächte, an Gestalten des öffentlichen Lebens und die Presse noch die öffentliche Meinung, sondern der Aufruf an Deutschland. Das war die Krise, die Nahum Goldmann vorhergesehen hatte und für die sein Eingreifen auf höchster Ebene notwendig war: persönlich bei Adenauer.

Auch Adenauer war allem Anschein nach zu einer ähnlichen Beurteilung dessen gekommen, was jetzt erforderlich war, und er lud Goldmann zu sich, um die Angelegenheit zu klären. Goldmann akzeptierte die Einladung, und das Gespräch fand unter absoluter Geheimhaltung in Adenauers Haus in Rhöndorf am 20. April statt.

Goldmann begann, indem er seine tiefe Besorgnis über die lange Unterbrechung der Verhandlungen zum Ausdruck brachte. Seiner Behauptung zufolge waren die Gespräche unter dem Einfluß deutscher Wirtschaftsexperten von der hohen moralischen Ebene, auf der der Kanzler begonnen hatte, auf die von Feilschen um Geld abgesunken. So könne kein Abkommen erreicht werden. Er beschrieb die Besorgnis in israelischen und jüdischen Kreisen und den weit verbreiteten Zweifel an der Ernsthaftigkeit der deutschen Absichten, tatsächlich wirklich großzügig zu handeln. Da seiner Ansicht nach eine weitere Verzögerung zum Zusammenbruch der ganzen Verhandlungen führen werde, bat er Adenauer, dahin zu wirken, daß ein endgültiges deutsches Angebot bis Anfang Mai bereit sei, denn dann würden auf einem Treffen des Allgemeinen Zionistischen Rates in Israel die Verhandlungen diskutiert[9].

In seiner Antwort erklärte Adenauer, Zweifel an der Ernsthaftigkeit von Deutschlands Absicht einer Wiedergutmachung seien grundlos. Gerade weil sich Deutschland der moralischen Natur seiner Schuld den Juden gegenüber bewußt war, sei es abgeneigt, Verpflichtungen auf sich zu nehmen, die es nicht treu erfüllen konnte. Deshalb seien auch die Meinungen der Wirtschaftsexperten und Berater notwendig. Trotzdem versprach er, sein Bestes zu tun, um den deutschen Vorschlag bis Anfang Mai in seine endgültige Form zu bringen. Da es sich in der Hauptsache um die Warenlieferungen handelte, schlug er vor, daß Barou und Shinnar nach Bonn kämen, um die technischen Probleme mit dem Fachausschuß zu erörtern, der ausschließlich zu diesem Zweck eingesetzt worden war[10].

Daraufhin fuhren Barou und Shinnar nach Bonn und führten Vorgespräche mit dem deutschen Wirtschaftsausschuß. Einige Tage später, am 24. April, schrieb Böhm einen Brief an den Kanzler, in dem er Deutschlands Stellung angesichts der auf den Konferenzen in London und Wassenaar eingegangenen Verpflichtungen zusammenfaßte. Die Gläubiger in London seien bereit, Deutschlands Zahlungsfähigkeit zu berücksichtigen, wie auch, Konzessionen einzuräumen, wie zum Beispiel, auf die Zinsen zu verzichten. Die deutsche Regierung sei ihrerseits bereit, mit allen Mitteln ihre Entschlossenheit zu beweisen, ihren Verpflichtungen nachzukommen. Damit würde Vertrauen wiederhergestellt, und das würde es Deutschland ermöglichen, erneut Kredite aufzunehmen.

Dagegen werde in Wassenaar befürchtet, Deutschland zeichne ein schwarzes Bild seiner Wirtschaftskapazität, weil es nicht ernsthaft beabsichtige, den Juden Wiedergutmachung zu zahlen. Aber, argumentierte Böhm, obwohl es im wirtschaftlichen Interesse der deutschen Regierung lag, eine überzeugende Wiedergutmachung zu leisten, denn damit würde es sich Kredite sichern können, war die Verbindung weniger offensichtlich als die Realität von Deutschlands dringenderen Schulden. Als eine Folge dessen zeichne sich in bestimmten Kreisen Widerstand gegen Wiedergutmachungszahlungen ab. Deshalb müsse der Nachdruck auf das politische und moralische Gewicht der Wiedergutmachungsfrage gelegt werden. Zwar seien die Forderungen Israels und die der jüdischen Organisationen hoch, wenn sie an Deutschlands Zahlungsfähigkeit gemessen würden, aber sie waren außerordentlich bescheiden im Verhältnis zu den zugefügten Verlusten.

Böhm betonte, die Zukunft müsse als einer der wichtigsten Punkte ins Auge gefaßt werden. Es sei die dringendste Aufgabe der deutschen Politik, den bitteren Groll, der bei Juden und Nichtjuden durch die NS-Verbrechen zurückgeblieben war, zu überwinden und den fürchterlichen Flecken dieser Verbrechen von Deutschlands Namen zu tilgen. Selbst wenn eine entsprechende Entscheidung nur in Zusammenarbeit mit den Besatzungsbehörden durchgeführt werden könne, müsse es eine frei und unabhängig von Deutschland getroffene Entscheidung sein. Die Initiative müsse von Deutschland ausgehen. Die Reaktion der Alliierten würde letzten Endes von der Stärke der Entschlossenheit abhängen, die sich in der deutschen Initiative offenbarte. (Hier sah Böhm genau voraus, was sich denn auch tatsächlich ereignete.) Darüber hinaus würde eine solche Entscheidung eine große Wirkung auf die Innenpolitik sowie die politische und moralische Erziehung haben, der die Deutschen dringend bedurften. Böhm schloß seinen Brief an Adenauer mit dem Argument, das die israelische Delegation in Wassenaar vorgebracht hatte: Deutschlands Zahlungsfähigkeit sei in einem nicht geringen Umfang von politischen Entscheidungen abhängig. Es stimme nicht, daß der Gesamtbetrag der Wiedergutmachung durch Deutschlands Zahlungsfähigkeit begrenzt sei; im Gegenteil, die Zahlung der Wiedergutmachung würde die Zahlungsfähigkeit stark verbessern[11].

Der Mai kam heran, ohne daß sich Adenauers Versprechen an Goldmann verwirklichte, zu jenem Zeitpunkt würde ein konkreter Vorschlag vorliegen. Dem Fachausschuß war es nicht gelungen, irgendeinen konkreten Vorschlag in seine endgültige Form zu bringen, und die für Anfang Mai anberaumte Zusammenkunft mit Goldmann wurde aufgeschoben. Innerhalb der deutschen Regierung verschlimmerten sich die Meinungsverschiedenheiten. Adenauer und seine engen Verbündeten – Hallstein und Blankenhorn – befürworteten eine Globalzahlung, unabhängig von Deutschlands Handelsschulden. Schäffer hielt an seiner Meinung fest, Deutschlands Zahlungsbilanz sei die wichtigste Überlegung.

Angesichts dieser Unsicherheit und der wachsenden Bitterkeit in Israel wurden die Verhandlungen mit Deutschland am 6. Mai in der Knesseth diskutiert. Scharett teilte der Knesseth mit, Israel weigere sich, sich in die Schlange von Deutschlands kommerziellen Gläubigern einzureihen. Jene Schulden und die Verpflichtungen Israel gegenüber seien nicht vergleichbar. Trotzdem befürwortete er die Fortsetzung der Verhandlungen – die Oppositionsparteien drängten, sie einzustellen – und hob ihren Wert hervor, denn sie hätten Deutschlands Bereitwilligkeit gezeigt, überhaupt auf Israels Anspruch einzugehen. Er forderte Deutschland auf, ein konkretes und annehmbares Angebot über den Gesamtbetrag und die Zeitdauer der Zahlungen zu unterbreiten.

Der Vorschlag der Opposition, die Verhandlungen einzustellen, wurde mit 49 Stimmen gegen 32 abgelehnt. Die Knesseth nahm eine von Scharett entworfene und vom Ausschuß für Auswärtiges und Verteidigung der Knesseth unterbreitete Resolution an, in der es hieß, die Verhandlungen mit Deutschland würden nur nach Eingang eines bindenden Angebots wieder aufgenommen, das Israels Wiedergutmachungsansprüchen entsprechen würde einschließlich fester Daten für die Zahlungen[12].

Die Krise hielt an, bis sie am 19. Mai ihren Höhepunkt erreichte. Die Londoner Schuldenkonferenz war erneut zusammengetreten. Abs war nach London zurückgekehrt, entschlossen wie zuvor, Israels Ansprüche von den Ergebnissen der Londoner Gespräche abhängig zu machen. Seiner Ansicht nach war es möglich, Israel, dessen Wirtschaftslage zu jenem Zeitpunkt er richtig als prekär beurteilte, sehr viel weniger anzubieten, als es verlangte. England hatte Israel eine Anleihe verweigert, mit der vor allem das von England gekaufte Rohöl bezahlt werden sollte, und Israel schickte sich an, seine Gläubiger in New York um ein teilweises Moratorium zu bitten. Von London aus verbreitete sich das Gerücht, Israel stehe kurz vor dem Bankrott, und ein Artikel in diesem Sinn stand auf der ersten Seite des *Observer*.

Am 19. Mai traf Shinnar Abs zu einem Gespräch im Arlington House in London. Ebenfalls anwesend waren Wolff vom deutschen Finanzministerium, der in der ersten Phase der Verhandlungen in Wassenaar teilgenommen hatte, und Mosche Keren, der israelische Beobachter auf der Schuldenkonferenz in London. Abs wollte sondieren, inwieweit Israel angesichts seiner Wirtschaftslage bereit war, eine realistischere und elastischere Haltung einzunehmen. Es entspann sich eine lebhafte Diskussion. Abs schlug als erstes eine Zahlung von 100 Millionen Dollar an Israel vor. Shinnar lehnte das Angebot ab. Um Israels Anspruch könne nicht gefeilscht werden. Angesichts der Natur des Anspruchs und der soliden Beweggründe, auf dem er beruhte, würde Israel nicht von dieser Ansicht abweichen, selbst wenn das bedeutete, der Anspruch könne erst nach drei oder sogar vier Generationen durchgesetzt werden.

Abs erklärte, er habe nur klarstellen wollen, welche Verpflichtungen Deutschland auf sich nehmen könne. Shinnar lehnte alle wirtschaftlichen Argumente ab und fügte hinzu, er zweifle nicht daran, daß die Erfüllung der israelischen Forderung Opfer von Deutschland verlangen würde. Abs beendete die Unterhaltung mit einem weiteren Angebot: Zahlung von DM 100 Millionen jährlich, ohne eine endgültige Summe festzulegen, die Zahlungen würden erhöht, sobald deutsches Vermögen in den Vereinigten Staaten freigegeben würde. Die Unterhaltung ging ohne eine Einigung zu Ende, und doch kam ihr eine beträchtliche Bedeutung zu. Jetzt sah Abs ein, daß weder Israels schwache Wirtschaftslage noch endlose Appelle an Deutschlands begrenzte Zahlungsfähigkeit Israels Entschlossenheit beeinflussen würden[13].

In der Zwischenzeit wurden in Deutschland einzelne und Kreise hörbar, die gegen Abs' Standpunkt Einspruch erhoben. Zu den hervorragenden Befürwortern der israelischen Stellung gehörten Carlo Schmid, der Leiter des Bundestagsausschusses für Auswärtiges und ein leitender Sozialdemokrat, und Kurt Schumacher, der Vorsitzende dieser Partei. Schumacher schrieb Adenauer, die Frage von Wiedergutmachung und Rückerstattung an das jüdische Volk könne nicht mit der Frage von Deutschlands kommerziellen Schulden zusammengeworfen werden. Das widerspräche der im September 1951 im Bundestag getroffenen Entscheidung und würde zwei Punkte, die nichts miteinander zu tun hatten, miteinander verbinden. Er drängte Adenauer, an dem vereinbarten Verfahren festzuhalten und die deutschen Vertreter bei den Verhandlungen mit Vollmachten auszustatten, Israel sofort ein Angebot zu unterbreiten, das es annehmen könne[14].

Am 16. Mai legte Böhm seinen Bericht über die erste Phase der Gespräche in Wassenaar und die Ursachen ihres Abbruchs dem Bundestagsausschuß für Auswärtiges vor. Die Mehrheit akzeptierte seine Ansicht. Ihrer Meinung nach müßten die Verhandlungen wieder aufgenommen werden, und Israels Anspruch, den Regierung und Bundestag anerkannt hatten, müsse Vorrang vor Deutschlands Handelsschulden eingeräumt werden[15].

Obwohl die Entscheidung des Bundestagsausschusses nicht bindend für die Regierung war, war sie doch außerordentlich wichtig.

Drei Tage später unterbreitete Abs, wie schon weiter oben gesagt, Shinnar seinen Vorschlag. Dadurch schadete er beträchtlich Böhms und Küsters Erklärungen bis zu jenem Zeitpunkt, und sie waren wütend. Später schrieb Adenauer in seinen Memoiren, er habe absolut nichts von dem von Abs unterbreiteten Angebot gewußt; er selbst sei zum damaligen Zeitpunkt nicht frei gewesen, sich viel mit Wiedergutmachung zu befassen, da seine ganze Zeit von Diskussionen über eine geplante europäische Verteidigungsgemeinschaft in Anspruch genommen worden sei, an der die Bundesrepublik sich habe beteiligen sollen. Jetzt mußte er jedoch eingreifen. In einem Versuch, den schlechten, durch Abs' Vorschlag hervorgerufenen Eindruck zu korrigieren, schlug Adenauer vor, Böhm solle nach London gehen, um mit jüdischen Teilnehmern der ersten Verhandlungsphase zusammentreffen. Böhm lehnte ab, und am gleichen Tag beschlossen er und Küster, zurückzutreten. In seinem Rücktrittsbrief schrieb Küster, die Regierung habe es versäumt, einen aufrichtigen Wunsch zum Schließen eines Abkommens mit Israel und dem jüdischen Volk zu zeigen. In einer sehr erregten Erklärung gab Küster die Gründe für seinen Rücktritt bekannt. Er erklärte, die deutsche Regierung habe keinerlei Absichten, dem jüdischen Anspruch nachzukommen, und er sei ausgenutzt worden, um es Deutschland zu ermöglichen, eine leere politische Geste zu machen, die mit Substanz zu füllen es keinerlei Absichten habe[16]. Dieser Rücktritt, gab er deutlich zu verstehen, sei endgültig. Böhm schob die Bekanntgabe seines Rücktritts auf die Bitte des Kanzlers hin für einige Tage auf. Adenauer bat ihn zu einer Unterredung zu sich, sprach mit ihm, weigerte sich, seinen Rücktritt zu akzeptieren, und bat um seinen Rat, wie sie einen Weg aus der Sackgasse finden könnten. Böhm sagte, die Verhandlungen müßten sofort wieder aufgenommen werden, ohne Rücksicht darauf, was sich auf der Londoner Konferenz ereignete. Adenauer versprach Böhm, das sofort am gleichen Tag noch auf der Kabinettssitzung zu diskutieren.

Der Kanzler erhielt nicht nur die zornigen Reaktionen von Küster und Böhm. Am 19. Mai schickte ihm Goldmann einen scharf formulierten Brief, in dem er darauf bestand, Abs' Angebot widerspreche seiner (Adenauers) Erklärung vor dem Bundestag wie auch seinem Versprechen in dem Brief an ihn (Goldmann) vom 6. Dezember. Abs' Angebote seien eine Beleidigung für das jüdische Volk. Sie zeugten von keinerlei Bereitschaft, bei dem Angebot von Wiedergutmachung an die Juden ein wahres Opfer zu erbringen. Außerdem strafe der Wirtschaftsaufschwung Deutschlands Abs' Behauptungen Lügen. Goldmann wies Adenauer warnend darauf hin, der Zusammenbruch der Verhandlungen würde allen Glauben an die aufrichtige Bereitschaft des neuen Deutschen untergraben, für die Verbrechen des Reiches zu sühnen. Eine heftige Reaktion, unterstützt von breiten Kreisen von Nichtjuden, die tief mit dem Martyrium des jüdischen Volkes während der NS-Zeit sympathisierten, sei unvermeidlich und völlig gerechtfertigt. Er schloß seinen Brief mit der Bitte, Adenauer möge die Verhandlungen wieder auf die hohe moralische Ebene zurückbringen, auf der sie anfangs geführt worden waren, und sie nicht durch Methoden wie Feilschen zu entwürdigen. Er forderte Adenauer auf, seine ganze persönliche Autorität einzusetzen, um die Unterbreitung eines zufriedenstellenden und bindenden Angebots durchzusetzen[17]. Goldmann schickte dem Hohen Kommissar, McCloy, einen Durchschlag seines Briefes an Adenauer.

An diesem Punkt erkannte Adenauer klar, er müsse energische Schritte ergreifen, um zu verhindern, daß die Verhandlungen endgültig abgebrochen wurden. Er rief Abs nach Bonn und stellte ihn Böhm gegenüber. Böhm schlug vor, Israel DM drei Milliarden über einen Zeitraum von zwölf Jahren anzubieten, wobei der größte Teil der Zahlungen in Form von Waren erfolgen würde. Abs berichtete von den kompromißlosen Forderungen, die Shinnar gestellt hatte: Zahlung von DM 4,2 Milliarden innerhalb von 6 Jahren, 60 Prozent in Bargeld und 40 Prozent in Waren; seiner Ansicht nach würde Israel mehr verlangen, als Böhm anzubieten bereit war. Um Abs zu überzeugen, bat Böhm einen Volkswirtschaftler von der Bonner Universität, Professor W. Meyer, ein Memorandum über die Frage vorzubereiten, ob Zahlungen in Form von Waren es Deutschland erlauben würden, sein Abkommen mit Israel zu verwirklichen. Ebenso wurde Professor Wilhelm Röpke aus Genf um ein Memorandum über das Thema gebeten. Beide kamen zur gleichen Schlußfolgerung: Zahlung in Form von Waren unterschied sich von Bezahlung in Bargeld, und sie würde Deutschlands Wirtschaftskapazität nicht schädigen[18].

Adenauer hielt Böhms Vorschlag für aussichtsreich und bat ihn, nach Paris zu gehen, um dort Nahum Goldmann zu treffen und ihm den Vorschlag zu unterbreiten. Es wurden Regelungen getroffen, damit Böhm sofort aufbrechen konnte.

Am 21. Mai rief McCloy Goldmann in Paris an und teilte ihm mit, innerhalb weniger Tage würde er eine wichtige Mitteilung erhalten. Am Tag darauf teilte Abraham Frowein, der Sekretär der deutschen Delegation im ersten Verhandlungsstadium, Goldmann mit, Böhm komme im Namen des Kanzlers nach Paris und wolle ihn sofort nach seiner Ankunft sehen. Goldmann erklärte sich dazu bereit.

Die beiden Treffen, die Böhm am 23. Mai in Paris abhielt, bahnten den Weg für eine Kompromißlösung in den Verhandlungen. Das erste fand allein mit Goldmann statt. Als Goldmann Böhms Vorschläge vernahm, schlug er ein weiteres Treffen zusammen mit Josephthal, Shinnar, Avner und Barou vor.

Auf dem Treffen mit Goldmann sagte Böhm von vornherein, er sei im Namen des Kanzlers gekommen, sei jedoch nicht dazu befugt, irgendwelche Vorschläge im Namen der Bundesregierung zu unterbreiten; zwar sei der von ihm vorgelegte Vorschlag tatsächlich bereits der Bundesregierung unterbreitet worden in der Hoffnung, er könne als Grundlage für die Verhandlungen dienen, aber er sei noch nicht bestätigt worden. Inoffiziell wolle der Kanzler die Meinung von Goldmann und der israelischen Delegation im Namen der israelischen Regierung dazu hören, bevor er der israelischen Regierung offiziell sein Angebot unterbreite.

Böhm legte Goldmann die folgenden Punkte dar: Zahlung von Reparationen an Israel im Werte von DM 3 Milliarden über 12 Jahre hinweg. Angesichts des Mangels an ausländischen Devisen in Deutschland würden die Zahlungen zum gegenwärtigen Zeitpunkt in Form von Waren vorgenommen. Am Ende der Londoner Schuldenkonferenz würde die Bundesregierung versuchen, eine Anleihe aus dem Ausland zu erhalten und den Betrag Israel in ausländischen Devisen zur Verfügung zu stellen. Die Aussichten für den Erhalt solch einer Anleihe seien gut, und es sei daher nicht unwahrscheinlich, daß die Bundesregierung ihre Verpflichtungen Israel gegenüber erfüllen könne, noch bevor die vorgeschlagene Zeit abgelaufen sei. In den ersten beiden Jahren würde Israel Waren im Werte von DM 200 Millionen jährlich erhalten.

Goldmann begrüßte diesen Vorschlag, der bedeutend besser aussah als der von Abs. Aber er argumentierte, aus Israels Sicht enthalte er eine Reihe von Schwächen: a) Der für die Zahlungen angesetzte Zeitraum sei zu lang. Er müsse auf höchstens sieben Jahre verkürzt werden; b) mindestens ein Drittel der Zahlung müsse in ausländischen Devisen erfolgen; c) die ersten Zahlungen seien zu niedrig.

Im Verlauf der Unterhaltung wurde das Problem des Kollektivanspruchs diskutiert, den die Claims Conference an Deutschland stellte. Auch hier schlug Goldmann einen Kompromiß vor. Er war bereit, die Forderung der Claims Conference auf DM 500 Millionen festzulegen, d. h., auf ein Viertel des ursprünglichen Kollektivanspruchs der Claims Conference (500 Millionen Dollar). Um seine Zahlung zu erleichtern, schlug er vor, ihn mit der Zahlung an Israel zusammenzulegen. Dann könnte Israel mit der Claims Conference die Verteilung der Wiedergutmachungsgelder beschließen. Israel wäre Deutschlands einziger Gläubiger, der alle Zahlungen erhielt, wovon der größere Teil in Form von

Waren erfolgen würde, und es würde der Claims Conference jährliche Zahlungen in Geld machen. Auf diese Weise würden alle Parteien Nutzen daraus ziehen.

Goldmann betonte, er unterbreite diesen Vorschlag ohne vorherige Konsultationen oder Vollmacht, aber seiner Ansicht nach würden sowohl die israelische Regierung wie die Claims Conference akzeptieren, falls die Bundesregierung ihn ihnen unterbreitete. Ebenso bat er Böhm, Adenauer mitzuteilen, daß seiner Ansicht nach sehr viel von der Geschwindigkeit abhängen werde, mit der die Bundesregierung ihre Entscheidung treffen würde. Wenn der Kanzler nach Paris komme, um das Abkommen über die europäische Verteidigungsgemeinschaft zu unterzeichnen, fügte er hinzu, sei es wünschenswert, wenn er Goldmann schon klare Vorschläge über die Gesamtsumme vorlegen könne. Damit würde der deutsche Vorschlag über Wiedergutmachung eine besondere Bedeutung erhalten als die erste Entscheidung, die Deutschland, nachdem es soeben seine Souveränität gewonnen hatte, in auswärtigen Angelegenheiten getroffen haben würde[19].

Am Nachmittag des gleichen Tags fand ein zweites Treffen statt, diesmal nahmen auch Shinnar, Josephthal, Avner und Barou teil. Böhm wiederholte sein Angebot, das von den Mitgliedern der israelischen Delegation günstig aufgenommen wurde. Allerdings sorgten sie sich, daß es keine Zahlungen in ausländischen Devisen vorsah. Avner erklärte, Israels Ölbedarf könne nur durch Großbritannien gedeckt werden, aber wegen seines ernsten Mangels an Sterling seien diese Lieferungen gefährdet und dadurch wiederum seine Wirtschaftsentwicklung. Deutschland könne Israel mit seiner positiven Sterlingbilanz mit Großbritannien helfen.

Shinnar machte einen Vorschlag für Zahlungen in ausländischen Devisen: monatliche Zahlungen in Höhe von drei Millionen Dollars, 1,4 Millionen in Sterling und 1,6 Millionen in Dollars. Insgesamt würden jährlich 16,8 Millionen in Sterling und 19,2 Millionen in Dollars gezahlt (d. h., insgesamt 151,2 Millionen DM). Böhm fragte, ob diese Zahlungen durch die von ihm vorgeschlagene Zahlung in Form von Waren ersetzt werden könnten. Shinnar erwiderte, das hänge von der Höhe der von Deutschland in den ersten vier Jahren gemachten Zahlungen ab: Falls es Waren im Werte von nur DM 200 Millionen jährlich liefern würde, würden die Zahlungen in ausländischen Devisen eine Ergänzung sein; falls sich Deutschland verpflichtete, die Zahlungen innerhalb von acht Jahren vorzunehmen und Israel Waren im Wert von 375 Millionen DM jährlich zu liefern, würde dieser Devisen-Betrag von den Jahreszahlungen abgezogen, und Deutschland müsse Waren im Wert von DM 225 Millionen jährlich liefern.

Shinnar erklärte, gemäß den Bestimmungen der Europäischen Zahlungsunion dürfe ein Mitglied Mittel aus seiner Zahlungsbilanz mit einem anderen Mitgliedstaat an eine dritte Partei, einen Staat, der nicht Mitglied war, überweisen. Notwendig in solch einem Fall sei lediglich die Zustimmung des Gläubigers. Deutschland könne Mittel aus seiner Sterlingbilanz in Großbritannien Israel übertragen, dazu sei lediglich die Zustimmung Großbritanniens erforderlich. Er fügte hinzu, daß die Engländer zweifelsohne zustimmen würden, wenn Israel ihnen versicherte, daß es sein Erdöl nur von England kaufen würde.

Böhm versprach, seiner Regierung von der großen Bedeutung zu berichten, die Israel der Bezahlung in ausländischen Devisen beimaß, aber er hob hervor, seiner Ansicht nach könne Deutschland nicht Bezahlungen in ausländischen Devisen in dem gewünschten Tempo vornehmen. Der Betrag stelle über die Hälfte seiner Reserven in ausländischen Devisen für die Schuldenrückzahlung über einen Zeitraum von mehr als vier Jahren dar. Er hob hervor, er habe seinen ursprünglichen Vorschlag für die Zahlung in Form von Waren lediglich deshalb gemacht, um einen Konflikt mit anderen Gläubigern zu vermeiden. Die Zahlung in Form von Waren sei eine rein deutsche Anstrengung, ein Opfer des deutschen Volkes, wohingegen die Zahlungen in ausländischen Devisen ein Opfer sein würden, das Deutschlands Gläubiger erbrachten.

Josephthal faßte die Ansicht der israelischen Delegation über diesen Vorschlag zusammen, verwies auf seine Schwächen einschließlich jenen, auf die schon Goldmann hingewiesen hatte. Er fügte hinzu, die deutsche Regierung habe noch nicht einleuchtend erklärt, warum sie die Gesamtsumme von DM 4,2 Milliarden auf DM 3 Milliarden herabgesetzt hatte. Josephthal und Shinnar wiesen klar darauf hin, daß die israelische Regierung die Verhandlungen abbrechen würde, falls die beiden wichtigsten Mängel im Vorschlag nicht berichtigt würden: Zahlung nur in Form von Waren und der lange Zeitraum.

Goldmann, der seinen Wunsch nach einem Kompromiß beweisen wollte, war versöhnlicher. Er gab seine Zusicherung, daß die israelische Regierung die Vorschläge nicht ablehnen würde, obwohl sie inoffiziell versuchen werde, bessere Bedingungen durchzusetzen. Wieder betonte er die Notwendigkeit, daß der Kanzler schnell handeln müsse.

Als Böhm aus Paris abfuhr, um Adenauer direkt und ohne Verzug vom Ergebnis seiner Mission zu berichten, begleitete Josephthal ihn zum Zug. Er erklärte, nachdem Großbritannien Israels Bitte um eine Anleihe abgelehnt hatte, sei Israels Bedarf an Zahlungen in ausländischen Devisen einfach zwingend geworden. Josephthal ging sogar so weit zu sagen, daß Israel bereit sei, der vorgeschlagenen Kürzung der Gesamtsumme der Reparationen zuzustimmen, wenn sich Deutschland verpflichtete, einen Teil davon in ausländischen Devisen zu zahlen[20].

Am 28. Mai war Goldmann bereit, Adenauer in Paris zu treffen, um zu erfahren, ob eine Übereinkunft über die Wiederaufnahme der Gespräche erreicht werden könne. Nachdem Adenauer jedoch eingetroffen war, wurde ganz offensichtlich, daß sich die Bundesregierung noch nicht mit dem Thema befaßt hatte. Adenauer konnte sich nicht festlegen. Der Grund für die Verzögerung war die Unterzeichnung des vertraglichen Abkommens mit den Westmächten zur Beendigung des Besatzungsregimes in Deutschland innerhalb von drei Jahren. Dieses Ereignis, das für die Zukunft der Bundesrepublik entscheidend war, hatte alle anderen Sorgen zur Seite gedrängt.

Goldmann sagte, der Aufschub sei von Vorteil gewesen, weil der amerikanische und der englische Außenminister, Dean Acheson und Anthony Eden, zur Zeit, als der Vertrag am 26. Mai in Bonn unterzeichnet wurde, Gelegenheit hatten, die Wiedergutmachungsfrage mit den Deutschen zu diskutieren. Sie sagten klar, ein Mißlingen der Gespräche in Wassenaar würde keinen guten Eindruck machen[21]. (Es sollte darauf hingewiesen werden, daß weder Acheson noch Eden das in ihren Memoiren erwähnen.)

Obwohl Adenauer Goldmann nichts versprechen konnte, wurde beschlossen, die öffentliche jüdische Meinung dadurch zu versichern, daß eine optimistische offizielle Pressemitteilung veröffentlicht wurde. Die Mitteilung besagte, der Kanzler habe beschlossen, die Verhandlungen in Wassenaar zu einem schnellen Abschluß zu bringen und daß die Gespräche in der nahen Zukunft wieder aufgenommen würden[22].

Am 26. Mai, noch bevor diese Entscheidung getroffen worden war, aber in der optimistischen Atmosphäre, die auf die Annahme von Böhms Vorschlägen folgte, hielt Shinnar seine ersten Vorgespräche mit dem englischen Finanzministerium. Er wollte klären, ob die britische Regierung seinem Plan zustimmte, daß die Beträge aus dem Verkauf von Rohöl an Israel Deutschlands Schuld bei der Europäischen Zahlungsunion zugerechnet werden konnten. Eine prinzipielle Zustimmung erhielt er am nächsten Tag vom britischen Schatzamt. Zu diesem Zeitpunkt, noch vor der endgültigen Entscheidung, beschloß die israelische Delegation, Ben Gurion, Scharett und anderen Mitgliedern der Regierung, die es anging, einen ausführlichen Bericht über die letzten Entwicklungen zu unterbreiten und ihre Zustimmung zu Böhms Vorschlag einzuholen. Shinnar flog am 1. Juni nach Israel, und in der Woche darauf fanden Konsultationen statt[23].

In der Zwischenzeit erhielt Goldmann ein Telegramm von Blankenhorn, in dem er gebeten wurde, für die Teilnahme an Gesprächen am 10. Juni nach Bonn zu kommen. Shinnar fuhr am Tag vorher nach Bonn ab und führte mit Hallstein und Böhm vorbereitende Gespräche. Die Gespräche am 10. Juni gingen auf alle Probleme ein, über die es

Meinungsverschiedenheiten gab, und bahnten den Weg für einen Kompromiß und die Wiederaufnahme der Verhandlungen. Die erste der beiden Vormittagssitzungen fand in Hallsteins Büro statt. Für Deutschland nahmen Hallstein, Blankenhorn, Böhm, Abs und Frowein teil und für die Juden Goldmann, Shinnar und Barou. Alle wichtigen offenen Punkte wurden bereinigt, und jetzt war es möglich, der Bundesregierung einen detaillierten Vorschlag zur Entscheidung zu unterbreiten. Die an Israel zu zahlende Gesamtsumme wurde auf DM 3 Milliarden angesetzt. Es war schwieriger, zu einer Einigung über die globale Zahlung an die Claims Conference zu gelangen. Die Deutschen erhoben eine Reihe von Einwänden gegen den Betrag von DM 500 Millionen (wie Böhm von Goldmann vorgeschlagen), der, wie man sich erinnern wird, lediglich ein Viertel dessen war, was die Claims Conference ursprünglich verlangt hatte. Sie behaupteten, allein schon die Zahlung an Israel würde Deutschland seiner Verpflichtung entbinden, und ein zusätzlicher Kollektivanspruch sei nicht angebracht. Ebenso wiesen sie darauf hin, daß die Bundesregierung keine Kollektivzahlung an die Claims Conference machen könne, da sie aus juristischer Sicht kein stellvertretendes Organ sei.

Goldmann blieb jedoch absolut fest und war nicht bereit, noch weitere Konzessionen zu machen. Er erklärte, selbst wenn ein Abkommen über Israels Ansprüche erreicht würde, sei er nicht bereit, ein Abkommen zu unterzeichnen, das nicht auch den Ansprüchen der Claims Conference gerecht werde. Goldmann rechtfertigte den Kollektivanspruch mit den folgenden Gründen:

1. Es sei unmoralisch, daß Deutschland jüdisches Vermögen im Werte von Milliarden von Dollars behalte, Vermögen, das von den Nazis gestohlen worden sei.
2. In seiner Erklärung vom September 1951 hatte der Kanzler ausdrücklich sowohl Vertreter des Staates Israel wie des jüdischen Volkes zur Aufnahme von Verhandlungen eingeladen. Es sei sinnlos zu verhandeln, wenn die Deutschen von vornherein beschlossen hatten, den Vertretern der Juden auf der Welt nichts zu geben.
3. Die jüdischen Organisationen hatten bereits Millionen von Dollars für Hilfe und Rehabilitierung von überlebenden NS-Verfolgten ausgegeben, die außerhalb des Staates Israel lebten. Um diese Wohlfahrtsarbeit fortzusetzen und die zerstörten jüdischen Einrichtungen neu aufzubauen, müßten zusätzliche Beträge mobilgemacht werden. Es sei Deutschlands Pflicht, dabei behilflich zu sein.

Dank seiner entschlossenen Anstrengungen stimmten die Deutschen schließlich dem Anspruch der Claims Conference auf eine globale Zahlung zu. Es wurde beschlossen, daß auch diese Zahlung in Form von

Israel gelieferten Waren gemacht würde, das sich seinerseits verpflichten würde, Bargeldzahlungen an die jüdischen Organisationen vorzunehmen.

Das nächste diskutierte und gelöste Problem war das der Zahlungsbedingungen. Abs widersetzte sich der Zahlung in ausländischen Devisen vor dem Ende der Londoner Gespräche, und es mußte demnach ein Ausweg gefunden werden; Übereinkunft erreichte man über die Erdölregelung, die für Israel von höchster Bedeutung war.

Das dritte erörterte Problem – über das die Parteien sich nicht einigen konnten – war die Frage des Zahlungszeitraums. Die deutschen Vertreter bestanden auf einem Zeitraum von 12 bis 14 Jahren. Israel wollte die Zeit auf zehn Jahre herabsetzen. Schließlich wurde in der Nachmittagssitzung in Adenauers Anwesenheit ein Kompromiß erreicht.

Adenauer akzeptierte Goldmanns Forderung nach einer Globalzahlung an die Claims Conference. In bezug auf die Zahlungsbedingungen (Zahlung in Form von Waren) drängte Adenauer Israel, Verbrauchsgüter einschließlich landwirtschaftlicher Erzeugnisse im größtmöglichen Umfang zu kaufen. Das würde dem Handel, der Industrie und Landwirtschaft sowohl Israels wie Deutschlands helfen. Goldmann und Shinnar widersetzten sich mit den Argumenten, es sei falsch, Reparationszahlungen so zu lenken, daß sie die laufende Versorgungslage verbesserten. Es sei notwendig, mit ihnen Israels Wirtschaftsinfrastruktur zu entwickeln und zu stärken. Adenauer akzeptierte dieses Argument und stimmte dem Vorschlag zu, daß Verbrauchsgüter lediglich einen symbolischen Teil – drei Prozent – der gesamten Warenlieferungen darstellen dürften.

Ebenso stimmte Adenauer der Erdölregelung zu. Shinnar klärte ihn über ihre große Bedeutung für Israel auf, das völlig von britischem Öl abhängig war. Es wurde beschlossen, daß 30 Prozent der gesamten Jahresraten im Rahmen des geschlossenen Abkommens nicht in Form von Industriegütern erfolgen sollten, sondern von Deutschland an Großbritannien in ausländischen Devisen gezahlt würden. Adenauers Zustimmung zu dieser Regelung war interessant angesichts seiner vorherigen Einstellung zu der Wiedergutmachung in Form von deutschen Industriegütern.

Der Zahlungszeitraum war ein Punkt, an dem die Kluft zwischen den beiden Seiten allem Anschein nach nicht überbrückt werden konnte. Israel bestand auf der Durchführung der Zahlungen innerhalb von zehn Jahren. Die Deutschen und insbesondere Abs hielten an ihrer vorherigen Position fest: Zahlung innerhalb von vierzehn Jahren.

Schließlich unterbreitete Abs den Kompromiß: Falls es der Bundesregierung gelingen sollte, eine Anleihe zu erhalten, würde sie das Geld zur früheren Begleichung der beiden letzten Raten nutzen und dadurch den Zahlungszeitraum um zwei Jahre verkürzen.

Nach der Diskussion schlug Adenauer vor, die Ergebnisse in einem Memorandum zusammenzufassen, das von den Anwesenden unterzeichnet würde. Er mußte zu diesem Zeitpunkt gehen, um an einer dringenden Konferenz mit leitenden Parteimitgliedern teilzunehmen. Obwohl es schon spät war, beauftragte er Hallstein und Blankenhorn zusammen mit Shinnar sofort mit dem Entwurf des Memorandums. Das Dokument, das sie aufstellten, enthielt bereits die meisten Bestimmungen, die später als Grundlage für das Wiedergutmachungsabkommen dienten[24].

Das vorgeschlagene Abkommen wurde der Bundesregierung auf ihrer Sitzung am 17. Juni zur Diskussion vorgelegt. Der Finanzminister, Schäffer, widersetzte sich ihm immer noch, aber Adenauer übte seine Vollmacht in diesem Punkt aus. Es gelang ihm, die Mehrheit seiner Minister dazu zu bewegen, dem Vorschlag zuzustimmen, und das in der Nacht am 10. Juni entworfene Memorandum wurde nach einer längeren Debatte genehmigt.

Man wird bemerken, daß sich Abs' Einstellung von jenem Augenblick an völlig änderte. Sobald die Regierung die Entscheidung getroffen hatte, wurde aus dem ehemaligen Widersacher ein treuer Befürworter, der alles in seiner Macht Stehende tat, um ein Abkommen zu erreichen und es auszuführen.

Alle Hindernisse, die die Wiederaufnahme der Verhandlungen in Wassenaar verhindert hatten, waren jetzt aus dem Weg geräumt. Israel hatte die konkrete und bindende Verpflichtung erhalten, die es gesucht hatte. Die Distanz zwischen den Stellungen der Parteien zu den beiden heikelsten Punkten – Zahlungszeitraum und Zahlung in ausländischen Devisen – war durch einen Kompromiß überbrückt worden, der für beide Parteien annehmbar war.

X. Die zweite Verhandlungsphase (22. Juni bis 22. August 1952)

Als die Besprechungen am 22. Juni wieder aufgenommen wurden, war die Atmosphäre in Wassenaar ruhiger. Allgemein herrschte das Gefühl vor, daß über die wichtigsten Grundsätze bereits Einigung erzielt worden war und jetzt nur noch die Einzelheiten festgelegt werden mußten. Die israelische Delegation war jetzt kleiner, aber die deutsche war gewachsen und umfaßte nunmehr Vertreter des Wirtschafts-, Finanz- und Justizministeriums und des Auswärtigen Amtes (das zuletztgenannte mit drei Vertretern). An die Stelle von Küster war Dr. von Treutzschler getreten, damals stellvertretender Leiter der politischen Abteilung und Rechtsberater des Auswärtigen Amtes. Seine Ernennung führte zu Kontroversen innerhalb der israelischen Delegation. Es war bekannt, daß er ein Nazi gewesen war, und Gerschon Avner widersetzte sich heftig seiner Aufnahme in die deutsche Delegation. Shinnar und Josephthal waren dagegen der Ansicht, daß es im gegenwärtigen Stadium, in dem ein erfolgreicher Abschluß der Verhandlungen in Reichweite war, töricht sei, sie wegen von Treutzschlers Vergangenheit zu gefährden. Ihre Ansicht behielt das Übergewicht[1], und die Besprechungen begannen, wobei die offenen Probleme je einem Fachunterausschuß für legale und wirtschaftliche Fragen zugewiesen wurden.

Obwohl die Israel zu zahlende Gesamtsumme bereits festgelegt worden war, mußten mehrere Fragen noch geklärt werden, wie zum Beispiel die von Deutschland zu liefernden Waren. Die israelische Delegation legte eine Liste vor, die auf Israels Bedürfnisse für eine Wirtschaftsentwicklung zugeschnitten war. Die Liste selbst warf keine Probleme auf, aber bei den Diskussionen im Wirtschaftsunterausschuß am 20. Juli forderten die Deutschen, die Waren in deutschen Schiffen nach Israel zu befördern. Da jedoch die deutsche Flagge aus israelischen Häfen verbannt war, lehnte Josephthal ab. Nach einer längeren Debatte einigte man sich, daß die Waren in israelischen Schiffen befördert würden; wenn es sich als notwendig erwies, würden sie jedoch in deutschen Schiffen unter der Flagge eines Drittlandes befördert[2].

Dann war da auch die Sache mit der Erdölregelung, die jetzt in Konsultationen mit den britischen Finanzbehörden diskutiert wurde. Israels Brennstofflage war prekär, und es besaß keine ausländischen Devisen mehr, um in der Zeit, bis die deutschen Zahlungen begannen, für sein Rohöl zu bezahlen. Deshalb suchte Israel eine provisorische Regelung, um seine Brennstoffkäufe mit Hilfe des Sterlingüberschusses der deutschen Regierung bei der Europäischen Zahlungsunion zu finanzieren. Schließlich wurde eine Vorauszahlung in Sterling für die Dauer von drei Monaten sichergestellt, und das Zahlungsproblem wurde in einem »Ölbrief« geregelt, der Shinnar am 11. September überreicht wurde.

Schließlich ging es noch um die Angelegenheit mit der Mark. Israel wollte sich vor einem möglichen Rückgang des Wertes der Mark schützen und deshalb die Menge der Lieferungen festlegen statt ihren laufenden Wert in Mark. Die Deutschen weigerten sich, die Möglichkeit solch eines Rückgangs des Wertes ihrer Währung zu diskutieren. Trotzdem einigte man sich schließlich auf eine Formel, derzufolge sich die Parteien verpflichteten, über ein Verfahren zum Festlegen des Liefervolumens zu verhandeln, falls die Kaufkraft der Mark zurückging. Dagegen sicherten sich die Deutschen durch einen Kompromiß in bezug auf die »Unfallklausel« ab: Deutschland würde in der Lage sein, sich an ein Schiedsgericht zu wenden und das Abkommen neuen Umständen anzugleichen, falls sich seine wirtschaftliche oder finanzielle Lage ernsthaft verschlechterte[3].

Als das Abkommen mit der Claims Conference in den Verhandlungen über Wiedergutmachung für einzelne im August abgeschlossen war, erhielt der Vertreter des deutschen Finanzministeriums von Schäffer Anweisungen, von der israelischen Regierung zu verlangen, auf die Ansprüche seiner Staatsangehörigen auf Wiedergutmachung für Schaden an Leib und Leben zu verzichten. Israel solle selbst die Aufgabe übernehmen, diese Wiedergutmachungszahlungen aus den Reparationsgeldern zu leisten, die für die Rehabilitierung und Neuansiedlung der NS-Opfer bestimmt waren. Anfangs lehnte die israelische Delegation das ab; da sie jedoch das Verhandlungsergebnis zu diesem späten Zeitpunkt nicht gefährden wollte, gab sie schließlich nach. Man schätzte die so erhobenen Ansprüche auf höchstens DM 20 Millionen. (1962 forderte Israel eine Änderung dieses Verzichts; bis zu jenem Zeitpunkt hatten sich die Gesamtauslagen unter diesem Punkt zu DM 600 Millionen addiert[4].

Dann warfen die Deutschen einen weiteren Punkt auf, in dem Israel nachgeben sollte. Die deutsche Tempelgesellschaft hatte Vermögen in den Kolonien Sarona, Wilhelmina und Waldheim sowie Land und Häuser in Jerusalem besessen. Dieses Vermögen wurde beschlagnahmt, als die Tempelgesellschaft 1941 von den Engländern als feindliche Staatsangehörige und begeisterte Nazis des Landes verwiesen wurde. Bei der Gründung Israels ging dieses Vermögen in seinen Besitz über. Jetzt forderten die Deutschen Rückerstattung dieses Vermögens, und nach langem Zögern gab Israel auch in diesem Punkt nach und erklärte sich bereit, der Tempelgesellschaft Entschädigung zu zahlen. Die Verhandlungen darüber dauerten jahrelang[5].

Nachdem die materiellen Probleme gelöst waren, blieben noch die Probleme der Formulierung. Israel wollte, daß sich die Präambel des Abkommens auf den historischen Hintergrund der NS-Verbrechen konzentrierte, die die Verluste verursacht hatten, für die Wiedergutmachung geleistet wurde. Die Deutschen erklärten sich dazu bereit, baten jedoch, einen Satz in dem Sinn einzufügen, daß das Abkommen als erster Schritt für die Versöhnung zwischen den beiden Völkern zu betrachten sei. Die israelische Delegation lehnte die Bitte glatt ab, und die Deutschen bestanden nicht darauf. Die schließlich akzeptierte Version bezog sich dann sowohl auf die NS-Verbrechen gegen die Juden wie auf Adenauers Erklärung über Deutschlands Bereitschaft, für den zugefügten Schaden zu zahlen und für die Kosten aufzukommen, die Israel durch Eingliederung und Rehabilitierung der Flüchtlinge entstanden[6].

In den gleichzeitig stattfindenden Verhandlungen mit der Delegation der Claims Conference wurde als erster Punkt, nachdem die Deutschen darauf bestanden, der Kollektivanspruch diskutiert. Man wird sich erinnern, daß Goldmann sich bei den Gesprächen in Bonn am 10. Juni bereiterklärt hatte, den Kollektivanspruch der Claims Conference von 500 Millionen Dollar auf DM 500 Millionen herabzusetzen. Jetzt erhoben die Deutschen sogar Einwände gegen diesen niedrigeren Betrag, und zwar mit Argumenten, die eigentlich schon während der früheren Verhandlungen aus dem Weg geräumt worden waren. Auf der Vollversammlung vom 26. Juni stellte Böhm wiederum die Grundlage des Kollektivanspruchs selbst in Frage. Daraufhin erinnerte Leavitt daran, daß eine der Folgen des Umfangs der Zerstörung, die über die Juden Europas gekommen war, die Tatsache war, daß es in vielen Fällen keine überlebenden Erben mehr gab. Das Militärgesetz Nr. 59 sah vor, daß erbloses Vermögen an die Nachfolgeorganisationen gehen sollte, aber in Österreich, dem Sudetenland und vielen anderen von den Nazis besetzten Gebieten gäbe es keine Nachfolgeorganisationen, die das eingezogene Vermögen erben könnten. Darüber hinaus sei der von der Claims Conference gestellte Anspruch im Verhältnis zum gewaltigen Wert des eingezogenen Vermögens sehr niedrig angesetzt. Die jüdischen Organisationen auf der Welt hätten bereits über eine Milliarde Dollars für die Rehabilitierung überlebender NS-Verfolgter aufgebracht.

Böhm forderte Dokumente an, die die Behauptungen der Claims Conference rechtfertigen würden, und sie wurden ihm noch am gleichen Tag unterbreitet[7]. Da sie von gewissem Interesse sind, soll hier etwas ausführlicher auf sie eingegangen werden.

Ein erstes Memorandum, in dem der Grundsatz hervorgehoben

wurde, erbenloses Vermögen müsse den Nachfolgeorganisationen zufließen, enthielt Abschätzungen der inbegriffenen Geldbeträge. An erster Stelle standen Zwangsabgaben und die Reichsfluchtsteuer, die RM 2067 Milliarden eingebracht hatten; die Golddiskontbank strich ungefähr RM 400 Millionen allein beim Geldumtausch ein sowie als Bezahlung für das Recht, Geld ins Ausland zu überweisen. Insgesamt addierte sich dieser Punkt zu RM 2,5 Milliarden. Dann gab es das Vermögen, das von einzelnen Juden, von jüdischen Gemeinden und jüdischen Verbänden eingezogen worden war; sein Wert wurde auf RM 1,2 Milliarden geschätzt. Drittens war da eingezogenes Vermögen in besetzten Gebieten, das auf RM 6 Milliarden veranschlagt wurde. Das nach Deutschland gebrachte Vermögen aus den besetzten Gebieten wurde auf RM 2 Milliarden geschätzt.

Zum ersten Punkt forderte die Claims Conference 250 Millionen Dollars; zum zweiten 160 Millionen Dollars, und zum dritten, da die meisten Juden in den besetzten Ländern ermordet worden waren und die Nazis alle Zeugen der Beschlagnahmungen aus dem Weg geräumt hatten, wurden 1,5 Milliarden Dollars gefordert.

Diese drei Ansprüche addierten sich zu 1 Milliarde und 910 Millionen Dollar. Da die Bundesrepublik nur zwei Drittel des Reichsgebietes umfaßte, müsse sie der Claims Conference 1,2 Milliarden Dollars zahlen. Dieser Betrag umfaßte noch nicht Löhne für Zwangsarbeit noch die Kosten der jüdischen Organisationen für die Hilfe an überlebende NS-Verfolgte.

Aber da die einzelnen Ansprüche unterbreitet worden waren und auch in Zukunft unterbreitet würden sowie mit Rücksicht auf den israelischen Anspruch stellte die Claims Conference eine Forderung nicht von 1,2 Milliarden Dollar, sondern nur von 500 Millionen Dollar an die Bundesrepublik[8]. (Und auch dieser Betrag war noch auf ein Viertel herabgesetzt worden.)

Das zweite Memorandum berichtete, der Betrag von 1,1 Milliarden Dollar sei bereits von den jüdischen Organisationen für Hilfe und Rehabilitierung der NS-Opfer zwischen 1933 und 1951 ausgegeben worden. Außerdem sahen die jüdischen Organisationen auch für die Zukunft noch hohe Auslagen voraus. Die Gelder, die die NS-Opfer als Wiedergutmachung erhalten würden, würden nicht ausreichend für ihren Unterhalt sein, insbesondere angesichts der Tatsache, daß viele krank waren, geistige und körperliche Krüppel waren und auch in Zukunft der Hilfe bedürften. Außerhalb Israels gab es 22 000 solcher Fälle zusätzlich zu 150 000 weniger ernsten Fällen, die jedoch auch der Hilfe bedürften. Auch auf dieser Grundlage sei der an Deutschland gestellte Anspruch ein Mindestanspruch, auf jeden Fall sehr viel weniger als eigentlich benötigt[9].

Ein anderes Memorandum über den Status der Claims Conference und ihrer Ziele hob hervor, daß die Claims Conference die einzige Organisation sei, die die Mehrzahl der jüdischen Organisationen in der freien Welt vertrete. Die Conference war auf Kanzler Adenauers Rede hin gegründet worden, und sie hatte sich von Anfang an an allen Besprechungen beteiligt.

Demnach sei die Claims Conference befugt, die einzelnen Ansprucherhebenden als Ganzes zu vertreten, wie auch einen Anspruch auf erbenloses Vermögen zu stellen, das an Nachfolgeorganisationen gehen würde[10].

Auf der Vollversammlung vom 27. Juni stellte Böhm eine neue Forderung, und zwar solle die Claims Conference auf einen Teil des ihr geschuldeten Betrags als Kollektivzahlung verzichten, und dieser Teil werde NS-Opfern übertragen, die zwar als Juden verfolgt worden waren, obwohl sie nicht mehr der jüdischen Religion angehörten. Das lehnte Leavitt mit der Begründung ab, die Claims Conference vertrete nur jüdische Anspruchserhebende; allerdings erklärte er sich bereit, die Angelegenheit dem Conference-Präsidium zur Entscheidung zu unterbreiten[11].

Die Angelegenheit wurde schon kurz danach entschieden, zwar nicht vom Präsidium, sondern aufgrund von Goldmanns Eingreifen. Am 3. Juli erklärte er sich in Bonn bereit, zehn Prozent von den 500 Millionen DM abzuziehen, die die Claims Conference erhalten würde. Mit diesem Betrag würden die »christlichen Juden« als Opfer des NS-Regimes entschädigt. Dagegen wurde Goldmann von den Deutschen versprochen, in kürzester Zeit würden Gesetze über Wiedergutmachung an einzelne verabschiedet. Am 7. Juli wurde das von Goldmann geschlossene Abkommen dem Präsidium der Claims Conference vorgelegt, wo es heftigen Widerstand hervorrief. Zu den entschiedensten Gegnern gehörte Blaustein, der Goldmann vorwarf, er habe seine Vollmacht überschritten. Aber der Widerstand, den Goldmanns Handeln hervorrief, konnte, wie stark er auch war, nichts ungeschehen machen. Jetzt war es zu spät, wieder von vorn zu handeln zu beginnen[12].

Nachdem die meisten Hindernisse überwunden waren, wurde am 4. Juli ein Entwurf über das Abkommen zwischen der Claims Conference und der Bundesrepublik über den Kollektivanspruch angefertigt, der wie folgt aussah:

»Angesichts des an diesem Tag zwischen Israel und der Bundesrepublik geschlossenen Abkommens sind die Parteien zur folgenden Vereinbarung gelangt:

1. Angesichts der Unfähigkeit der Conference on Jewish Material Claims against Germany, Zahlung in Form von Waren- oder

Güterlieferungen durch die Bundesrepublik Deutschland akzeptieren zu können, haben die vertragsschließenden Parteien in Übereinstimmung mit dem Staat Israel in die an Israel zu liefernden Mengen eine von den Parteien zur Regelung der Geldansprüche der Conference beschlossene Menge eingeschlossen.
2. Die Geldansprüche werden voll durch die Erfüllung der Bedingungen des Abkommens zwischen Israel und der Bundesrepublik erledigt.
3. Die Conference trifft getrennt Regelungen mit Israel für die Zahlung der angemessenen Summen in angemessenen Abständen durch Israel auf das Konto der Conference.
4. Die Conference verpflichtet sich im eigenen Namen und im Namen der stellvertretenden jüdischen Organisationen, aus denen sie sich zusammensetzt, keine weiteren materiellen Forderungen gegen die Bundesregierung auf der Grundlage von erbenlosem jüdischem Besitz zu stellen, der vom Dritten Reich eingezogen wurde, außer jenen, die durch die Rückerstattungsgesetzgebung in der Bundesrepublik gedeckt sind.
5. Die Conference verpflichtet sich, alle ihr aufgrund dieses Abkommens zufließenden Erlöse nach ihrem Gutdünken für die Unterstützung und Rehabilitierung jüdischer Opfer der Verfolgung und dem Wiederaufbau von jüdischem Leben zu verwenden, das aufgrund der NS-Aktionen gelitten hat.
6. Die Conference ist dazu berechtigt, die aus diesem Abkommen erstehenden Anrechte nach eigenem Gutdünken anderen jüdischen Organisationen zu übertragen, die die Anforderungen in Artikel 5 erfüllen.
7. Das Abkommen tritt in Kraft und wird zur gleichen Zeit fällig, wie das Abkommen zwischen Israel und der Bundesrepublik in Kraft tritt und fällig wird[13].«

Und am 16. Juli wurde auf der Vollversammlung die folgende Pressemitteilung über kollektive Wiedergutmachung vorbereitet:

»In Anbetracht der Umstände, daß ...
a) die nationalsozialistische Regierung von den Juden Deutschlands und der besetzten und annektierten Länder gewaltige Werte an Vermögen und anderem Besitz beschlagnahmt hat;
b) ein sehr großer Teil der besagten Werte dem Reich zu seinem Nutzen zugeflossen war;
c) beträchtliche Werte nicht mehr durch einzelne Wiedergutmachung und Rückerstattung zurückgegeben werden können, weil die Anspruchserhebenden nicht mehr am Leben sind;
d) eine beträchtliche Anzahl jüdischer Verfolgter des NS-Regimes, denen durch bestehende und vorgeschlagene Gesetzgebung nicht

geholfen werden kann, aufgrund der Verfolgung der Hilfe bedürfen,

hat sich die Bundesrepublik bereit erklärt, der Conference on Jewish Material Claims against Germany den Betrag von DM 450 Millionen für die Unterstützung und Rehabilitierung jüdischer Verfolgter zu zahlen.

Darüber hinaus zahlt die Bundesrepublik den Betrag von DM 50 Millionen zugunsten nicht praktizierender Juden, die vom nationalsozialistischen Regime auf die gleiche Weise wie praktizierende Juden verfolgt wurden. Diesen Betrag werden die deutschen Behörden zur Unterstützung dieser Opfer des NS-Regimes nutzen.

Es wird erwartet, daß ein Abkommen über die Ausweitung der deutschen Wiedergutmachungsgesetzgebung zur gleichen Zeit wie der endgültige Beschluß über dieses Angebot geschlossen wird[14].«

Ebenso wurde ein Entwurf für ein Abkommen zwischen Israel und der Claims Conference über den Transfer von Geldern im Zusammenhang mit der der Claims Conference geschuldeten Globalzahlung angefertigt, d. h., Gelder aus den Zahlungen, die Israel von der Bundesrepublik erhalten würde. Dieses Dokument wurde wiederholt geändert, bevor der endgültige Text am 9. August bestätigt wurde.

Gemäß des Abkommens würde ein Drittel der Zahlungen in Form von Geld, Dienstleistungen und Waren, die Israel von der Bundesrepublik erhalten sollte, als der Claims Conference gehörend und von Israel in Verwahrung gehalten betrachtet. Über die Hälfte dieses Betrags – achtzehn ein Drittel Prozent der Gesamtzahlungen – würde die Claims Conference in Israel durch dort tätige Organisationen nutzen, mit denen die israelische Regierung Abkommen unterzeichnen und denen sie die Waren oder das Geld übertragen würde.

Die restlichen fünfzehn Prozent des Anteils der Claims Conference würden außerhalb von Israel für Wohlfahrt, Hilfe und Rehabilitierung von NS-Opfern verwendet. Ein Abkommen würde von Israel und der Claims Conference unterzeichnet, das vorsehen würde, daß diese fünfzehn Prozent – in Geld oder in Form von Waren – an die Claims Conference gehen würden, und zwar ohne jede Einschränkung für ihre Verwendung. Die Zahlung an die Claims Conference würde nicht später als neun Monate nach der Entgegennahme von Waren aus Deutschland erfolgen.

Sollte Israel unfähig sein, der Claims Conference ihren Anteil zu zahlen, würden die Jewish Agency und der AJDC mit ihren Foundation Funds (für die Verwendung in Israel bestimmt) der Claims Conference ein Drittel des ihr von Israel geschuldeten Betrags überweisen. Israel würde sich verpflichten, diesen Betrag so schnell wie durchführbar zurückerstatten[15].

Nach dieser Berechnung wurden DM 1150 Millionen als der Claims Conference gehörend und für sie von Israel verwahrt betrachtet. Dieser Betrag war bedeutend höher als der, den die Claims Conference von Deutschland erhalten hatte. Diese Diskrepanz erklärte Leavitt in zwei Berichten an das Conference-Präsidium. In seinem Bericht vom 29. Juli, in dem Leavitt die Ereignisse beschrieb, die zum Abkommen zwischen Israel und der Claims Conference geführt hatten, erinnerte er an das Treffen im Februar in London zwischen Mosche Scharett und dem Präsidium der Claims Conference. Zu jenem Zeitpunkt hatte Adolf Held erwogen, daß, falls ein Drittel der von Israel geforderten Gelder an die Claims Conference gehen würde, sich das Ansehen der zuletztgenannten beträchtlich erhöhen würde. Obwohl damals kein bindendes Abkommen erlangt worden war, war die Idee im vorliegenden Abkommen zwischen Israel und der Claims Conference verkörpert[16].

Leavitt erklärte auch die Gründe für die zahlreichen Umwandlungen, die das Abkommen erfahren hatte, bis es seine endgültige Form annahm. Der zu zahlende Betrag, der Zahlungszeitraum und was unternommen werden könne, falls Israel nicht zahlen konnte – das alles warf Probleme auf. Eine Schwierigkeit betraf die achtzehn ein Drittel Prozent, die für die Verwendung in Israel vorgesehen waren. Die israelische Regierung bestand darauf, da diese Gelder nicht der Claims Conference gehörten, sondern ein einseitiger Zuschuß der israelischen Regierung an im Staat tätige Organisationen seien, sei für die Verwendung dieser Mittel die Zustimmung der israelischen Regierung notwendig[17]. Diese Forderung wurde im fünften und endgültigen Entwurf aufgenommen, begleitet allerdings von einer weiteren Bestimmung, die der Claims Conference volle und uneingeschränkte Vollmacht über die Verwendung der restlichen fünfzehn Prozent einräumte.

Der Betrag, den Israel der Claims Conference direkt zu geben bereit war – fünfzehn Prozent von DM 3450 Millionen (DM 517,50 Millionen) – war auch höher als der Betrag, den die Claims Conference von der Bundesrepublik erhalten hatte (DM 450 Millionen). Leavitt sagte, als er sich auf diese zusätzlichen DM 67,5 Millionen, die die Claims Conference von Israel erhalten würde, in seinem abschließenden Bericht an das Präsidium der Claims Conference (24. September 1952) bezog, falls der Staat Israel bereit sei, weitere Gelder für die Wohlfahrt und Rehabilitierung Überlebender der NS-Verfolgung außerhalb seiner Grenzen abzuzweigen, verdiene er nichts als Lob[18].

In der Praxis unterschied die Claims Conference nicht zwischen ihren Ausgaben in Israel und außerhalb, und ein Teil der Globalzahlung, die sie erhielt, zwar für die Unterstützung von überlebenden NS-Verfolgten bestimmt, wurde in Wirklichkeit nach Israel überwiesen. Als das vom Präsidium der Claims Conference diskutiert wurde, widersetzte sich Blaustein der Regelung mit der Begründung, Israel habe Kollektivreparationen von Deutschland für seine eigenen Bedürfnisse erhalten. Allerdings setzte sich seine Ansicht nicht durch, und schon von Anfang an wurde ein Teil der Gelder der Claims Conference nach Israel überwiesen, wo sie vor allem im Bereich von Kultur und Forschung genutzt wurden[19].

Als das Stadium, in dem die Abkommen entworfen wurden, bereits erreicht war, brachten die Deutschen weitere Punkte vor. Einer davon betraf das Problem der Aufzeichnungen, das auf den Vollversammlungen zwischen dem 11. und 16. August behandelt wurde. Die Deutschen argumentierten, da der für die Globalzahlung vorgesehene Betrag nicht eine einmalige Zuwendung sei, sondern jedes Jahr neu im gewöhnlichen Bundeshaushalt bereitgestellt würde, müsse die Bundesregierung jedes Jahr, wenn die Haushaltszuteilungen angefordert würden, dem Bundestag einen Bericht über die Auslagen dieses Geldes vorlegen. Folglich müsse sie selbst detaillierte Berichte erhalten. Die Delegation der Claims Conference sah keinen Grund, dem zu widersprechen. Die Organisationen, die die Gelder erhalten würden, waren öffentliche Organisationen, und nichts sprach dagegen, daß den Deutschen ein Durchschlag ihrer Budgets und Ausgabenberichte zugestellt würde.

Ein weiterer Punkt betraf die Klausel, in der die Ziele der kollektiven Wiedergutmachung umrissen wurden. Die Deutschen wollten die »Zweck«-Klausel präzise definiert haben, so daß es möglich war, dem Bundestag zu beweisen, daß die Gelder tatsächlich streng und ausschließlich für die vorgesehenen Zwecke verwendet und nicht von den Mitgliedsorganisationen der Claims Conference für andere Verwendungen abgezweigt würden. Leavitt erhob dagegen Einwände mit dem Argument, es könne nicht in Frage kommen, daß die Kontrolle über die Geldausgaben in deutschen Händen bliebe. Statt dessen wurde vereinbart, daß die Claims Conference selbst die Prioritäten unter den verschiedenen Bedürfnissen in bezug auf Hilfe und Rehabilitierung außerhalb von Israel bestimmen würde. Darüber hinaus wurde klar zu erkennen gegeben, daß Gelder aus der Globalzahlung wahrscheinlich an Israel überwiesen würden. Die Delegation argumentierte, die Claims Conference kümmere sich bereits um die Alten, Kranken und Behinderten außerhalb von Israel und würde sich auch weiterhin um sie kümmern, wenn sie nach Israel einwanderten. Würde die ganze Globalzahlung innerhalb eines Zeitraumes von zwei oder drei Jahren erfolgen, würde sich die Claims Conference verpflichtet haben, die Gelder ausschließlich außerhalb von Israel zu verwenden. Jetzt, da der fragliche Zeitraum sich jedoch über 12 bis 14 Jahre erstrecken würde, könne sie sich nicht festlegen.

Die Deutschen, die sich in die »Zweck«-Klausel verbissen hatten, wollten auch eine Bestimmung aufnehmen, daß die Gelder richtig und ehrlich verwendet würden. Daran nahm Leavitt Anstoß. Würde diese Bestimmung aufgenommen, würde das stillschweigend einschließen, daß die jüdischen Organisationen, die bereits Milliarden von Dollar für Hilfe an Flüchtlinge und ihre Neuansiedlung ausgegeben hatten, das Geld unzweckmäßig und unaufrichtig verwendet hätten. Falls die Deutschen kein Vertrauen in die Claims Conference hatten, sei kein Abkommen möglich. Die Deutschen gaben nach und ließen die Sache fallen.

Als letztes wurde die Möglichkeit unrichtiger Verwendung der Gelder durch die Claims Conference behandelt. Drei Möglichkeiten zeichneten sich hier ab: Die Deutschen schlugen vor, sie würden entscheiden, wann das Geld unzweckgemäß verwendet würde, und daß die Zahlung von ihnen eingestellt würde, falls sie eine solche Entscheidung getroffen hatten; die Claims Conference schlug vor, sie übernehme dafür die volle Verantwortung. Dieser frontale Zusammenstoß gegensätzlicher Vorschläge führte ganz natürlich zu einem Kompromiß: Schiedsrichtung. Da Schiedsrichtung mit einer privaten Organisation wie der Claims Conference schwierig und kompliziert war, wurde beschlossen, daß im Falle einer Klage über unzweckgemäße Verwendung der Gelder der im Abkommen mit Israel vorgesehene Schiedsgerichtsmechanismus in Gang gesetzt würde. Obwohl Israel als Partei auftreten würde, würde die Schiedsrichtung sich in der Praxis auf die Claims Conference beziehen. Falls gegen die Claims Conference entschieden würde, würde der betreffende Betrag von der folgenden Zahlung an die Claims Conference abgezogen; würde bestimmt, daß die Gelder richtig verwendet worden waren, würde Deutschland den betreffenden Betrag zur letzten Zahlung dazufügen[20].

Während diese Verhandlungen voranschritten, machten auch die über das gesetzgebende Programm Fortschritte. In der ersten Verhandlungsphase hatten die Leiter der deutschen Delegation Entscheidungen getroffen, die gelegentlich den Ansichten der Bundesministerien zuwiderliefen; zum Beispiel lehnten sie es ab, die gemeinsamen Empfehlungen zu respektieren, die beide Parteien am Ende der ersten Phase angenommen hatten, weil ihre Vertreter nicht um ihre Meinung gefragt worden waren[21]. Jetzt waren jedoch die Vertreter des Justiz- und Finanzministeriums an allen Entscheidungen beteiligt.

Der wesentliche Ausgangspunkt für die gegenwärtigen Verhandlungen waren demnach nicht die gemeinsamen Empfehlungen, sondern das vertragliche Abkommen vom 26. Mai zwischen der Bundesrepublik und den Westmächten. In jenem Abkommen verpflichtete sich die Bundesregierung, auch weiterhin die bestehende Rückerstattungsgesetzgebung anzuwenden; die Verantwortung für die Zahlung von Entschädigung aufgrund von Rückerstattungsansprüchen gegen das Reich bis zu einem

Gesamtbetrag von DM 1,5 Milliarden zu übernehmen; die Nachfolgeorganisationen von der Lastenausgleichssteuer zu befreien; Entschädigung an Personen zu zahlen, die aufgrund politischer Ansichten, Rasse, Religion oder Ideologie verfolgt worden waren, und an Personen, die getötet worden waren oder Schaden an Leib oder Verlust von Freiheit, Vermögen oder wirtschaftlichen Aussichten erlitten hatten. Ebenso sah es vor, daß Personen, die keine deutschen Staatsbürger waren, jetzt Wiedergutmachung für die Beeinträchtigung ihrer Gesundheit erhalten würden. Zu diesem Zweck verpflichtete sich die Bundesregierung, Wiedergutmachungsgesetze zu verabschieden, die nicht weniger umfangreiche Anrechte als jene vorsah, die in der amerikanischen Zone in Kraft waren. Ebenso verpflichtete sich die Bundesrepublik, die Mittel im Haushalt bereitzustellen, die für die Durchführung dieser Wiedergutmachungsgesetze notwendig waren, wobei Deutschlands Zahlungsfähigkeit entsprechend berücksichtigt würde.

Das vertragliche Abkommen legte keine Zeitgrenzen noch einen Zeitplan für die Zahlung von Wiedergutmachung fest, aber es war inbegriffen, daß die Verpflichtungen innerhalb von zehn Jahren erledigt würden. Nach eigenen Abschätzungen würde Deutschland zwischen DM 4,5 und 5 Milliarden als Wiedergutmachung zahlen müssen, das heißt, für die Dauer von zehn Jahren jährlich 450 bis 500 Millionen[22].

Um sicherzustellen, daß diese Bestimmungen durchgeführt würden, selbst wenn das vertragliche Abkommen nicht ratifiziert oder eingehalten wurde, wollte die Claims Conference sie jetzt in dem Abkommen einverleibt wissen, das zwischen ihr und Deutschland unterzeichnet werden sollte. Das war ihr Mindestziel. Zwar hatten die Deutschen die gemeinsamen Empfehlungen aufgegeben, aber die Claims Conference war nicht bereit, ihre früheren Errungenschaften aufzugeben. Folglich versuchte sie, die Verpflichtungen zu erweitern, die die Bundesregierung im vertraglichen Abkommen auf sich genommen hatte, um auch Wiedergutmachung für Anspruchserhebende aus Ländern sicherzustellen, die vom Reich besetzt oder annektiert worden waren. Dem widersetzten sich die Deutschen jedoch aus wirtschaftlichen und politischen Gründen.

Um die wirtschaftlichen Einwände zurückzuweisen, legte die Delegation der Claims Conference ein Memorandum (das sie schon in der ersten Verhandlungsphase versprochen hatte) über die geschätzten Kosten für die Durchführung des geplanten gesetzgebenden Programms vor. In diesem Papier, das zeigen sollte, daß die notwendigen Ausgaben sehr viel niedriger waren, als von den Deutschen veranschlagt[23], wurden die deutschen und jüdischen Abschätzungen unter den verschiedenen Überschriften verglichen. Die Unterschiede fielen ins Auge:

	Jüdische Schätzungen	Deutsche Schätzungen
	in Milliarden DM	
Rückerstattungsansprüche gegen das Reich	1,0	1,5
Wiedergutmachungsprogramm	0,7	3,5
Israels Anspruch	3,0	3,0
Änderungen gemäß den gemeinsamen Empfehlungen	0,6	1,1
Kollektivanspruch der Claims Conference	0,5	0,4
Insgesamt	5,8	9,5

Die voraussichtlichen Ausgaben lagen nicht nur weit unter den von den Deutschen befürchteten, es gab auch gute und überzeugende Gründe dafür, warum Deutschland Verpflichtungen übernehmen sollte, die über jene im vertraglichen Abkommen angeführten hinausgingen. Sie waren in einem Memorandum angeführt, das die Claims Conference am 8. Juli unterbreitete: Es sagte, der Prüfstein der guten Absichten Deutschlands gegenüber den Juden sei seine Bereitwilligkeit, über seine Verpflichtungen im vertraglichen Abkommen hinauszugehen. Die deutsche Regierung habe schließlich schon in der ersten Verhandlungsphase anerkannt, daß die vorgeschlagenen Änderungen für die Wiedergutmachungsgesetzgebung berechtigt und angemessen seien. Weiterhin habe die deutsche Delegation bereits die Presse von den in Aussicht gestellten Gesetzesänderungen in Kenntnis gesetzt, und Abertausende von jüdischen Überlebenden setzten ihre Hoffnungen auf ihr Anrecht auf Wiedergutmachung. Würden sie jetzt in ihren Hoffnungen enttäuscht, wäre die anschließende Bitterkeit außerordentlich. Die Delegation der Claims Conference nahm an, daß die für das Wiedergutmachungsprogramm benötigten Auslagen nicht so hoch sein würden, wie die Deutschen veranschlagt hatten, weshalb das deutsche Finanzministerium noch über Gelder verfügen würde, das für andere Punkte im Programm verwendet werden konnte. Die Auslagen für die geplanten Änderungen konnten auf DM 100 Millionen herabgesetzt werden, um nicht den deutschen Haushalt zu überlasten. Außerdem würden die Ansprüche für einzelne Wiedergutmachung keinen Präzedenzfall schaffen, weil die anderen Ansprüche durch das Gesetz über Lastenausgleich gedeckt würden[24].

Dieses letzte Argument deutete auf das politische Problem im Zusammenhang mit den neun Millionen Flüchtlingen, die aus den Ostgebieten vertrieben worden waren, was den Widerwillen der Bundesregierung erklärte. Diese Vertriebenen, die wählen und im Bundestag hinter den

Kulissen Einfluß ausüben konnten, stellten eine beachtliche politische Macht dar. Die deutsche Bundesregierung machte für sie große Anstrengungen. Sie erhielten Wohlfahrtszahlungen, für sie war das Lastenausgleichsgesetz verabschiedet worden, das auf jedes Vermögen in Deutschland eine 50prozentige Steuer erhob, zahlbar über einen Zeitraum von fünfundzwanzig Jahren, um Aufnahme und Eingliederung der Flüchtlinge in die Wirtschaft des Landes zu finanzieren. Die Deutschen befürchteten, ihre Regierung werde unter starken Druck gesetzt, falls sie mehr für die Juden aus den annektierten und besetzten Ländern unternehme als für die Vertriebenen und daß sie gezwungen werde, zusätzliche Entschädigungsgesetze für nichtjüdische Flüchtlinge aus den besetzten Ländern wie Holland, Frankreich, Polen, die Tschechoslowakei usw. zu verabschieden. Die deutsche Delegation deutete an, die Bundesregierung erhalte Tausende von Briefen von diesen Auswanderern, die genau wie die Juden forderten, daß man ihnen ihr Eigentum zurückgebe. Angesichts dieser Tatsache wollten die Deutschen – die jetzt von der Verpflichtung Abstand nahmen, die sie in den gemeinsamen Empfehlungen vom 8. April auf sich genommen hatten, auch Opfern der NS-Verfolgung aus den besetzten Gebieten in Ost- und Westeuropa (einschließlich Österreich) eine Teilwiedergutmachung zu zahlen – die Gesetze mit größter Sorgfalt und Präzision vorbereiten[25].

Die Claims Conference antwortete auf den deutschen Versuch, den Umfang der Zahlungen einzuschränken, indem sie ihre früheren Argumente wiederholte: Das Reich, sagten sie, habe dem jüdischen Volk einen totalen Vernichtungskrieg erklärt, ohne Rücksicht auf ihre Staatsbürgerschaft noch den gewöhnlichen Wohnsitz. Juden hatten in allen Ländern unter NS-Herrschaft die gleiche Verfolgung erlitten: Sie seien überall systematisch ihrer Habe beraubt worden, in Gettos und Lagern zusammengepfercht und mißhandelt und ermordet worden. Das Vermögen aller Juden in den vom Reich besetzten Ländern sei eingezogen worden, weil sie Juden waren. Die Überlebenden der NS-Verfolgung außerhalb von Deutschland benötigten die Wiedergutmachung am dringendsten; viele seien aus ihrer Heimat entwurzelt worden und hätten kein Anrecht auf Wiedergutmachung gemäß bestehender Wiedergutmachungsgesetze. Der Kanzler hatte sich in seiner Rede vom 27. September verpflichtet, Wiedergutmachung für Verbrechen zu leisten, die von den Nazis in den besetzten Ländern verübt worden waren. Die von der Claims Conference vorgebrachten Argumente galten auch für die Überlebenden der NS-Verfolgung in Österreich. Vor dem Anschluß hatten sie sich voller Bürgerrechte erfreut. Nachdem Österreich eine Provinz Deutschlands geworden war, war jüdisches Vermögen dem Finanzministerium des Reiches zugeflossen. Alle gegen sie ergriffenen

Maßnahmen wurden im Namen des Reichs durchgeführt. Die Zwangssteuern wurden gemäß deutscher Gesetze erhoben, und sie flossen in die Kasse des deutschen Finanzministeriums. Die Delegation der Claims Conference hatte in den gemeinsamen Empfehlungen zugestimmt, die Ansprüche auf ein Mindestmaß herabzusetzen, indem sie sie auf Wiedergutmachung für Vermögen beschränkte, das direkt von Österreich dem deutschen Finanzministerium zugeflossen war. Es könne keinen weiteren Verzicht auf die Mindestansprüche für Wiedergutmachung für Ansprucherhebende außerhalb Österreichs geben[26].

Die Delegation der Claims Conference lehnte es ab, von ihrer früheren Position abzurücken, und am 10. Juli legte sie die gemeinsamen Empfehlungen über das gesetzgebende Programm, das am 8. April beschlossen worden war, als die Grundlage für weitere Diskussionen vor. Jetzt wurde das gesetzgebende Programm der Brennpunkt von einmonatigen Verhandlungen im Ausschuß der Rechtsexperten.

Ansprüche, die im vertraglichen Abkommen akzeptiert worden waren, wurden nicht berührt. Aber die deutschen Rechtsexperten lehnten es ab, die Gesetzgebung über die Grenzen der Bundesrepublik auszudehnen, und schlugen die Zahlung von Wiedergutmachung in einer elastischeren Weise für Ansprucherhebende aus den annektierten und besetzten Gebieten vor, die nicht auf legalen Anrechten oder Verantwortung beruhten.

Auch diesmal war Österreich ein wunder, hartnäckiger Punkt, auf den einzugehen sich die Deutschen absolut weigerten. Sie behaupteten, Österreich sei kein befreites Land, sondern ein Nachfolgestaat genau wie die Bundesrepublik. Ebenso vertraten sie die Ansicht, Österreich sei genauso ein Naziland gewesen, und es müsse Wiedergutmachung zahlen. Die Deutschen waren durch nichts zu erschüttern. Sie lehnten jeden Kompromißvorschlag ab, und in der österreichischen Frage konnte weder im Fachausschuß noch in der anschließenden Vollversammlung eine Lösung gefunden werden. Schließlich forderte die Delegation der Claims Conference, das österreichische Problem dem deutschen Kabinett vorzulegen. Das Kabinett beschloß, Ansprucherhebende aus Österreich würden nicht in der geplanten Gesetzgebung berücksichtigt.

Die Niederlage der Claims Conference in dieser Frage wurde zum Teil durch eine Verbesserung wettgemacht, die sie in der Höhe der Wiedergutmachung für Anspruchrhebende aus anderen annektierten Ländern für Freiheitsentzug und für Schaden an Leib und Leben durchsetzen konnte. Während die Claims Conference vorher zwei Drittel der in Deutschland zahlbaren Wiedergutmachungszahlungen akzeptiert hatte, waren die Deutschen jetzt bereit, in diesen beiden Punkten Anspruchrhebenden aus annektierten Gebieten (außer Österreich) volle Wiedergutmachung zu zahlen, indem sie eine rechtliche Fiktion schufen: Die Rechte dieser Anspruherhebenden wurden mit denen der deutschen Vertriebenen auf Zahlungen aus dem Lastenausgleichsfonds gleichgesetzt. Die Rückerstattungsentschädigung wurde ähnlich behandelt, aber nur in Höhe bis zu 60 Prozent. Die Deutschen erklärten sich ebenfalls bereit, Wiedergutmachung für Freiheitsentzug und Schaden an Leib und Leben für Anspruherhebende aus besetzten Ländern in Ost- und Westeuropa zu zahlen, aber unter der Bedingung, daß die Anspruherhebenden in Gettos oder Konzentrationslagern gefangengehalten worden waren. Das war eine beträchtliche Errungenschaft, da diese Einschränkung für die meisten NS-Opfer aus diesen Gebieten galt und sie daher ein Anrecht auf Wiedergutmachung hatten.

Allerdings waren die Deutschen nicht bereit, Anspruherhebenden in dieser Kategorie Wiedergutmachung wegen Schädigung ihrer wirtschaftlichen Aussichten noch Rückerstattungsentschädigung zu zahlen, aber sie versprachen, einen Härtefonds einzurichten. Von diesem Fonds würden Anspruherhebende aus den besetzten Ländern Zahlungen erhalten, deren Gesamtwiedergutmachung für Freiheitsentzug und Beeinträchtigung der Gesundheit zu niedrig für ihren Lebensunterhalt war. Die Claims Conference wollte die Einrichtung des Härtefonds in das gesetzgebende Programm aufnehmen, aber die Deutschen lehnten es ab, diesen Anspruherhebenden rechtliche Anerkennung zuteil werden zu lassen. Sie erklärten sich nur zu elastischen Zahlungen entsprechend der wirtschaftlichen Lage und dem Gesundheitszustand des einzelnen bereit und weigerten sich, sich auf einen festen monatlichen Mindestbetrag festlegen zu lassen. Die Globalzahlung von DM 450 Millionen, die die Claims Conference erhalten würde, schlugen sie vor, solle als der Härtefonds betrachtet werden. Das lehnte die Delegation der Claims Conference ab mit der Begründung, falls das der Fall wäre, würde sich jeder Anspruherhebende, dessen Anspruch abgelehnt worden war, an die Claims Conference wenden[27].

Zusammengefaßt, räumten die Deutschen in der zweiten Verhandlungsphase die folgenden Konzessionen über das hinaus ein, was in den gemeinsamen Empfehlungen beschlossen worden war. Sie stimmten einer Priorität der Ansprüche nicht nur für Personen zu, die über 60 Jahre alt waren, sondern auch für die Kranken und Verkrüppelten; weiter räumten sie Personen, die bis zu DM 5000 forderten, den Vorrang ein (die Deutschen wollten den Vorrang auf soziale Erwägungen basieren. Die Claims Conference schlug Vorrang auf der Grundlage der Höhe der Ansprüche vor, da das leichter zu überprüfen war. Schließlich wurden beide Kriterien angenommen). Anfangs hatte die Claims Conference gefordert, daß Anspruherhebende, die Deutschland vor dem 1. Januar 1947 verlassen hatten (der Stichtag für den Empfang der vollen Wiedergutmachung), eine Wiedergutmachung von insgesamt DM 3000 erhalten sollten. In der zweiten Verhandlungsphase erklärten sich die Deutschen bereit, diesen Anspruchserhebenden (oder ihren Erben) 75 bis 100 Prozent Wiedergutmachung für Tod oder Beeinträchtigung der Gesundheit zu zahlen, ebenso könnten sie Zahlungen aus dem Härtefonds erhalten. Diese Regelung kam für ungefähr 25 000 Anspruchserhebende in Frage, die Deutschland vor dem Stichtag verlassen hatten. Ebenso erklärten sich die Deutschen bereit, Anspruchserhebenden aus Vertriebenengebieten außer Danzig, Memel- und Sudetenland und dem Gebiet östlich der Oder-Neiße-Linie Wiedergutmachung für Freiheitsentzug, Beeinträchtigung der Gesundheit und Invalidität zu zahlen sowie Entschädigung für Sonderabgaben und Schädigung wirtschaftlicher Aussichten bis zu einem Höchstbetrag von RM 50 000 zum Wechselkurs von RM 100 = DM 6,50. Diese Rechte würden auf Personen beschränkt sein, die vor und im Verlauf der Vertreibung ausgewandert waren (1945). Ebenso würde Anspruchserhebenden aus Ostdeutschland Wiedergutmachung gezahlt, die von den Nazis und den Kommunisten verfolgt worden waren, vorausgesetzt, sie ließen sich in der Bundesrepublik nieder (hier wurde kein Stichtag festgelegt). Wiedergutmachung wurde auch für den Freiheitsentzug jener Anspruchserhebenden vorgesehen, die unter Bedingungen ähnlich jenen in Konzentrationslagern Zwangsarbeit geleistet hatten. Auch wurde die Wiederaufnahme von Ruhegeldzahlungen für jene beschlossen, die noch vom Ersten Weltkrieg her dazu berechtigt waren, ebenso wie Wiedergutmachung an Mitglieder freier Berufe und Selbständige bis zu DM 6000 jährlich[28].

Sobald das gesetzgebende Programm erledigt war, schrieb Professor Böhm Leavitt (am 14. August), dem er bestätigte, die Claims Conference würde bei allen Schritten voll konsultiert, die die Bundesregierung ergreifen würde, um das Abkommen durchzuführen. Insbesondere würde die Conference über die Gesetzesvorlage konsultiert, die die Regierung dem Parlament unterbreiten würde, um das Programm zum Gesetz zu erheben. Die Bundesregierung würde die Conference über die Arbeit der zuständigen Behörden voll auf dem laufenden halten, die etwas mit der Wiedergutmachungsgesetzgebung zu tun hatten. Vertreter der Conference würden um Anmerkungen zu Entwürfen dieser Gesetzgebung gebeten werden, wie auch um andere Anmerkungen in diesem Zusammenhang, die sie für notwendig erachteten. Weiterhin würde die Claims Conference vom Fortschritt der Durchführung der Gesetzgebung informiert werden.[29]

Noch mußte die Form des Abkommens zwischen der Bundesregierung und der Claims Conference diskutiert werden. Die Globalzahlung war kein Problem, da sie im Abkommen zwischen Israel und Deutschland aufgenommen worden war. Gemäß deutschem Gesetz mußte jede finanzielle Verpflichtung, die die Bundesrepublik auf sich nahm, vom Bundestag ratifiziert werden, und zu diesem Zweck mußte ein Abkommen mit einem souveränen Staat geschlossen werden, in dem es nach der Ratifizierung Gesetz wurde. (Das Abkommen mit Israel wurde im März 1953 ratifiziert.) Die Unterzeichnung eines Abkommens mit der Claims Conference war problematischer. Die Deutschen behaupteten, es sei nicht möglich, mit der Claims Conference ein Abkommen zu schließen, da sie ein Privatorgan, kein Staat sei. Sie schlugen stattdessen vor, das Abkommen in Form eines Austausches von Briefen vorzunehmen, die das gleiche legale Gewicht wie ein Abkommen hätten. Dem widersetzte sich Leavitt, da es seiner Ansicht nach Präzedenzfälle für Abkommen mit Privatorganen gab. Zwischen der JRSO und den Ländern waren Abkommen unterzeichnet worden, und der Unterschied zwischen den Ländern und der Bundesregierung in diesem Zusammenhang sei lediglich einer des Grades, nicht der Art. Darüber hinaus habe ein formelles Abkommen auch mehr Gewicht als ein Austausch von Briefen, und außerdem entspreche es mehr der Einladung zur Aufnahme von Verhandlungen, die der Kanzler an die Vertreter der Juden der Welt hatte ergehen lassen. Professor Böhm ging nach Bonn, um die Form des Abkommens mit Kabinettmitgliedern zu diskutieren. Schließlich einigte man sich auf ein Protokoll[30]. (Im Gegensatz zu einem bilateralen Abkommen muß ein Protokoll nicht von einem gewählten Parlament ratifiziert werden.)

Auch gab es Meinungsverschiedenheiten über die Präambel zu Protokoll Nr. 2 (über kollektive Wiedergutmachung). Beide Delegationen fertigten eine Reihe von Entwürfen an. Der deutsche Entwurf betonte die NS-Verfolgung der Juden als Grundlage für die kollektive Wiedergutmachung. Leavitt argumentierte, damit werde der Hauptpunkt übersehen: Die von den Deutschen geforderte Wiedergutmachung beziehe sich nicht auf die Verfolgung der Juden, sondern auf das erbenlose eingezogene Vermögen, d. h., ausschließlich auf materiellen Schaden. Folglich hob die Claims Conference in ihrem Entwurf die enormen materiellen Verluste hervor, die den Juden durch die Deutschen zugefügt worden waren. Schließlich wurde ein besonderer Unterausschuß eingesetzt, um den Text der Präambel zum Protokoll zu entwerfen. Der endgültig angenommene Text folgte der Version der Claims Conference[31].

Am 22. August ging die zweite Verhandlungsphase zu Ende. Nachdem die englischen Übersetzungen in der letzten Augustwoche endgültig redigiert worden waren, wurde der Text des Abkommens zwischen der Bundesrepublik und Israel und der beiden Protokolle dem deutschen Kabinett, der israelischen Regierung und dem Knessethausschuß für

Auswärtiges und Verteidigung vorgelegt.

Am 3. September bestätigte die Bundesregierung das Abkommen und die beiden Protokolle. Am 5. September bestätigte die israelische Regierung das Abkommen mit Deutschland und am Tag darauf auch der Knessethausschuß für Auswärtiges und Verteidigung.

Den endgültigen Text des Abkommens zeichneten Shinnar und von Treutzschler am 8. September mit ihren Initialen. Damit waren die Verhandlungen beendet. Jetzt mußte ihr Ergebnis lediglich noch in einer offiziellen Zeremonie unterzeichnet und somit ratifiziert werden.

Die Abkommen und das Ringen um ihre Genehmigung

XI. Die Unterzeichnung der Abkommen in Luxemburg

Die Unterzeichnung des Abkommens und der Protokolle war ein Ereignis, an dem Adenauer persönlich teilnehmen wollte, wie er Anfang August bekanntgab. Einfühlsam wie er Israels Abneigung einer Zeremonie in Deutschland gegenüber war, willigte er ein, sie anderenorts abzuhalten, aber er fügte eine eigene Bitte hinzu: daß auch ein Mitglied der israelischen Regierung unterzeichnen möge. Dabei dachte er an Mosche Scharett. Goldmann, der eine aktive Rolle beim Festlegen der Einzelheiten der Zeremonie gespielt hatte, beriet sich mit der israelischen Regierung, und am 18. August suchte er den Kanzler in seinem Ferienort in Biergenstock auf. Dort wurde beschlossen, das Abkommen am 10. September in Luxemburg zu unterzeichnen, der Kanzler würde im Namen Deutschlands unterschreiben, Mosche Scharett im Namen Israels und Goldmann für die Claims Conference. Später am gleichen Tag würde Adenauer auch das Abkommen für die Europäische Gemeinschaft für Kohle und Stahl in Luxemburg unterzeichnen. Wie er es gewünscht hatte, würde das Wiedergutmachungsabkommen also das erste Abkommen sein, das Deutschland als souveräner Staat unterzeichnete. Dann und erst dann würde es in die Gemeinschaft freier Völker aufgenommen[1].

Die israelische Delegation brach am 8. September nach Luxemburg auf. Am Tag darauf trafen Shinnar, Josephthal und Avner Böhm und zwei andere Mitglieder seiner Delegation, um die Anhänge zum Abkommen mit ihren Initialen zu versehen, die von den Delegationsleitern unterzeichnet werden mußten. Leavitt, der wegen einer Erkrankung nicht zur Unterzeichnung nach Luxemburg kommen konnte, war in Wassenaar, und Böhm und Ferencz fuhren am 8. September dorthin, damit er das Abkommen mit der Claims Conference mit seinen Initialen zeichnen konnte. Dann eilten sie zurück nach Luxemburg, um noch rechtzeitig zur Unterzeichnungszeremonie einzutreffen[2].

Scharett und Goldmann trafen am Abend in Luxemburg ein. Ursprünglich war beabsichtigt worden, daß jeder der Unterzeichnenden eine kurze Rede halten sollte, aber bestimmte Formulierungen in Scharetts Rede waren für die Deutschen unannehmbar, und er war nicht bereit, sie zu streichen. Folglich wurde beschlossen, bei der Unterzeichnungszeremonie überhaupt keine Reden zu halten. Auch das würde ihre besondere Bedeutung kennzeichnen. Ebenso wurde aus Sicherheitsgründen beschlossen, Zeit und Ort der Zeremonie nicht bekanntzugeben. Trotzdem konnten Einzelheiten solch eines wichtigen

Ereignisses nicht der Presse vorenthalten werden, die zahlreich in Luxemburg vertreten war. Allerdings war es möglich, die Anwesenheit von Journalisten durch irreführende Informationen in bezug auf Ort und Stunde der Zeremonie zu umgehen, was denn auch geschah[3].

Die Zeremonie sollte um acht Uhr morgens im Ratssaal des Rathauses stattfinden. Die israelische Delegation traf zu früh ein, so daß niemand zu ihrer Begrüßung anwesend war. Ein Beamter suchte die Schlüssel zum Ratssaal, während die Delegation in dem Saal wartete, in dem Heiraten stattfanden. Einige Minuten vor acht Uhr gingen die Delegationsmitglieder nach oben in den Ratssaal. Vor der Tür wartete Adenauer auf sie zusammen mit Hallstein, Blankenhorn, Böhm, Felix von Eckardt (Regierungssprecher), Hans von Herwarth (Protokollchef des Außenministeriums), Dr. Frowein (Protokollchef) und Jacob Altmeier, den Adenauer in Anerkennung seiner Anstrengungen für das Anknüpfen von Banden zwischen Deutschland und Israel eingeladen hatte, der Unterzeichnung beizuwohnen.

Adenauer begrüßte Scharett mit einem Händedruck. Die Delegationsmitglieder wurden einander vorgestellt und ließen sich dann in der Runde um den Tisch nieder. Adenauer und Scharett unterzeichneten das Reparationsabkommen für die Regierung der Bundesrepublik und die Israels, und Goldmann und Adenauer unterzeichneten die beiden Protokolle für die Claims Conference und die Bundesrepublik. Josephthal, Shinnar und Böhm unterzeichneten das Abkommen über Entschädigung für das Vermögen der deutschen Tempelgesellschaft.

Um 9.30 Uhr fand eine Pressekonferenz statt. Adenauer, Scharett und Goldmann nahmen nicht an ihr teil, sie überließen es den anderen Delegationsmitgliedern, die Presse zu besänftigen, die empört darüber war, an der Nase herumgeführt worden zu sein. Ein formelles Mittagessen aller Delegationen beendete die Unterzeichnungszeremonie der Abkommen, danach reisten die Delegationen aus Luxemburg ab[4].

Das Abkommen zwischen der Bundesrepublik und dem Staat Israel sowie die mit der Claims Conference unterzeichneten Protokolle hatten nicht nur eine außerordentliche Bedeutung, sie stellten auch einen Präzedenzfall in internationalen Beziehungen und im Völkerrecht dar. Das Reparationsabkommen war zwischen zwei Staaten unterzeichnet worden, die zueinander keine diplomatischen Beziehungen noch irgendwelche anderen formellen Verbindungen unterhielten, ja, die sich nicht einmal anerkannten. Während der Massenvernichtungen hatte es weder den Staat Israel noch die Bundesrepublik gegeben, obwohl man sagen könnte, *de facto* hatte ein Kriegszustand zwischen den Völkern dieser beiden Staaten bestanden. Trotzdem waren die Reparationen, die Deutschland Israel zahlte, keine Kriegsreparationen im gewöhnlichen Sinne, die der Sieger dem Besiegten abforderte. Hier gab es keinerlei

Zwang. Die Bundesrepublik nahm eine schwere finanzielle Last auf sich und akzeptierte die Verantwortung für die NS-Verbrechen, um ihren Wunsch nach Sühne dafür zum Ausdruck zu bringen. Auch die Unterzeichnung der Protokolle war beispiellos, denn es war ein Abkommen zwischen einem Staat und einem privaten Organ, das im Völkerrecht keinen legalen Status besaß, der es berechtigte, solch ein Abkommen zu unterzeichnen[5].

Das Abkommen zwischen Israel und der Bundesrepublik bestand aus siebzehn Artikeln, denen neun Briefe beigefügt waren, die sich Adenauer, Scharett, Böhm, Josephthal und Shinnar geschickt hatten. Wie bei internationalen Abkommen üblich, begann das Abkommen mit einer Präambel, die die Gründe für das Abkommen darlegte:

1. Die unsagbaren Verbrechen, die gegen das jüdische Volk während der nationalsozialistischen Gewaltherrschaft verübt worden waren.
2. Die Erklärung vor dem Bundestag vom 27. September 1951, in der die Regierung der Bundesrepublik Deutschland ihre Entschlossenheit bekanntgab, innerhalb der Grenzen ihrer Leistungsfähigkeit die materiellen Schäden, die durch diese Taten verursacht worden waren, wiedergutzumachen.
3. Die Tatsache, daß Israel die Last auf sich genommen hatte, eine große Zahl entwurzelter und mittelloser jüdischer Flüchtlinge aus Deutschland und den früher unter deutscher Herrschaft stehenden Gebieten neu anzusiedeln und deshalb einen Anspruch an die Bundesrepublik Deutschland auf globale Erstattung der entsprechenden Eingliederungskosten geltend gemacht hatte.

Dann kamen die Artikel des Abkommens:
Die Bundesrepublik zahlt Israel den Betrag von drei Milliarden DM. Darüber hinaus zahlt sie Israel 450 Millionen DM zugunsten der Claims Conference für die in Protokoll Nummer 2 festgelegten Zwecke. Der oben erwähnte Betrag wird für den Ankauf von Waren und Dienstleistungen verwendet. Die Jahresraten sind die folgenden: zwei Raten von DM 200 Millionen; neun Raten von DM 310 Millionen, und eine letzte Rate von DM 200 Millionen. (Falls die Bundesrepublik nicht dazu in der Lage sein sollte, Jahresraten von DM 310 Millionen zu leisten, ist sie dazu berechtigt, den Betrag nach entsprechender Mitteilung an Israel auf DM 250 Millionen herabzusetzen.) Bei Empfang der Jahresraten zahlt Israel innerhalb eines Jahres nach Empfang jeder Rate die Jahresrate an die Claims Conference, die ihr zusteht. Die Bundesrepublik wird sich bemühen, den Zahlungszeitraum zu verkürzen, indem sie die Jahresraten erhöht oder indem sie sich um eine Anleihe aus dem Ausland bemüht, die für diesen Zweck verwendet wird.

Artikel 5 bis 11 befassen sich mit den Verfahren für die Lieferung von Waren und ihre Verwaltung; die in Deutschland anzukaufenden

Warengruppen; die Verfahren für den Ankauf von Waren und Dienstleistungen; Mengen und Verfahren für Versicherung und Beförderung, Gebühren und Verwaltungsausgaben; die Prozedur für die Zahlung der Raten durch die Bundesregierung an Israel; Bestimmungen bei einer vorübergehenden Herabsetzung oder Unterbrechung der Jahresraten, ohne daß der Gesamtbetrag herabgesetzt wird, falls die wirtschaftliche oder finanzielle Leistungsfähigkeit der Bundesrepublik ernsthaft beeinträchtigt wird. Ebenso wurde beschlossen, daß die Parteien angesichts von Umständen, unter denen die Natur der Verpflichtung der Bundesrepublik verringert würde, Konsultationen über die restlichen Raten führen würden.

Die nächsten Artikel bestimmten den Mechanismus, mit dem das Abkommen durchgeführt werden sollte. Zu diesem Zweck wurde eine Reihe von Organen geschaffen.

Die israelische Regierung würde eine Mission nach Deutschland entsenden als ihren einzigen Vertreter, die beauftragt würde, das Abkommen durchzuführen. Die Israel-Mission würde Bestellungen aufgeben, Verträge abschließen und durchführen und sich mit der Regierung und anderen Organen über die Durchführung des Abkommens beraten. Die Mitglieder der Mission würden in den Genuß ungefähr der gleichen Rechte, Vorrechte und Befreiungen kommen wie diplomatische Vertreter. Eine Gemischte Kommission würde eingesetzt, bestehend aus Vertretern Israels und der Bundesrepublik. Ihre Aufgabe würde es sein, sich mit den Problemen zu befassen, die sich aus der Durchführung des Abkommens ergaben. Eine Schiedskommission würde eingesetzt, um Streitigkeiten beizulegen, die sich aus der Interpretierung des Abkommens ergaben. Ihre Mitglieder umfaßten einen von jeder Partei, und der Obmann mit der entscheidenden Stimme würde weder ein Staatsangehöriger Israels noch der Bundesrepublik sein. Beide Parteien könnten sich an die Schiedskommission wenden, und ihre Entscheidung würde bindend sein. Die Schiedskommission würde auch zuständig sein, in Streitigkeiten zu entscheiden, die sich aus der Interpretierung von Protokoll Nummer 2 ergaben. Falls die Bundesregierung der Ansicht war, die Claims Conference verwende die Gelder unzweckmäßig oder nutze einen Teil des Betrags nicht, konnte sie sich an die Schiedskommission wenden. Falls die Kommission entschied, das Geld sei unzweckmäßig verwendet worden, würde die Bundesregierung das Recht haben, einen gleichwertigen Betrag von den anschließenden Raten zurückzubehalten oder ihn von der letzten Rate abzuziehen. Falls die Schiedskommission befand, daß das Geld nicht unzweckgemäß verwendet worden war, würde der zurückbehaltene oder abgezogene Betrag nachgezahlt. Ebenso konnte die Bundesregierung eine Entscheidung von der Schiedskommission in bezug auf die Rechtmäßigkeit einer

Übertragung der Rechte und Pflichten der Claims Conference an eine Nachfolgeorganisation fordern[6].

Die wichtigsten der neun dem Abkommen beigefügten Briefe waren die folgenden:

In dem ersten Brief (der aus politischer Sicht der wichtigste war) erklärte Scharett, die israelische Regierung werde keine weiteren Ansprüche gegen die Bundesrepublik aufgrund von oder im Zusammenhang mit Verlusten stellen, die sich aus der NS-Verfolgung ergaben. Allerdings würden die Rechte israelischer Staatsangehöriger, einzeln Wiedergutmachungsansprüche zu stellen, nicht von dem Wiedergutmachungsabkommen beeinträchtigt, obwohl Israel ihnen gemäß Artikel 14 von Protokoll Nummer 1 Wiedergutmachung für Schaden an Gesundheit und Leib sowie Freiheitsentzug zahlen würde.

Brief Nummer 4 war der »Ölbrief«. Deutschland verpflichtete sich, von den ersten beiden Jahresraten den Betrag von DM 150 Millionen für Öllieferungen an Israel an die British Petroleum Company zu zahlen. Die Hälfte des Betrags würde bis zum 31. März 1953 an Großbritannien gezahlt sein. (Dadurch waren Israels lebenswichtige Erdölkäufe sogar noch vor der Ratifizierung des Abkommens vor dem Bundestag sichergestellt.)

Im Brief Nummer 5 teilte Israel die Einrichtung eines staatlichen Unternehmens in Israel mit, das sich mit allen Angelegenheiten im Zusammenhang mit der Durchführung des Abkommens befassen würde.

Brief Nummer 6 betraf die Regelungen für das Verschiffen von Waren von Deutschland nach Israel, in dem festgelegt wurde, daß die Schiffe, die die Waren bringen, entweder unter israelischer Flagge fuhren oder, wenn es deutsche Schiffe waren, unter der Flagge eines Drittlandes.

Im Brief Nummer 7 brachte Israel den Wunsch zum Ausdruck, Gelder aus den Beträgen, die für Verwaltung und andere Ausgaben vorgesehen waren, zum Zweck einer Unterstützung von Juden zu verwenden, die in der Bundesrepublik lebten. Diese Bitte wurde erfüllt.

Im Brief Nummer 8 bat Israel, die Israel-Mission in der Bundesrepublik einzusetzen, bevor das Abkommen in Kraft trat. Auch das wurde gewährt[7].

Sofort nachdem das Abkommen und seine Anhänge unterzeichnet waren, ernannte Scharett Shinnar zum Leiter der Israel-Mission, die das Abkommen durchführen sollte. Schon im Juni legte Shinnar einen Vorschlag vor, wie das Abkommen durchgeführt werden sollte. Jetzt wandte er sich der Aufgabe zu, die Mission zusammenzustellen, die nach Deutschland gehen würde, wie auch der Gründung der staatlichen Stelle in Israel. Er bestand darauf, daß Vertreter aus dem Büro des

Staatskontrolleurs die Mission begleiten müßten, um eine ständige Übersicht über die umfassende Tätigkeit der Mission sicherzustellen. Diese Regelung wurde denn auch eingeführt. Shinnar verpflichtete sich zum Leiter der Mission für nur sechs Monate, bis sich alles glatt eingespielt habe. Schließlich stand er der Mission jedoch dreizehn Jahre vor[8].

Ein zusätzliches Abkommen, das am 10. September von Israel und der Bundesregierung unterzeichnet worden war, betraf das Vermögen der Tempelgesellschaft. In diesem Abkommen verpflichteten sich die beiden Parteien, die Verhandlungen über die Zahlung von Entschädigung für dieses Vermögen aufzunehmen. Die Verhandlungen würden nur mit der Bundesrepublik geführt, es würden keine privaten Ansprüche gestellt werden. Die Gelder würden in DM aus dem israelischen Konto bei der Bank deutscher Länder gezahlt werden, wo die Gelder für Israel eingezahlt würden. Falls die Verhandlungen nicht innerhalb von neun Monaten abgeschlossen waren, würde ein Vermittler ernannt, um in der Frage zu entscheiden, und seine Entscheidung würde bindend sein[9]. (Diese Verhandlungen dauerten schließlich doch jahrelang, und erst 1959 zahlte Israel der deutschen Regierung DM 54 Millionen, um die Sache zum Abschluß zu bringen.)

Protokoll Nummer 1, von Vertretern der Bundesrepublik und der Claims Conference unterzeichnet, befaßte sich mit der Erweiterung der bestehenden Gesetzgebung in der Bundesrepublik für die Wiedergutmachung von NS-Verbrechen. Die Bundesrepublik verpflichtete sich, alle Schritte zu ergreifen, um das Verabschieden des gesetzgebenden Programms sicherzustellen, wie es im Protokoll umrissen war. Das Protokoll war in zwei Teile geteilt: Wiedergutmachung und Rückerstattung.

Wiedergutmachung

Gemäß dem Protokoll würde die bestehende Wiedergutmachungsgesetzgebung durch ein Bundesergänzungs- und -rahmengesetz ergänzt und verbessert werden. Um jüdische Befürchtungen zu beruhigen, wurde die Zusicherung gegeben, daß die rechtliche Stellung der Opfer der NS-Verfolgung nicht hinter der gemäß dem Gesetz über Ansprüche in der amerikanischen Zone zurückstehen würde, auch würden Lücken im Gesetz aufgrund von festgelegtem gewöhnlichem Aufenthalt und Stichtag in der Gesetzgebung der Länder aufgehoben. Wiedergutmachung für Freiheitsentzug würde Personen gezahlt, die die Bundesrepublik vor dem Stichtag in jenen Ländern verlassen hatten, in denen es einen festgelegten gewöhnlichen Aufenthalt und Stichtag gab. Auch Zwangsarbeit unter haftähnlichen Bedingungen würde als Freiheitsentzug betrachtet. Opfer der NS-Verfolgung, die innerhalb der Reichsgrenzen vom 31. Dezember 1937 im »Untergrund« gelebt hatten, würden zu Wiedergutmachung für Freiheitsentzug berechtigt sein. Nahe Verwandte, die Erben eines Opfers der Verfolgung, das nach dem 8. Mai 1945 gestorben war und noch keinen Anspruch gestellt hatte, könnten einen Anspruch auf Entschädigung für Freiheitsentzug stellen, falls eine Verbindung zwischen der Verfolgung und dem Tod des Anspruchserhebenden bestand. Richteten sich die Berechnungen der Jahreszahlungen nach dem Ruhegeld für Beamte, würden alle Veränderungen dieser Ruhegelder auch für Wiedergutmachungszahlungen seit dem 1. April 1952 gelten.

Angehörige freier Berufe und unabhängige Unternehmer würden zwischen einer einmaligen Abfindung bis zu einer Höhe von DM 25 000 wählen können und einer Jahresrente von bis zu DM 500 monatlich als Wiedergutmachung für Existenzschäden. Ebenso würde Wiedergutmachung an Beamte und Angestellte jüdischer Gemeinden und Einrichtungen innerhalb der Reichsgrenzen vom 31. Dezember 1937 gezahlt. Darüber hinaus würde die Wiedergutmachung für Existenzschäden auch für Schädigung der Berufsausbildung und Ausbildung gelten.

Anspruchserhebende, die im Ausland lebten und Anspruch auf die Entschädigung hatten, die Veteranen des Ersten Weltkriegs zustand, würden diese Entschädigung erneut erhalten, wenn sie ihnen durch die Nazis abgenommen worden war.

Anspruchserhebende aus den Vertriebenengebieten (d. h., Gebiete, aus denen deutsche Staatsangehörige und ethnische Deutsche nach dem Krieg von osteuropäischen Staaten vertrieben worden waren), die in die Bundesrepublik gekommen oder ins Ausland gegangen waren, würden Wiedergutmachung für Freiheitsentzug und Schaden an Gesundheit und Leib erhalten. Diese Bestimmung galt nur dann, wenn sie die Gebiete vor Beginn der allgemeinen Vertreibung (1945) verlassen hatten und wenn anzunehmen war, daß sie mit den übrigen Deutschen vertrieben worden wären. Die Überlebenden würden eine Jahresrente erhalten, wenn auf sie die Bestimmungen des allgemeinen Gesetzes über Ansprüche in diesem Punkt zutrafen. Diese Opfer der Verfolgung würden Wiedergutmachung für Sonderabgaben wie die Reichsfluchtsteuer erhalten, und zwar bis zu einer oberen Grenze von RM 150 000, nach dem Wechselkurs von DM 6,50 gleich RM 100 berechnet, sowie Wiedergutmachung für Existenzschäden (ebenfalls bis zu diesem Höchstbetrag gezahlt). Die gleiche Wiedergutmachung würde auch Anspruchserhebenden gezahlt, die ins Ausland ausgewandert waren oder sich während oder nach den großen Vertreibungen in der Bundesrepublik niedergelassen hatten. Die Bedingungen von gewöhnlichem Aufenthalt und Stichtag gemäß dem allgemeinen Gesetz über Ansprüche für Flüchtlinge (das heißt, die Bedingung, daß die Anspruchserhebenden am 1. 1. 1947 in der Bundesrepublik gelebt haben müssen) würden nicht für Personen gelten, die zweimal verfolgt wurden (sowohl von den Nazis wie von den Kommunisten) und die das sowjetisch besetzte Gebiet verlassen hatten und in die Bundesrepublik gekommen waren.

Eine weitere Bestimmung bezog sich auf Opfer der NS-Verfolgung, die jetzt staatenlos oder politische Flüchtlinge waren; sie würden Wiedergutmachung für Freiheitsentzug und Schaden an Gesundheit und Leib erhalten, wie im allgemeinen Gesetz über Ansprüche in der amerikanischen Zone, auf keinen Fall jedoch weniger als drei Viertel jener Sätze. Diese Bestimmung würde sich nicht auf Personen beziehen, die Entschädigung von einem Staat oder einer internationalen Organisation erhielten. Wenn die von diesen Personen erhaltene Entschädigung für ihren Lebensunterhalt nicht ausreichen würde, würden sie zusätzliche Zahlungen aus dem Härtefonds erhalten, den die Bundesrepublik einrichten werde.

Die Bundesrepublik verpflichtete sich, dieses Wiedergutmachungsprogramm so schnell wie möglich durchzuführen, auf jeden Fall jedoch innerhalb von zehn Jahren. Die notwendigen Mittel würden vom Finanzjahr 1953/54 an bereitgestellt werden. Die zugeteilten Gelder würden in Übereinstimmung mit der Zahlungsfähigkeit der Bundesrepublik festgelegt.

In allen Punkten würden die Ansprüche von Anspruchserhebenden über 60 Jahre und die von Bedürftigen vorrangig bearbeitet werden. In diesen Fällen würde volle Wiedergutmachung für Freiheitsentzug und Schaden an Leib und Leben sofort gezahlt. Entschädigung für Vermögens- und Existenzschäden würden, soweit sie als Abfindung ausgezahlt würden, bis zu einem Betrag von 5000 DM sofort gezahlt. Würden die Zahlungen in Form von Jahresrenten gemacht, würde sofort mit der vollen Zahlung begonnen.

Die Bundesrepublik verpflichtete sich, dafür zu sorgen, daß genügend Mittel für alle Ansprüche verfügbar waren und kein Unterschied gemacht würde zwischen jenen, die auf dem Gebiet der Bundesrepublik lebten, und jenen außerhalb davon.

In bezug auf die Frage von Nachweisen würden die Schwierigkeiten in Rechnung gestellt, die sich direkt aus der Verfolgung ergaben: Verlust oder Zerstörung von Akten und Unterlagen, Tod oder Verschwinden von Zeugen. Die Wiedergutmachungsbehörden würden die notwendigen Untersuchungen durchführen, um die für den Fall relevanten Tatsachen festzustellen.

Das Bundesgesetz würde das Prinzip von rechtsgültiger Todesvermutung akzeptieren, wie es in den Gesetzen in der amerikanischen und englischen Zone festgelegt ist.

Rückerstattung

Das Protokoll sagte, die bestehende Gesetzgebung in der Bundesrepublik in bezug auf die Rückerstattung von feststellbarem Vermögen werde in Kraft bleiben. Weitere Artikel sahen vor, daß die Bundesrepublik die Verantwortung für die Beschlagnahmung von Umzugsgut übernehmen würde, das das Reich in europäischen Häfen außerhalb der Bundesrepublik eingezogen hatte, und für Rückerstattung für jene Sorge tragen würde, die gemäß der Rückerstattungsgesetze aufgrund von Urteilen und Urteilssprüchen dazu berechtigt waren. Der Wechselkurs würde DM 1 zu RM 10 sein. Gemäß dem vertraglichen Abkommen (zwischen der Bundesrepublik und den alliierten Mächten vom 26. Mai 1952) war festgelegt worden, daß die Verpflichtung der Bundesrepublik erfüllt sein würde, wenn sie Zahlungen aufgrund von Urteilen und Urteilssprüchen gegen das Reich erfüllt oder wenn sie insgesamt DM 1,5 Milliarden gezahlt habe. Die Bundesrepublik würde sich bemühen, diese Zahlungen innerhalb von zehn Jahren zu erledigen. (Dieser Artikel kam zu dem im vertraglichen Abkommen hinzu.)

Bei geldlichen Rückerstattungsansprüchen, sagte das Protokoll, müsse Ansprüchen bis zu DM 5000 und den Ansprüchen der Älteren, Kranken und Bedürftigen Vorrang eingeräumt werden; Nachfolgeorganisationen würden von einer Besteuerung befreit.

In bezug auf das Lastenausgleichsgesetz würde Wiedergutmachung entsprechend der Grundsätze dieses Gesetzes für Schaden und Verlust von Vermögen und Habe gezahlt, falls die Opfer der Verfolgung den betreffenden Verlust aufgrund von Beschlagnahmung von Vermögen in den Vertreibungsgebieten vor den allgemeinen Vertreibungen erlitten hatten oder falls angenommen werden konnte, daß sie zusammen mit den deutschen Staatsangehörigen vertrieben worden wären (siehe oben). Bei der Zahlung dieser Wiedergutmachung würde die Bestimmung im Gesetz, derzufolge der ständige Aufenthalt des Anspruchserhebenden am 31. Dezember 1950 in der Bundesrepublik oder Westberlin gewesen sein mußte, außer acht gelassen. Anspruchserhebende aus den Vertreibungsgebieten, die außerhalb der Grenzen des ehemaligen Reichs lebten, würden teilweise Wiedergutmachung erhalten. Falls Umzugsgut solcher Verfolgten in europäischen Häfen außerhalb der Bundesrepublik vom Reich beschlagnahmt worden war, waren sie zu einer Entschädigung für die Beschlagnahmung ihres Vermögens berechtigt[10].

Protokoll Nummer 1 enthielt eine Reihe neuer Bestimmungen in bezug auf die Definition von Kategorien von Anspruchserhebenden, die auf Wiedergutmachung ein Anrecht hatten, weiter die Schadenskategorien und die Zahlungsarten.

Zwei Gruppen von Ansprucherhebenden wurden aufgenommen, die nicht in den vorherigen Wiedergutmachungs- und Rückerstattungsgesetzen vorgesehen waren: Staatenlose und politische Flüchtlinge, die keine Entschädigung von einem anderen Staat oder einer internationalen Organisation erhielten, sowie Anspruchererhebende aus den Vertriebenengebieten und Angehörige deutscher ethnischer oder nationaler Gruppen, die ihre Heimat wegen NS-Verfolgung vor den allgemeinen Vertreibungen der Deutschen aus diesen Gebieten verlassen hatten.

Die neuen Kategorien von Schaden und Beeinträchtigung waren: Zwangsarbeit, Leben im »Untergrund« und Beeinträchtigung der Berufsausbildung und Ausbildung.

Auch wurden Angehörigen der freien Berufe und den Selbständigen neue Zahlungsarten geboten, die jetzt zwischen einer einmaligen Abfindung und einer Jahresrente wählen konnten.

Protokoll Nummer 1 wurde eine Reihe von Briefen beigefügt: Im Brief vom 8. September von Professor Böhm an Moses Leavitt verpflichtete sich die Bundesrepublik, einen Härtefonds für Opfer der Verfolgung einzurichten, für die es keinen Fonds für diesen besonderen Zweck gab. In einem zusätzlichen Brief des gleichen Datums setzte Leavitt Böhm von der Erwartung der Claims Conference in Kenntnis, daß das zwischen ihnen geschlossene Abkommen durchgeführt würde und daß es ständigen Kontakt zwischen der Bundesrepublik und der Claims Conference über den Fortschritt bei der Verabschiedung der Wiedergutmachungsgesetzgebung geben werde. Böhm bestätigte das in der Antwort, und er verpflichtete sich, dafür zu sorgen, daß der Claims Conference nach Konsultation mit den verschiedenen zuständigen Regierungsministerien ausführliche Informationen zugehen würden[11].

Protokoll Nummer 2 begann mit der Regelung der kollektiven Zahlung an die Claims Conference. Zuerst führte es die Mitgliedsorganisationen der Claims Conference auf, dann folgte die Präambel, die wie das Abkommen mit Israel die Gründe für den Anspruch anführte. Die folgenden Gründe wurden angeführt: Das NS-Regime hatte gewaltige Werte an Vermögen und anderem Besitz von Juden in Deutschland und in den besetzten und annektierten Gebieten eingezogen. Unschätzbare Werte konnten durch individuelle Wiedergutmachung und Rückerstattung nicht mehr zurückgegeben werden, weil es keine Anspruchererhebenden mehr gab. Eine beachtliche Anzahl von jüdischen Verfolgten des NS-Reiches, denen die bestehende und erweiterte Gesetzgebung helfen könnte, befanden sich wegen der Verfolgung in Not. Deshalb brachte Deutschland seine Bereitwilligkeit zum Ausdruck, für die zugefügten Verluste Wiedergutmachung zu leisten.

Die Hauptartikel des Protokolls sagten, die Bundesrepublik verpflichte sich in ihrem Abkommen mit Israel, Israel DM 450 Millionen für die Claims Conference zu zahlen. Diese Gelder, hieß es, seien für die Hilfe, Rehabilitierung und Neuansiedlung von NS-Opfern bestimmt. Die Dringlichkeit der jeweiligen Bedürfnisse werde von der Claims Conference festgelegt, und die Gelder würden für die Opfer der Verfolgung verwendet, die außerhalb von Israel lebten. Einmal im Jahr würde die Claims Conference der Bundesregierung über die von Israel übergebenen Mittel und ihre Verwendung Bericht erstatten. Die Claims Conference sei nach vorheriger Mitteilung an die Bundesregierung dazu berechtigt, ihre Rechte und Pflichten einer oder mehreren jüdischen Organisationen zu übertragen. Streitigkeiten würden gemäß Artikel 15 des Abkommens mit Israel (Schiedskommission) beigelegt[12].

An dem Tag, an dem das Wiedergutmachungsabkommen und die beiden Protokolle unterzeichnet wurden, wurde auch das Abkommen zwischen Israel und der Claims Conference unterzeichnet. Es bestimmte, daß die Zahlungen an die Claims Conference fünfzehn Prozent der Gesamtsumme von DM 3450 Millionen betragen würden, die Israel erhalten sollte, und daß die Zahlungen innerhalb eines Jahres vorgenommen würden, nachdem Israel die Jahreszahlung von Deutschland erhalten hatte[13].

Das Wiedergutmachungsabkommen und die Protokolle weckten lebhaftes Interesse. Die – diversen und zahlreichen – Reaktionen reichten von Zufriedenheit und Wertschätzung bis Skepsis und Ablehnung.

In Israel war die Reaktion im allgemeinen günstig. Trotz der Hindernisse und Verzögerungen waren die Verhandlungen erfolgreich zu Ende geführt worden, und Israel würde jetzt Mittel erhalten, die für seine Wirtschaft lebenswichtig waren.

Goldmann reiste zusammen mit Scharett von Luxemburg nach Israel ab und traf Ben Gurion. Ben Gurion sagte ihm, sie hätten das Privileg gehabt, zwei Wundern beizuwohnen: der Gründung des Staates Israel und dem Unterzeichnen des Abkommens mit Deutschland. Er, Ben Gurion, sei für das erste verantwortlich gewesen und Goldmann für das zweite. Er habe zwar stets an die Verwirklichung des ersten Wunders geglaubt, aber an dem zweiten habe er bis zum letzten Augenblick gezweifelt.

Die gleiche Anerkennung der außerordentlichen Bedeutung des Abkommens, vermischt mit Zweifeln an Deutschlands gutem Willen, kam auch in Ben Gurions Dankbrief an Goldmann vom 17. September zum Ausdruck. Der Brief hob die sehr große moralische und politische Bedeutung des Abkommens hervor sowie seine Bedeutung als Präzedenzfall in internationalen Beziehungen. Zum ersten Mal hatte sich ein Staat allein aufgrund von moralischem Druck dazu verpflichtet, jenen Wiedergutmachung zu zahlen, die durch seinen Vorgänger gelitten hatten[14].

Der Wert des Abkommens lag auch darin, daß es beispiellos in der jüdischen Geschichte war. Zum ersten Mal erhielt das jüdische Volk Wiedergutmachung für den ihm zugefügten Schaden. Diesen Punkt hob der israelische Außenminister Mosche Scharett auf einer Pressekonferenz am 11. September in Paris hervor, wo er erklärte, das Wiedergutmachungsabkommen sei in der Geschichte internationaler Beziehungen einmalig. Er beschrieb die Schrecken der Massenvernichtungen und betonte, es könne keine Sühne für die ermordeten Millionen geben. Dann fuhr er fort mit einer Erklärung der historischen Bedeutung des Wiedergutmachungsabkommens. Es sei allein aufgrund eines Bewußtseins der moralischen Verantwortung geschlossen worden, und seine Bedeutung sei deshalb für die Erziehung des deutschen Volkes wie auch als historischer Präzedenzfall für die ganze Welt gewaltig. Indem die Bundesrepublik ihre Verpflichtungen Israel gegenüber erfülle, würde sie ihre Bereitschaft beweisen, das angerichtete Unrecht wiedergutzumachen, gleichzeitig würde sie einen lobenswerten Beitrag zu Gesetz und Gerechtigkeit in der menschlichen Gesellschaft leisten[15].

Diejenigen, die sich den Verhandlungen mit Deutschland widersetzt hatten, änderten ihre Einstellung nicht. Es wurden Reden gehalten, in denen die Wiedergutmachung verurteilt wurde, und zynische Berechnungen schätzten den Wert jedes ermordeten Juden in Bargeld ab. Auch wurde argumentiert, Israel und die Claims Conference hätten nur ungefähr sechzig Prozent ihrer Forderungen erhalten. Auch die Zukunft des Abkommens wurde in den düstersten Farben ausgemalt. Es wurde vorausgesagt, daß 1956, wenn neun Raten noch unbezahlt sein würden, Adenauer wahrscheinlich nicht mehr im Amt sein und durch eine Nazi-Regierung ersetzt sein würde, die alle Zahlungen einstellen würde. (Aus einem Brief an die *New York Times* vom 22. September 1952 von Joseph Schechtman.)

In Deutschland war die Reaktion, abgesehen von der lautstarken und feindseligen Reaktion auf die Abkommen durch Randgruppen der extremen Linken und Rechten, vorwiegend ruhig, insbesondere bei der Mittelklasse. 1952 waren die meisten NS-Anhänger der Mittelklasse schon »entnazifiziert« worden und zu ihrer Arbeit zurückgekehrt; einige von ihnen betrachteten die Wiedergutmachung an Israel als einen Versuch, »sich Nachsicht zu erkaufen[16]«.

In den Vereinigten Staaten brachten die wichtigen Zeitungen ihre Wertschätzung und Zufriedenheit über das Abschließen des Wiedergutmachungsabkommens zum Ausdruck, allerdings nicht ohne hervorzuheben, für den Mord und die Folter könne es keine Sühne geben. Artikel in der *New York Times*, der *New York Herald Tribune* und dem *Christian Science Monitor* schrieben, mit diesem

Abkommen und den Protokollen tue die deutsche Regierung alles in ihrer Macht Stehende, um die Rehabilitierung der überlebenden NS-Verfolgten zu fördern. Das sei der erste Schritt, um Deutschland die Stellung zurückzugewinnen, die es in der Zeit vor Hitler innehatte, nämlich die einer geachteten und verantwortlichen Nation. Kanzler Adenauer wie auch Nahum Goldmann erhielten persönlich viel Lob und Wertschätzung[17]. Allem Anschein nach hatte Adenauer die politische Bedeutung des Wiedergutmachungsabkommens für die Zukunft Deutschlands und seine erneute Aufnahme in die Familie freier Nationen richtig beurteilt.

XII. Arabische Schritte gegen die Abkommen

Nach der Unterzeichnung der Abkommen in Luxemburg betrat eine neue Partei die Bühne, die eine Zeitlang die Ratifizierung zu verhindern schien. Die arabischen Einwände gegen die Verhandlungen in Wassenaar waren, während sie stattfanden (März bis September 1952), nicht besonders kräftig zu hören, vor allem aus der Überzeugung heraus, die Verhandlungen würden nur magere Früchte tragen. Aber es gab Proteste. Der jordanische Ministerpräsident warnte Adenauer in einem Brief, die Unterzeichnung eines Abkommens mit Israel werde sich nachteilig auf die jahrhundertealte Freundschaft zwischen Deutschland und dem arabischen Osten auswirken. Die syrische Regierung schickte dem Kanzler ein Memorandum mit einer Warnung: Sollte Deutschland sich zur Zahlung von Reparationen an Israel entschließen, werde ihm die Achtung und Freundschaft der arabischen Länder verlorengehen. Auch wurde angedroht, die Einfuhren aus Deutschland einzustellen.

Da Deutschland zu diesem Zeitpunkt noch nicht seine Souveränität zurückerhalten hatte, wandte sich die syrische und die libanesische Regierung auch an die englische Regierung (27. März) mit der Forderung, ein Teil des in Wassenaar zur Diskussion stehenden Geldes müsse arabischen Flüchtlingen zugeteilt werden. Wenn die Deutschen die Verantwortung für die Neuansiedlung jüdischer Flüchtlinge in Palästina übernahmen, behaupteten sie, müßten sie auch die Unterstützung arabischer Flüchtlinge übernehmen, die aufgrund des Krieges von 1948 aus Palästina geflohen waren. Am 8. August erklärte Abd ar-Rahmān Azzam, Generalsekretär der Arabischen Liga, die arabischen Staaten würden Schritte ergreifen, um die Zahlung von Entschädigung an arabische Flüchtlinge sicherzustellen, sobald ein Abkommen zwischen den Juden und Deutschland unterzeichnet worden sei.

Die arabischen Proteste beeindruckten die Deutschen, mindestens anfangs, nur wenig. Adenauer, der der Ansicht war, der Aussöhnung mit dem jüdischen Volk komme die höchste Bedeutung zu, beabsichtigte, die Angelegenheit trotz aller Hindernisse zu Ende zu führen. Trotzdem versuchte die Bundesrepublik, die Araber sowohl vor der Unterzeichnung des Abkommens wie danach zu besänftigen. Von Eckardt, der Sprecher der Bundesregierung, wiederholte bei mehreren Gelegenheiten, seine Regierung wolle ihre guten Beziehungen mit der arabischen Welt aufrechterhalten.

In ihrem offiziellen Bulletin vom 12. September 1952 veröffentlichte die Bundesregierung einen Appell an die Araber, für ihre Stellung

Verständnis zu zeigen und die Faktoren, die hinter dem Abkommen standen, objektiv zu beurteilen.

Allerdings waren die Araber nicht zu überzeugen; nachdem das Abkommen unterzeichnet war, begannen sie einen konzertierten Feldzug, um seine Ratifizierung zu verhindern[1]. Um ihren Standpunkt zu untermauern, brachten sie eine Reihe von Beweggründen vor:

Israel sei nicht zu Reparationen aus Deutschland berechtigt, da es zur Zeit der Vernichtung der europäischen Juden überhaupt noch nicht existiert habe. Die arabischen Staaten befänden sich mit Israel im Kriegszustand, und indem Deutschland Reparationen zahlte, gebe es seine Neutralität auf. Die Warenlieferungen würden Israel und sein militärisches Potential stärken, selbst wenn diese Lieferungen keine militärische Ausrüstung umfaßten. Israel könne einen Teil der von Deutschland erhaltenen Waren verkaufen und mit den so erhaltenen ausländische Devisen Waffen kaufen. Das wirtschaftliche Gleichgewicht im Nahen Osten werde durch die schnelle Entwicklung der israelischen Wirtschaft gestört.

Die Argumente wurden begleitet von Warnungen von einem Boykott deutscher Waren in allen muslimischen Ländern.

Adenauer rückte jedoch nicht von seinem Standpunkt ab, Israel müßten Reparationen gezahlt werden, und die arabischen Argumente wies er mit eigenen zurück. Seiner Ansicht nach hatte der Sicherheitsrat bestimmt, zwischen Israel und den arabischen Staaten herrsche kein Kriegszustand, und folglich übertrete Deutschland seine Neutralität nicht, wenn es Israel Reparationszahlungen machte.

Diese Zahlungen würden Israels Militärpotential nicht stärken, da Israel gemäß den Bedingungen des Abkommens keinen Teil der Waren weiterverkaufen durfte. Darüber hinaus würden die Zahlungen nicht das wirtschaftliche Gleichgewicht im Nahen Osten stören, da Deutschland neben seinem Abkommen mit Israel bereit sei, mit den arabischen Ländern Handelsverträge abzuschließen, und dadurch in der Lage wäre, ihnen mit Waren und Fachleuten zu helfen[2].

Außerdem sehe die Handelsbilanz so aus, daß der angedrohte Boykott den Arabern mehr schaden würde als Deutschland. Die Araber führten mehr nach Deutschland aus – vorwiegend (ägyptische) Baumwolle und (irakisches) Erdöl –, als sie einführten. Würden diese Ausfuhren eingestellt, könnten andere Lieferländer für Baumwolle und Erdöl gefunden werden.

In seinen Memoiren schrieb Adenauer, er sei nicht bereit gewesen, den Drohungen der Arabischen Liga nachzugeben, und auf keinen Fall würde er es zugelassen haben, daß die Unterzeichnung des Wiedergutmachungsabkommens von der Zustimmung der arabischen Staaten abhänge. Das Abkommen mit Israel gleiche keinem gewöhnlichen

Abkommen. Falls Deutschland aus Furcht vor Wirtschaftssanktionen es nicht gewagt hätte, seine Entscheidung durchzuführen, für das, was Hitler den Juden angetan hatte, Wiedergutmachung zu leisten, sei es entehrt und müsse sich schämen. Wollte das deutsche Volk ein neues, ein anderes Deutschland, mußte es zu einem materiellen Opfer bereit sein[3].

Obwohl Adenauer unerschütterlich blieb, hatte die arabische Propaganda in Deutschland einen gewissen Erfolg. Ihre Argumente wurden von Gruppen im Land aufgegriffen und wiederholt, die sich dem Abkommen mit Israel widersetzten, vor allem Industrielle und wichtige Geschäftsleute mit finanziellen Interessen im Nahen Osten, denen es gelang, Journalisten und Parlamentsmitglieder von dem Verlust des potentiellen arabischen Marktes zu überzeugen, der auf das Abkommen folgen würde. Auch ehemalige Nazis befürworteten die arabischen Behauptungen.

In der Januar-Ausgabe von 1953 der Zeitschrift *Chemie* schrieb Franz Josef Strauß, einer der Leiter der Christlich-Sozialen Union (der bayerische Flügel der Christlich-Demokratischen Union), die Bundesrepublik müsse gute Beziehungen zu den arabischen Staaten zu schätzen wissen, und warnte vor den Verlusten, die sie nach der Unterzeichnung des Abkommens mit Israel erwarteten. Schon am 11. September ließ Strauß' Partei zusammen mit der Deutschen Partei, den Freien Demokraten und der Zentrumspartei in einem gemeinsamen Brief den Aufruf an die Bundesregierung ergehen, Rücksicht auf den arabischen Widerstand zu nehmen und den Luxemburger Vertrag nicht zu ratifizieren. Hjalmar Schacht, der im Dritten Reich Wirtschaftsminister gewesen war, vertrat die Ansicht, die Bonner Regierung sei unter Druck von den West-Mächten zur Unterzeichnung des Abkommens mit Israel gezwungen worden. Eine Reihe von Zeitungen, die vorher die Entscheidung der Bunderegierung, den Juden Wiedergutmachung zu zahlen, unterstützt hatte, vertrat jetzt die Ansicht, die arabischen Proteste könnten nicht überhört werden. Die wirtschaftliche Bedeutung der arabischen Länder als ein Markt für deutsche Waren war jetzt auf einmal ihre Hauptsorge. Einige rieten, die Ratifizierung des Abkommens aufzuschieben, bis auch die Araber ihm zustimmten[4].

Um die Bundesregierung von der Durchführung des Abkommens abzuschrecken, ergriffen die Araber eine Reihe von Schritten, um ihre Macht zu zeigen; allerdings erwiesen sie sich nicht als besonders wirkungsvoll. Saudiarabien machte eine große Bestellung für Kommunikationsausrüstung von Siemens rückgängig, später hob es diesen Schritt wieder auf. Die syrische Regierung drohte an, die Verhandlungen mit deutschen Firmen über den Ausbau des Hafens von Latakia einzustellen, später nahm sie die Verhandlungen jedoch wieder auf. Die libanesische und die saudische Regierung drohten mit dem Abbruch der diplomatischen Beziehungen zu Deutschland.

Angesichts dieser Entwicklungen kam die Bundesregierung zu dem Schluß, Konzessionen würden von den Arabern nicht durch Nachgeben, sondern durch Verhandlungen gewonnen. Auch die Zeitung *The Economist* kam zu dieser Schlußfolgerung. Im November 1952 schrieb sie, die Araber verhielten sich bei Verhandlungen nur dann hartnäckig, wenn sie den Eindruck hatten, die andere Partei gebe nach; folglich würden Anzeichen von deutscher Seite, man sei besorgt, sie nur zu größerer Hartnäckigkeit anspornen[5].

Im Oktober beschlossen die arabischen Staaten, eine Delegation nach Deutschland zu schicken, um die Regierung dazu zu überreden, das Abkommen mit Israel nicht zu genehmigen. Die Delegation, an deren Spitze Ahmed el-Daouk stand, der ehemalige Ministerpräsident des Libanon und Botschafter in Paris, mit Vertretern aus dem Irak, Syrien und Ägypten, traf am 20. Oktober in Bonn ein und wurde mit allen üblichen Ehren empfangen. Die Delegation hatte eine Unterredung mit Adenauer wie auch mit Wirtschaftsminister Erhard, mit Professor Hallstein, Parlamentsmitgliedern, Finanziers und Geschäftsleuten.

Auf diesem Treffen mit der Delegation erklärte Kanzler Adenauer, nachdem er das Abkommen unterzeichnet habe, werde er nicht mehr zurückgehen. Die Wiedergutmachungszahlungen an Israel stellten einen aufrichtigen Versuch moralischer Wiedergutmachung Deutschlands für das Unrecht dar, das den Juden durch die Nazis zugefügt worden war. Auch versicherte er, die nach Israel zu schickenden Waren seien für die Neuansiedlung und Rehabilitierung von überlebenden NS-Verfolgten bestimmt, und sie würden weder Waffen noch Munition umfassen.

Auf dem Treffen mit Hallstein schlugen die Araber die Durchführung des Abkommens über die Vereinten Nationen vor. Hallstein lehnte diesen Vorschlag ab genau wie die arabische Behauptung, Deutschland verletze seine Neutralität.

Nachdem die Delegation den entschlossenen Standpunkt der Regierung erlebt hatte, versuchte sie, die Kommunikationsmittel und die öffentliche Meinung mobilzumachen. Auf einer Pressekonferenz ging sie sogar so weit, Kabinettsmitglieder anzugreifen, aber ihre Versuche schlugen fehl. Nach dem offiziellen Ende des Besuchs traf die Delegation auch weiterhin mit Politikern und Industriellen zusammen. Sie konzentrierte sich vorwiegend auf ehemalige Nazis und ihre Sympathisanten. Aber die deutsche öffentliche Meinung schlug nicht auf ihre Seite um, im Gegenteil, als die Mission abreiste, konnte sie keinerlei Erfolg für sich verbuchen[6].

Nach ihrer Rückkehr tönten fast täglich arabische Drohungen aus Kairo. Im November trug Deutschland Ägypten einen Handelsvertrag mit den arabischen Staaten an, um ihnen bei ihrer Entwicklung beizustehen, sowie eine formelle Garantie, keine Waffen an Israel zu liefern. Ägypten ging nicht darauf ein. Am 11. November diskutierte das deutsche Kabinett die arabische Reaktion auf das Angebot und teilte mit, sein Standpunkt in bezug auf Rückerstattung und Wiedergutmachung sei unverändert. Am Tag darauf drohte der politische Ausschuß der Arabischen Liga der Bundesregierung wie schon in der Vergangenheit in einem Brief mit dem Abbruch aller Wirtschaftsbeziehungen.

Angesichts dieser arabischen Drohungen blieb die Bundesregierung fest, obwohl sie auch zwei versöhnliche Gesten machte. Mitte Dezember drängte der deutsche Botschafter in Ägypten seine Regierung, dem arabischen Vorschlag zuzustimmen, die Reparationszahlungen an Israel über die Vereinten Nationen zu leiten. Der Vorschlag wurde dem israelischen Konsul in München, E. K. Livneh, unterbreitet, der ihn sofort ablehnte. In Bonn bemühten sich Goldmann und Shinnar, dem Vorschlag entgegenzuwirken. Dabei trafen sie häufig Adenauer, Hallstein und die Botschafter der Westmächte. Josephthal wurde von Scharett nach Bonn geschickt, und auch er unterhielt sich mit Hallstein. In Washington nahm sich Abba Eban, der damalige israelische Botschafter in den Vereinigten Staaten und israelischer Vertreter bei der UNO, energisch der Sache an. Diese Anstrengungen waren erfolgreich, und der Vorschlag wurde fallengelassen.

Die zweite Geste folgte im Februar 1953. Um seinen Vorschlag für das Abschließen eines Handelsvertrags mit den arabischen Ländern deutlich zu machen und ihnen Wirtschaftshilfe anzubieten, schickte Deutschland eine Wirtschaftsmission unter der Leitung des Staatssekretärs für Wirtschaft, Ludger Westrick, nach Ägypten. Westrick bot Kredite in Höhe von 71,4 Millionen Dollars zu niedrigen Zinsen an. Die Ägypter forderten jedoch langfristige Kredite ähnlich den Zahlungen, zu denen sich Deutschland Israel und der Claims Conference gegenüber verpflichtet hatte: »Reparationen um Reparationen«. Westrick konnte dem nicht zustimmen, und die Ägypter antworteten darauf mit politischer Erpressung. Da ihnen bestens bekannt war, daß die Bonner Regierung nichts mehr marterte als ein Versuch, die Spannung zwischen ihr und Ostdeutschland auszunutzen, luden die Ägypter eine ostdeutsche Mission zu sich. Aber wieder schlug der arabische Versuch eines Drucks auf die Bundesregierung fehl, und außerdem war die öffentliche Meinung in Westdeutschland der arabischen Stellung gegenüber nun noch weniger günstig gesinnt.

Bei seiner Rückkehr nach Bonn riet Westrick Adenauer, das Wiedergutmachungsabkommen ohne zu zögern ratifizieren zu lassen. Er berichtete, seiner Ansicht nach würden die Araber trotz ihrer Androhungen nichts unternehmen, was ihre Beziehungen zu Bonn schädigen könne. Das Angebot von Kredit an die Araber, das bei dem Besuch der Wirtschaftsmission nach Kairo abgelehnt worden war, wurde auch fallengelassen[7].

XIII. Ratifizierung des Wiedergutmachungsabkommens und Verabschiedung des Bundesentschädigungsgesetzes

Nachdem die erfolglosen Versuche aufgegeben worden waren, die Araber zu versöhnen, wurde das Abkommen im Februar 1953 dem Kabinett vorgelegt und am 13. Februar genehmigt. Der Weg für eine Ratifizierung war jetzt frei von allen Hindernissen – oder so schien es mindestens –, allerdings nicht allzu lange. In den Briefen 6A und 6B, die dem Wiedergutmachungsabkommen beigefügt worden waren, hatte die Bundesrepublik zugestimmt, die Waren, die nach Israel geschickt würden, würden nicht in Schiffen unter deutscher Flagge befördert. Gegen diese Einschränkung erhoben Schiffahrtskreise in Deutschland jetzt jedoch heftig Einspruch. Diese Kreise, durch den bayerischen Ministerpräsidenten Hans Ehard im Ausschuß für Auswärtiges im Bundesrat vertreten sowie durch den Vertreter des großen Hafens und Schiffahrtszentrums Bremen, erklärten, sie würden sich einer Ratifizierung widersetzen, solange diese diskriminierenden Bestimmungen nicht aufgehoben waren.

Am 10. Februar mußte Staatssekretär Hallstein vor dem Ausschuß für Auswärtiges des Bundesrates wegen dieser Bestimmungen über die Schiffahrt schwere Kritik einstecken. Daraufhin traf er Shinnar und bat ihn, die Bestimmungen zu ändern. Da das Abkommen einschließlich dieser Bestimmung bereits unterzeichnet worden war und da die öffentliche Meinung in Israel in dieser Angelegenheit außerordentlich empfindlich reagierte, kehrte Shinnar zu Konsultationen nach Israel zurück. Trotz der Gefahr einer negativen Reaktion in der israelischen Öffentlichkeit genehmigte Ben Gurion am 27. Februar einen neuen Entwurf des umstrittenen Passus ohne die Worte »die zu verwendenden Schiffe sind Schiffe unter der Flagge eines Drittlandes«. Shinnar kehrte mit dem geänderten Text nach Bonn zurück, der durch einen Austausch von Briefen mit dem Datum 3. März 1953 zwischen Shinnar und Hallstein dem Abkommen beigefügt wurde[1]. Jetzt konnten also Schiffe unter deutscher Flagge für den Warentransfer nach Israel verwendet werden.

Somit konnte das Abkommen erst Anfang März, knapp einen Monat vor dem Ende des Rechnungsjahres, dem Bundestag vorgelegt werden. Das Rennen gegen die Uhr fing an. Nur wenn das Abkommen bis zum 20. März ratifiziert war, würde das Jahr 1952/53 im Abkommen aufgenommen werden. Wenn nicht, würden unüberwindliche Schwierigkeiten entstehen, hauptsächlich in bezug auf den »Ölbrief«, der die

Lücke in den Zahlungen einige Monate lang überbrücken sollte. Die Zahlungen würden ein volles Jahr aufgeschoben werden müssen, und dringende Projekte in Israel, die auf eine Durchführung warteten, müßten aufgegeben werden.

Das Abkommen wurde dem Bundestag am 4. März unterbreitet. Adenauer, der es dem Haus selbst vorstellte, berichtete von den Hintergründen des Abkommens und umriß die wichtigsten Bestimmungen. Eine Ratifizierung des Abkommens und das Verabschieden des Entschädigungsgesetzes würden, betonte er, den Schlußstrich unter das schmerzlichste Kapitel der deutschen Geschichte setzen. Das deutsche Volk habe die moralische Verpflichtung, den überlebenden NS-Verfolgten zu helfen, selbst wenn es dafür Opfer erbringen müsse. Die Zahlungen, die Deutschland leisten würde, seien keine Reparationen im üblichen Sinn, da Deutschland gegen Israel keinerlei Kriegsakte begangen hatte, aufgrund derer es Reparationen an Israel zahlen müsse. Die Zahlungen seien dazu bestimmt, Israel für die Last zu entschädigen, die ihm durch die Aufnahme von Abertausenden von überlebenden NS-Verfolgten aufgebürdet worden war. In Anlehnung an die arabischen Argumente fügte Adenauer hinzu, die Zahlungen seien durch einschränkende Bestimmungen abgesichert, so daß sie nicht für den Ankauf von Waffen oder Militärausrüstung verwendet werden konnten.

Adenauer nahm auch Stellung zu dem Abkommen mit der Claims Conference in bezug auf die Wiedergutmachung an einzelne. Er erklärte seine Bedeutung und seine veranschlagten Kosten, die weit über das des Wiedergutmachungsabkommens hinausgehen würden. Indem er sich auf die aggressive Kampagne bezog, die die arabischen Staaten gegen das Abkommen führten, wiederholte Adenauer seine Gegenargumente und bekräftigte, sein Standpunkt habe sich nicht geändert.

Schließlich legte er den Wert des Abkommens und der Protokolle für die Schaffung einer neuen Beziehung zwischen dem jüdischen Volk und dem deutschen Volk dar, weiter für die Entwicklung guter internationaler Beziehungen im allgemeinen und für die Stärkung der Toleranz auf der Welt[2].

Die erste Lesung des Abkommens in Form einer Gesetzesvorlage fand noch am gleichen Tag, am 4. März, statt; es wurde dem Ausschuß für Auswärtiges übergeben. Der Vorschlag einiger Bundestagsmitglieder, die Ratifizierung aufzuschieben, indem die Gesetzesvorlage dem Haushaltsausschuß und dem Vertragsausschuß übergeben würde, wurde mit Stimmenmehrheit abgelehnt. Die Gesetzesvorlage kam vom Ausschuß für Auswärtiges am 12. März zurück, und die zweite und dritte Lesung wurden auf den 18. März angesetzt, zwei Tage vor dem Ende der Bundestagssitzung.

Die Gesetzesvorlage stand ganz unten auf der Tagesordnung, und es wurde allgemein befürchtet, es bleibe keine Zeit mehr, um sie zu diskutieren. Erst am Abend wurde sie schließlich in Angriff genommen. Graf von Spreti, Mitglied des Bundestagsausschusses für Auswärtiges, berichtete dem Bundestag von den Diskussionen des Ausschusses und gab eine Übersicht über die Artikel des Abkommens und die beiden Protokolle. Er beendete seine Bemerkungen mit der Erklärung, Deutschland sei dazu verpflichtet, das Abkommen zu ratifizieren.

In der anschließenden Debatte bekräftigten Eugen Gerstenmaier und Carlo Schmid von der Sozialdemokratischen Partei Deutschlands moralische Verpflichtung, Wiedergutmachung zu leisten. Ihre Partei habe durchweg eine Wiedergutmachung für die Juden befürwortet, und sie brachten ihre Hoffnung für eine Versöhnung in der Zukunft zwischen beiden Völkern zum Ausdruck.

Die Freien Demokraten forderten dagegen, nicht nur Israels Interessen müßten in Rechnung gestellt werden, sondern auch die der arabischen Staaten. Genauso wenig könnten die Schwierigkeiten außer acht gelassen werden, die deutschen Bürgern entstanden, die in gutem Glauben jüdisches Vermögen erworben hatten.

Die Deutsche Partei widersetzte sich einer Ratifizierung, weil die Zahlung von Wiedergutmachung ihrerseits zu neuen Ungerechtigkeiten führen würde. Hinter diesen Argumenten verbarg sich selbstverständlich die Abneigung der Nazis, die den Großteil der Parteimitglieder stellten, Deutschlands Schuld anzuerkennen. Wie erwartet, lehnte die Kommunistische Partei die Ratifizierung ab. Die Parteivertreter vertraten die Ansicht, mit den Wiedergutmachungszahlungen würde die israelische Industrie aufgebaut werden, und es bestehe keinerlei Verbindung zu einer Entschädigung für NS-Opfer. Israel würde ein militärischer und strategischer Stützpunkt für die Westmächte im Nahen Osten werden, und die einzigen, die aus dem Abkommen Nutzen ziehen würden, wären israelische und deutsche Industrielle und die Westmächte.

Der Sprecher der Bayernpartei räumte die Notwendigkeit von Entschädigungszahlungen an einzelne ein, widersetzte sich jedoch der Kollektivzahlung an den Staat Israel mit der Begründung, dadurch würden möglicherweise die Zahlungen an einzelne Anspruchserhebende verzögert.

In jener Nacht wurde um 23 Uhr nach einer dreistündigen Debatte über die zweite und dritte Lesung der Gesetzesvorlage abgestimmt. Das Abkommen wurde mit einer großen Mehrheit ratifiziert. Dreihundertundsechzig der 402 Bundestagsmitglieder beteiligten sich an der Abstimmung, 239 stimmten dafür, 35 dagegen und 86 enthielten sich der Stimme. Eine Analyse der Stimmen zeigt, daß die wichtigste

Oppositionspartei, die Sozialdemokraten, das Abkommen am zahlreichsten unterstützte. Von den Christdemokraten enthielten sich 39 der Stimme, einschließlich zwei Ministern – Finanzminister Schäffer und Hellwege, Minister für Angelegenheiten des Bundesrates. Justizminister Dehler hielt sich während der Abstimmung nicht im Bundestag auf. Die meisten Stimmenthaltungen gab es im bayerischen Flügel der Regierenden Partei, an dessen Spitze Franz Josef Strauß stand. Ebenso fielen die Stimmenthaltungen bei Vertretern besonderer Wirtschaftsinteressen ins Auge. Viele Vertreter des Industriegebietes an der Ruhr folgten dem Beispiel des Verbands deutscher Industrie, der behauptete, die Aufmerksamkeit müsse vor allem wirtschaftlichen, nicht politischen Interessen[3] gelten, und er sei über das Abkommen nicht besonders glücklich.

Die Stimmen gegen das Abkommen stammten, wie erwartet, von den Kommunisten, den Vertretern der Deutschen Partei und den Freien Demokraten, sowie von Unabhängigen, aber auch von fünf Mitgliedern der Regierungspartei.

Das Abkommen, das vom Bundestag ratifiziert worden war, ging in den Bundesrat, wo es am 20. März einstimmig ratifiziert wurde. Der Präsident der Bundesrepublik, Theodor Heuss, unterzeichnete das Gesetz noch am gleichen Tag.

Am 21. März 1953, auf den Tag genau ein Jahr nach dem Beginn der Verhandlungen in Wassenaar, wurde das Abkommen mit allen Addenda im Bundesgesetzblatt der Bundesregierung veröffentlicht, und dadurch wurde es zum Gesetz im Land erhoben[4].

Ben Gurion legte das Abkommen am 19. März dem Knessethausschuß für Auswärtiges und Verteidigung vor; sieben Mitglieder stimmten dafür, fünf dagegen und ein Mitglied enthielt sich der Stimme. Am 22. März ratifizierte die israelische Regierung das Abkommen.

Am 27. März tauschten der deutsche Generalkonsul in New York, Dr. Hans Riesser, und der israelische Generalkonsul in New York, Arthur Lourie, in der Rechtsabteilung der Vereinten Nationen in New York jeweils die Durchschläge des ratifizierten Abkommens aus, das jetzt in ihrem Land Gesetz war. Der Vertrag wurde vom Sekretariat der Vereinten Nationen gemäß Artikel 102 der Charta eingetragen[5].

Sobald das Wiedergutmachungsabkommen mit Israel ratifiziert war, mußte die Bundesrepublik gemäß ihrer Verpflichtung gegenüber der Claims Conference, wie im Protokoll Nr. 1 festgelegt, ein Bundesentschädigungsgesetz verabschieden. Seit der Unterzeichnung der Protokolle im September 1952 war bereits mit der Arbeit an der Vorbereitung des notwendigen Gesetzes im Justiz- und Finanzministerium begonnen worden. Finanzminister Schäffer, der sich immer noch den hohen Zahlungen durch die Bundesrepublik widersetzte, sorgte dafür, daß sein

Ministerium die Vorbereitung bremste, verlangsamte und verzögerte. Vertreter der Claims Conference blieben noch in Deutschland und versuchten, die Vorbereitungen des Gesetzes zu beeinflussen. Schon bald erwies sich, daß die in Protokoll Nr. 1 festgelegte Prozedur – Änderung des in der amerikanischen Zone in Kraft befindlichen Gesetzes und sein anschließendes Ausdehnen auf die ganze Bundesrepublik und Westberlin – nicht durchführbar war, vor allem, weil das amerikanische Gesetz weder ausführlich noch präzise genug war. Zahlreiche Änderungen und Zusätze würden notwendig sein, die von den diversen Ländern vorgenommen werden müßten, und das alles konnte nicht einheitlich durchgeführt werden. Folglich wurde beschlossen, einen Entwurf eines Bundesentschädigungsgesetzes auf der Grundlage von Protokoll Nr. 1 vorzubereiten, um das in der amerikanischen Zone bestehende Entschädigungsgesetz zu ersetzen, das dann im gesamten Bundesgebiet und Westberlin Anwendung finden würde.

Im April 1953 traf ein Ausschuß der Claims Conference unter der Leitung von Nehemiah Robinson Mitglieder der deutschen Regierung, um den vorgeschlagenen Gesetzesentwurf zu diskutieren, bevor er der Regierung und dem Parlament unterbreitet wurde. An der Gesetzesvorlage waren beträchtliche Änderungen vorgenommen worden wie auch viele Einzelheiten dazugekommen, die bei den Verhandlungen in Wassenaar nicht gründlich genug durchdacht worden waren. Allerdings war das Problem, daß viele andere Gruppen aus den Regierungs- und Oppositionsparteien ebenfalls Änderungen für die Gesetzesvorlage einbringen wollten. Sie alle zu berücksichtigen, würde ein langwieriges Verfahren bedeutet haben, und die Amtszeit des Bundestags sollte im August zu Ende gehen. Gemäß der Verfassung der Bundesrepublik mußte ein neu gewählter Bundestag wieder ganz von vorn mit den Besprechungen über eine Gesetzesvorlage anfangen, wenn sie nicht alle Phasen durchlaufen hatte und schließlich genehmigt worden war. Deshalb war es jetzt wichtig, die Prozedur im Parlament so stark wie möglich zu beschleunigen, damit die Gesetzesvorlage diskutiert und von beiden Häusern vor Ablauf der Amtszeit des Bundestags verabschiedet werden konnte. Falls das nicht gelang, würde sich die Zahlung an Abertausende von NS-Opfern um ein oder sogar zwei Jahre verzögern.

Die Sozialdemokraten komplizierten das Ganze noch mehr, als sie ihre eigene Gesetzesvorlage unterbreiteten. Goldmann griff ein und überredete die leitenden Parteifunktionäre, ihre Gesetzesvorlage zurückzuziehen und statt dessen die der Regierung zu unterstützen. Die Bereitschaft der Sozialdemokraten, auf ihre eigene Gesetzesvorlage zu verzichten, stellte erneut ihre Großmut und gute Gesinnung bezüglich des Anrechts der Juden auf Wiedergutmachung unter Beweis.

Die Gesetzesvorlage wurde vom Bundestagsrechtsausschuß diskutiert, der empfahl, der Bundestag solle die Gesetzesvorlage so annehmen, wie sie war, da es der einzige Weg sei, sie noch rechtzeitig durch die verschiedenen Stadien zu schleusen. Meinungsverschiedenheiten über die Gesetzesvorlage traten zwischen Bundestag und Bundesrat zutage, sie wurden jedoch in einem Schiedsausschuß beider Häuser beigelegt[6].

Noch blieb eine letzte Schwierigkeit. Bis zum allerletzten Augenblick vor der Bundestagssitzung im Juli, auf der die Gesetzesvorlage verabschiedet werden sollte, widersetzte sich Schäffer ihr hartnäckig, insbesondere aber ihrer Durchführung, die vom Bundesfinanzministerium finanziert werden sollte. Um seinen Widerstand zu schwächen, wurden die Vereinigten Staaten gebeten, leicht Druck auf ihn auszuüben. Der Leiter des deutschen Referats im amerikanischen Außenministerium Geoffrey Lewis traf Schäffer und sagte ihm, das Außenministerium sei sehr am Bundesentschädigungsgesetz interessiert und hoffte, daß die Gesetzesvorlage schon bald verabschiedet werde. Ebenso sah der Presseattaché der amerikanischen Botschaft Schäffer und beschrieb ihm, welchen Schaden Deutschland in der öffentlichen Meinung auf der ganzen Welt nehmen würde, wenn das Entschädigungsgesetz nicht zum festgelegten Datum verabschiedet würde. Die Claims Conference wandte sich auch erneut an John McCloy, der so viel für die Sache der Wiedergutmachung und Entschädigung in den diversen Verhandlungsphasen getan hatte, und bat ihn, sich mit Schäffer zu unterhalten[7]. Aber das erwies sich dann schon als nicht mehr notwendig. Am 29. Juli wurde das Entschädigungsgesetz für einzelne in der letzten Bundestagssitzung vor den Wahlen nach der zweiten und dritten Lesung verabschiedet. Das Gesetz wurde von der Bundesregierung am 18. September genehmigt und trat im Oktober 1953 in Kraft.

Aus den Wahlen gingen die Christdemokraten und Sozialdemokraten erstarkt hervor, was die Unterstützung für das Wiedergutmachungsabkommen und das Entschädigungsgesetz bedeutete, zumindest für eine Reihe von Jahren.

Sofort nach der Verabschiedung des Entschädigungsgesetzes wurden Schritte unternommen, um Schwächen und Auslassungen im Gesetz zu korrigieren. Das dauerte insgesamt drei Jahre, und das geänderte Gesetz wurde schließlich am 29. Juni 1956 genehmigt.

Bedeutung und Wert des Wiedergutmachungsabkommens und des Bundesentschädigungsgesetzes fielen noch stärker ins Auge, wenn man sie mit dem steinharten Widerstand, Wiedergutmachung zu leisten, von Ostdeutschland verglich.

In den ersten Jahren nach dem Krieg und noch vor der Gründung der Deutschen Demokratischen Republik hatten die russischen Besatzungsbehörden jüdischen Überlebenden der NS-Verfolgung in ihrer Zone geholfen, hatten ihre kulturellen, religiösen und Gemeindeeinrichtungen unterstützt und beim Wiederaufbau ihrer Synagogen und der Restaurierung ihrer Friedhöfe geholfen. Juden, die in Konzentrationslagern gefangengehalten oder anderweitig verfolgt worden waren, wurde ein Status eingeräumt, der sie zu bestimmten Befreiungen und Vorrechten in bezug auf Wohnung, Lebensmittelrationen und ähnlichem berechtigte. Die körperlich Versehrten erhielten eine Rente[8].

Als jedoch die Deutsche Demokratische Republik gegründet wurde, war sie nicht bereit, den Anspruch des jüdischen Volkes auf Wiedergutmachung anzuerkennen. In dieser Hinsicht hielt sie sich treu an den Standpunkt der UdSSR. Man wird sich daran erinnern, daß die an die UdSSR adressierte Note nicht beantwortet wurde, als Israel sich an die Mächte wandte, um sie um Eingreifen für seinen Anspruch auf Wiedergutmachung von Deutschland zu bitten.

Die Verhandlungen in Wassenaar, die Unterzeichnung und Ratifizierung des Abkommens und der Protokolle wurden von den Kommunisten heftig angegriffen (einschließlich der Kommunistischen Partei in der Bundesrepublik), die der Ansicht waren, durch die Entschädigung würden die Kapitalisten in Israel bereichert, kapitalistische Unternehmen in Deutschland aufblühen, und Israel würde Waffengeschäfte mit Deutschland abschließen. Außerdem sei Israel lediglich ein Instrument der Vereinigten Staaten. Nur sie würden Nutzen aus der kapitalistischen Machenschaft ziehen, die das Wiedergutmachungsabkommen in Wirklichkeit sei[9].

Im Gegensatz zur Bundesrepublik übernahm Ostdeutschland nie irgendeine Verantwortung für die Taten des Dritten Reichs. Es schob die Verantwortung für den Krieg und die gegen die Juden begangenen Verbrechen dem Nazismus zu und verdammte die Nazis, die in der Bundesrepublik lebten und dort öffentliche Ämter bekleideten. Faschismus und Antisemitismus, bekräftigte es immer wieder, seien in Ostdeutschland völlig ausgemerzt, und das war die wichtigste Wiedergutmachung, die es den NS-Opfern anbot.

Der Standpunkt der UdSSR rührte zum Teil von der doktrinären Ablehnung der Kommunisten her, das jüdische Volk überhaupt als Volk anzuerkennen. Deswegen konnten auch nicht die Ansprüche akzeptiert werden, die ein jüdischer Staat stellte. Darüber hinaus hatte die UdSSR zwischen 1948 und 1953 selbst eine Politik der Unterdrückung der Juden praktiziert (wovon der »Ärzteprozeß« nur ein Anzeichen war). Ebenso wurde befürchtet, eine Anerkennung der jüdischen Ansprüche gegen Ostdeutschland würde den Weg für Ansprüche im großen gegen andere sowjetische Satelliten wie Ungarn und Rumänien bahnen, die im Krieg mit den Nazis Hand in Hand gearbeitet hatten. Deshalb weigerte sich die Deutsche Demokratische Republik absolut, von den Nazis eingezogenes Vermögen zurückzuerstatten oder irgendeine Art von Entschädigung zu zahlen[10]. Die Deutsche Demokratische Republik behinderte sogar das Einreichen von Ansprüchen, indem sie Kopien offizieller Grundbucheintragungen und anderer Dokumente überhaupt nicht zuließ oder stark verzögerte, die ein Anspruchserhebender benötigte, um seinen Status vor dem Krieg zu beweisen[11].

Wie schon gezeigt wurde, hat die Bundesrepublik im Protokoll Nr. 1 und später im Bundesentschädigungsgesetz die Verantwortung übernommen, einen Teil der Entschädigung zu zahlen, die Anspruchserhebenden aus Ostdeutschland zustand.

Israel gab seine Forderung auf Reparationen aus Ostdeutschland nicht auf, selbst nicht nach der Unterzeichnung des Wiedergutmachungsabkommens mit der Bundesrepublik. Im Januar 1954 fand eine Konferenz der Außenminister der vier Großmächte in Berlin statt, die Deutschlands Zukunft erörterten. Israel schickte Dr. Chaim Yahil, den stellvertretenden Leiter der Israel-Mission in Deutschland, als Beobachter zu dieser Konferenz. Er übergab den Vertretern der Mächte Israels Bitte um Unterstützung seines Anspruchs auf Reparationen von Ostdeutschland. Israel forderte auch, im Falle der Wiedervereinigung Deutschlands müsse der neue Staat dazu verpflichtet werden, das Luxemburger Abkommen durchzuführen[12]. Israels Einschreiten war jedoch rein akademischer Natur: Die Außenminister konnten sich nicht über die Zukunft Deutschlands einigen.

Ostdeutschland lehnte es hartnäckig ab, die Verantwortung für die NS-Verbrechen überhaupt anzuerkennen, und bis 1973 wurden keinerlei Fortschritte in diesem Punkt erzielt. Dann wandte sich Israel an die Vereinigten Staaten, die Bundesrepublik, Großbritannien, Frankreich, die skandinavischen Länder, Rumänien und Holland, deren Regierungen sie darum bat, den Standpunkt Ostdeutschlands in bezug auf Entschädigung und Wiedergutmachung zu sondieren. Der Grund für diese Initiative war die bevorstehende Aufnahme beider deutscher Staaten in die Vereinten Nationen. Israel gab bekannt, es werde solange nicht für Ostdeutschlands Aufnahme stimmen, wie dieses Land den Anspruch auf Wiedergutmachung ignorierte, der zum ersten Mal im Jahr 1951 an es gestellt worden war.[13].

Im Sommer 1973 waren Gerüchte im Umlauf, Ostdeutschland würde NS-Opfern Wiedergutmachung zahlen, allerdings nur jenen mit der amerikanischen Staatsbürgerschaft. Dieser Umschwung in der Politik wurde seinem Wunsch nach einer Normalisierung der Beziehungen zu Washington zugeschrieben, wie er auch die Bedeutung anerkannte, den die Amerikaner jeder Geste in bezug auf das Zahlen von Wiedergutmachung beimaßen[14]. Aber im September 1973 wurden die beiden deutschen Staaten in einem Handel zwischen den beiden Blocks ohne jede

Abstimmung in die Vereinten Nationen aufgenommen. Israel war machtlos, etwas daran zu ändern, forderte jedoch, daß sein Widerstand gegen die Mitgliedschaft Ostdeutschlands in den Vereinten Nationen festgehalten würde[15].

Ein Jahr später, im September 1974, wurden diplomatische Beziehungen zwischen Ostdeutschland und den Vereinigten Staaten aufgenommen. In den Verhandlungen, die der Aufnahme von Beziehungen vorausgingen, machten die Vereinigten Staaten es erneut klar, daß sie zu der Deutschen Demokratischen Republik keine normalen Beziehungen aufnehmen würden, wenn sie nicht zu einer Diskussion der Wiedergutmachungsfrage bereit sei. Daraufhin erklärte sich Ostdeutschland zum ersten Mal zu Verhandlungen über die Zahlung von Entschädigung bereit. Die Gespräche begannen Ende 1974 auf einer nichtamtlichen Ebene; die Claims Conference vertrat die jüdischen Ansprucherhebenden. Die Claims Conference gab bekannt, sie werde versuchen, zu einem Abkommen für eine Globalzahlung zu gelangen, das die Ansprüche jüdischer überlebender NS-Verfolgter auf der ganzen Welt einschließlich jener in Israel deckte[16]. Zu genau der gleichen Zeit leugnete der Sprecher der ostdeutschen Botschaft in Kairo, daß sein Land bereit sei, Israel irgendwelche Zahlungen zu machen[17].

Die Kontakte zwischen 1974 und 1976 führten zu keinen greifbaren Ergebnissen. Im November 1976 fanden Verhandlungen in Ostberlin statt. Ostdeutschland war durch Otto Funke vertreten, den Vorsitzenden des Ausschusses antifaschistischer Kämpfer, und Benjamin Ferencz vertrat die jüdischen Organisationen im Namen der überlebenden NS-Verfolgten, die in den Vereinigten Staaten lebten. Am Ende der Verhandlungen bot Ostdeutschland die Zahlung eines Betrags von einer Million Dollar als Entschädigung nur für diese jüdischen Verfolgten an. Goldmann lehnte den Vorschlag glattweg mit dem Hinweis ab, die Claims Conference werde nur Wiedergutmachung für alle Opfer der NS-Verfolgung akzeptieren[18].

XIV. Durchführung der Luxemburger Abkommen

Noch während die Verhandlungen stattfanden, hatten sowohl die Bundesrepublik wie die Claims Conference einen Kostenvoranschlag der Beträge vorbereitet, die für die Durchführung der Abkommen notwendig sein würden. Im Gegensatz zu den Beträgen, die im Wiedergutmachungsabkommen mit Israel und Protokoll Nr. 2 festgelegt worden waren, konnte die Gesamtzahlung, die gemäß des Entschädigungsgesetzes zu leisten sein würde, nur ungefähr abgeschätzt werden. 1952 war es noch nicht möglich, den vollen Umfang der NS-Verbrechen abzumessen, noch sich ein klares Bild von der Anzahl der Opfer zu machen, die zu Entschädigung berechtigt waren. Aber selbst so war offensichtlich, daß das Entschädigungsgesetz die Bundesrepublik sehr viel mehr kosten würde als das Wiedergutmachungsabkommen. Finanzminister Schäffer setzte es auf DM sechs Milliarden an, die Claims Conference veranschlagte es etwas niedriger.

Das Bundesentschädigungsgesetz wurde buchstabengetreu ausgeführt, und 1956 wurde es erweitert, so daß es weit über die Bestimmungen in Protokoll Nr. 1 hinausging. Umfassende Änderungen des Gesetzes, wodurch es den Verlusten zur Kriegszeit angeglichen wurde, die sich erst nach und nach in ihrem vollen Umfang offenbarten, wurden dank ununterbrochener Verhandlungen zwischen Deutschland und den Vertretern der Claims Conference sichergestellt.

1964 wandte sich Goldmann an den damaligen Kanzler Erhard mit dem Ziel, das Entschädigungsgesetz um eine zusätzliche Änderung zu erweitern, damit es auch eine große Gruppe von Anspruchserhebenden einbezog, die bis zum Stichtag, der im bestehenden Gesetz vorgesehen war, keine Ansprüche hatten stellen können. Diese Gruppe bestand aus NS-Opfern aus Osteuropa, die ihre Länder nach 1953 verlassen hatten[1].

Im September 1965 beriet der Bundestag über eine ergänzende Gesetzgebung für Anspruchserhebende, die den Ostblock zwischen dem 1. Oktober 1953 und 13. Dezember 1965 verlassen hatten. Erst 1966 wurde die Änderung zum Gesetz erhoben; zum Erfüllen dieser Ansprüche wurde ein Sonderfonds von DM 1,2 Milliarden eingerichtet. Das Anrecht, einen Antrag auf einen Anspruch zu stellen, wurde nicht davon abhängig gemacht, ob der Anspruchserhebende zum deutschen Sprach- oder Kulturkreis gehörte. Der Stichtag für das Einreichen von Ansprüchen aus dem Fonds war der 31. Dezember 1969[2]. Dann verpflichtete sich Goldmann im Namen der Claims Conference, keine weiteren Ansprüche für persönliche Wiedergutmachung mehr zu stellen. Aber nur wenige Jahre nach der Annahme der Änderung zeigte sich, daß das Gesetz nicht alle Fälle berücksichtigte: NS-Opfer, die den Ostblock nach 1965 verlassen hatten und somit nicht zu einer Entschädigung berechtigt waren, nicht einmal aus dem Sonderfonds, schufen ein neues Problem.

Anfang der siebziger Jahre nahm Goldmann Kontakte mit Kanzler Brandt auf. Da ihm durch die 1966 gegebene Verpflichtung die Hände gebunden waren, unterbreitete Goldmann einen neuen Vorschlag: Deutschland würde DM 600 Millionen als abschließende Entschädigungsleistung zahlen. Die Bundesrepublik stimmte im Prinzip zu, allerdings unter der Bedingung, daß die Claims Conference keine zusätzlichen Ansprüche auf Wiedergutmachung mehr stelle und daß die Regierung von Israel die Verpflichtung der Claims Conference berücksichtige. Zwar erkannte die Bundesrepublik an, daß NS-Opfer aus Osteuropa durch das vorherige Abkommen benachteiligt waren, aber sie vertrat die Ansicht, die Abkommen könnten nicht unendlich lange geändert und erweitert werden. Im wesentlichen verlangte sie, nachdem die Claims Conference auf zusätzliche Ansprüche verzichtet hatte, die Regierung von Israel solle die Verantwortung für Entschädigungsansprüche übernehmen, die noch von osteuropäischen NS-Opfern gestellt würden[3].

Kontakte fanden auf mehreren Ebenen statt: Die Claims Conference führte Besprechungen mit der Regierung Israel und stand in Kontakt mit der Bundesregierung, während die Regierungen von Israel und der Bundesrepublik wiederum einander konsultierten. Allem Anschein nach neigten die Claims Conference und Israel dazu, das Abkommen zu akzeptieren, es weckte jedoch starken Widerstand bei der Weltorganisation der NS-Opfer. Der Vorsitzende dieser Organisation, Tuvya Friedman, sagte, Goldmann dürfe es nicht erlaubt werden, die überlebenden NS-Verfolgten zu vertreten; eine hastige Konzession werde Abertausende von ihnen von einer Entschädigung ausschließen. Er vertrat die Ansicht, kein endgültiges Abkommen könne mit Deutschland unterzeichnet werden, solange die Generation noch da war, solange es noch überlebende NS-Verfolgte gab. Friedman versuchte mit allen Mitteln, die Claims Conference und die Regierung von Israel an einer Unterzeichnung des Abkommens zu hindern. Er schickte Protestbriefe an Goldmann, an den Ministerpräsidenten und Kabinettsmitglieder, berief Pressekonferenzen ein, sammelte Tausende von Unterschriften unter eine Petition und machte sogar eine Eingabe an Israels Obersten Gerichtshof (August 1975) für einen Eröffnungsbeschluß gegen die Claims Conference, die Jewish Agency und die Regierung von Israel[4]. Trotz dieser Anstrengungen wurden die Kontakte fortgesetzt.

Ende 1975 näherten sich die Verhandlungen dann allem Anschein nach schon dem Ende, aber 1976 trat eine Unterbrechung ein, erst wegen der Wahlen in der Bundesrepublik (Oktober 1976) und dann wegen der in Israel (Mai 1977).

Im Dezember 1977 wurden die Kontakte zwischen der Regierung von Israel und der der Bundesrepublik sowie die zwischen der Claims Conference und der Bundesrepublik erneuert. Der israelische Außenminister und der Finanzminister trafen Kanzler Schmidt (Dezember 1977, Januar 1978). Die Bundesregierung erklärte ihre Bereitschaft, die für die Durchführung der endgültigen Regelung notwendige Gesetzgebung zu unterstützen, das würde jedoch von einer gemeinsamen Initiative aller Parteien im Bundestag einschließlich der Christdemokraten in der Opposition abhängen. Aber die Vertreter der Opposition lehnten es ab, sich aktiv an der Initiative zu beteiligen, obwohl sie die Gesetzesvorlage im Prinzip befürworteten.

Damit kam die Sache zum Stillstand, und zwar wegen einer internen Kontroverse in der Bundesrepublik wie auch wegen eines Streits zwischen der Regierung von Israel und der Claims Conference über die Verteilung der Gelder und der Ziele, für die sie bestimmt sein würden[5].

Im Dezember 1979 erklärte sich die Bundesregierung schließlich zu einer letzten Zahlung bereit: DM 440 Millionen für bedürftige NS-Verfolgte.

Es wurde beschlossen, diesen Betrag in drei Raten zu teilen: die erste von DM 240 Millionen für 1980, die zweite von DM 100 Millionen für das Jahr 1982 und die letzte von DM 100 Millionen 1983. Das Geld würden die Claims Conference und der Zentralrat der Juden in Deutschland erhalten, die über seine Verwendung für Hilfe und Rehabilitierung bedürftiger Verfolgter beschließen würden[6].

Aufgrund der Änderungen, die am Bundesentschädigungsgesetz vorgenommen wurden, erhöhte sich die Anzahl jener, die zu einer Wiedergutmachung berechtigt waren, wie auch die Ausgaben für die Durchführung des Gesetzes anstiegen. 1958 erklärte Schäffer, damals als Bundesminister der Justiz, das Entschädigungsprogramm werde die Bundesrepublik bis zum Jahr 1961 DM 30 Milliarden gekostet haben. Der Gesamtbetrag, der im Verlauf der Jahre bezahlt worden ist, ist noch beträchtlich höher: 1978, nachdem 25 Jahre Zahlungen geleistet worden waren, belief sich der Gesamtbetrag auf DM 56,5 Milliarden, davon DM 53 Milliarden als Entschädigung und DM 3,5 Milliarden als Reparationen.

Da der Anteil der Personen, die zu Wiedergutmachung berechtigt waren und in Israel lebten, ungefähr ein Viertel der gesamten Wiedergutmachung aller jüdischen Ansprucherhebenden insgesamt darstellte, wuchsen die ausländischen Devisen Israels ebenfalls beträchtlich an[7].

Als das Wiedergutmachungsabkommen unterzeichnet wurde, wurden in Israel Befürchtungen laut, es werde nicht durchgeführt. Das war selbstverständlich nicht der Fall, aber schon 1953 machte Deutschland von seinem ihm in Artikel 3 des Wiedergutmachungsabkommens eingeräumten Recht Gebrauch und teilte mit, es werde die Jahresraten von DM 310 Millionen auf DM 250 Millionen senken. Dadurch wurde der Zahlungszeitraum um zwei Jahre auf insgesamt vierzehn verlängert, also genau das, was die Deutschen von Anfang an angestrebt hatten.

1957 führte Shinnar sondierende Gespräche, um die Möglichkeit einer Durchführung von Artikel 4 des Wiedergutmachungsabkommens zu untersuchen, demzufolge Deutschland versuchen würde, eine Anleihe zu erhalten, um den Zahlungszeitraum zu verkürzen. Aber damals befand sich Deutschland schon auf dem Gipfel seines Wirtschaftswunders, und es gab keinerlei Gründe, warum es eine ausländische Anleihe im Werte von DM 400 bis 500 Millionen aufnehmen sollte. Deshalb schlug Shinnar vor, Artikel 4 aus Deutschlands eigenen Mitteln durchzuführen. Mit Adenauers Förderung wurde die Angelegenheit durchgesetzt, und die Deutsche Bank machte Israel eine Anleihe von DM 450 Millionen, für die die Bundesregierung mit den letzten beiden Jahresraten gemäß dem Wiedergutmachungsabkommen bürgte[8].

Ungefähr dreißig Prozent der Reparationsgelder gingen direkt an Großbritannien, und zwar über die Europäische Zahlungsunion, für das an Israel verkaufte Rohöl. Der Großteil der restlichen Reparationszahlungen war vorwiegend für den Ankauf von Kapitalgütern bestimmt, der Rest für Verbrauchsgüter.

Diese Zahlungen spielten eine wesentliche Rolle, um Israels Wirtschaft auf ein solides Fundament zu stellen, denn sie halfen ihm beim Aufbau seiner industriellen Infrastruktur und der Entwicklung seiner Landwirtschaft sowie der Transport- und Kommunikationseinrichtungen. In jedem Sektor der israelischen Wirtschaft war der Einfluß der Reparationszahlungen spürbar. Die schnelle Wirtschaftsentwicklung Israels verdankt der getreuen Durchführung des Abkommens, mit dem wertvolle Ziele für den ganzen Staat verwirklicht wurden, nicht wenig[9].

Mit Reparationszahlungen wurde die israelische Handelsflotte aufgebaut: Sechs Schiffe, meistens Frachtschiffe, und ein Trockendock für Schiffsreparaturen wurden gebaut und gekauft. Der Aufbau einer Handelsflotte bedeutete, daß Israel, das damals völlig von Seeverbindungen abhängig war, seine Ausfuhren erhöhen und neue Märkte suchen konnte. Auch wurden neue Bezugsquellen für Rohstoffe gesichert, die die Industrieentwicklung wiederum förderten. Im Rahmen der Reparationszahlungen wurde der Hafen von Haifa ausgebaut und der Hafen von Aschdod neu gebaut. Ebenso entstand ein neues Kraftwerk in Aschdod. Strom- und Telefonnetz wurden erweitert. Der Beitrag zur Landwirtschaft war gewaltig. Die Umleitung des Wassers des Yarkonflusses in den Negev, mit deutscher Ausrüstung durchgeführt, erlaubte es, die Anbaufläche Israels beträchtlich zu vergrößern. Die Landwirtschaft wurde zunehmend mechanisiert und erreichte einen hohen technischen Stand. Als eine Folge davon deckt Israels Landwirtschaft den gesamten Binnenbedarf außer Getreide. Auch die Industrie erhielt einen großen Aufschwung: Das Kupferbergwerk in Timna, ein Stahlwerk, das Lachisch-Entwicklungsprogramm, Spinnereien, eine Zuckerfabrik, Molkereien und Mühlen – alle nahmen sie ihren Anfang mit Hilfe deutschen Geldes oder deutscher Waren. Ungefähr 1400 Unternehmen in verschiedenen Industriezweigen erhielten ebenfalls Maschinen und Ausrüstung gemäß dem Wiedergutmachungsabkommen[10].

Von Anfang an, als das Abkommen ratifiziert war, wurde vorhergesehen, daß sich die Beziehungen zwischen Israel und der Bundesrepublik nicht nur auf Angelegenheiten im Zusammenhang mit dem Abkommen beschränken würden. Als Shinnar einen Bericht für die Sitzung des israelischen Kabinetts am 29. März 1953 schrieb, bat Scharett ihn, die *de facto* Beziehungen außerhalb des unmittelbaren Bereichs des Abkommens hervorzuheben, zu denen die Durchführung notgedrungen führen würde. Der Großteil der Reparationsgelder würde für den Ankauf von Kapitalgütern ausgegeben, und es war eindeutig, daß Handelsbeziehungen angeknüpft werden müßten zum Erwerb von Ersatzteilen für diese Ausrüstung sowie für alles andere, das notwendig war, um die Unternehmen infolge von Israels technischer Entwicklung zu modernisieren und zu erweitern. In den späteren Jahren während der Laufzeit des Abkommens beliefen sich die Ankäufe dieser Art auf DM 220 bis DM 260 Millionen jährlich. In Israel wurde ein Markt für die deutsche Industrie geschaffen.

Um normale Handelsbeziehungen mit Deutschland aufzubauen, mußten die israelischen Ausfuhren in dieses Land erweitert werden, und zwischen 1959 und 1965 erhöhten sich die Ausfuhren nach Deutschland denn auch tatsächlich, bis Deutschland schließlich Israels drittgrößter Kunde nach den USA und Großbritannien wurde[11].

Scharett vertrat die Ansicht, daß sich die Beziehungen nicht nur auf den wirtschaftlichen Bereich beschränken würden. Der Wandel war unumgänglich und spiegelte sich in dem Status der Israel-Mission wider. Anfangs war die im Mai 1953 in Deutschland gegründete Mission nur ein rein wirtschaftliches Organ, aber kurz danach ernannte Scharett Chaim Yahil zum stellvertretenden Leiter der Mission und beauftragte ihn mit politischen Aufgaben. Von Anfang an betrachteten die Deutschen die Mission als Vertreterin des Staates Israel, und zwar nicht nur in Sachen Reparationen. Sie war beim Verbreiten von Information tätig, regte Vorträge über Israel an sowie die Aufnahme von Verbindungen mit deutschen Politikern und schickte Berichte über politische Entwicklungen in Deutschland nach Israel.

Seit 1955 erweiterten sich die politischen Aufgaben der Mission unaufhörlich. Shinnar verstand sich gut mit Adenauer und mit Außenminister von Brentano. Angesichts dieser Entwicklung schlug Israel 1956 Deutschland die Aufnahme diplomatischer Beziehungen vor. (Deutschland, das seine Interessen in den arabischen Ländern vor Augen hatte, lehnte den Vorschlag ab.) Die Wirklichkeit bewies also jenen, die zugunsten des Abkommens die Ansicht vertreten hatten, es sei möglich, die Wirtschaftsbeziehungen von den kulturellen, gesellschaftlichen und sogar diplomatischen Beziehungen zu trennen, daß sie sich geirrt hatten. Letzten Endes erwies sich die Behauptung der Widersacher der Verhandlungen (und einiger Befürworter) als richtig, die darauf bestanden hatten, ein Wiedergutmachungsabkommen führe schließlich doch zu diplomatischen Beziehungen zwischen Israel und Deutschland, weil die Angelegenheiten zwischen zwei Staaten einfach nicht anders gehandhabt werden konnten. Solche Beziehungen wurden dann im Jahr 1965 aufgenommen[12].

Auch Protokoll Nr. 2, in dem die Globalzahlung an die Claims Conference über den Staat Israel festgelegt war, wurde ebenfalls voll durchgeführt. In den ersten beiden Jahren wurden der Claims Conference je 25 Millionen Dollars zur Verfügung gestellt, gleichzeitig wurden ein Programm und ein Mechanismus für die Zuteilung dieser Gelder vorbereitet. Es wurde beschlossen, Personen und Gemeinden in Ländern Vorrang einzuräumen, die von den Nazis besetzt worden waren, obwohl Abertausende von überlebenden NS-Verfolgten diese Länder schon verlassen hatten. Als Gründe für die Entscheidung wurde angeführt, nicht nur das Leid einzelner Juden müsse berücksichtigt werden, sondern auch die Tatsache, daß ganze Gemeinden zusammen mit ihren Einrichtungen ausgelöscht worden waren. In diesen Ländern müsse das ganze jüdische Leben wieder von neuem aufgebaut werden.

Bis die Claims Conference mit der Unterstützung dieser Gemeinden und Einrichtungen beginnen konnte, waren diese nicht länger völlig mittellos. In den Jahren seit Kriegsende hatten sie angefangen, mit Hilfe von einzelnen, die die NS-Verfolgung überlebt hatten, ihre Einrichtungen aufzubauen. Der Claims Conference fiel die Aufgabe zu, diese Gemeinden zu unabhängigen Organen zu machen, die auf eigenen Füßen stehen konnten, wenn die finanziellen Zuschüsse zu Ende gingen.

Das Instrument der Tätigkeit der Claims Conference würden bestehende internationale und örtliche jüdische Organisationen sein. Da der

AJDC über einen großen und erfahrenen Verwaltungsapparat von Fürsorgearbeitern, Ärzten, Fachleuten in verschiedenen Bereichen, Buchhaltern, Funktionären usw. verfügte, wurde beschlossen, mit ihrer Hilfe Information über die Anträge zu sammeln, die bei der Claims Conference eingereicht würden, sie zu überprüfen und die Gelder zu verteilen.

Bei der Zuteilung der betreffenden Gelder versuchte die Claims Conference, ein Gleichgewicht zwischen Existenzminimum und erzieherischen und kulturellen Bedürfnissen zu finden. In den ersten Jahren wurden 90 Prozent der Gelder für Rehabilitierung und Wirtschaftshilfe ausgegeben und 10 Prozent für erzieherische und kulturelle Rehabilitierung; später wurden zwischen 20 und 25 Prozent der Mittel für Erziehung und ähnliches zugeteilt. Auch die URO, die Anspruncherhebenden in Vermögensrückerstattung und Wiedergutmachung Rechtshilfe gewährt hatte, erhielt Beträge aus diesen Mitteln. Ebenso wurde beschlossen, Mittel für die Forschung der Massenvernichtung bereitzustellen und das Andenken der Millionen zu bewahren, die ums Leben gekommen waren.

Der größere Teil der für Hilfe und Rehabilitierung vorgesehenen Gelder wurde in Europa ausgegeben. Abertausende von kranken und alten Menschen erhielten finanzielle Unterstützung, Kleidung, ärztliche Betreuung, Unterkunft und so fort. Da viele überlebende NS-Verfolgte in Länder außerhalb Europas (außer Israel) gegangen waren, unterstützte die Claims Conference auch jüdische Gemeinden in Lateinamerika und Australien, die überlebende NS-Verfolgte aufgenommen hatten.

Nach dem Aufstand von 1956 in Ungarn unterstützte die Claims Conference überlebende NS-Verfolgte, die Europa verlassen wollten, und sie gab auch HIAS Mittel für seine Auswanderungsprojekte.

Die Claims Conference vollbrachte wegweisende Arbeit im Bereich der erzieherischen und kulturellen Rehabilitierung. Sie unterstützte diverse Organisationen bei der Durchführung von Projekten im Bereich von Erziehung, Forschung, Veröffentlichungen, dem Andenken der Toten gewidmet, und der Rettung kultureller Schätze. Sie verlieh Stipendien und richtete an den Universitäten Abteilungen für jüdische Studien ein; sie unterstützte Schulen, Seminare, *Jeschiwoth**, Bibliotheken, Gemeindezentren und zahlreiche andere Erziehungseinrichtungen, die die ganze Skala jüdischer ideologischer, kultureller und religiöser Richtungen widerspiegelten. Mittel der Claims Conference wurden in Gemeindebauten investiert: Gemeindezentren, Altersheimen und Schulen.

1958 ergriff die Claims Conference Schritte, um ihre Tätigkeit bis zu

* Anm. d. Übers.: Talmud-Thoraschulen

jenem Zeitpunkt zu bewerten und um zu entscheiden, ob ihre Anstrengungen in die richtige Richtung gingen. Der für diesen Zweck eingesetzte Ausschuß kam zu der Schlußfolgerung, daß die Grundsätze, die die Claims Conference in ihrer Arbeit von Anfang an geleitet hatten, angemessen waren, und empfahl, die Arbeit im gleichen Sinn fortzusetzen. Es wurde beschlossen, die Unterstützung für erzieherische und kulturelle Projekte zu verstärken. Das wurde durch die Tatsache ermöglicht, daß die Gemeinden in Westeuropa erstarkt und unabhängig geworden waren, so daß sie ihrerseits Geld mobilmachten, um neuen Menschengruppen zu helfen, die der Hilfe bedurften, wie die jüdischen Flüchtlinge aus Algerien.

1960 beschloß die Claims Conference, wenn ihre Tätigkeit gegen 1964 zu Ende ging, würde sie alle verbleibenden Mittel der Einrichtung einer Gedenkstiftung für jüdische Kultur übertragen, die die kulturelle Tätigkeit der Claims Conference in allen Bereichen jüdischer Studien einschließlich der Erforschung der Massenvernichtungen fortsetzen und erweitern würde.

Auf der letzten Sitzung der Claims Conference im Mai 1965 faßte Jacob Blaustein die Aufgaben zusammen, für die die Claims Conference die Gelder ausgegeben hatte, die sie während ihres zwölfjährigen Bestehens erhalten hatte. Mittel waren an 250 jüdische Gemeinden und Organisationen in 39 Ländern verteilt worden; 34,66 Millionen Dollar waren für Wohlfahrt und Rehabilitierung ausgegeben worden (für diese Zwecke hatte der AJDC noch weitere 21,64 Millionen Dollar beigesteuert); 19,45 Millionen für Erziehung und Kultur (davon waren ungefähr 4,5 Millionen Dollar Gedenkstätten und Dokumentationszentren über die Massenvernichtungen und damit zusammenhängenden Einrichtungen zugeteilt worden: Yad Waschem, YIVO, der Wiener Bibliothek in London und dem Dokumentationszentrum in Paris); 13,25 Millionen Dollar waren in den Bau von Einrichtungen und Gemeindezentren investiert worden. Zusätzliche Mittel waren für diese Zwecke auch von staatlichen und Kommunalbehörden eingegangen, und der physische Wiederaufbau in den meisten Gemeinden auf der ganzen Welt war abgeschlossen. Die Gemeinden in Europa waren unabhängig und konnten jetzt auf eigenen Füßen stehen. Die Gedenkstiftung für jüdische Kultur würde ihre Tätigkeit auch dann fortsetzen, wenn die Claims Conference ihre Arbeit einstellte[13].

Damit ging die Arbeit einer Organisation zu Ende, deren bloße Existenz ein seltenes Beispiel für die wirksame Zusammenarbeit zwischen Organen war, die die ganze Skala ideologischer, politischer und sozialer Anschauungen des jüdischen Volkes umfaßten.

Zusammenfassung

Die Verhandlungen mit Deutschland über Reparationen und Wiedergutmachung riefen in Israel und bei den Juden auf der ganzen Welt eine heftige emotionelle und ideologische Kontroverse hervor. Obwohl die von Israel und der Claims Conference gestellten Ansprüche sich nur auf eine materielle Entschädigung bezogen, ohne daß Vergeben oder Vergessen stillschweigend inbegriffen waren, konnte niemand die emotionelle Natur des Problems übersehen noch außer acht lassen. Der furchtbare Schatten der Massenvernichtungen hing über den Verhandlungen und über den Anstrengungen zu ihrer Vorbereitung, die ihnen vorausging.

Als die Luxemburger Abkommen unterzeichnet wurden, behaupteten ihre Befürworter, die Beziehungen zwischen Israel und der Bundesrepublik würden sich allein auf den wirtschaftlichen Bereich beschränken. Aber die Wirklichkeit bewies ihnen, daß sie sich geirrt hatten. Es war unmöglich, wirtschaftliche, kulturelle und gesellschaftliche Beziehungen voneinander zu trennen, und das Wiedergutmachungsabkommen führte letzten Endes zur Aufnahme diplomatischer Beziehungen zwischen den beiden Ländern.

Die Unterzeichnung der Luxemburger Abkommen stellte für die betroffenen Parteien ein Ereignis von entscheidender Bedeutung dar. Für den Staat Israel waren die Reparationszahlungen eine wahre Erlösung aus einer schwierigen Wirtschaftslage. 1951 lasteten auf Israel schwere Probleme, verursacht durch die Aufnahme von Hunderttausenden von Neueinwanderern aus der ganzen Welt, die größtenteils völlig mittellos und verarmt eintrafen. Außerdem mußte es eine Infrastruktur für die Wirtschaft aufbauen, die für den neu erstandenen Staat lebenswichtig war, und darüber hinaus mußte es die Last der Verteidigung tragen. Damals lehnte England es ab, Israel eine Anleihe zu machen, so daß es nicht einmal mehr sein Rohöl bezahlen konnte, und deshalb schickte es sich an, seine Gläubiger in New York um ein teilweises Moratorium zu bitten. Die drohend bevorstehende Wirtschaftskrise wurde gerade noch durch die Reparationszahlungen verhütet, die Israel halfen, seine Wirtschaft auf ein solides Fundament zu stellen; ihr Einfluß war in jedem Bereich spürbar. Industrie und Landwirtschaft wurden gewaltig erweitert und Kommunikationseinrichtungen entwickelt: die Handelsflotte, ein Trockendock, Kraftwerke, Eisenbahnen und ein Telefonnetz. Die Reparationen dienten dazu, nationale Ziele zu verwirklichen, und sie beschleunigten die Wirtschaftsentwicklung des Landes mit einer Kraft und in einem Umfang, die ohne sie unmöglich gewesen wären.

Als Deutschland die Luxemburger Abkommen unterzeichnete, stand es am Anfang seines wunderbaren Wirtschaftsaufschwungs. Nachdem es darüber hinaus seine Souveränität erhalten hatte und die Bundesrepublik gegründet worden war, konnten die Westmächte weder seine politische noch seine militärische Bedeutung für den Westen übersehen. Während die Besprechungen in Wassenaar stattfanden, führte Deutschland mit den Alliierten Verhandlungen über zwei Themen gleichzeitig, das erste betraf die Beendigung der Besatzung, das zweite seine Teilnahme an einer europäischen Verteidigungsgemeinschaft. Angesichts des Kalten Krieges, als die Vereinigten Staaten entschlossen waren, es nicht zuzulassen, daß Westeuropa vom Kommunismus überwältigt würde, bestand kein Zweifel daran, daß die Bundesrepublik als vollwertiger Partner in die politische, wirtschaftliche und militärische Gemeinschaft des Westens aufgenommen worden wäre – selbst wenn es den Juden keinerlei Wiedergutmachung gezahlt hätte. Deutschland galt jetzt als ein wichtiger Verbündeter, und kein Druck wurde auf es ausgeübt, Verhandlungen aufzunehmen oder auf Israels Forderungen einzugehen. Außerdem war Deutschland nicht durch Völkerrecht dazu verpflichtet, Israel oder dem jüdischen Volk Entschädigung zu zahlen, da es keinen Präzedenzfall für solch eine Zahlung gab.

Obwohl Erwägungen einer politischen Zweckdienlichkeit bei der Zahlung der Reparationen mit im Spiel waren, verblaßt ihre Bedeutung angesichts der internationalen Lage zur damaligen Zeit aber wahrscheinlich. Die Bedeutung der Abkommen für Deutschland lag vor allem im moralischen und erzieherischen Bereich: Sie bewiesen, daß es, mindestens bis zu einem bestimmten Punkt, bereit war, für die Vergangenheit zu sühnen.

Für die Claims Conference war die Globalzahlung, die sie erhalten hatte, ein enormer Anstoß für ihre Tätigkeit bei der Rehabilitierung von Gemeinden, bei ihrer Hilfe an die Bedürftigen und bei der Durchführung erzieherischer und kultureller Programme. Eine ganze jüdische Welt wurde – physisch und geistig – mit Hilfe der von den Deutschen erhaltenen Mittel neu aufgebaut. Und, was noch wichtiger ist, Hunderttausende von jüdischen NS-Opfern, die bis zum heutigen Tag beträchtliche Summen erhalten, haben die Wiedergutmachungszahlungen genutzt, um ihr Leben neu aufzubauen und zu rehabilitieren.

Die Rolle, die hervorragende Menschen bei dem historischen Vorgang spielten, der schließlich zu den Luxemburger Abkommen führte, war ungeheuer wichtig. Auf deutscher Seite war es Kanzler Adenauer, dessen Ansichten und Taten in bezug auf Wiedergutmachung für das jüdische Volk durch persönliche und moralische Motive geformt worden waren. Er selbst war von den Nazis verfolgt worden, und als frommer Katholik betrachtete er die NS-Verfolgung als ein Verbrechen und wollte für es sühnen. Während der Verhandlungen und danach stand er treu zu seinen Versprechen und Verpflichtungen, er gab auch keinem Druck weder in Deutschland noch aus dem Ausland nach. Das Wiedergutmachungsabkommen und die beiden Protokolle wurden voll durchgeführt, und die Bundesrepublik kam ihren Verpflichtungen buchstabengetreu nach.

Nahum Goldmann und David Ben Gurion vertraten die jüdische Seite: die Claims Conference und den Staat Israel. Ihre Entscheidung und ihre Anstrengungen, Kontakte mit Deutschland, das die meisten Juden als Paria betrachteten, aufzunehmen und die Verhandlungen zu führen, waren tapfer und dramatisch. Trotz unzähliger Vorwürfe, stürmischer Demonstrationen und heftiger Versuche, diese Schritte zu verhindern, machte Ben Gurion weiter und gewann die Unterstützung der Mehrheit in der Knesseth für die Verhandlungen mit Deutschland.

Goldmann spielte eine zentrale Rolle, indem er den Weg zu den Abkommen bahnte durch seine Treffen mit Adenauer und dadurch, daß er die Gespräche aus der Sackgasse führte. Er wirkte entscheidend bei der Bildung der Claims Conference mit, der globalen jüdischen Organisation, die die Einheit des jüdischen Volkes symbolisierte und Israel in seinen Ansprüchen unterstützte. Während dieser Zeit war er unaufhörlich heftigen Anklagen und persönlichen Drohungen ausgesetzt. Er wurde als Verräter verunglimpft sowie als einer, der die Ehre des jüdischen Volkes besudelte, seine politische Laufbahn war stark gefährdet. Aber trotz aller dieser Hindernisse gelang es ihm doch, die Verhandlungen zu einem erfolgreichen Abschluß zu bringen.

In seinem Brief vom September 1952, der schon weiter oben zitiert wurde, schrieb Ben Gurion an Goldmann: »Es ist höchst bedeutsam, daß Vertreter der jüdischen Organisationen auf der ganzen Welt teilhatten, um die Anerkennung des Anspruchs auf Wiedergutmachung durchzusetzen. Die harmonische Zusammenarbeit zwischen den Vertretern der Organisationen, deren Vorsitz Sie führten, ist einer der ermutigendsten Aspekte dieses beispiellosen Unternehmens[1].«

Die Claims Conference und der Staat Israel boten sowohl Deutschland wie der öffentlichen Meinung auf der ganzen Welt bei ihrer gemeinsamen Tätigkeit eine geschlossene jüdische Front, wie es sie zuvor nicht gegeben hatte, nicht einmal, als der Staat Israel gegründet wurde, und die erst im Sechstage-Krieg wieder in Erscheinung trat.

Anhang 1:
Ansprüche auf Entschädigung aus Österreich

Einer der Ansprüche, den die Claims Conference der Bundesrepublik zu Beginn der Verhandlungen unterbreitete, war die Zahlung von Entschädigung an Anspruchcrhebende aus Österreich. Obwohl die deutsche Delegation diesen Anspruch akzeptierte und ihn auch in den gemeinsamen Empfehlungen vom April 1952 aufnahm, lehnten die Deutschen ihn im zweiten Verhandlungsstadium kategorisch ab. Sie behaupteten, Österreich sei an den NS-Verbrechen nicht weniger schuld als Deutschland, und es sei ein Nachfolgestaat des Reiches, kein befreites Land.

Schon 1952 wurde das Committee on Jewish Material Claims against Austria, d. h., das Komitee für jüdische materielle Ansprüche gegen Österreich, eingerichtet, um Entschädigung direkt aus Österreich sicherzustellen. Es umfaßte die jüdischen Organisationen, die in der Claims Conference vertreten waren, sowie den Verband österreichischer Juden in Österreich und im Ausland.

Die Verhandlungen mit Österreich dauerten ungefähr zwei Jahre, aber das, was sie erreichten, stand weit hinter dem zurück, was im Luxemburger Abkommen erreicht worden war. Das lag vor allem daran, daß die alliierten Mächte Österreich einen anderen Status gaben als der Bundesrepublik. Nach dem Krieg erklärten die Alliierten, Österreich sei ein besetztes Land gewesen, ein Opfer der Nazis, kein Staat, der mit ihnen kollaboriert hatte. Angesichts dieser Tatsache war die Grundlage für Ansprüche gegen Österreich notgedrungen schwach. Außerdem hatte der Staat Israel 1952 erklärt, er erhebe keine Ansprüche gegen Österreich; folglich wurden die Ansprüche nur im Namen der jüdischen Organisationen gestellt.

Die Verhandlungen sollten im Oktober 1952 beginnen, wurden jedoch vom österreichischen Kabinett wegen einer Regierungskrise auf Ende Oktober verschoben. Nach Einschreiten und Druck verschiedener Kreise lud das Kabinett die Exekutive des Claims Committees im Juni 1953 (nach den Wahlen) ein, Vertreter nach Wien zur Aufnahme von Verhandlungen zu schicken. Daraufhin trat die Exekutive in Paris zusammen, um unter Goldmanns Vorsitz ihre Ansprüche gegen Österreich in ihre endgültige Form zu bringen. Sie waren in zwei Kategorien geteilt: einen Kollektivanspruch auf erbenloses Vermögen in Österreich und einen Entwurf für Änderungen und Zusätze zu dem in Österreich bestehenden Gesetz über Entschädigung an einzelne.

Noch vor Beginn der Verhandlungen legte die österreichische Regierung dem Parlament zwei Gesetzesvorlagen vor, eine über die Entschädigung für Freiheitsentzug, die auch ehemaligen österreichischen Bürgern gewährt würde, die jetzt außerhalb des Landes lebten; die zweite über eine Entschädigung für Existenzschäden, die auch den schon erwähnten Anspruchserhebenden gewährt werden sollte. Noch während die Verhandlungen stattfanden, wurden diese beiden Gesetzesvorlagen vom Parlament verabschiedet und zum Gesetz erhoben.

Vor der offiziellen Aufnahme der Verhandlungen schickte das Claims Committee eine Delegation nach Wien, um Vorbereitungen zu treffen. Sie überreichte Kanzler Raab eine Zusammenfassung der jüdischen Ansprüche sowie einen Kostenvoranschlag für die Erfüllung dieser Ansprüche. Die österreichische Regierung akzeptierte weder die Ansprüche noch die Voranschläge, aber sie erklärte sich bereit, sie zu erörtern, wenn die Verhandlungen offiziell aufgenommen würden. Das Claims Committee wurde bei den offiziellen Verhandlungen von Moses W. Beckelman, Dr. Hans Rudolf Bienenfeld und Nehemiah Robinson vertreten und die österreichische Regierung durch Vertreter der diversen Ministerien. Nachdem die jüdischen Ansprüche unterbreitet worden waren und die österreichische Regierung ihre Antwort gegeben hatte, wurde offensichtlich, daß eingehende Diskussionen über die verschiedenen Punkte der vorgeschlagenen Gesetzgebung notwendig waren und daß die Verhandlungen nicht vor den bevorstehenden Sommerferien abgeschlossen würden.

Um diese Verhandlungsphase mit wenigstens einem Anschein von Erfolg zu beenden, wurde ein Treffen zwischen Kanzler Raab und Goldmann vereinbart, auf dem die folgende Einigung erzielt wurde: Die österreichische Regierung erkannte die Notwendigkeit an, die bestehende rechtliche und effektive Diskriminierung gegen ehemalige österreichische Bürger zu beenden, die außerhalb Österreichs lebten, und das würde in Anlehnung an die beiden schon verabschiedeten Gesetze erfolgen. Ebenso wurde Goldmann versprochen, für den Verlust von Haushaltsartikeln würde irgendeine Form von Entschädigung gewährt werden. Es wurde beschlossen, die restlichen Ansprüche, die individuellen wie die globalen, in bezug auf erbenloses Vermögen würden in der nächsten Verhandlungsphase diskutiert, die im September beginnen sollte.

Ein Versuch wurde unternommen, noch vor Beginn der nächsten Phase zu einer Einigung über den Kollektivanspruch zu gelangen. Der ursprüngliche Anspruch hatte auf Vermögen im Wert von einer Milliarde Schilling beruht; um zu einem Kompromiß zu gelangen, wurde dieser Betrag jetzt auf 300 Millionen Schilling herabgesetzt. Die österreichische Regierung lehnte sogar diesen Betrag ab, allerdings schlug sie auch keinen anderen vor. Es sah ganz so aus, als gebe es keine Grundlage für eine Einigung und als sei es sinnlos, die Verhandlungen wieder aufzunehmen; die zweite Verhandlungsphase fand dann auch nicht statt. Die österreichische Regierung erhärtete ihren Standpunkt, den sie mit schwachen, legalistischen Argumenten rechtfertigte[1].

Auch Treffen im Verlauf von 1954 führten zu keinem Ergebnis. Im Mai 1955, als das Abkommen zwischen Österreich und den Alliierten unterzeichnet wurde, mit dem Österreich seine Souveränität zurückerhielt, wurden die Diskussionen jedoch auf Einladung der Österreicher hin erneuert.

Auf dem ersten Treffen unterbreitete die österreichische Regierung, vertreten durch Kanzler Raab, seinen Stellvertreter, den Außenminister, den Finanzminister und den Wohlfahrtsminister, die folgenden Vorschläge:

Als erstes würde das bestehende Opferfürsorgegesetz erweitert, um auch NS-Opfer einzubeziehen. Weiterhin würde das staatliche Sozialversicherungsgesetz erweitert, um die Diskriminierung ehemaliger österreichischer Bürger aufzuheben, die außerhalb Österreichs lebten.

Zweitens würde ein Hilfsfonds in Höhe von 100 Millionen Schilling eingerichtet, damit Anspruchserhebende, die gemäß bestehender Gesetze nicht zu einer Entschädigung berechtigt waren, wenigstens eine Form von Entschädigung erhielten.

Die österreichische Regierung veranschlagte die Kosten für diese Gesetzgebung und für die Schaffung dieses Hilfsfonds auf insgesamt 500 bis 600 Millionen Schilling, zahlbar über einen Zeitraum von zehn Jahren. Die Vertreter des Claims Committees erklärten sofort, diese Vorschläge blieben weit hinter den Erwartungen zurück, die während der vorhergehenden Verhandlungsphasen geweckt worden waren. Sie schlugen vor, weitere Besprechungen aufzuschieben, bis sie diese letzten Vorschläge im einzelnen untersucht hatten und Gegenvorschläge unterbreiten könnten.

Während die Verhandlungen zeitweilig eingestellt waren, führten die Vertreter des Claims Committees Diskussionen mit den zuständigen Regierungsministerien und mit dem Finanzministerium. Daraufhin wurde eine Lösung formuliert, die dem Kanzler unterbreitet und die schließlich von der österreichischen Regierung akzeptiert wurde. Die Annahme des Vorschlags wurde in einem Brief von Kanzler Raab am 17. Mai 1955 bestätigt, in dem die Regierung ihre Bereitschaft bekanntgab, die neuen Vorschläge des Claims Committees in bezug auf das Gewähren von Entschädigung für ehemalige österreichische Bürger anzunehmen, die außerhalb Österreichs lebten, und zwar bis zu einer Höchstgrenze von 500 bis 600 Millionen Schilling. Die Vertreter des Claims Committees wurden im Juni gebeten, nach Wien zu kommen und ihre Vorschläge für Änderungen der bestehenden Gesetzgebung zu unterbreiten. Die Regierung versprach, diese Vorschläge mit der notwendigen Schnelle zu überprüfen, damit die Gesetzesvorlagen dem Parlament noch vor Jahresende unterbreitet werden konnten.

Der Kanzler versprach weiterhin, erbenloses jüdisches Vermögen in Österreich würde zum Nutzen jüdischer Opfer der NS-Verfolgung verwaltet. Innerhalb von fünf Jahren würde der Betrag von fünf Millionen Schilling an die jüdische Gemeinde in Wien für den Wiederaufbau von Synagogen und die Restaurierung jüdischer Friedhöfe als teilweise Wiedergutmachung für die Zerstörung der Synagogen in der Stadt durch die Nazis gezahlt werden.

Die Exekutive des Claims Committees trat am 22. Mai in Paris zusammen, um diese Vorschläge zu erörtern. Es wurde beschlossen, die österreichische Einladung nach Wien zu akzeptieren.

Die Verhandlungen fingen am 22. Juni an. Die Vertreter des Claims Committees schlugen die Verabschiedung eines Gesetzes vor, demzufolge eine begrenzte Entschädigung für den Verlust von Haushaltsartikeln, Wertpapieren und Aktien und die erhobenen diskriminierenden Steuern gewährt würde. Die Kosten für diese Gesetze und die schon verabschiedeten würden nicht die schon festgelegte Höchstgrenze überschreiten.

Die Österreicher argumentierten jedoch, gemäß der neuen, soeben verabschiedeten Verfassung (nach der Verabschiedung der beiden vorherigen Gesetze) seien nur die Länder befugt, solche Gesetze zu verabschieden. Die Regierung könne zu diesem Zweck keinen Druck auf sie ausüben. Statt dessen schlugen sie vor, ihre früheren Vorschläge zu akzeptieren, die vorsahen, das bestehende Gesetz auf ehemalige Bürger außerhalb Österreichs auszudehnen und einen Hilfsfonds einzurichten, was im Rahmen des von der Regierung festgelegten Haushalts ohnehin schon schwierig sein würde. Daraufhin schlugen die Vertreter des Claims Committees vor, auf die Erweiterung der Gesetzgebung zu verzichten (da die Änderung des staatlichen Sozialversicherungsgesetzes ohnehin schon verabschiedet worden war) und den vorgeschlagenen Hilfsfonds auch auf jene Empfänger zu erstrecken, die dazu aufgrund des Gesetzes berechtigt waren.

Ein Entwurf des Opferfürsorgegesetzes wurde gemeinsam angefertigt, und dadurch wurde das grundsätzliche Problem gelöst, einen Weg für die Zahlung von Entschädigung zu finden, der nach österreichischem Gesetz gültig war. Bei einem Treffen des Leiters der Delegation des Claims Committees mit dem Kanzler, seinem Stellvertreter und dem Finanzminister wurde der Entwurf genehmigt und die Höhe des Fonds festgelegt. Dieser Entwurf wurde offiziell in einem Brief des Kanzlers vom 7. Juli 1955 bestätigt, in dem er sagte, die Regierung werde einen Hilfsfonds einrichten und daraus über einen Zeitraum von zehn Jahren den Betrag von 500 Millionen Schilling zahlen. Der Fonds würde von allen Steuern befreit und würde seine Auslagen aus eigenen Mitteln bestreiten. Das Abkommen wurde am 18. Juli von Dr. Goldmann und Kanzler Raab unterzeichnet.

Danach mußte das Gesetz nur noch in seine endgültige Form gebracht und die Einrichtungen des Fonds geschaffen werden. Der Kanzler versprach, dabei das Claims Committee zu konsultieren, was er denn auch tat, allerdings nicht vor Oktober. Der Finanzgesetzentwurf, der die Grundlage im Haushalt für den Fonds bildete, wurde am 7. November vom Kabinett genehmigt und dem Parlament vorgelegt. Die Gesetzesvorlage zur Einrichtung des Fonds ging zum Innenministerium, wo sie ihre endgültige Form erhalten sollte. Der Finanzgesetzentwurf wurde vom Parlament am 18. Januar 1956 genehmigt und am 17. Februar veröffentlicht. Das Opferfürsorgegesetz wurde im Januar genehmigt und am 24. Februar veröffentlicht. Das Gesetz schuf somit den Fonds zur Hilfeleistung für politisch Verfolgte, die ihren Wohnsitz und ständigen Aufenthalt im Ausland haben, kurz, den Hilfsfonds, der in Wien als rechtliches Organ eingerichtet wurde. Der Fonds würde eine einmalige Zahlung an Personen vornehmen, die aus politischen Gründen (einschließlich Rasse, Religion und Nationalität) verfolgt worden waren, die am 12. März 1938 österreichische Staatsangehörige waren oder vor diesem Datum mindestens zehn Jahre lang ihren rechtmäßigen Wohnsitz in Österreich gehabt hatten und die jetzt außerhalb Österreichs lebten (vorausgesetzt, sie erhielten keine Entschädigung nach dem Gesetz über Hilfe für NS-Opfer, außer bei Entschädigung für Freiheitsentzug). Die Anspruchserhebenden würden nicht dazu berechtigt sein, Berufung bei den Gerichten einzulegen – die Entscheidung des Fonds würde endgültig sein.

Damit der Fonds den jährlichen Zahlungen nachkommen konnte, wurden die folgenden Prioritäten festgelegt: Zur ersten Gruppe gehörten Anspruchserhebende, deren Gesundheit durch Haft oder Mißhandlung dauerhaft geschädigt war. Mitglieder dieser Gruppe würden jeweils 30 000 Schilling erhalten, falls ihre Arbeitsfähigkeit um 75 Prozent herabgesetzt war; 20 000 Schilling, falls sie um 50 Prozent verringert war, und 10 000 Schilling, wenn sie um 40 Prozent verringert war. Witwen von NS-Opfern, die in den Lagern aufgrund von Mißhandlungen gestorben waren, würden je 20 000 Schilling erhalten.

Die zweite Gruppe betraf einzelne Anspruchserhebende, die ihren Lebensunterhalt nicht bestreiten konnten. Diese Anspruchserhebenden würden je 20 000 Schilling erhalten sowie weitere 10 000 Schilling, wenn sie ein Jahr oder mehr gefangengehalten worden waren.

Die dritte Gruppe umfaßte Anspruchserhebende über 60 Jahre, die in

Not lebten. Sie würden als erste Zahlung je 10 000 Schilling erhalten.

Die vierte Gruppe bestand aus Anspruchserhebenden über 70 Jahre (Stichtag 1. Januar 1956). Sie würden als erste Zahlung je 10 000 Schilling erhalten.

Als nächste kamen Angehörige der dritten Gruppe, die eine weitere Zahlung von je 10 000 Schilling erhalten würden; dann die Angehörigen der vierten Gruppe, die eine weitere Zahlung von je 10 000 Schilling erhalten würden; Anspruchserhebende im Alter von 65 bis 70 Jahren, die je 10 000 Schilling erhalten würden; Anspruchserhebende im Alter von 60 bis 65 Jahren, die den gleichen Betrag erhalten würden; Anspruchserhebende in Alter von 60 bis 70 Jahren, die weitere Zahlungen von je 10 000 Schilling erhalten würden; Anspruchserhebende im Alter von 55 bis 60 Jahren, die je 10 000 Schilling erhalten würden, und danach noch eine weitere Zahlung in der gleichen Höhe, und schließlich alle anderen Anspruchserhebenden, die Beträge von jeweils bis zu 20 000 Schilling erhalten würden.

Diese Zahlungen würden um 50 Prozent erhöht, wenn der Anspruchserhebende eine Frau war. Starb der Anspruchserhebende, bevor er das Geld erhalten hatte, würde seine Witwe es erhalten. Anspruchserhebende der ersten Gruppe würden auch zu den Beträgen berechtigt sein, die Angehörige der anderen Gruppen erhielten, falls sie die Bedingungen dieser Gruppen erfüllten. Nur ein Anspruch konnte beim Fonds eingereicht werden. Drei Einrichtungen wurden für den Fonds geschaffen: Die Exekutive, die die Entscheidung traf, war das Kuratorium, dessen Vorsitzender von der österreichischen Regierung ernannt würde; vier seiner Mitglieder würden vom Claims Committee gewählt, eines von der österreichischen jüdischen Gemeinde, zwei von der katholischen Kirche ernannt und eins von der evangelischen Kirche in Österreich. Das Kuratorium ernannte die Mitglieder der beiden anderen Einrichtungen des Fonds: des Zuteilungsausschusses und der Verwaltung.

Nachdem das Opferfürsorgegesetz im April 1956 veröffentlicht worden war, ernannte die österreichische Regierung Dr. Franz Sobek zum Vorsitzenden des Kuratoriums, und daraufhin nahm der Fonds seine Tätigkeit auf[2].

Verglichen mit der Entschädigung, die Anspruchserhebende von der Bundesrepublik erhielten, zahlte der Hilfsfonds Anspruchserhebenden aus Österreich nur sehr wenig Entschädigung. Es sollte jedoch darauf hingewiesen werden, daß die österreichische Regierung ebenfalls Entschädigung über das staatliche Sozialversicherungsgesetz zahlte sowie in Form von Zuschüssen als Entschädigung für Einrichtungen, die zerstört worden waren. Die Kommunalbehörden zahlten ihren ehemaligen Angestellten auch eine Rente.

Im Juni 1959 gab Österreich in einem Brief an Großbritannien, Frankreich und die Vereinigten Staaten seine Zustimmung bekannt, einen Fonds über $ 6,5 Millionen für die Zahlung von Entschädigung an Opfer der NS-Verfolgung aufgrund von Religion oder Rasse einzurichten. Die Anspruchebenden würden Gelder aus dem Fonds ohne Rücksicht auf ihre gegenwärtige Staatsbürgerschaft noch den jetzigen Aufenthalt erhalten. Die Berechtigten würden Personen sein, deren Vermögen von den NS-Behörden in Österreich aufgrund von Religion und Rasse in der Zeit vom 13. März 1938 bis zum 8. Mai 1945 eingezogen und geplündert worden war[3].

Dieser Fonds würde neben dem Hilfsfonds tätig sein, der keine Entschädigung für eingezogenes Vermögen, Zwangssteuern, Existenzschäden noch Schädigung der Berufsausbildung oder Ausbildung vorsah. Zwei Jahre, nachdem Österreich sich bereit erklärt hatte, den Fonds einzurichten, hatte das österreichische Parlament allerdings immer noch nicht die Gesetzgebung verabschiedet, um $ 6,5 Millionen für den Fonds im Haushalt bereitzustellen. Bedeutsamer Fortschritt wurde in der Angelegenheit erst im Juni 1961 gemacht, nachdem sich die Bundesrepublik bereit erklärt hatte, sich am Fonds zu beteiligen. Am 11. Juni wurde das Gesetz vom österreichischen Parlament angenommen. Die Zahlungen aus diesem Fonds begannen ein Jahr später[4].

Etwas später, am 19. Dezember 1961, unterzeichnete Goldmann eine Erklärung im Namen der jüdischen Organisationen, in der er sich verpflichtete, keine weiteren Ansprüche gegen Österreich mehr zu erheben. Er erklärte, damit sehe er seine Tätigkeit in dieser Sache als beendet an. Man wird sich erinnern, daß die Regierung von Israel bereits 1952 erklärt hatte, sie erhebe keine Ansprüche gegen Österreich[5].

Als dann in den siebziger Jahren der Weltverband der NS-Opfer und der Weltverband österreichischer Auswanderer zusätzliche Ansprüche gegen Österreich erhoben, antwortete Kanzler Kreisky, der sich auf Goldmanns Verzichterklärung stützte, mit einem entschiedenen Nein[6].

Der Weltverband österreichischer Auswanderer hält bis zum heutigen Tag daran fest, daß in der Angelegenheit der Entschädigung aus Österreich viele Fehler gemacht worden seien und daß die Anspruchehebenden aus Österreich die einzige Gruppe von NS-Opfern seien, die weder für ihr Leid noch das gewaltige, ihnen durch Beschlagnahme genommene Vermögen eine angemessene Entschädigung erhalten haben.

Anhang 2:
Abkommen zwischen der Bundesrepublik Deutschland und dem Staat Israel

In der Erwägung, daß
während der nationalsozialistischen Gewaltherrschaft unsagbare Verbrechen gegen das jüdische Volk verübt worden sind,
und daß
die Regierung der Bundesrepublik Deutschland in ihrer Erklärung vor dem Bundestag vom 27. September 1951 ihren Willen bekundet hat, in den Grenzen der deutschen Leistungsfähigkeit die materiellen Schadensfolgen dieser Taten wiedergutzumachen,
und daß
der Staat Israel die schwere Last auf sich genommen hat, so viele entwurzelte und mittellose jüdische Flüchtlinge aus Deutschland und den ehemals unter deutscher Herrschaft stehenden Gebieten in Israel anzusiedeln, und deshalb einen Anspruch gegen die Bundesrepublik Deutschland auf globale Erstattung der entstandenen Eingliederungskosten geltend gemacht hat,
sind
der Staat Israel und die Bundesrepublik Deutschland zu folgender Vereinbarung gelangt:

Artikel 1

(a) Im Hinblick auf die vorstehenden Erwägungen zahlt die Bundesrepublik Deutschland an den Staat Israel einen Betrag in Höhe von 3000 Millionen Deutsche Mark.

(b) Darüber hinaus zahlt die Bundesrepublik Deutschland in Übereinstimmung mit der Verpflichtung, die in Artikel 1 des heute von der Regierung der Bundesrepublik Deutschland und der Conference on Jewish Material Claims against Germany unterzeichneten und diesem Abkommen beigelegten Protokolls Nr. 2 übernommen worden ist, an Israel zugunsten der genannten Conference einen Betrag in Höhe von 450 Millionen Deutsche Mark; dieser Betrag von 450 Millionen Deutsche Mark ist für den in Artikel 2 des erwähnten Protokolls festgelegten Zweck zu verwenden.

(c) Die folgenden Bestimmungen dieses Abkommens finden auf den sich somit ergebenden Gesamtbetrag von 3450 Millionen Deutsche Mark Anwendung, vorbehaltlich der Bestimmung der Artikel 3 Absatz (c) und 15.

Artikel 2

Die Bundesrepublik Deutschland wird den in Artikel 1 Absatz (c) erwähnten Betrag nach Maßgabe der Artikel 6, 7 und 8 für den Ankauf solcher Waren und Dienstleistungen zur Verfügung stellen, die der Erweiterung der Ansiedlungs- und Wiedereingliederungsmöglichkeiten für jüdische Flüchtlinge in Israel dienen. Um den Ankauf dieser Waren und die Beschaffung dieser Dienstleistungen zu erleichtern, trifft die Bundesrepublik Deutschland Maßnahmen und gewährt Vergünstigungen, soweit sie in den Artikeln 5, 6 und 8 bestimmt sind.

Artikel 3

(a) Die in Artikel 1 dieses Abkommens übernommene Verpflichtung wird, unbeschadet der Bestimmungen des Artikels 4, durch die Zahlung von Jahresleistungen wie folgt getilgt:
I. Vom Inkrafttreten dieses Abkommens bis zum 31. März 1954 in Beträgen von 200 Millionen Deutsche Mark für jedes Haushaltsjahr. Als erstes Haushaltsjahr gilt die Zeit vom Inkrafttreten dieses Abkommens bis zum 31. März 1953; danach läuft jedes Haushaltsjahr vom 1. April eines Jahres bis zum 31. März des folgenden Jahres.
II. Vom 1. April 1954 ab in neun Jahresleistungen in Höhe von je 310 Millionen Deutsche Mark und in einer zehnten Jahresleistung in Höhe von 260 Millionen Deutsche Mark, vorbehaltlich der Bestimmungen des nachstehenden Unterabsatzes III.
III. Ist die Regierung der Bundesrepublik Deutschland der Auffassung, den Bestimmungen des obigen Unterabsatzes II nicht nachkommen zu können, so wird sie drei Monate vor Beginn des dritten Haushaltsjahres der in Artikel 12 erwähnten Israelischen Mission schriftlich Mitteilung über eine Herabsetzung der gemäß Unterabsatz II zu zahlenden Jahresleistungen machen, wobei jedoch vorausgesetzt ist, daß unter keinen Umständen eine dieser Jahresleistungen weniger als 250 Millionen Deutsche Mark betragen darf.
(b) Die oben erwähnten Jahresleistungen sind in gleichen Teilbeträgen am 15. August jedes Jahres fällig.
Die erste Jahresleistung ist folgendermaßen zu zahlen:
60 Millionen Deutsche Mark am Tage des Inkrafttretens dieses Abkommens und 140 Millionen Deutsche Mark drei Monate danach oder am 31. März 1953, und zwar an demjenigen dieser beiden Termine, der der frühere ist.
(c) Alle Jahresleistungen, die aufgrund der Bestimmungen dieses Artikels gezahlt werden, tilgen, sobald sie gezahlt sind, die von der Bundesrepublik Deutschland in Artikel 1 Absatz (b) begründete Verpflichtung, und zwar in dem Verhältnis, in dem diese Verpflichtung zu

der geschuldeten Gesamtsumme steht, die in Artikel 1 Absatz (c) genannt ist.

Die israelische Regierung wird, wenn solche Jahresleistungen eingegangen sind, der Conference on Jewish Material Claims against Germany oder deren Rechtsnachfolger oder Rechtsnachfolgern innerhalb eines Jahres nach Eingang der jeweiligen Jahresleistungen einen Betrag zahlen, der dem oben erwähnten Verhältnis entspricht.

(d) Die Jahresleistungen sind in Übereinstimmung mit Artikel 9 zahlbar auf das Konto der Israelischen Mission bei der Bank deutscher Länder oder einer an deren Stelle tretenden Zentralnotenbank.

Artikel 4

(a) Die Bundesrepublik Deutschland wird sich bemühen, den gemäß Artikel 1 dieses Abkommens zu zahlenden Betrag durch Erhöhung der Jahresleistungen in einer kürzeren Zeit abzulösen, als sie sich aus einer oder allen Bestimmungen des Artikels 3 Absatz (a) ergeben würde.

(b) Erhält die Regierung der Bundesrepublik Deutschland in einer allgemein und frei konvertierbaren Währung eine Auslandsanleihe oder andere auswärtige finanzielle Hilfe, die ausschließlich für den Zweck der Finanzierung der Verpflichtung aus Artikel 1 bestimmt ist, so ist der gesamte Erlös dieser Anleihe oder dieser Hilfe zu diesem Zweck zu verwenden, und zwar zur Ablösung der letzten Jahresleistungen, die aufgrund dieses Abkommens fällig werden.

(c) Erhält die Regierung der Bundesrepublik Deutschland in einer allgemein und frei konvertierbaren Währung eine Auslandsanleihe oder andere auswärtige finanzielle Hilfe, die nicht für einen besonderen außerhalb dieses Abkommens liegenden Zweck bestimmt ist, so wird die Bundesregierung, sofern und soweit sie dies für möglich hält, einen angemessenen Teil des Betrages der Anleihe oder Hilfe zur Finanzierung der Verpflichtungen aus Artikel 1 verwenden, und zwar zur Ablösung der beiden letzten Jahresleistungen oder eines Teils derselben, soweit nicht die letzten beiden Jahresleistungen bereits abgelöst sind.

(d) Der in den vorstehenden Absätzen (b) und (c) erwähnte Erlös wird Israel in der Währung und in der Zeit zur Verfügung gestellt, in der die Anleihe oder Hilfe gewährt wird.

(e) Eine Ablösung, gleichgültig ob vorzeitig oder nicht, kann von der Regierung der Bundesrepublik Deutschland jederzeit in irgendeiner allgemein und frei konvertierbaren Währung oder in Deutscher Mark, falls die Deutsche Mark allgemein und frei konvertierbar wird, oder in einer anderen gegenseitig vereinbarten Währung vorgenommen werden.

(f) Sollte eine vorzeitige Ablösung der gesamten noch zu zahlenden Summe oder eines Teiles derselben in nicht allgemein und frei konvertierbarer Deutscher Mark angeboten werden, so ist diese von Israel anzunehmen, vorausgesetzt, daß sie zum Erwerb von Waren und Dienstleistungen innerhalb der jeweils geltenden in Artikel 6 Absatz (a) genannten Warenliste unter Berücksichtigung der Bestimmungen von Artikel 6 Absatz (e) verwendet werden kann; die Ablösung ist auf die alsdann letztfälligen Jahresleistungen anzurechnen.

(g) Im Falle einer vorzeitigen Ablösung der Verpflichtung der Bundesrepublik Deutschland entscheidet die in Artikel 13 erwähnte Gemischte Kommission, ob und in welcher Höhe unter Berücksichtigung aller in Frage kommender Umstände der Bundesrepublik ein Bardiskont mit Rücksicht auf eine solche vorzeitige Ablösung zu gewähren ist.

Artikel 5

(a) Die Lieferung von Waren, die in den Gruppen der Warenliste enthalten sind, unterliegt in jeder Hinsicht den jeweils geltenden Bedingungen für den Export von Waren der gleichen Art aus der Bundesrepublik Deutschland. Eine Diskriminierung gegenüber Exporten nach dritten Ländern, insbesondere auch bezüglich von Preisen, die gegenwärtig oder künftig der Einwirkung behördlicher Maßnahmen unterliegen, darf nicht erfolgen.

(b) Die Warenlieferungen an Israel unterliegen der folgenden steuerlichen Behandlung:

I. Warenlieferungen, die Firmen in der Bundesrepublik Deutschland aufgrund eines mit der Israelischen Mission abgeschlossenen Liefervertrages vornehmen, gelten als Ausfuhrlieferungen im Sinne des Umsatzsteuergesetzes in der Fassung vom 1. September 1951 (BGB 1. I S. 791) und der Durchführungsbestimmungen zum Umsatzsteuergesetz in der Fassung vom 1. September 1951 (BGB 1. I S. 796), wenn nachgewiesen ist, daß die Waren in Erfüllung eines solchen Liefervertrages nach Israel versendet worden sind. Die Vorschriften der Paragraphen 23, 25 und 26 der angeführten Durchführungsbestimmungen sind entsprechend anzuwenden.

II. Für Warenlieferungen, die am und nach dem 1. April 1953 erfolgen, sind Ausfuhrhändlervergütung und Ausfuhrvergütung zu gewähren; die Paragraphen 70 bis 80 der Durchführungsbestimmungen zum Umsatzsteuergesetz in der Fassung vom 1. September 1951 finden entsprechende Anwendung.

III. Die die Steuern von Einkommen und Ertrag betreffenden Vorschriften des Gesetzes über steuerliche Maßnahmen zur Förderung der Ausfuhr vom 28. Juni 1951 (BGB 1. I S. 405) und der zu diesem Gesetz ergangenen oder noch ergehenden Durchführungsverordnungen finden auf die gemäß den Bestimmungen dieses Abkommens erfolgenden

Warenlieferungen keine Anwendung.

IV. Werden die in den vorstehenden Unterabsätzen I und II angeführten steuerlichen Vorschriften geändert, aufgehoben oder durch steuerliche Vorschriften ähnlicher Art ersetzt, so gelten solche Veränderungen, insofern sie allgemein Anwendungen finden, auch für Lieferungen an Israel.

(c) Die Regierung der Bundesrepublik Deutschland trifft alle Verwaltungsmaßnahmen, die zur Durchführung von Warenlieferungen an Israel erforderlich sind. Dies gilt insbesondere für solche Verwaltungsmaßnahmen, die im Zusammenhang mit etwaigen innerdeutschen Bewirtschaftungsmaßnahmen wie Festsetzung von Exportquoten und ähnlichem erforderlich sein mögen, wenn diese Bewirtschaftungsmaßnahmen gegenwärtig oder in Zukunft auf Waren der Art Anwendung finden, die an Israel geliefert werden sollen.

(d) Etwaige innerdeutsche Einschränkungen hinsichtlich des Exports von Waren aus der Bundesrepublik Deutschland gelten für die nach Israel zu exportierenden Waren nur insoweit, als diese Einschränkungen allgemein auf Länder oder Gruppen von Ländern Anwendung finden, die mit der Bundesrepublik Deutschland Außenhandelsbeziehungen unterhalten.

(e) Die gemäß den Bestimmungen dieses Abkommens nach Israel exportierten Waren dürfen nicht nach dritten Ländern reexportiert werden, soweit nicht die Gemischte Kommission anderweitig beschlossen hat. Dieses Verbot gilt nicht für Waren, die in Israel ihre letzte, wirtschaftlich gerechtfertigte und wesentliche Veränderung ihrer Beschaffenheit bewirkende Bearbeitung erfahren haben.

(f) Falls solche Waren im Widerspruch zu den im vorstehenden Absatz (c) enthaltenen Waren reexportiert werden, ist die in Artikel 14 dieses Abkommens genannte Schiedskommission bei Feststellung eines solchen Reexports berechtigt, Israel eine Vertragsstrafe aufzuerlegen, die ihrer Höhe nach dem Wert dieser Waren in dem Zeitpunkt entspricht, in dem sie in der oben geschilderten Art reexportiert wurden. Falls auf eine solche Vertragsstrafe erkannt wird, wird sie von der nächstfälligen Jahresleistung abgezogen.

Artikel 6

(a) Die von der Israelischen Mission zu beschaffenden Waren und Dienstleistungen werden in Warenlisten aufgeführt.

(b) Bei der Aufstellung dieser Warenlisten sind insbesondere Investitionsgüter zu berücksichtigen.

(c) Gemäß den Bestimmungen dieses Abkommens gelieferte Waren können auch außerdeutschen Ursprungs sein.

(d) Für die Waren und Dienstleistungen, die in der Warenliste für die

ersten beiden Haushaltsjahre enthalten sind, werden folgende Gruppen gebildet:
Gruppe I   Stahl und Eisen sowie NE-Metalle
Gruppe II   Erzeugnisse der stahlverarbeitenden Industrie
Gruppe III Erzeugnisse der chemischen und sonstiger Industrien
Gruppe IV   Landwirtschaftliche und ernährungswirtschaftliche Erzeugnisse
Gruppe V   Dienstleistungen

(e) Die Beträge, um die sich die Jahresleistungen aufgrund dieses Abkommens erhöhen können, werden wie folgt auf die in Absatz (d) erwähnten Gruppen aufgeteilt:
13 Prozent des Mehrbetrags auf Gruppe I
30 Prozent des Mehrbetrags auf Gruppe II
45 Prozent des Mehrbetrags auf Gruppen III und IV
12 Prozent des Mehrbetrags auf Gruppe V

(f) Die Warenlisten werden vom 1. April 1954 an aufgrund von Listen, welche die Israelische Mission für einen vereinbarten Zeitraum, jedoch mindestens für ein Jahr, vorlegt, durch die Gemischte Kommission gemäß den folgenden Bestimmungen aufgestellt:

I. Die Israelische Mission wird der Gemischten Kommission ihre Lieferliste spätestens sechs Monate vor Ablauf der geltenden Warenlisten vorlegen.

II. Die Gemischte Kommission wird spätestens drei Monate nach Erhalt der in vorstehendem Unterabsatz I erwähnten Liste zusammentreten, um nach Maßgabe der Bestimmungen dieses Artikels die dann folgende Warenliste aufzustellen.

(g) Jede Warenliste, die für einen Zeitraum nach dem 31. März 1954 aufgestellt wird, soll grundsätzlich in ihrer Zusammensetzung auf der ihr unmittelbar vorausgehenden Warenliste beruhen. Die Gemischte Kommission ist jedoch berechtigt, Änderungen in der Warenliste vorzunehmen, wenn sie diese gemäß den Bestimmungen des vorstehenden Absatzes (f) aufstellt. Bei Prüfung von Änderungen in der Zusammensetzung jeder solcher Warenliste hat die Gemischte Kommission den Bedarf von Israel und die Liefermöglichkeiten der Wirtschaft der Bundesrepublik Deutschland angemessen zu berücksichtigen.

(h) Falls die Gemischte Kommission keine Einigung über Änderungen erzielt, soll jede solche Warenliste, vorbehaltlich der Bestimmungen des vorstehenden Absatzes (e), in ihrer Zusammensetzung auf der ihr unmittelbar vorausgehenden Warenliste beruhen. Die vorstehende Bestimmung gilt jedoch nicht für solche Änderungen, bei denen ausdrücklich vereinbart war, daß sie nur für einen bestimmten Zeitraum Geltung haben sollten.

Artikel 7

(a) Der Einkauf von Waren und die Beschaffung von Dienstleistungen gemäß den Bestimmungen dieses Abkommens werden allein und ausschließlich durch die Israelische Mission vorgenommen.

(b) Verträge für die Lieferung von Waren oder die Beschaffung von Dienstleistungen aufgrund der jeweils geltenden Warenliste werden zwischen der Israelischen Mission einerseits und deutschen Lieferfirmen andererseits abgeschlossen.

Das Verfahren für den Ankauf von Waren außerdeutschen Ursprungs wird durch die Gemischte Kommission geregelt.

(c) Für die privatrechtlichen Rechtsbeziehungen der Israelischen Mission im Zusammenhang mit der Lieferung von Waren und der Beschaffung von Dienstleistungen gilt das deutsche Recht.

(d) Das Verfahren für die Prüfung von Aufträgen, die die Israelische Mission deutschen Lieferfirmen erteilt, ist in dem Anhang zu diesem Artikel enthalten.

Artikel 8

(a) Der für die Bereitstellung von Dienstleistungen in der jeweils geltenden Warenliste vorgesehene Betrag dient für Zahlungen der Israelischen Mission für Versicherungs- und Transportkosten, für Verwaltungsausgaben einschließlich Personal- und sächlicher Kosten sowie für alle anderen Aufwendungen, die der Israelischen Mission im Zusammenhang mit der Durchführung dieses Abkommens erwachsen. Wenn irgendwelche derartigen Beträge am Ende irgendeines der Zeiträume, die in Artikel 6 Absätze (d) und (f) erwähnt sind, nicht verbraucht sind, so sind diese nichtverbrauchten Beträge für den Ankauf von Waren während des dann beginnenden Zeitraumes zu verwenden; die Beträge sind unter die in der dann in Kraft tretenden Warenliste enthaltenen Warengruppen aufzuteilen, und zwar in dem in dieser Warenliste festgelegten Verhältnis.

(b) Die Israelische Mission wird sich grundsätzlich für die Versicherung der unter dieses Abkommen fallenden Waren deutscher Versicherungsfirmen bedienen. Versicherungsverträge sind in Deutscher Mark abzuschließen. Versicherungsprämien sind in Deutscher Mark zu leisten. Versicherungsansprüche aus solchen Verträgen sind in Deutscher Mark zu erfüllen, und die gezahlten Beträge sind für die Neubeschaffung entsprechender Waren zu verwenden. Derartige Neubeschaffungen unterliegen in jeder Hinsicht den Bestimmungen dieses Abkommens.

(c) Für den Fall, daß die israelische Regierung sich für den Transport von Waren deutscher Schiffahrtslinien bedient, werden die erforderlichen Frachtbeträge in Deutscher Mark aus dem Betrag gezahlt, der in diesem Abkommen für Dienstleistungen vorgesehen ist. Kosten für Seefrachten in einer anderen Währung als Deutscher Mark sind von der israelischen Regierung aus Mitteln zu bezahlen, die nicht aus diesem Abkommen stammen.

(d) Für den Fall, daß eine Verschiffung über einen deutschen Seehafen Ausgaben oder Vorkehrungen in sich schließt, die unter Berücksichtigung aller Umstände wirtschaftlich nicht zumutbar sind, ist die Israelische Mission berechtigt, Seehäfen außerhalb der Bundesrepublik zu benutzen; der Beurteilung der Frage, ob solche Ausgaben oder Vorkehrungen wirtschaftlich nicht zumutbar sind, ist als wesentlicher Faktor die in vergleichbaren Einzelfällen allgemein übliche Verkehrsabwicklung zugrunde zu legen.

Die israelische Regierung ist nicht berechtigt, Mittel aus diesem Abkommen für die Bezahlung von Transportkosten oder anderen Dienstleistungen ab deutscher Grenze zu verwenden.

Artikel 9

(a) Bei Inkrafttreten dieses Abkommens wird die Israelische Mission die Eröffnung eines DM-Kontos auf ihren Namen bei der Bank deutscher Länder oder bei einer an deren Stelle tretenden Zentralnotenbank beantragen. Unbeschadet ihres Rechtes, die gemäß Artikel 3 Absatz (b) fällig werdenden Jahresleistungen an den Fälligkeitsterminen auf das Konto der Israelischen Mission zu überweisen, wird die Regierung der Bundesrepublik Deutschland auf Anforderung der Israelischen Mission Überweisungen fällig gewordener Jahresleistungen auf dieses Konto zur Deckung des entstehenden Zahlungsbedarfs der Israelischen Mission vornehmen, und zwar in der Höhe, wie sie jeweils von der Israelischen Mission angezeigt wird.

(b) Jeder bis zum Ende eines Haushaltsjahres nicht von der Israelischen Mission zur Überweisung auf das erwähnte Konto abgerufene Betrag wird dem Guthaben der Israelischen Mission bei der Regierung der Bundesrepublik Deutschland für das folgende Haushaltsjahr übertragen.

(c) Die Durchführungsbestimmungen zu diesem Artikel sind in dem Anhang zu diesem Artikel enthalten.

Artikel 10

(a) Falls die wirtschaftliche oder finanzielle Leistungsfähigkeit der Bundesrepublik Deutschland während der Dauer dieses Abkommens tiefgreifend und anhaltend beeinträchtigt wird, werden die vertragsschließenden Parteien Verhandlungen aufnehmen, die den Zweck haben, die weitere Erfüllung der von der Bundesrepublik Deutschland in diesem Abkommen übernommenen Verpflichtungen den veränderten Verhältnissen anzupassen, die sich aus den oben erwähnten Umständen ergeben.

(b) Eine solche Anpassung soll nicht eine Herabsetzung des von der Bundesrepublik Deutschland gemäß Artikel 1 dieses Vertrages geschuldeten Gesamtbetrages bewirken, sondern nur zu einer vorübergehenden Herabsetzung der gemäß Artikel 3 geschuldeten Jahresleistungen führen.

(c) Kann bei Vorliegen einer tiefgreifenden und anhaltenden Beeinträchtigung der finanziellen Leistungsfähigkeit der Bundesrepublik im Verhandlungswege ein Einvernehmen nicht erzielt werden und wird die in Artikel 14 erwähnte Schiedskommission um einen Spruch angegangen, so hat die Regierung der Bundesrepublik Deutschland bis zum Spruch der Schiedskommission das Recht, den Betrag der nächstfälligen Jahresleistung herabzusetzen, vorausgesetzt, daß sie innerhalb einer den Umständen entsprechenden Frist ihre Absicht mitteilt, eine solche Jahresleistung in dieser Weise herabzusetzen.

Artikel 11

Ändern sich während der Laufzeit dieses Abkommens die Umstände in der Weise, daß sich daraus eine wesentliche Verminderung der Substanz der von der Bundesrepublik Deutschland gemäß diesem Abkommen übernommenen Verpflichtung ergibt, so werden die vertragsschließenden Parteien zu dem Zwecke der Anpassung der noch ausstehenden Jahresleistungen an die derart veränderten Umstände Verhandlungen aufnehmen.

Artikel 12

(a) Die israelische Regierung wird als ihren einzigen und ausschließlichen Vertreter in die Bundesrepublik Deutschland eine Mission entsenden, die beauftragt wird, dieses Abkommen für die israelische Regierung durchzuführen. Die Mission wird den Namen »Israel-Mission« oder einen anderen Namen führen, auf den sich die beiden vertragsschließenden Parteien einigen.

(b) Die Israelische Mission ist berechtigt, alle Tätigkeiten in der Bundesrepublik Deutschland auszuüben, die im Zusammenhang mit der raschen und wirksamen Durchführung des vorliegenden Abkommens erforderlich sein können; insbesondere ist sie berechtigt:

I. über die Lieferung von Waren und die Leistung von Diensten gemäß den Bestimmungen dieses Abkommens Aufträge zu vergeben und Verträge abzuschließen und durchzuführen sowie die hierfür notwendigen Zahlungen vorzunehmen;

II. Beratungen mit amtlichen und nichtamtlichen Stellen und Organisationen über alle Fragen zu führen, die sich auf die Durchführung des vorliegenden Abkommens beziehen;

III. sich mit allen sonstigen Angelegenheiten zu befassen, die sich in Verbindung mit den oben angeführten Tätigkeiten ergeben.

(c) Die Israelische Mission gilt als eine juristische Person im Sinne des deutschen Rechts. Die Israelische Mission bedarf nicht der Eintragung in das Handelsregister. Die Namen der für die Israelische Mission vertretungsberechtigten Personen sind von der Israelischen Mission im Bundesanzeiger laufend zu veröffentlichen und außerdem in anderer Weise öffentlich bekannt zu machen. Diese Personen gelten Dritten gegenüber als vertragsberechtigt für die Israelische Mission, solange der Widerruf ihrer Befugnis nicht im Bundesanzeiger veröffentlicht ist.

Die Israelische Mission ist der Gerichtsbarkeit der deutschen Gerichte hinsichtlich der Rechtsbeziehungen unterworfen, die sich aus oder im Zusammenhang mit ihrer Handelstätigkeit ergeben. Sie ist von der Verpflichtung befreit, wegen der Prozeßkosten Sicherheit zu leisten. Das Konto der Israelischen Mission bei der Bank deutscher Länder oder bei einer an deren Stelle tretenden Zentralnotenbank sowie ihre Konten bei Außenhandelsbanken haften für alle Verbindlichkeiten, die sich aus oder im Zusammenhang mit der genannten Tätigkeit ergeben; sie unterliegen auch der Beschlagnahme und der Zwangsvollstreckung.

(d) Der Leiter der Israelischen Mission bedarf für die Zulassung zur Ausübung seiner Tätigkeit der Zustimmung der Bundesregierung. Diese Zustimmung kann von der Bundesregierung widerrufen werden. Der Leiter der Israelischen Mission wird der Bundesregierung die Namen des gesamten Personals der Israelischen Mission mitteilen, wobei die höheren Beamten besonders zu bezeichnen sind.

(e) Die Israelische Mission ist berechtigt, innerhalb der Bundesrepublik Deutschland Geschäftsstellen zu errichten, soweit es für die wirksame Erfüllung ihrer Tätigkeit erforderlich erscheint, unter der Bedingung jedoch, daß die Orte, wo diese Geschäftsstellen errichtet werden, zwischen der Israelischen Mission und den zuständigen Behörden der Bundesrepublik Deutschland zu vereinbaren sind.

(f) Für die Israelische Mission, ihr Personal, soweit es israelische Staatsangehörigkeit besitzt, und ihre Geschäftsräume gelten folgende Rechte, Vorrechte, Befreiungen und Courtoisien:

I. Die Unterstützung im Verwaltungswege, die ausländischen Missionen in der Bundesrepublik gewöhnlich gewährt wird, und für die wirksame Erfüllung der Tätigkeit der Israelischen Mission und ihres Personals israelischer Staatsangehörigkeit erforderlich ist.

II. Befreiung des Einkommens der Israelischen Mission, das aus der Erfüllung aller ihrer im Absatz (b) dieses Artikels genannten Tätigkeiten fließt, sowie des der Erfüllung dieser Aufgaben dienenden Vermögens von allen in der Bundesrepublik erhobenen Steuern vom Einkommen und Ertrag sowie von der Vermögenssteuer.

III. Befreiung derjenigen der Israelischen Mission gehörenden Grundstücke in der Bundesrepublik, die unmittelbar der Erfüllung der Tätigkeit der Israelischen Mission oder der Unterbringung ihrer Mitglieder israelischer Staatsangehörigkeit dienen, von der Grundsteuer.

IV. Befreiung des Gehalts und der Bezüge des Leiters der Israelischen Mission und ihrer ständigen Beamten israelischer Staatsangehörigkeit, soweit das Gehalt und die Bezüge für ihre Tätigkeit als Mitglieder der Israelischen Mission gezahlt werden, von den in der Bundesrepulik erhobenen Steuern vom Einkommen.

V. Befreiung aller Gegenstände, die für die amtlichen Zwecke der Israelischen Mission und für den persönlichen Gebrauch des Leiters und der höheren Beamten israelischer Staatsangehörigkeit der Israelischen Mission bestimmt sind, von Einfuhrzoll, ohne Rücksicht darauf, ob diese Gegenstände bei dem ersten Eintreffen der Beamten in der Bundesrepublik oder zu einer späteren Zeit während ihrer Amtszeit eingeführt werden, jedoch mit der Maßgabe, daß keine Gegenstände in das Gebiet gebracht werden dürfen, deren Einfuhr in das Gebiet der Bundesrepublik gemäß den im Zeitpunkt der Einfuhr geltenden Gesetzen und Verordnungen verboten ist; Befreiung aller auf Gewalt dieses Unterabsatzes in das Bundesgebiet eingeführten Gegenstände von allen wirtschaftlichen Beschränkungen hinsichtlich ihrer Einfuhr in das Bundesgebiet oder Ausfuhr aus dem Bundesgebiet.

Die Gewährung der in diesem Unterabsatz genannten Vorrechte kann von einer vom Leiter oder einem von ihm zu diesem Zweck bevollmächtigten höheren Beamten der Israelischen Mission erteilten Bescheinigung darüber abhängig gemacht werden, daß die nach Menge, Art, Markierung, Nummer und Inhalt bezeichneten Sendungen ausschließlich für einen der in diesem Unterabsatz genannten Zwecke bestimmt sind.

VI. Befreiung des Leiters und der höheren Beamten israelischer Staatsangehörigkeit der Israelischen Mission von der deutschen Straf- und Zivilgerichtsbarkeit hinsichtlich aller von ihnen im Rahmen ihrer dienstlichen Aufgaben durchgeführten Handlungen, vorbehaltlich jedoch der Vorschriften des Absatzes (c) dieses Artikels; Befreiung des Leiters und der genannten höheren Beamten der Israelischen Mission von Verhaftungen, ausgenommen für solche Verstöße gegen die Gesetze der Bundesrepublik Deutschland, die als Verbrechen definiert sind.

VII. Befreiung der Amtsräume der Israelischen Mission von allen Maßnahmen der Behörden der Bundesrepublik Deutschland, insbesondere Befreiung der Archive von Einsicht, Sicherstellung und Beschlagnahmung, mit Ausnahme jedoch des Rechts, Zustellungen vorzunehmen.

VIII. Befreiung des Leiters und der Mitglieder der Israelischen Mission von der Verpflichtung, vor Gericht oder sonstwo Dokumente aus den Archiven der Israelischen Mission vorzulegen oder über ihren Inhalt als Zeuge auszusagen, es sei denn, daß sich diese Dokumente auf die Handelstätigkeit der Israelischen Mission beziehen.

IX. Das Recht der Israelischen Mission, Verschlüsselungsmaterial zu benutzen sowie diplomatische Kuriere zu empfangen und zu entsenden.

Artikel 13

(a) Die vertragsschließenden Parteien setzen eine Gemischte Kommission ein, die aus Vertretern der Regierung der Bundesrepublik Deutschland und der Regierung des Staates Israel gebildet wird.

(b) Die Gemischte Kommission tritt auf Antrag der Vertreter einer der beiden Parteien zusammen.

(c) Die Gemischte Kommission hat folgende Aufgaben:

I. alle Fragen, die sich zwischen den vertragsschließenden Parteien aus oder in Verbindung mit der Durchführung dieses Abkommens ergeben, zu behandeln, insbesondere die Durchführung dieses Abkommens zu überwachen, alle Schwierigkeiten zu prüfen, die dabei entstehen können, sowie Entscheidungen zur Lösung dieser Schwierigkeit zu treffen.

II. Warenlisten gemäß den Vorschriften des Artikels 6 festzusetzen.

Artikel 14

(a) Alle Streitigkeiten zwischen den vertragsschließenden Parteien, die sich bei der Auslegung oder Anwendung des vorliegenden Abkommens ergeben und die durch Verhandlungen nicht beigelegt werden, werden auf Antrag einer der Parteien einer Schiedskommission unterbreitet, die nach den folgenden Vorschriften gebildet ist:

I. Jede der vertragsschließenden Parteien wird der anderen Partei die Benennung eines Schiedsrichters innerhalb von zwei Monaten nach Inkrafttreten dieses Abkommens mitteilen.

II. Innerhalb von zwei Monaten nach Benennung der beiden Schiedsrichter werden die vertragsschließenden Parteien einverständlich den Obmann der Schiedskommission ernennen.

III. Falls innerhalb der in den Unterabsätzen I und II genannten Fristen eine der vertragsschließenden Parteien den Schiedsrichter nicht ernennt oder die vertragsschließenden Parteien sich nicht über die Ernennung des Obmannes einigen, so wird der Schiedsrichter bzw. der Obmann auf Antrag der einen oder der anderen vertragsschließenden Partei von dem Präsidenten des Internationalen Gerichtshofes ernannt.

IV. Der Obmann darf weder die Staatsangehörigkeit einer der vertragsschließenden Parteien besitzen, noch seinen gewöhnlichen Aufenthaltsort in deren Staatsgebiet haben, noch im Dienste einer der vertragsschließenden Parteien stehen.

(b) Die Mitglieder der Schiedskommission werden für die Dauer von fünf Jahren bestellt. Die Schiedskommission wird drei Monate vor Ablauf dieser fünf Jahre gemäß den Vorschriften des vorstehenden Absatzes (a) neu gebildet. Die Mitglieder der Schiedskommission können wieder ernannt werden.

(c) Ein Mitglied, dessen Amtszeit abgelaufen ist, führt seine Amtstätigkeit bis zur Ernennung seines Nachfolgers weiter. Nach dessen Ernennung wird das Mitglied, sofern der Obmann nichts anderes bestimmt, seine Amtstätigkeit in solchen anhängenden Fällen, bei denen es mitgewirkt hat, bis zu ihrer endgültigen Entscheidung fortsetzen.

(d) Wenn ein Schiedsrichter oder der Obmann während seiner Amtszeit stirbt oder sein Amt niederlegt, so wird die freigewordene Stelle gemäß den Vorschriften des Absatzes (a) dieses Artikels besetzt.

(e) Die Schiedskommission tritt an einem vom Obmann zu bestimmenden Orte zusammen.

(f) Die Schiedskommission setzt ihre Verfahrensvorschriften fest; insbesondere kann sie Zeugen und Sachverständige laden und schriftliche Gutachten von Sachverständigen einholen.

Die Schiedskommission kann von mündlichen Verhandlungen absehen, wenn die vertragsschließenden Parteien damit einverstanden sind.

(g) Die vertragsschließenden Parteien werden veranlassen, daß ihre Gerichte auf Ersuchen der Schiedskommission in den bei dieser anhängigen Fällen Rechtshilfe durch Vernehmung von Zeugen und durch Bewirkung von Zustellungen gewähren.

(h) Die Schiedskommission sowie in Dringlichkeitsfällen und vorbehaltlich der Bestätigung durch die Schiedskommission der Obmann können einstweilige Maßnahmen zur Wahrung der Rechte einer der Parteien anordnen. Von dem Obmann angeordnete Maßnahmen werden nach Ablauf eines Monats ungültig, falls sie nicht von der Schiedskommission bestätigt werden.

Die vertragsschließenden Parteien haben diesen Anordnungen Folge zu leisten.

(i) Jede Partei trägt ihre eigenen Kosten einschließlich der Kosten des von ihr ernannten Schiedsrichters. Alle Kosten der Schiedskommission werden von den vertragsschließenden Parteien zu gleichen Teilen getragen. Die Bezüge des Obmanns für jeden einzelnen Fall und ihre Aufteilung zwischen den Parteien werden von der Schiedskommission festgesetzt.

(k) Der Spruch der Schiedskommission unterliegt keinem Rechtsmittel und ist für die Parteien bindend.

Die Schiedskommission kann eine Frist für die Ausführung ihres Spruches festsetzen.

(l) Soweit die vertragsschließenden Parteien sich nicht auf eine andere Lösung einigen, kann jeder Streitfall, der zwischen den Parteien über die Auslegung oder die Ausführung eines Spruches der Schiedskommission entsteht, auf Antrag jeder der Parteien der Schiedskommission unterbreitet werden.

Nimmt die Schiedskommission aus irgendeinem Grunde den Antrag nicht innerhalb eines Monats an und einigen sich die Parteien nicht auf eine andere Lösung, so soll der Streitfall einer ad-hoc-Schiedskommission vorgelegt werden, die gemäß den Vorschriften des Absatzes (a) zu bilden ist.

(m) Die Schiedskommission ist nur zuständig, sich mit Streitigkeiten zwischen den vertragsschließenden Parteien über die in Artikel 12 Absatz (c) angeführten Rechtsbeziehungen zu befassen, nachdem alle örtlich gegebenen Rechtsbehelfe erschöpft sind.

Artikel 15

(a) Die in Artikel 14 dieses Abkommens genannte Schiedskommission ist auch für Streitigkeiten zuständig, die sich aus der Auslegung der Anwendung des heute von der Regierung der Bundesrepublik Deutschland und der Conference on Jewish Material Claims against Germany aufgesetzten Protokolls Nr. 2 ergeben, und zwar in den hier folgenden Fällen nach Maßgabe der nachstehend aufgeführten Bestimmungen:

I. Ist die Regierung der Bundesrepublik Deutschland der Auffassung, daß die Conference den Bestimmungen des Artikels 2 des Protokolls nicht nachgekommen ist, so ist sie innerhalb eines Jahres nach dem Zeitpunkt, der für die Übersendung der in Artikel 2 des Protokolls erwähnten Mitteilung festgesetzt ist, berechtigt, die Schiedskommission anzurufen.

Stellt die Schiedskommission fest, daß die Conference einen Betrag nicht für die in dem Protokoll erwähnten Zwecke oder ohne wichtigen Grund nicht verwendet oder die in Artikel 2 des Protokolls vorgesehene Mitteilung nicht gemacht hat, so ist die Bundesrepublik Deutschland berechtigt, eine Summe zurückzubehalten, die dem Betrag entspricht, auf den sich der Streitfall bezieht. Eine solche Summe kann von den nächstfälligen Jahresleistungen insoweit zurückbehalten werden, als diese Jahresleistungen den Betrag von 250 Millionen Deutsche Mark übersteigen. Falls eine Jahresleistung den Betrag von 250 Millionen Deutsche Mark nicht übersteigt, so kann der zurückbehaltene Betrag von der letzten aufgrund dieses Abkommens zahlbaren Jahresleistung abgezogen werden.

II. An die Schiedskommission kann der Antrag gestellt werden, festzustellen, daß die Conference, nachdem ein Spruch der Schiedskommission gemäß dem obigen Unterabsatz I ergangen ist, später aus anderen Quellen stammende Gelder für die in Artikel 2 des Protokolls angegebenen Zwecke verwendet oder nachträglich einen nicht verwendeten Betrag für diese Zwecke ausgegeben oder nachträglich die im Protokoll erwähnte Mitteilung gemacht hat. Falls die Schiedskommission diesem Antrag stattgibt, verliert die Bundesrepublik ihr Recht, eine solche Summe gemäß dem früher erlassenen Spruch zurückzubehalten oder abzuziehen. Die früher zurückbehaltenen Beträge sind von ihr nachzuzahlen.

III. Bestehen Unklarheiten über den Fortbestand der Conference on Jewish Material Claims against Germany oder über ihren Rechtsnachfolger, so ist die Bundesrepublik Deutschland berechtigt, bei der Schiedskommission eine Entscheidung zu beantragen, die diese Unklarheiten beseitigt.

IV. Die Regierung der Bundesrepublik Deutschland ist berechtigt, innerhalb von drei Monaten nach Eingang der in Artikel 3 des Protokolls erwähnten Benachrichtigung eine Entscheidung der Schiedskommission über die Übertragung oder die vorgesehene Übertragung der Rechte und Pflichten der genannten Conference an einen Nachfolger anzurufen, damit festgestellt wird, ob eine solche Übertragung im Hinblick auf die in Artikel 2 des Protokolls getroffenen Bestimmungen als zweckmäßig angesehen werden kann.

(b) Die Conference on Jewish Material Claims against Germany ist berechtigt, allen aufgrund dieses Artikels eingeleiteten Verfahren beizutreten.

Artikel 16

(a) Die folgenden Anhänge und Schreiben bilden einen integrierenden Bestandteil dieses Abkommens:
I. Warenliste;
Anhang zu Artikel 7;
Anhang zu Artikel 9;
II. Schreiben Nr. 1a: Schreiben des Ministers für Auswärtige Angelegenheiten des Staates Israel über die Regelung der israelischen Forderung und die Rechte israelischer Staatsangehöriger aufgrund der Gesetzgebung in der Bundesrepublik Deutschland über Wiedergutmachung nationalsozialistischen Unrechts.
Schreiben Nr. 1b: Antwort des Bundeskanzlers und Bundesministers des Auswärtigen der Bundesrepublik Deutschland auf Schreiben Nr. 1a.
Schreiben Nr. 2a: Schreiben des Vorsitzenden der deutschen Delega-

tion zu Artikel 5.

Schreiben Nr. 2b: Antwort der Vorsitzenden der israelischen Delegation auf Schreiben Nr. 2a.

Schreiben Nr. 3a: Schreiben des Bundeskanzlers und Bundesministers des Auswärtigen der Bundesrepublik Deutschland zu Artikel 6.

Schreiben Nr. 3b: Antwort des Ministers für Auswärtige Angelegenheiten des Staates Israel auf Schreiben Nr. 3a.

Schreiben Nr. 4a: Schreiben des Ministers für Auswärtige Angelegenheiten des Staates Israel zu Artikel 6.

Schreiben Nr. 4b: Antwort des Bundeskanzlers und Bundesministers des Auswärtigen der Bundesrepublik Deutschland auf Schreiben Nr. 4a.

Schreiben Nr. 5a: Schreiben der Vorsitzenden der israelischen Delegation zu Artikel 7.

Schreiben Nr. 5b: Antwort des Vorsitzenden der deutschen Delegation auf Schreiben Nr. 5a.

Schreiben Nr. 6a: Schreiben des Vorsitzenden der israelischen Delegation zu Artikel 8.

Schreiben Nr. 6b: Antwort des Vorsitzenden der deutschen Delegation auf Schreiben Nr. 6a.

Schreiben Nr 7a: Schreiben des Vorsitzenden der deutschen Delegation zu Artikel 8.

Schreiben Nr. 7b: Antwort der Vorsitzenden der israelischen Delegation auf Schreiben Nr. 7a.

Schreiben Nr. 8a: Schreiben des Ministers für Auswärtige Angelegenheiten des Staates Israel zu Artikel 12.

Schreiben Nr 8b: Antwort des Bundeskanzlers und Bundesministers des Auswärtigen der Bundesrepublik Deutschland auf Schreiben Nr. 8a.

Schreiben Nr. 9a: Schreiben der Vorsitzenden der israelischen Delegation zu Artikel 12.

Schreiben Nr. 9b: Schreiben des Vorsitzenden der deutschen Delegation auf Schreiben Nr. 9a.

(b) Die von der Regierung der Bundesrepublik Deutschland und der Conference on Jewish Material Claims against Germany heute aufgesetzten und unterzeichneten Protokolle Nr. 1 und 2 sind nur zu Verweisungszwecken beigelegt.

Artikel 17

(a) Dieses Abkommen ist so schnell wie möglich in Übereinstimmung mit den verfassungsmäßigen Verfahren der vertragsschließenden Parteien zu ratifizieren.

(b) Die Ratifizierungsurkunden sind sobald wie möglich zwischen beglaubigten Vertretern der vertragsschließenden Parteien im Sekretariat der Vereinten Nationen in New York auszutauschen. Hierüber wird vom Generalsekretariat der Vereinten Nationen ein Protokoll aufgenommen werden. Der Generalsekretär wird hiermit gebeten, jeder der vertragsschließenden Parteien beglaubigte Abschriften auszuhändigen.

(c) Dieses Abkommen tritt mit Austausch der Ratifizierungsurkunden in Kraft.

Zu Urkund dessen haben die unterzeichneten hierzu gehörig bevollmächtigten Vertreter das vorliegende Abkommen unterschrieben.

Geschehen in Luxemburg am zehnten Tag des Monats September 1952 in zwei Urschriften in englischer Sprache, von denen je eine Ausfertigung für jede der Regierungen der vertragsschließenden Parteien bestimmt ist.

Für die Bundesrepublik Deutschland	Für den Staat Israel
(gez.) Adenauer	(gez.) M. Scharett

Brief Nr. 1

Seiner Exzellenz
dem Herrn Bundeskanzler und
Bundesminister des Auswärtigen
der Bundesrepublik Deutschland

Herr Bundeskanzler,
im Auftrage der israelischen Regierung habe ich die Ehre, Eurer Exzellenz folgendes mitzuteilen:

1. In Anbetracht der Tatsache, daß die Bundesrepublik Deutschland in dem heute unterzeichneten Abkommen die Verpflichtung übernommen hat, eine Entschädigung für die Aufwendungen zu leisten, die dem Staate Israel durch die Ansiedlung jüdischer Flüchtlinge erwachsen sind oder noch erwachsen werden, wird die von dem Staate Israel geltend gemachte Forderung auf eine derartige Entschädigung, soweit sie gegen die Bundesrepublik Deutschland gerichtet ist, von der israelischen Regierung mit dem Inkrafttreten des heute unterzeichneten Abkommens als geregelt angesehen. Der Staat Israel wird keine weiteren Forderungen gegen die Bundesrepublik erheben aufgrund von oder in Verbindung mit Schäden, die durch die nationalsozialistische Verfolgung verursacht worden sind.

2. Die israelische Regierung geht dabei von der Voraussetzung aus, daß der Abschluß des Vertrages die Ansprüche israelischer Staatsangehöriger aufgrund der in der Bundesrepublik Deutschland geltenden Rechtsvorschriften über innere Rückerstattung, Entschädigung und sonstige Wiedergutmachung nationalsozialistischen Unrechts nicht beeinträchtigt, und daß alle aus einer zukünftigen Wiedergutma-

chungsgesetzgebung sich ergebenden Rechte ohne weiteres auf israelische Staatsangehörige Anwendung finden sollen, mit der Maßgabe, daß die Bestimmungen der Ziffer 14 des heute zwischen der Regierung der Bundesrepublik Deutschland und der Conference on Jewish Material Claims against Germany aufgesetzten Protokolls Nr. 1 nur insoweit auf israelische Staatsangehörige Anwendung finden, als die genannten Bestimmungen Entschädigungszahlungen für Freiheitsentziehung und Zahlungen für Renten an Hinterbliebene von Verfolgten betreffen.

Ich wäre Ihnen zu Dank verpflichtet, wenn Sie den Inhalt dieses Schreibens bestätigen und gleichzeitig bestätigen würden, daß die in Absatz 2 des Schreibens wiedergegebene Voraussetzung, von der die israelische Regierung ausgeht, zutreffend ist.

Ich benutze diese Gelegenheit, Eure Exzellenz meiner vorzüglichsten Hochachtung zu versichern.

(gez.) M. Scharett

Anhang 3:
Protokoll Nr. 1

Aufgesetzt zwischen Vertretern der Regierung der Bundesrepublik Deutschland und der Conference on Jewish Material Claims against Germany.
Vertreter der Regierung der Bundesrepublik Deutschland und der Conference on Jewish Material Claims against Germany sind in Den Haag zusammengetreten, um die Erweiterung der Gesetzgebung zu diskutieren, die in der Bundesrepublik Deutschland für die Wiedergutmachung nationalsozialistischen Unrechts besteht, und haben eine Reihe von Grundsätzen für die Verbesserung der bestehenden Gesetzgebung wie auch andere Maßnahmen beschlossen.
Die Regierung der Bundesrepublik Deutschland erklärt, daß sie so schnell wie möglich alle Schritte im Rahmen ihrer Vollmacht, die ihr die Verfassung einräumt, ergreifen wird, um das folgende Programm durchzuführen:

I. Entschädigung

1. Die Regierung der Bundesrepublik Deutschland ist entschlossen, die bestehende Entschädigungsgesetzgebung durch ein Bundesergänzungs- und -rahmengesetz zu ergänzen und zu ändern, um sicherzustellen, daß die rechtliche Stellung der Verfolgten im gesamten Bundesgebiet nicht weniger günstig ist als die gemäß dem allgemeinen Gesetz über Ansprüche, das jetzt in der amerikanischen Zone in Kraft ist. Sofern die gegenwärtig in den Ländern in Kraft befindliche Gesetzgebung günstigere Bestimmungen enthält, werden diese beibehalten.
Die im folgenden enthaltenen Bestimmungen gelten für das gesamte Bundesgebiet.
2. Lücken in der Gesetzgebung aufgrund von Bedingungen in bezug auf gewöhnlichen Aufenthalt und Stichtag der Entschädigungsgesetze in den verschiedenen Ländern werden geschlossen. Ein Wechsel des ständigen Wohnsitzes von einem Land in ein anderes soll niemanden von Entschädigung ausschließen.
3. Falls Bedingungen in bezug auf ständigen Wohnsitz und Stichtag gemäß der Entschädigungsgesetzgebung Anwendung finden, werden Entschädigungszahlungen für Freiheitsentzug auch Personen gewährt, die vor dem Stichtag auswanderten und die ihren letzten

deutschen rechtmäßigen Wohnsitz oder gewöhnlichen Aufenthalt im Bundesgebiet hatten.
4. Verfolgte, die zur Zwangsarbeit gezwungen waren und unter haftähnlichen Bedingungen lebten, werden so behandelt, als seien sie aufgrund von Verfolgung ihrer Freiheit beraubt worden.
5. Ein Verfolgter, der innerhalb der deutschen Reichsgrenzen vom 31. Dezember 1937 im »Untergrund« unter haftähnlichen oder menschenunwürdigen Bedingungen lebte, soll behandelt werden, als sei er aufgrund von Verfolgung seiner Freiheit beraubt worden, und zwar im Sinne dieses Begriffs gemäß der Entschädigungsgesetzgebung.
6. Falls ein Verfolgter nach dem 8. Mai 1945 starb, sind seine nächsten Erben (Kinder, Ehepartner oder Eltern) dazu berechtigt, seinen Anspruch auf Entschädigung für Freiheitsentzug geltend zu machen, wenn das wegen der Verbindung zwischen dem Tod des Verfolgten und der Verfolgung oder der Bedürftigkeit des Anspruchhebenden gerecht erscheint. Diese Bestimmung kann nicht geltend gemacht werden, wenn der Verstorbene schuld daran war, daß er seinen Anspruch nicht rechtzeitig eingereicht hat.
7. Falls die Berechnung der an Verfolgte zahlbaren Jahresrente auf der Höhe von Ruhegeldern beruht, die vergleichbaren Kategorien von Beamten zahlbar ist, werden alle vergangenen und zukünftigen Änderungen der Ruhegelder, die vergleichbaren Kategorien von Beamten zahlbar sind, von dem Datum an, zu dem das zukünftige Bundesergänzungs- und -rahmengesetz wirksam wird, auch für die Jahresraten vorgenommen, die Verfolgten zahlbar sind. Wenn der Verfolgte bis zu jenem Zeitpunkt keine solche Jahresrente erhalten hat, werden solche Änderungen vom 1. April 1952 an wirksam.
8. Das zukünftige Bundesergänzungs- und -rahmengesetz, das die bestehende Gesetzgebung ergänzt, räumt den Angehörigen der freien Berufe einschließlich der Selbständigen in Handel und Industrie, Land- und Forstwirtschaft die Wahl zwischen einer einmaligen Abfindung und einer Jahresrente als Entschädigung für Existenzschäden ein. Die einmalige Abfindung wird bis zu einer Höchstgrenze von DM 25 000 in jedem Fall als Entschädigung für den Schaden gewährt, der erlitten wurde, bevor der frühere Beruf wieder aufgenommen werden konnte. Statt dieser Abfindung kann der Verfolgte auch eine angemessene Jahresrente wählen, die seinem früheren Lebensstandard entspricht. Allerdings überschreitet die Jahresrente nicht DM 500 monatlich. Der Verfolgte ist nur dann zu solch einer Wahl berechtigt, wenn er zur Zeit, wenn die Wahl getroffen wird, unfähig ist oder es von ihm nicht erwartet werden kann, daß er seinen früheren Beruf voll aufnimmt. Die Wahl ist

endgültig. Falls der Begünstigte sich für eine Jahresrente entscheidet, werden die Zahlungen von dem Tag der Wahl an um ein Jahr rückwirkend berechnet.

9. Die Regierung der Bundesrepublik Deutschland zahlt Personen eine Entschädigung, die als Beamte oder Angestellte jüdischer Gemeinden oder öffentlicher Einrichtungen innerhalb der deutschen Reichsgrenzen vom 31. Dezember 1937 Verluste erlitten haben. Sofern diese Personen einen Anspruch gegen öffentliche Behörden auf Entschädigung gemäß bestehender oder zukünftiger Entschädigungsgesetzgebung haben, erhalten sie provisorische Unterstützung, bis diese Entschädigungszahlungen aufgenommen werden. Falls die in Frage kommenden Personen keine derartigen Ansprüche haben, wird ihr Lebensunterhalt durch monatliche Zahlungen auf der Grundlage ihrer früheren Gehälter sichergestellt.

10. Das zukünftige Bundesergänzungs- und -rahmengesetz enthält im Rahmen der Entschädigung für Existenzschäden auch eine angemessene Entschädigung für Schäden der Berufsausbildung und Ausbildung.

11. Verfolgte, deren rechtmäßiger Wohnsitz oder gewöhnlicher Aufenthalt im Ausland ist, werden für die Einstellung von Leistungen entschädigt, zu denen Opfer des Ersten Weltkriegs berechtigt sind, wenn ihnen solche Leistungen durch die nationalsozialistische Gewaltherrschaft aufgrund von politischer Anschauung, Rasse, Glauben oder Ideologie entzogen wurden.

12. Personen, die aufgrund ihrer politischen Anschauungen, von Rasse, Glauben oder Ideologie verfolgt wurden und die sich in der Bundesrepublik niedergelassen haben oder aus Vertriebenengebieten im Sinne dieses Begriffes des Lastenausgleichsgesetzes ins Ausland ausgewandert sind, erhalten Entschädigung für Freiheitsentzug und Schaden an Gesundheit und Leib entsprechend den Bestimmungen des allgemeinen Gesetzes über Ansprüche in der amerikanischen Zone. Das gilt nur dann, wenn sie sich in der Bundesrepublik niedergelassen haben oder ins Ausland ausgewandert sind, bevor die allgemeinen Vertreibungen stattfanden, und angenommen werden darf, daß der Verfolgte den Vertreibungsmaßnahmen ausgesetzt worden wäre, die gegen deutsche Staatsbürger und ethnische Deutsche im Zusammenhang mit den Ereignissen des Zweiten Weltkriegs ergriffen wurden. Überlebende solcher Verfolgungen erhalten eine Jahresrente, falls alle anderen Bedingungen, die das allgemeine Gesetz über Ansprüche in der amerikanischen Zone vorschreibt, in bezug auf das Gewähren einer Jahresrente für Überlebende erfüllt sind.

Solche Verfolgten erhalten Entschädigung für Sonderabgaben einschließlich der Reichsfluchtsteuer, die ihnen als eine Folge der Gewaltakte des NS-Regimes entweder durch Gesetz oder willkürlich auferlegt wurden. Solche Sonderausgaben werden bis zu einer Höchstgrenze von RM 150000 in jedem einzelnen Fall berücksichtigt. Der Anspruch wird zu einem Wechselkurs von DM 6,50 für RM 100 umgerechnet, genauso wie Sparkonten von Vertriebenen aus dem Osten umgerechnet werden.

Für Existenzschäden wird Entschädigung gezahlt, soweit solch ein Schaden es dem Verfolgten unmöglich gemacht hat, für seinen Unterhalt im Alter völlig oder teilweise aus eigenen Mitteln zu sorgen. In solchem Fall wird der Schaden festgelegt, der ebenfalls bis zu einer Höchstgrenze von RM 150000 in jedem Fall berücksichtigt und zu einem Wechselkurs von DM 6,50 für RM 100 umgerechnet wird.

Falls der Ansprucherhebende zu alt oder aufgrund von Krankheit oder Invalidität dauerhaft erwerbsunfähig ist und die ihm für persönlichen Schaden und für Sonderabgaben gezahlte Entschädigung zusammen mit seinem eigenen Vermögen und seinem anderen Einkommen für seinen Lebensunterhalt nicht ausreichend ist, kann er sich statt für eine einmalige Abfindung für seine Existenzschäden für eine erforderliche Jahresrente entscheiden.

Entschädigung gemäß Paragraph 1 wird auch an Verfolgte gezahlt, die ins Ausland ausgewandert sind oder sich in der Bundesrepublik niedergelassen haben, während oder nachdem die allgemeinen Vertreibungen stattfanden.

13. Die Bedingungen in bezug auf gewöhnlichen Aufenthalt und Stichtag des allgemeinen Gesetzes über Ansprüche in der amerikanischen Zone gelten nicht für Verfolgte, die Schaden unter der nationalsozialistischen Gewaltherrschaft erlitten haben und als politische Flüchtlinge aus der sowjetischen Besatzungszone in die Bundesrepublik gegangen sind und dort rechtmäßig ihren ständigen Wohnsitz einrichteten (die sogenannten »doppelt Verfolgten«).
14. Personen, die während der nationalsozialistischen Gewaltherrschaft wegen ihrer politischen Anschauungen, Rasse, Glauben oder Ideologie verfolgt wurden und die gegenwärtig staatenlos oder politische Flüchtlinge sind und die durch nationalsozialistische Terrorakte ihrer Freiheit beraubt wurden, erhalten angemessene Entschädigung für Freiheitsentzug und Schaden an Gesundheit und Leib entsprechend den Grundsätzen des allgemeinen Gesetzes über Ansprüche der amerikanischen Zone und in Anlehnung an die dort festgelegten Entschädigungszahlungen, d. h., in der Regel nicht weniger als 3/4 jener Sätze. Das gilt jedoch nicht, falls für die Bedürfnisse des Verfolgten ein Staat oder eine internationale Orga-

nisation auf einer dauerhaften Grundlage sorgte oder aufgrund des durch die Verfolgung erlittenen Schadens durch eine einmalige Zahlung. Verfolgte, die nach der Verfolgung eine neue Staatsbürgerschaft erworben haben, werden Staatenlosen und politischen Flüchtlingen zugerechnet.

Die Überlebenden solcher Verfolgten erhalten eine entsprechende Jahresrente, wenn alle anderen Bedingungen, wie im allgemeinen Gesetz über Ansprüche der amerikanischen Zone festgelegt, für das Gewähren einer Jahresrente an Überlebende erfüllt wurden.

Falls die dem Anspruchcherhebenden gezahlte Entschädigung zusammen mit seinem eigenen Vermögen und anderem Einkommen für seinen Lebensunterhalt nicht ausreicht, erhält er in Anerkennung der Verfolgung eine entsprechende Ausgleichszahlung aus dem Härtefonds, der anderenorts erwähnt ist, den die Regierung der Bundesrepublik Deutschland noch einrichten muß.

Die hierin enthaltenen Bestimmungen können nicht geltend gemacht werden, wenn ein Verfolgter durch die Bestimmungen von Punkt 12 dieses Protokolls gedeckt ist.

15. Die Regierung der Bundesrepublik Deutschland bemüht sich, das gesamte Entschädigungsprogramm so bald wie möglich zu verwirklichen, auf keinen Fall jedoch später als innerhalb von zehn Jahren. Sie wird sich darum kümmern, daß die notwendigen Mittel vom Rechnungsjahr 1953/54 an zur Verfügung stehen. Die für irgendein besonderes Rechnungsjahr verfügbar zu machenden Mittel werden entsprechend der Zahlungsfähigkeit der Bundesrepublik festgelegt.

16. Das Bundesergänzungs- und -rahmengesetz wird in Anerkennung allgemeiner sozialer Grundsätze dafür sorgen, daß Ansprüche von Personen, die zu Entschädigung berechtigt sind und über 60 Jahre alt oder bedürftig sind oder deren Erwerbsfähigkeit aufgrund von Krankheit oder Invalidität beträchtlich beeinträchtigt ist, Vorrang vor allen anderen Ansprüchen eingeräumt wird, und zwar sowohl bei einer Anerkennung des Anspruchs wie der Zahlung. Volle Entschädigung für Freiheitsentzug und Schaden an Leben und Leib wird in diesen Fällen sofort zahlbar. Vermögens- und Existenzschäden, soweit sie durch eine einmalige Abfindung entschädigt werden, werden bis zu einer Höhe von DM 5000 in jedem Fall sofort fällig. Falls solchen Empfängern Zahlungen in Form einer Jahresrente gewährt wurden, wird die volle Zahlung sofort aufgenommen.

17. Die Regierung der Bundesrepublik Deutschland sorgt dafür, unter Berücksichtigung der in Punkt 15 enthaltenen Grundsätze, daß Mittel in entsprechenden Mengen während der ersten Rechnungsjahre zur Verfügung stehen werden, damit nicht nur die in Punkt

16 angeführten Ansprüche erledigt werden können, sondern auch Ansprüche anderer Empfänger angemessen bearbeitet werden können.

18. Es wird kein Unterschied bei der Bearbeitung von Ansprüchen von Anspruchserhebenden gemacht zwischen jenen, die auf Bundesgebiet leben, und jenen, die außerhalb davon leben, sofern es sich um Entschädigung handelt.

19. Beim Anfordern von Nachweisen werden die Schwierigkeiten beim Erbringen von Beweisen gebührend berücksichtigt, die das Ergebnis der Verfolgung sind. Das gilt insbesondere für den Verlust oder die Zerstörung von Akten und Unterlagen und den Tod oder das Verschwinden von Zeugen. Die Entschädigungsbehörden führen *ex officio* die notwendigen Nachforschungen durch, um die relevanten Tatsachen festzustellen und die notwendigen Beweise zu suchen. Die besonderen Bedingungen, die für die Verfolgten gelten, werden ebenfalls gebührend berücksichtigt, wenn die Begriffe »rechtmäßiger Wohnsitz« oder »gewöhnlicher Aufenthalt« interpretiert werden.

20. Ein Grundsatz, der der rechtlichen Todesvermutung entspricht, wie sie in den Rückerstattungsgesetzen der amerikanischen und englischen Zone enthalten ist, wird in das Bundesergänzungs- und -rahmengesetz aufgenommen. Diese Todesvermutung wird auch beim Verfahren vor den Nachlaßgerichten angewandt, die Erbscheine ausstellen, vorausgesetzt, die Gültigkeit des Erbscheins beschränkt sich auf das Entschädigungsverfahren.

II. Rückerstattung

1. Die gegenwärtig auf dem Gebiet der Bundesrepublik Deutschland in Kraft befindliche Gesetzgebung in bezug auf die Rückerstattung von feststellbarem Vermögen an Opfer der NS-Verfolgung bleibt ohne jede Einschränkung in Kraft, es sei denn, Kapitel drei der *Konvention über die Regelung von Angelegenheiten aufgrund des Kriegs und der Besatzung* sieht etwas anderes vor.

2. Die Bundesregierung sorgt dafür, daß die Bundesrepublik Deutschland auch die Verantwortung für die Beschlagnahme von Umzugsgut übernimmt, das vom Deutschen Reich in europäischen Häfen außerhalb der Bundesrepublik eingezogen wurde, sofern die Haushaltsartikel Verfolgten gehörten, die aus dem Bundesgebiet ausgewandert sind.

3. Die Regierung der Bundesrepublik Deutschland sorgt dafür, daß Empfänger einer Rückerstattung – Privatpersonen und Nachfolgeorganisationen, die entsprechend des Gesetzes ernannt worden sind – alle Zahlungen erhalten, die in Urteilen und Urteilssprüchen gegen

das Deutsche Reich gemäß der Rückerstattungsgesetzgebung zugesprochen wurden oder in der Folge noch zugesprochen werden. Das gleiche gilt für freundschaftliche Vergleiche. Urteile oder Urteilssprüche, die auf Schulden in RM des ehemaligen Reichs für Geldansprüche beruhen, werden zum Wechselkurs von zehn RM zu einer DM umgerechnet, Urteile oder Urteilssprüche für Schadenersatz werden in DM gestellt und entsprechend der allgemeinen Grundsätze des deutschen Gesetzes abgeschätzt, das für die Abschätzung von Schadenersatz gilt.

Entsprechend Artikel 4, Paragraph 3 in Kapitel drei der *Konvention über die Regelung von Angelegenheiten aufgrund des Krieges und der Besatzung* gelten die Verpflichtungen der Bundesrepublik Deutschland als erfüllt, wenn die Urteile gefällt und die Beiträge gemäß der Urteilssprüche voll ausgezahlt wurden oder wenn die Bundesrepublik Deutschland einen Gesamtbetrag von DM 1500 Millionen gezahlt hat. Zahlungen aufgrund von freundschaftlichen Vergleichen werden ebenfalls zu diesem Betrag gezählt. Zeit und Zahlungsmethoden solcher Urteile und Urteilssprüche werden entsprechend der Zahlungsfähigkeit der Bundesrepublik festgelegt. Die Regierung der Bundesrepublik Deutschland wird sich jedoch bemühen, diese Zahlungen innerhalb eines Zeitraums von zehn Jahren vorzunehmen. Bei der Regelung der Verbindlichkeiten des Deutschen Reiches werden die Anspruchererhebenden der französischen Zone nicht weniger zuvorkommend als jene in anderen Teilen des Bundesgebiets behandelt.

4. Geldansprüche gegen das Deutsche Reich bis zu einer Höhe von DM 5000 in jedem Fall sowie die Ansprüche von Empfängern, die über 60 Jahre alt oder bedürftig sind oder deren Erwerbsfähigkeit aufgrund von Krankheit oder Invalidität beträchtlich beeinträchtigt ist, werden vorrangig vor allen anderen Geldansprüchen gegen das Deutsche Reich bearbeitet, sowohl bei der Zusprechung wie der Zahlung.

5. Die Regierung der Bundesrepublik Deutschland gewährt wohltätigen Nachfolgeorganisationen und Treuhandgesellschaften, die entsprechend der Rückerstattungsgesetzgebung eingerichtet wurden, auch weiterhin Steuerfreiheit.

6. In bezug auf Lastenausgleich wird die Stellung von Personen, die zu Rückerstattung berechtigt sind, hinsichtlich der Vermögenssteuer besonders berücksichtigt. Dabei wird auf die Einzelheiten hingewiesen, die im Lastenausgleichsgesetz vom 14. August 1952 (BGB 1. I. S. 446) enthalten sind.

7. Die Regierung der Bundesrepublik Deutschland beabsichtigt, gemäß den Prinzipien des Gesetzes, wie in Artikel 359, Paragraph 2 des Lastenausgleichsgesetzes enthalten, das folgende durchzuführen:

a) Entschädigung entsprechend den Grundsätzen des Lastenausgleichsgesetzes erfolgt für Schaden an und Verlusten von solchen materiellen Besitzgütern, wie in Abteilung 12, Paragraph 1, Unterparagraph 1 und 2 davon beschrieben, wenn der Verfolgte diese Verluste als eine Folge von Beschlagnahme erlitten hat, wie in der Rückerstattungsgesetzgebung definiert, sowie in den Vertriebenengebieten im Sinne dieses Begriffs im Lastenausgleichsgesetz. Das gilt jedoch nur dann, wenn die Verluste eingetreten sind, bevor die allgemeinen Vertreibungen stattfanden, und wenn angenommen werden kann, daß der Verfolgte im Zusammenhang mit den Ereignissen des Zweiten Weltkriegs den gleichen Vertreibungsmaßnahmen ausgesetzt gewesen wäre wie deutsche Staatsangehörige und ethnische Deutsche.

b) Bei der Durchführung der Prinzipien des Gesetzes, wie oben erwähnt, gilt die Bestimmung des Lastenausgleichsgesetzes, derzufolge der Verfolgte am 3. Dezember 1950 seinen ständigen Wohnsitz in der Bundesrepublik oder Westberlin haben mußte, nicht.

c) Die Entschädigung von Verfolgten aus Vertriebenengebieten, deren ständiger Aufenthalt außerhalb der Grenzen des ehemaligen Deutschen Reiches liegt, wird nur zum Teil übernommen. Dieser Teil wird festgelegt, indem der Anteil der Vertriebenen in der Bundesrepublik und der sowjetischen Besatzungszone berücksichtigt wird.

d) Falls Umzugsgut, das solchen Verfolgten gehörte, in europäischen Häfen außerhalb der Bundesrepublik beschlagnahmt wurde, werden diese Beschlagnahmungen als Beschlagnahmungen im Sinne von Paragraph a) oben behandelt.

Zu Urkund dessen haben der Bundeskanzler und Bundesminister für Auswärtiges der Bundesrepublik Deutschland einerseits und der Vertreter der Conference on Jewish Material Claims against Germany, der hierzu gehörig bevollmächtigt ist, andererseits dieses Protokoll unterzeichnet.

Geschehen in Luxemburg am zehnten Tag des Monats September 1952 in der englischen und der deutschen Sprache, jeweils in zwei Ausfertigungen, wobei der Text in beiden Sprachen authentisch ist.

Für die Regierung der
Bundesrepublik Deutschland
(gez.) Adenauer

Für die Conference on Jewish
Material Claims against Germany
(gez.) Goldmann

Protokoll Nr. 2

Aufgesetzt zwischen Vertretern der Regierung der Bundesrepublik Deutschland
und der Conference on Jewish Material Claims against Germany, bestehend aus den folgenden Organisationen:

Agudath Israel World Organization
Alliance Israélite Universelle
American Jewish Committee
American Jewish Congress
American Jewish Joint Distribution Committee
American Zionist Council
Anglo-Jewish Association
Rat für den Schutz der Rechte und Interessen der Juden aus Deutschland
Delegación de Asociaciones Israelitas Argentinas (D.A.I.A.)
Executive Council of Australian Jewry
Jewish Agency for Palestine
Benei Brith
Board of Deputies of British Jews
British Section, World Jewish Congress
Canadian Jewish Congress
Central British Fund
Conseil Représentatif des Juifs de France
Jewish Labor Committee
Jewish War Veterans of the USA
South African Jewish Board of Deputies
Synagogue Council of America
World Jewish Congress
Zentralrat der Juden in Deutschland

Die Regierung der Bundesrepublik Deutschland einerseits und die Conference on Jewish Material Claims against Germany andererseits sind
in der Erwägung, daß das nationalsozialistische Gewaltregime ungeheure Mengen von Vermögen und anderen Besitz von Juden in Deutschland und in Gebieten ehemals unter deutscher Herrschaft beschlagnahmte
und daß ein Teil der materiellen Verluste, die die NS-Verfolgten erlitten haben, durch interne deutsche Gesetzgebung im Bereich von Rückerstattung und Entschädigung wiedergutgemacht wird und daß eine Erweiterung dieser internen deutschen Gesetzgebung insbesondere im Bereich von Entschädigung beabsichtigt ist
und daß beträchtliche Werte wie jene, die in den besetzten Gebieten geplündert wurden, nicht zurückgegeben werden können und daß Entschädigung für viele erlittene Wirtschaftsverluste nicht mehr vorgenommen werden kann, weil als eine Folge der vom Nationalsozialismus verfolgten Ausrottungspolitik die Anspruchserhebenden nicht mehr am Leben sind,

und daß eine beträchtliche Anzahl jüdischer NS-Verfolgter aufgrund ihrer Verfolgung bedürftig sind

und in Anbetracht der Erklärung, die Bundeskanzler Dr. Konrad Adenauer am 27. September 1951 vor dem Bundestag abgegeben hat und die von jenem Organ einstimmig genehmigt wurde,

und in Anbetracht des Abkommens, das an diesem Tag zwischen dem Staat Israel und der Bundesrepublik Deutschland geschlossen wurde,

und in Anbetracht der Tatsache, daß gehörig bevollmächtigte Vertreter der Regierung der Bundesrepublik Deutschland und der Conference on Jewish Material Claims against Germany in Den Haag zusammengetreten sind,

an diesem Tag zu folgender Vereinbarung gelangt:

Artikel 1

Angesichts der zuvor angeführten Erwägungen verpflichtet sich die Regierung der Bundesrepublik Deutschland hiermit, gegenüber der Conference on Jewish Material Claims against Germany die Verpflichtung auf sich zu nehmen, in dem Abkommen mit dem Staat Israel eine vertragliche Verbindlichkeit einzugehen, dem Staat Israel zugunsten der Conference on Jewish Material Claims against Germany den Betrag von Deutsche Mark 450 Millionen zu zahlen.

Artikel 2

Die Bundesrepublik Deutschland kommt ihrer Verpflichtung, die sie zugunsten der Conference on Jewish Material Claims against Germany auf sich genommen hat, in dem Abkommen zwischen der Bundesrepublik Deutschland und dem Staat Israel durch Zahlungen an den Staat Israel entsprechend Artikel 3, Paragraph (c) des besagten Abkommens nach. Die so gezahlten und vom Staat Israel der Conference on Jewish Material Claims against Germany übertragenen Beträge werden für die Hilfe, Rehabilitierung und Neuansiedlung jüdischer Opfer der NS-Verfolgung gemäß der Dringlichkeit ihrer Bedürfnisse und wie von der Conference on Jewish Material Claims against Germany beschlossen, verwendet. Solche Beträge werden im Prinzip zugunsten von Opfern verwendet, die zur Zeit des Schließens des vorliegenden Abkommens außerhalb von Israel lebten.

Einmal im Jahr setzt die Conference on Jewish Material Claims against Germany die Regierung der Bundesrepublik Deutschland von den durch Israel übertragenen Beträgen in Kenntnis, sowie über die ausgegebenen Summen und die Art ihrer Verwendung. Falls die Conference on Jewish Material Claims against Germany die empfangenen Gelder aus berechtigten Gründen nicht ausgegeben hat, teilt sie der

Regierung der Bundesrepublik Deutschland den Grund oder die Gründe dazu mit.

Die hier erwähnte Information wird innerhalb eines Jahres vom Ende des Kalenderjahres an mitgeteilt, in dem der betreffende Betrag in Ausführung von Artikel 3, Paragraph (c) des Abkommens zwischen dem Staat Israel und der Bundesrepublik Deutschland der Conference hätte übertragen werden müssen.

Die Conference on Jewish Material Claims against Germany verpflichtet sich, nicht später als drei Monate, bevor die vorletzte Rate an Israel fällig wird, alle in Artikel 3, Paragraph (c) des Abkommens zwischen dem Staat Israel und der Bundesrepublik Deutschland erwähnten Gelder, die sie sieben Monate vor dem Datum erhalten hat, an dem die besagte vorletzte Rate, wie weiter oben erwähnt, fällig wird, auszugeben und die Regierung der Bundesrepublik Deutschland dementsprechend in Kenntnis zu setzen.

Artikel 3

Die Conference on Jewish Material Claims against Germany ist nach vorheriger Benachrichtigung der Regierung der Bundesrepublik Deutschland dazu berechtigt, ihre Rechte und Pflichten gemäß den Bestimmungen dieses Protokolls und des Abkommens zwischen der Bundesrepublik Deutschland und dem Staat Israel einer oder mehreren jüdischen Organisationen zu übertragen, die geeignet sind, solche Rechte und Pflichten zu übernehmen.

Artikel 4

Streitigkeiten, die sich aus der Interpretierung und der Anwendung der Artikel 2 und 3 dieses Protokolls ergeben, werden entsprechend der Bestimmungen von Artikel 15 des Abkommens zwischen dem Staat Israel und der Bundesrepublik Deutschland durch die Schiedskommission entschieden, die aufgrund von Artikel 14 des besagten Abkommens eingerichtet wird.

Zu Urkund dessen haben der Bundeskanzler und Bundesminister für Auswärtiges der Bundesrepublik Deutschland einerseits und der Vertreter der Conference on Jewish Material Claims against Germany, der hierzu gehörig bevollmächtigt ist, andererseits dieses Protokoll unterzeichnet.

Geschehen in Luxemburg am zehnten Tag des Monats September 1952 in der englischen und deutschen Sprache, jeweils in zwei Ausfertigungen in beiden Sprachen, die authentisch sind.

Für die Regierung der	Für die Conference on Jewish
Bundesrepublik Deutschland	Material Claims against Germany
(gez. Adenauer)	(gez.) Goldmann

Literaturverzeichnis

1. Adenauer, K: Erinnerungen 1953–1955 (Bd. II); Stuttgart, Deutsche Verlagsanstalt, 1966.
2. Adler-Rudel, S: Aus der Vorzeit der kollektiven Wiedergutmachung. In: In zwei Welten, Siegfried Moses zum fünfundsiebzigsten Geburtstag (Hrsg. von Hans Trawner). Tel Aviv: Bitan, 1962.
3. Adler-Rudel, S: Reparations from Germany. In: Zion, 1951, Bd. 2, Nr. 5–7.
4. Amudim – The Organ of the Association of Central European Immigrants.
5. Balabkins, N: The Birth of Restitution. The Making of the Shilumim Agreement. In: The Wiener Library Bulletin, 1967, Bd. XXI, Nr. 4.
6. Balabkins, N: West German Reparations to Israel. New Brunswick: Rutgers University Press, 1971.
7. Barou, N: Origin of the German Agreement. In: Congress Weekly, Bd. 19, Nr. 25, 13.10.1952, S. 6–8.
8. Bentwich, N: Siegfried Moses and the United Restitution Organization. In: In Zwei Welten, zit. Werk
9. Bentwich, N: They Found Refuge. London: The Cresset Press, 1965.
10. Deutschkron, I: Bonn and Jerusalem. The Strange Coalition. Philadelphia: Chilton Book Company, 1970.
11. Eliashiv, V: Germanyah Ha-Acheret, Tel Aviv: Am Ha-Sefer, 1967.
12. Elon, A: Be Eretz Redufat Avar. Jerusalem: Schocken, 1967.
13. Goldmann, N: Autobiography: Sixty Years of Jewish Life. New York: Holt, Rinehart and Winston, 1969.
14. Goldmann, N: Direct Israel-German Negotiations? Yes. In: The Zionist Quarterly, 1952, Bd. 1, Nr. 3.
15. Goldmann, N: Dor Shel Churban U-Geula. Jerusalem: Ha-Sifriya Ha-Zionit, 1967.
16. Great Britain, Foreign Office; Report of the O'Sullivan Committee on the progress made in the disposal of internal restitution claims in the British Zone of Germany. London: His Majesty's Stationary Office, 1951.
17. Grossmann, K: Germany and Israel: Six Years Luxemburg Agreement. New York: Herzl Inst. Pamphlet, 1958, Nr. 2.
18. Grossman, K: Germany's Moral Debt. The German-Israel Agreement. Washington, D. C.; Public Affairs Press, 1954.
19. Horowitz, D: Ha-Shilumim, Zichronot. In: Yediot Acharonot, Shiva Yamim, 15.9.1972.
20. Israel, Foreign Office: Documents Relating to the Agreement between the Government of Israel and the Government of the Federal Republic of Germany. Jerusalem: Government Printer, 1953.
21. Israel, Knesset: Divrei Ha-Knesset Bd. 8; Bd. 10. Jerusalem: Government Printer, 1951, 1953.
22. Israel, State Comtroller of Israel: Annual Report Nr. 3, 1951/1952; Nr. 4, 1952/1953. Jerusalem: Government Printer, 1953, 1954.
23. Kagan, S: The Claims Conference and the Communities. In: Exchange, 1965.
24. Kubowitzki, L: Unity in Dispersion – A History of the World Jewish Congress. New York: The World Jewish Congress, 1948.
25. Landauer, G: Restitution of Jewish Property in Germany. In: Zion, 1951. Bd. II, Nr. 1.

26 McInnis, E: Germany in the Post-War Balance. In: McInnis, E., Hirscock, R., Spencer, R: The Shaping of Postwar Germany. London: J. M. Dent, 1960.
27 Moses, S: Jewish Post-War Claims. Tel Aviv: Irgun Olei Merkaz Europe, 1944. Tel Aviv: Irgun Olei Merkaz Europe, 1944.
28 Ollenhauer, E: German Social Democracy and Reparations. In: Infield, H., (hg. von): Essays in Jewish Sociology, Labour and Co-operation. London: T. Yoseloff, 1962.
29 Robinson, N: How We Negotiated with the Germans and What We Achieved. New York: Institute of Jewish Affairs, 1953.
30 Robinson, N: Indemnifications and Reparations – Jewish Aspects. New York: Institute of Jewish Affairs, 1944.
31 Robinson, N: The Luxemburg Agreements and Their Implementation. In: Infield, H., (hg. von): Essays in Jewish Sociology, Labour and Co-operation, zit. Werk.
32 Robinson, N: Reparation, Restitution, Compensation. In: The Institute Annual. New York: Institute of Jewish Affairs, 1956.
33 Robinson, N: Reparation and Restitution in International Law as Affecting Jews. In: Feinberg, N., Stoyanovsky, S. (hg. von): The Jewish Yearbook of International Law. Jerusalem: Rubin Mass, 1949.
34 Robinson, N: Ten Years of German Indemnification. New York: Conference on Jewish Material Claims Against Germany, 1964.
35 Robinson, N: War Damage Compensation and Restitution in Foreign Countries. In: Law and Contemporary Problems, 1951, Bd. 16.
36 Shechtman, J: Direct Israel-German Negotiations? No. In: The Zionist Quarterly, 1952, Bd. 1, Nr. 2.
37 Shinnar, E: Be-Ol Korah U-Regashot, Bi-Shelichut Ha-Medina, Yahasei Israel-Germanyah, 1951–1966. Jerusalem: Schocken, 1967.
38 Vogel, R: The German Path to Israel – A Documentation. London: Oswald Wolff, 1969.
39 Wymar, P: Konrad Adenauer, The Authorized Biography. London. Andre Deutsch Ltd., 1957.
40 The World Jewish Congress, Institute of Jewish Affairs: Information on Restitution and Related Subjects, Sonderausgabe Nr. 1, 1952.
41 The World Jewish Congress, Institute of Jewish Affairs: Information on Restitution and Related Subjects, 1950, Nr. 1.
42 The World Jewish Congress: Resolutions of the Atlantic City Conference.
43 The World Jewish Congress: Survey of Policy and Action, 1948–1953.
44 The World Jewish Congress, Institute of Jewish Affairs: Survey of Events in Jewish Life in 1953.
45 Worm, S: Giora Josephtal – Chayav u-Foalo. Tel Aviv: Mapai with Ichud Ha-Kvutzot ve-ha-Kibbutzim, 1963.
46 Spectator: Negotiations with Germany on Reparations. In: Zion 1951, Bd. 2, Nr. 10–11.

Unveröffentlichte Quellen

Leavitt, M: Diary (1952).

Institut für jüdische Zeitgeschichte, Hebräische Universität

1 Adler-Rudel, Shalom 26.4.1961.
2 Avner, Gershon 30.9.1971.
3 Boukstein, Morris 23.6.1971, 5.7.1971.
4 Easterman, Alexander 19.3.1971.
5 Ferencz, Benjamin April 1971.
6 Goldmann, Nahum 14.11.1961.
7 Kagan, Saul 24.3.1971.
8 Moses, Siegfried, 31.1.1971.
9 Rubin, Seymour 29.3.1971.
10 Shinnar, Eliezer 18.11.1970.

IRSO-Briefe

1 Benjamin Ferencz an Eli Rock 18.11.1950.
2 Benjamin Ferencz an Eli Rock 6.12.1950.
3 Benjamin Ferencz, Samuel Haber, Max Kreutzberger an John J. McCloy 7.12.1950.
4 Benjamin Ferencz an Frank J. Miller 8.12.1950.
5 Benjamin Ferencz an Eli Rock 19.12.1951.
6 Benjamin Ferencz an Eli Rock 5.1.1951.
7 Benjamin Ferencz an Eli Rock 26.2.1951.
8 Benjamin Ferencz an Eli Rock 5.3.1951.
9 Benjamin Ferencz an Eli Rock 28.6.1951.
10 Benjamin Ferencz an Eli Rock 31.6.1951.
11 Benjamin Ferencz an Eli Rock 17.8.1951.
12 Benjamin Ferencz an Saul Kagan 24.12.1951.
13 Benjamin Ferencz an Saul Kagan 10.1.1952.
14 Benjamin Ferencz an Saul Kagan 29.1.1952.
15 Benjamin Ferencz an C. Kapralik 30.1.1952.
16 Benjamin Ferencz an Saul Kagan 29.2.1952.
17 Benjamin Ferencz an John J. McCloy 21.3.1952.
18 Benjamin Ferencz an Saul Kagan 28.4.1952.
19 Benjamin Ferencz an Saul Kagan 28.4.1952.
20 Benjamin Ferencz an E. Livneh 6.5.1952.
21 Benjamin Ferencz an Saul Kagan 7.5.1952.
22 Benjamin Ferencz an Saul Kagan 22.5.1952.
23 Benjamin Ferencz an Saul Kagan 12.9.1952.

Die Joint-Akten

1 Reparation 1946.
2 Reparation 1947.
3 Reparation 1948.
4 Reparation 1950–1957.
5 Restitution 1946 – 1959 (zwei Akten)

Die Akten der Claims Conference

1 Umriß der jüdischen materiellen Ansprüche gegen Deutschland.
2 Kostenvoranschlag für die CC-Forderungen.
3 Resolution, vom Ausschuß für Politik der CC auf ihrer Zusammenkunft am 20. Januar 1952 angenommen.
4 Abkommen zwischen der CC und der Bundesrepublik Deutschland.
5 Zusammenfassende Mitteilung.
6 Entschädigungsgesetz für Opfer der NS-Verfolgung, die als Beamte in Deutschland arbeiteten.
7 Bericht über die Verhandlungen auf der Londoner Schuldenkonferenz.
8 Lastenausgleich. Gesetzgebung in der Bundesrepublik Deutschland.
9 Gespräch mit Böcker und Frowein. Anweisungen in bezug auf die Politik an das Verhandlungsteam. Entwurf der Eröffnungsrede.
10 Hintergrundinformation, Verhandlungen zwischen der CC und der Bundesrepublik Deutschland.
11 Unterredungen zwischen dem amerikanischen Hohen Kommissar für Deutschland, McCloy, und Benjamin B. Ferencz.
12 Entwurf eines Berichts des Fachausschusses.
15 Bestätigung.
16 Mitteilung der CC.
17 Erklärung der CC zur Eröffnung der Verhandlungen mit den Vertretern der Deutschen Bundesrepublik.
18 Statement of the CC presented at the opening of negotiations with the representatives of the Federal Rebulic of Germany.
19 Memorandum der CC-Delegation.
20 Umriß von Vorschlägen und Ansprüchen, von der CC-Delegation unterbreitet.
21 Katalog der Ansprüche der CC-Delegation im Bereich der Gesetzgebung.
22 Vorgeschlagener Text eines Memorandums über die Verpflichtungen der deutschen Bundesrepublik.
23 Gemeinsame Empfehlungen für deutsche Gesetzgebung im Bereich von Entschädigung und Rückerstattung.
24 Entwurf eines Briefes an Moses A. Leavitt.
25 Memorandum in bezug auf Status und Zwecke der CC.
26 Erwägungen, die die Ansprüche der CC stützen.
27 Memorandum über vergangene und laufende Ausgaben für NS-Opfer.
28 Mit der deutschen Delegation zu diskutierende Punkte zusätzlich zu den gemeinsamen Empfehlungen.
30 Entwurf des Abkommens zwischen der CC und der Bundesrepublik Deutschland.
31 Brief an Professor Franz Böhm.
32 Neuer Entwurf des Abkommens zwischen der CC und der Bundesrepublik Deutschland.
33 Entwurf des Abkommens zwischen der CC und der Regierung der Bundesrepublik.
34 Entwurf des Abkommens zwischen der CC und der Regierung der Bundesrepublik.
35 Brief an Professor Franz Böhm. Memorandum in bezug auf die Verantwortung der Bundesrepublik für Schaden, jüdischen Opfern der NS-Akte in Österreich zugefügt.
36 Gesetzgebendes Programm.
39 Vorschlag für Empfehlungen im Zusammenhang mit den Ansprüchen der CC.

40 Mitteilung zur Übersetzung für die erste Vollversammlung.
41 Bericht über Treffen mit Vertretern der deutschen Delegation.
42 Bericht über das erste Treffen zwischen der CC-Delegation und der deutschen Delegation.
43 Protokoll des Treffens am 2. 3. 1952.
44 Protokoll des Treffens vom 16. 7. 1952.
45 Protokoll der 15. Vollversammlung der CC-Delegation und der Delegation der Bundesrepublik Deutschland am 16. 7. 1952.
46 Protokoll der 15. Vollversammlung der CC-Delegation und der Delegation der Bundesrepublik Deutschland am 8. 8. 1952.
47 Protokoll der 15. Vollversammlung der CC-Delegation und der Delegation der Bundesrepublik am 8. 8. 1952.
48 Protokoll der 15. Vollversammlung der CC-Delegation und der Delegation der Bundesrepublik am 11. 8. 1952.
49 Protokoll der 15. Vollversammlung der CC-Delegation und der Delegation der Bundesrepublik am 13. 8. 1952.
50 Protokoll der 15. Vollversammlung der CC-Delegation und der Delegation der Bundesrepublik Deutschland am 14. 8. 1952.
51 Zusammenfassender Bericht über das Treffen des Unterausschusses am 27. 3. 1952.
52 Zusammenfassender Bericht über das Treffen des Unterausschusses am 8. 3. 1952.
53 Protokoll des Treffens des Fachunterausschusses am 17. 7. 1952.
54 Protokoll des Treffens des Fachunterausschusses am 18. 7. 1952.
55 Protokoll des Treffens des Fachunterausschusses am 18. 7. 1952.
56 Protokoll des Treffens des Fachunterausschusses am 21. 7. 1952.
57 Protokoll des Treffens des Fachunterausschusses am 22. 7. 1952.
58 Protokoll eines Treffens des Fachunterausschusses am 23. 7. 1952.
59 Protokoll eines Treffens des Fachunterausschusses am 23. 7. 1952.
61 Protokoll eines Treffens des Fachunterausschusses am 23. 7. 1952.
62 Protokoll eines Treffens des Fachunterausschusses am 25. 7. 1952.
63 Protokoll eines Treffens des Fachunterausschusses am 28. 7. 1952.
64 Protokoll eines Treffens des Fachunterausschusses am 30. 7. 1952.
65 Protokoll eines Treffens des Fachunterausschusses am 4. 8. 1952.
66 Protokoll eines Treffens des Fachunterausschusses am 4. 8. 1952.
67 Protokoll eines Treffens des Fachunterausschusses am 5. 8. 1952.
68 Protokoll eines Treffens des Fachunterausschusses am 5. 8. 1952.
69 Brief an M. A. Leavitt.
71 Entwurf des Abkommens zwischen der Conference und der Bundesrepublik Deutschland.
72 Entwurf des gesetzgebenden Programms.
73 Konzessionen der Deutschen über die gemeinsamen Empfehlungen hinaus.
74 Punkte in den gemeinsamen Empfehlungen vom 8. April, die noch nicht von der Delegation akzeptiert wurden.
75 Punkte des gesetzgebenden Programms, die auf der Vollversammlung zu diskutieren sind.
76 Vergleich der materiellen Vorteile, die jüdischen Verfolgten gemäss den gemeinsamen Empfehlungen entstanden wären, mit denen gemäss dem jetzigen deutschen Vorschlag.
78 Punkte, die in der Vollversammlung diskutiert werden müssen.

79 Entschädigung für Verfolgte, die nicht in der bestehenden Rückerstattungs- und Entschädigungsgesetzgebung in der Bundesrepublik und (West-)Berlin berücksichtigt sind.
80 Entwurf des Abkommens zwischen der CC und der Bundesrepublik Deutschland über Ansprüche von einzelnen.
81 Entwurf des Gesetzes über Wiedergutmachung von Schaden, der wegen ihrer Rasse und Religion Verfolgten durch das NS-Regime zugefügt wurde.
82 Memorandum in bezug auf die gemeinsamen Empfehlungen für Verbesserungen des gesetzgebenden Programms.
82a Entwurf des Abkommens zwischen der Conference und der Bundesrepublik Deutschland über Ansprüche von einzelnen.
83 Entwurf des Abkommens zwischen dem Staat Israel und der CC.
84 Entwurf des Abkommens zwischen dem Staat Israel und der CC.
85 Entwurf des Abkommens zwischen dem Staat Israel und der CC.
86 Entwurf des Abkommens zwischen dem Staat Israel und der CC.
87 Entwurf des Abkommens zwischen dem Staat Israel und der CC.
88 Vorgeschlagene Empfehlungen im Zusammenhang mit den Ansprüchen der CC.
89 Vorschläge zur Beilegung bedeutender Schwierigkeiten zwischen der deutschen und der jüdischen Delegation.
90 Begründung der CC-Forderung nach Entschädigung für Verluste, die Juden durch das Dritte Reich außerhalb der Grenzen der Bundesrepublik (einschließlich Österreich) zugefügt wurden.
91 Nachtrag zu Dr. Robinsons Entwurf des Abkommens.
92 Abkommen zwischen der Bundesrepublik Deutschland und der CC.
93 Memorandum über Ausgaben für NS-Opfer in der Vergangenheit und Gegenwart.
94 Kommentar zur Zusammenfassung der internen Diskussion der Delegation am 24. 6. 1952.
95 Mitteilung in bezug auf Themen, über die noch keine Einigung zwischen der deutschen Delegation und der CC erreicht werden konnte.
97 Änderungen zum vorgeschlagenen Text des Memorandums über Verpflichtungen der Bundesrepublik Deutschland.
98 Vorgeschlagener Text des Memorandums über Verpflichtungen der Regierung der Bundesrepublik Deutschland.
99 Entwurf eines Briefes an Moses Leavitt.
100 Vorgeschlagener Text des Memorandums über Verpflichtungen der Regierung der Bundesrepublik Deutschland.
101 Ansprüche, entstanden aus Vertreibungen in besetzten Gebieten.
102 Kostenvoranschlag für die Durchführung der CC-Forderungen in bezug auf Ansprüche von einzelnen Ansprucherhebenden.
103 Entwurf, der die Prozedur für die Unterbreitung von Geldansprüchen der CC umreißt.
104 Haushaltsartikel.
105 Memorandum an Mitglieder des Präsidiums von Moses Leavitt.
106 Bericht Nr. 8 an die Mitglieder des Präsidiums von Moses Leavitt.
107 Bericht Nr. 7 an die Mitglieder des Präsidiums von Moses Leavitt.
108 Bericht Nr. 6 an die Mitglieder des Präsidiums von Moses Leavitt
109 Bericht Nr. 4 an die Mitglieder des Präsidiums von Moses Leavitt.
110 Bericht Nr. 3 an die Mitglieder des Präsidiums von Moses Leavitt.
111 Bericht Nr. 2 an die Mitglieder des Präsidiums von Moses Leavitt.

112 Bericht Nr. 1 an die Mitglieder des Präsidiums von Moses Leavitt.
113 Memorandum für Benjamin B. Ferencz.
115 Deutscher Bericht.
116 Brief von Globocnik an Himmler vom 5. 1. 44 mit einem Bericht über die »Aktion Reinhardt«.
117 Protokoll zwischen der Regierung der Bundesrepublik Deutschland und der CC.
118 Kommuniqué der CC.
119 Les reclamations matérielles juives (jüdische materielle Ansprüche).
120 Jüdische materielle Ansprüche gegen Deutschland.
121 Jüdische materielle Ansprüche gegen Deutschland.
122 Leitfaden nützlicher Information für die CC- und israelischen Delegationen und Personal.
126 Jüdische Emigration aus Osteuropa.
127 Mitteilung der israelischen Delegation zu Beginn der Verhandlungen über kollektive Wiedergutmachung aus Deutschland.
128 Brief an Moses Leavitt.
129 Dr. Küsters Vorschläge.
130 Eröffnungsrede des Leiters der deutschen Delegation.
131 Die Delegation der Bundesrepublik Deutschland.
132 Die Public-Relations-Abteilung der CC.
133 CC: Pressemitteilungen und Kommuniqués.
134 Verwaltungsunterlagen.
137 CC: Protokolle von Vollversammlungen, mündliche Berichte.
138 Unterlagen einschließlich Hintergrundmaterial, in die Protokolle aufgenommene Antworten.
139 Offizielle CC-Unterlagen, formell der deutschen Delegation überreicht.
142 Entwurf des Berichts des Fachausschusses.
146 Briefe an Saul Kagan.
155 Protokoll zwischen der Bundesrepublik Deutschland und der CC.

Abkürzungsverzeichnis

AJDC	American Joint Distribution Committee
CC	The Conference on Jewish Material Claims Against Germany (Claims Conference)
HIAS	Hebrew Immigrant Aid Society
IRO	International Refugee Organization
JRSO	Jewish Restitution Successor Organization
JTC	Jewish Trust Corporation
UNRRA	United Nations Relief and Rehabilitation Administration
URO	United Restitution Organization

Anmerkungen

Vorwort

1 Robinson, N.: Indemnifications and Reparations – Jewish Aspects, S. 1–13.
2 Goldmann, N.: Autobiography, S. 274.

Kapitel I

1 Robinson, N.: ebd., S. 210–216 Balabkins, N.: West German Reparations to Israel, S. 40.
2 Moses S.: The Jewish Post War Claims, S. 12–15. Robinson, N.: ebd., S. 216–218.
3 Ebd., S. 113.
4 Adler-Rudel, S.: Aus der Vorzeit der kollektiven Wiedergutmachung, S. 207 f.
5 Robinson, N.: zit. Werk, S. 216–235.
6 Balabkins, N.: zit. Werk, S. 40–45. Robinson, N.: Reparation and Restitution in International Law as Affecting Jews, S. 187.
7 Balabkins, N.: zit. Werk, S. 40–45. Robinson, N.: zit. Werk, S. 187.
8 Die AJDC-Akten: Reparation 1946. Robinson, N.: Reparation and Restitution, zit. Werk. S. 191–192.
9 Robinson, N.: ebd., S. 195.
10 Balabkins, N.: zit. Werk, S. 67–72.
11 Ebd., S. 57–63.

Kapitel II

1 Adler-Rudel, S.: zit. Werk, S. 200–203.
2 Ebd., S. 202. Adler-Rudel, S.: Oral History Division (OHD) 26. 4. 1961, S. 9.
3 Ebd., S. 10–13.
4 Balabkins, N.: zit. Werk, S. 81.
5 Goldmann, N.: zit. Werk, S. 216–218.
6 Goldmann, N.: ebd., S. 250.
7 Ha'aretz, 20. 1. 1943, Bd. 25, Nr. 7114.
8 Moses, S.: OHD, 31. 1. 1971, S. 1.
9 Ha'aretz, 19. 10. 1943, Bd. 26, Nr. 7340.
10 Moses, S.: zit. Werk, S. 1–5.
11 Ebd., S. 15–30.
12 Ebd., S. 50–61.
13 Ebd., S. 65–80.
14 Avner, G.: OHD, 30. 9. 1971, S. 3.
15 Amudim, 10. 11. 1944, Bd. 1, Nr. 15.
16 Amudim, 13. 7. 1945, Bd. 1, Nr. 50.
17 Robinson, N.: zit. Werk, S. 243–245.
18 Robinson, N.: ebd., S. 250–262.
19 Robinson, N.: ebd., S. 269.
20 Kubovitzki, L.: Unity in Dispersion, S. 221–222. Davar, 12. 1. 1945, Bd. 21, Nr. 5928; Amudim, 16. 3. 1945, Bd. 1, Nr. 34.
21 Kubovitzki, L.: zit. Werk, S. 221–229.
22 Der Jüdische Weltkongreß: Resolutions of the Atlantic City Conference.
23 Balabkins, N.: zit. Werk, S. 82. Balabkins, N.: The Birth of Restitution, S. 9.
24 Adler-Rudel, S.: zit. Werk, S. 209–211.
25 Ebd., S. 212.

Kapitel III

1 Israel, Außenministerium: Unterlagen in bezug auf das Abkommen zwischen der Regierung von Israel und der Regierung der Bundesrepublik Deutschland, S. 9 f.
2 Kubovitzki, L.: zit. Werk, S. 269.
3 Boukstein, M.: OHD, 28. 6. 1971, S. 1.
4 Kubovitzki, L.: zit. Werk, S. 270.
5 Adler-Rudel, S.: Reparations from Germany, S. 86–88. Adler-Rudel, S.: Aus der Vorzeit der kollektiven Wiedergutmachung, S. 213 f.
6 Kubovitzki, L.: zit. Werk, S. 270 f.

7 Die AJDC-Akten: Restitution 1946. Robinson, N.: Reparation and Restitution in International Law as Affecting Jews, S. 191 ff.
8 Kubovitzki, L.: zit. Werk, S. 271 f.
9 Die AJDC-Akten: Restitution 1946. Adler-Rudel, S.: Reparations from Germany, S. 87.
10 Die AJDC-Akten: Reparation 1946.
11 Adler-Rudel, S.: Aus der Vorzeit der kollektiven Wiedergutmachung, S. 213 ff.
12 Ebd.
13 Bentwich, N.: Siegfried Moses and the United Restitution Organization, S. 194.
14 Kagan, S.: OHD, 24. 3. 1971, S. 5 f.
15 Die AJDC-Akten: Reparation 1946.
16 Kagan, S.: zit. Werk, S. 6. Kubovitzki, L.: zit. Werk, S. 287 f.
17 Bentwich, N.: They found Refuge, S. 16.
18 Die AJDC-Akten: Reparation 1946.
19 Kagan, S.: zit. Werk, S. 7 f. Boukstein, M.: zit. Werk, S. 3. Bentwich, N.: zit. Werk, S. 194.
20 Bentwich, N.: zit. Werk, S. 186.
21 Bentwich: N.: ebd., S. 195.
22 Robinson, N.: Ten Years of German Indemnification, S. 22.
23 Bentwich, N.: zit. Werk, S. 195–198.
24 Die AJDC-Akten: Reparation 1948. Die AJDC-Akten: Restitution 1946–1959.
25 Vogel, R.: The German Path to Israel, S. 22–26.
26 Balabkins, N.: zit. Werk, S. 276–280.
27 Balabkins, N.: zit. Werk, S. 283–290. Easterman, A.: OHD, 19. 3. 1971, S. 6.
28 Die AJDC-Akten: Restitution 1946–1959.

Kapitel IV

1 Israel, Außenministerium: zit. Werk, S. 13 ff.
2 Ebd., S. 28 ff.
3 JRSO-Briefe, 18. 10. 1950, 6. 12. 1950.
4 JRSO-Briefe, 19. 12. 1950.
5 Die AJDC-Akten: Restitutions 1946–1959.
6 Der Jüdische Weltkongreß: Survey of Policy and Action 1948–1953. Die AJDC-Akten: Restitution 1946–1959.
7 Großbritannien, Außenministerium: Report of the O'Sullivan Committee.
8 Ebd.
9 Ebd.
10 Shinnar, E.: *Be-Ol Korah U Regaschot*, S. 16 f.
11 Israel, Außenministerium: zit. Werk, S. 24 f.
12 Ebd., S. 25 ff.
13 Horowitz, D.: *Ha-Schilumim*, S. 14 f.
14 Israel, Außenministerium: zit. Werk, S. 34–41.
15 Rubin, S.: OHD, 29. 3. 1971, S. 6 f.

Kapitel V

1 Grossman, K.: Germany's Moral Debt, the German-Israel Agreement, S. 12. Balabkins, N.: zit. Werk, S. 95.
2 Grossman, K.: zit. Werk, S. 2 f. Balabkins, N.: zit. Werk, S. 79.
3 Deutschkron, I.: Bonn and Jerusalem. The Strange Coalition, S. 1–20. Vogel, R.: zit. Werk, S. 15.
4 Deutschkron, I.: zit. Werk, S. 20 ff.
5 Adenauer, K.: Erinnerungen, Bd. II, S. 132.
6 Vogel, R.: zit. Werk, S. 20 f.
7 Ebd., S. 17 f.
8 Ebd., S. 19 f.
9 Grossman, K.: zit. Werk, S. 11. Vogel, R.: zit. Werk, S. 19 f., JRSO-Briefe: 5. 3. 1951.
10 Deutschkron, I.: zit. Werk, S. 29.
11 Grossman, K.: zit. Werk, S. 11. Deutschkron, I.: zit. Werk, S. 34, Vogel, R.: zit. Werk, S. 15.
12 Balabkins, N.: zit. Werk, S. 85.

Easterman, A.: OHD, April 1971, S. 7. Barou, N.: Origin of the German Agreement, S. 6 ff.
13 Weymar, P.: Konrad Adenauer, The Authorized Biography, S. 432 f.
14 Shinnar, E.: zit. Werk, S. 18.
15 Ebd., S. 13. Deutschkron, I.: zit. Werk, S. 34.
16 Ebd., S. 31.
17 Adenauer, K.: zit. Werk, S. 136.
18 Israel, Außenministerium: zit. Werk, S. 41 f.
19 Vogel, R.: zit. Werk, S. 32 ff. Deutschkron, I.: zit. Werk, S. 36 f. Grossman, K.: zit. Werk, S. 14.
20 Ebd., S. 14.
21 Weymar, P.: zit. Werk, S. 433.
22 Israel, Außenministerium: zit. Werk, S. 44.
23 Goldmann, N.: zit. Werk, S. 228. Goldmann, N.: Direct Israel-Germany Negotiations? Yes, S. 9.
24 Shinnar, E.: zit. Werk, S. 20 f. Shinnar, E.: OHD, 18. 11. 1970, S. 2.
25 Die Joint-Akten: Restitution 1946–1959.
26 Ferencz, B.: OHD, April 1971, S. 3.
27 Israel, Außenministerium: zit. Werk, S. 46. Grossman, K.: zit. Werk, S. 17.
28 Goldmann, N.: zit. Werk, S. 233 ff.
29 Adenauer, K.: zit. Werk, S. 17.
30 Israel, Außenministerium: zit. Werk, S. 50.
31 Goldmann, N.: zit. Werk, S. 234 ff. Goldmann, N.: OHD, 14. 11. 1961, S. 18 ff.
32 Vogel, R.: zit. Werk, S. 36.
33 Weymar, P.: zit. Werk, S. 442.
34 Israel, Außenministerium: zit. Werk, S. 57 ff.
35 Die Akten der Claims Conference, Nr. 3.

Kapitel VI

1 Die Joint-Akten: Restitution 1944–1959.
2 Die Akten der Claims Conference, Nr. 12.
3 Ebd., Nr. 146. JRSO-Briefe, 24. 12. 1951.
4 Ebd., Nr. 12.
5 Ebd., Nr. 12.
6 Die Akten der Claims Conference, Nr. 12, 142.
7 Shinnar, E.: zit. Werk, S. 25 f.
8 Die Akten der Claims Conference, Nr. 5.
9 Ebd., Nr. 1.
10 Vogel, R.: zit. Werk, S. 37.
11 Shinnar, E.: zit. Werk, S. 27.
12 Grossman, K.: zit. Werk, S. 4.
13 Ferencz, B.: zit. Werk, S. 4.
14 Boukstein, M.: OHD, 23. 6. 1971, S. 9.
15 Goldmann, N.: zit. Werk, S. 239.

Kapitel VII

1 Vogel, R.: zit. Werk, S. 39.
2 Balabkins, N.: West German Reparations to Israel, S. 11 ff. Balabkins, N.: The Birth of Restitution, S. 125 f. Adenauer, K.: zit. Werk, S. 141.
3 Balabkins, N.: zit. Werk, S. 44 f. Vogel, R.: zit. Werk, S. 39 f.
4 JRSO-Briefe, 28. 6. 1951.
5 Die AJDC-Akten: Restitution 1946–1959.
6 JRSO-Briefe, 29. 1. 1952. Israel, Außenministerium: zit. Werk, S. 63 f.
7 Ebd., S. 65 ff.
8 Die AJDC-Akten: Restitution 1946–1959.

Kapitel VIII

1 Die Akten der Claims Conference, Nr. 124.
2 Boukstein, M.: zit. Werk, S. 9.
3 Weymar, P.: zit. Werk, S. 429 f., Deutschkron, I.: zit. Werk, S. 52.
4 Die Akten der Claims Conference, Nr. 131. Deutschkron, I.: zit. Werk, S. 53.
5 Avner, G.: zit. Werk, S. 20.
6 Die Akten der Claims Conference, Nr. 41.
7 Shinnar, E.: zit. Werk, S. 28. Worm, S.: Giora Josephthal, S. 398.

8 Israel, Außenministerium: zit. Werk, S. 70f.
9 Die Akten der Claims Conference, Nr. 80.
10 Israel, Außenministerium: zit. Werk, S. 79f.
11 Ebd., S. 75ff.
12 Die Akten der Claims Conference, Nr. 120.
13 Ebd., Nr. 9.
14 Adenauer, K.: zit. Werk, S. 139f.
15 Worm, S.: zit. Werk, S. 399.
16 Shinnar, E.: zit. Werk, S. 29. Worm, S.: zit. Werk, S. 399.
17 Deutschkron, I.: zit. Werk, S. 58f.
18 Israel, Außenministerium: zit. Werk, S. 82.
19 Ebd., S. 83f.
20 Ebd., S. 85.
21 Die Akten der Claims Conference, Nr. 19.
22 Ebd., Nr. 20, 43.
23 Ebd., Nr. 112.
24 Ebd., Nr. 111.
25 Ebd., Nr. 51, 110.
26 Ebd., Nr. 21.
27 Ebd., Nr. 52, 109.
28 Ebd., Nr. 137.
29 Ebd., Nr. 137.
30 Ebd., Nr. 129.
31 Ebd., Nr. 108.
32 Ebd., Nr. 23.
33 Ebd., Nr. 108, 137.
34 Ebd., Nr. 137.
35 Ebd., Nr. 137.
36 Ebd., Nr. 95.
37 Ebd., Nr. 107.
38 Ebd., Nr. 128.
39 Ebd., Nr. 139.

Kapitel IX

1 Rubin, S.: OHD, 29. 3. 1971, S. 18.
2 Worm, S.: zit. Werk, S. 403.
3 Rubin, S.: zit. Werk, S. 19.
4 Ferencz, B.: zit. Werk, S. 10.
5 Die Akten der Claims Conference, Nr. 11.
6 Worm, S.: zit. Werk, S. 403.
7 Ebd., S. 404.
8 Easterman, A.: zit. Werk, S. 9.
9 Goldmann, N.: zit. Werk, S. 240f.
10 Vogel, R.: zit. Werk, S. 45ff.
11 Israel, Außenministerium: zit. Werk, S. 91.
12 Shinnar, E.: zit. Werk, S. 32.
13 Israel, Außenministerium: zit. Werk, S. 91.
14 Goldmann, N.: zit. Werk, S. 241ff.
15 Ollenhauer, E.: German Social Democracy and Reparations, S. 94f.
16 JRSO-Briefe, 21. 5. 1952.
17 Balabkins, N.: zit. Werk, S. 130ff.
18 Vogel, R.: zit. Werk, S. 49f.
19 Vogel, R.: zit. Werk, S. 51ff.
20 Goldmann, N.: zit. Werk, S. 245.
21 Balabkins, N.: zit. Werk, S. 133.
22 Shinnar, E.: zit. Werk, S. 30ff.
23 Goldmann, N.: zit. Werk, S. 245ff. Shinnar, E.: zit. Werk, S. 36ff.
24 Ebd.

Kapitel X

1 Avner, G.: zit. Werk, S. 30.
2 Shinnar, E.: zit. Werk, S. 39f.
3 Deutschkron, I.: zit. Werk, S. 68.
4 Shinnar, E.: zit. Werk, S. 41f.
5 Ebd., S. 42.
6 Worms, S.: zit. Werk, S. 416. Shinnar, E.: zit. Werk, S. 40.
7 Die Akten der Claims Conference, Nr. 137.
8 Ebd., Nr. 26.
9 Ebd., Nr. 93.
10 Ebd., Nr. 25.
11 Ebd., Nr. 137.
12 Goldmann, N.: zit. Werk, S. 249. Balabkins, N.: zit. Werk, S. 135.
13 Die Akten der Claims Conference, Nr. 30.
14 Ebd., Nr. 44, 45.
15 Ebd., Nr. 83, 84, 85, 86.
16 Ebd., Nr. 105.
17 Ebd., Nr. 105.
18 Ebd., Nr. 139.
19 Boukstein, M.: zit. Werk, S. 9.
20 Die Akten der Claims Conference, Nr. 49, 50, 139.
21 Robinson, N.: How we negotiated with the Germans and What we Achieved, S. 2.

22 Israel, Außenministerium: zit. Werk, S. 177ff.
23 Die Akten der Claims Conference, Nr. 89.
24 Ebd., Nr. 82, 88.
25 Ebd., Nr. 139.
26 Ebd., Nr. 62, 106, 139.
27 Ebd., Nr. 62, 106, 139.
28 Ebd., Nr. 83.
29 Ebd., Nr. 69.
30 Ebd., Nr. 65, 106.
31 Ebd., Nr. 48.

Kapitel XI

1 Worm, S.: zit. Werk, S. 416f. Avner, G.: zit. Werk, S. 33. Goldmann, N.: zit. Werk, S. 249.
2 JRSO-Briefe, 12. 9. 1952.
3 Shinnar, E.: zit. Werk, S. 44.
4 Ebd., S. 44.
5 Balabkins, N.: zit. Werk, S. 8f.
6 Israel, Außenministerium: zit. Werk, S. 95–104.
7 Ebd., S. 108–115.
8 Shinnar, E.: zit. Werk, S. 46ff.
9 Israel, Außenministerium: zit. Werk, S. 166.
10 Ebd., S. 116ff.
11 Ebd., S. 120ff.
12 Ebd., S. 122f.
13 Robinson, N.: The Luxembourg Agreements and their Implementation, S. 5–86.
14 Goldmann, N.: zit. Werk, S. 250f.
15 Israel, Außenministerium: zit. Werk, S. 171.
16 Balabkins, N.: zit. Werk, S. 137f.
17 Grossman, K.: zit. Werk, S. 65f.

Kapitel XII

1 Deutschkron, I.: zit. Werk, S. 77f.
2 Adenauer, K.: zit. Werk, S. 153.
3 Ebd., S. 154.
4 Grossman, K.: zit. Werk, S. 26f. Deutschkron, I.: zit. Werk, S. 80f.
5 Grossman, K.: zit. Werk, S. 28. Deutschkron, I.: zit. Werk, S. 81.
6 Deutschkron, I.: S. 83ff. Worm, S.: zit. Werk, S. 422. Shinnar, E.: zit. Werk, S. 62.
7 Deutschkron, I.: zit. Werk, S. 85f. Grossman, K.: zit. Werk, S. 28.

Kapitel XIII

1 Shinnar, E.: zit. Werk, S. 52f. Grossman, K.: zit. Werk, S. 31.
2 Vogel, R.: zit. Werk, S. 69ff.
3 Ebd., S. 78ff. Grossman, K.: zit. Werk, S. 32ff.
4 Shinnar, E.: zit. Werk, S. 53f.
5 Deutschkron, I.: zit. Werk, S. 74.
6 Goldmann, N.: zit. Werk, S. 252f. Übersicht des Jüdischen Weltkongresses über jüdisches Leben 1953, Teil 3, S. 11ff.
7 Die Joint-Akten: Restitution 1946–1959.
8 Deutschkron, I.: zit. Werk, S. 19.
9 Ebd., Elon, A.: *Be-Eretz Redufat Avar*, S. 142f.
10 Grossman, K.: zit. Werk, S. 30.
11 Elon, A.: zit. Werk, S. 142.
12 *Ha'aretz*, 12. 1. 1954, Bd. 36, Nr. 10450. *Ha'aretz*, 19. 1. 1954, Bd. 36, Nr. 10456.
13 *Ha'aretz*, 1. 1. 1973, Bd. 55, Nr. 16350.
14 *Ha'aretz*, 20. 9. 1973, Bd. 55, Nr. 16574.
15 *Ha'aretz*, 20. 9. 1973, Bd. 55, Nr. 16574.
16 *Ha'aretz*, 6. 9. 1974, Bd. 6, Nr. 16858.
17 *Ha'aretz*, 11. 9. 1974, Bd. 56, Nr. 16873.
18 *Ha'aretz*, 16. 9. 1976, Bd. 58, Nr. 17479. *Ha'aretz*, 21. 11. 1976, Bd. 58, Nr. 17537.

Kapitel XIV

1 *Ha'aretz*, 15. 6. 1964, Bd. 46, Nr. 13645.
2 *Ha'aretz*, 7. 9. 1965, Bd. 47, Nr. 14022.
3 *Ha'aretz*, 20. 4. 1972, Bd. 54, Nr. 16090. *Ha'aretz*, 8. 2. 1973, Bd. 55, Nr. 16386.
4 *Ha'aretz*, 6. 8. 1975, Bd. 57, Nr. 17146. *Ha'aretz*, 19. 10. 1975, Bd.

57, Nr. 17207. *Ha'aretz*, 6. 4. 1977, Bd. 59, Nr. 17649.
5 *Ha'aretz*, 4. 1. 1978, Bd. 60, Nr. 17875. *Ma'ariv*, 9. 4. 1978, Bd. 31, Nr. 9240.
6 *Ma'ariv*, 17. 12. 1979, Bd. 32, Nr. 9778.
7 Shinnar, E.: zit. Werk, S. 74f.
8 Goldmann, N.: zit. Werk, S. 256f. Grossman, K.: zit. Werk, S. 35. Die Joint-Akten: Restitution 1946–1959. Vogel, R.: zit. Werk, S. 52.
9 Grossman, K.: Germany and Israel, S. 12ff. Vogel, R.: zit. Werk, S. 71ff., 90ff. Balabkins, N.: zit. Werk, S. 169–186.
10 Shinnar, E.: zit. Werk, S. 56, 70. Shinnar, E.: OHD, S. 14f.
11 Deutschkron, I.: zit. Werk, S. 100ff.
12 Shinnar, E.: zit. Werk, S. 97f.
13 Kagan, S.: The Claims Conference and the Communities, S. 10–19.

Zusammenfassung

1 Goldmann, N.: Autobiography, S. 274.

Anhang 1

1 Robinson, N.: Reparations, Restitution, Compensation, S. 55ff. Rubin, S.: zit. Werk, S. 23. Jüdischer Weltkongreß: zit. Werk, S. 15f. Goldmann, N.: zit. Werk, S. 225ff.
2 Robinson, N.: Ebd., S. 56ff.
3 *Ha'aretz*, 4. 6. 1959, Bd. 41, Nr. 12111.
4 *Ha'aretz*, 11. 6. 1961, Bd. 49, Nr. 12731.
5 *Ha'aretz*, 16. 7. 1967, Bd. 49, Nr. 13060.
6 *Ha'aretz*, 31. 3. 1974, Bd. 56, Nr. 16734.

Personenregister

Abs, Hermann Josef 102f., 112, 117f., 138, 142ff., 150ff.
Acheson, Dean 44, 63, 139, 149
Adenauer, Konrad 7, 60, 68ff., 73ff., 82ff., 88, 98, 100, 102, 104, 108f., 112ff., 117, 137f., 140ff., 147ff., 155, 172f., 184ff., 192, 203, 205, 209, 234, 243, 246
Adler-Rudel, Schalom 21f., 33, 100
Altmeier, Jakob 72, 75f., 173
Angel, Jim 39
Aschner 110
Avner, Gerschon 95, 110ff., 146f., 153, 172
Azzam, Abd ar-Rahmān 185

Baeck, Leo 78
Barou, Noah 73f., 75, 82f., 100, 103, 140, 146f., 150
Bauer, Jehuda 7
Beckelman, Moses W. 212
Ben Gurion, David 11, 33, 41, 82f., 86, 149, 182, 191, 194, 210
Bentov, Mordechai 31
Bentwich, Norman 21, 57, 99
Ben Zwi, Yitzhak 72
Bernstein, Bernard 45
Bienenfeld, Rudolf 212
Blankenhorn, Herbert 69, 74, 83f., 103, 138, 149f., 152, 173
Blaustein, Jacob 38, 82, 87, 96, 139, 157, 207
Böhm, Franz 109f., 113, 117ff., 125, 132, 134f., 138, 140f., 143ff., 148ff., 155, 157, 168f., 172f.
Boukstein, Maurice 7, 37, 53, 99
Brandt, Willy 73, 201
Braunschvig, Jules 82, 87, 96
Brentano, Heinrich von 205
Bronfman, Samuel 82
Brotman, Adolph 21
Byroade, Henry 63f.

Chapin, Selden 137
Charpentier 64
Churchill, Winston 109, 139
Clay, Lucius 43f., 46
Cohen, Morris R. 22

Dalton, Hugh 139
Dam, Hendrik van 49ff., 99
d'Avigdor-Goldsmid, Henry 82
Dehler, Thomas 194

Easterman, Alexander 50ff., 56f., 99, 139
Eban, Abba 189
Eckelmann 110
Eckhardt, Felix von 173, 185
Eden, Anthony 109, 139, 149
Ehard, Hans 191
Ehlers, Hermann 77
El-Daouk, Ahmed 188
Emerson, Herbert 16, 22
Erhard, Ludwig 188, 200
Eschkol, Levi 79

Feinberg, Nathan 25
Felsch 110
Ferencz, Benjamin 7, 89f., 99, 137f., 172, 199
Fischer, Maurice 75
François-Poncet, André 138
Frankenstein 33
Friedman, Tuvya 201
Frowein, Abraham 110ff., 145, 150, 173
Funke, Otto 199

de Gaspari, Alcide 109
Gerstenmaier, Eugen 193
Goldman, Frank 82, 87, 96
Goldmann, Nahum 11, 22, 53, 76, 78ff., 82ff., 88, 96, 98, 100, 102ff., 113, 119, 140, 142, 144ff., 150f., 155, 157, 172, 182, 184, 189, 195, 199ff., 210f., 215, 217, 243, 246
Goldschmidt, Fritz 99, 121
Goldstein, Israel 82, 87, 96
Grüber, Heinrich 73

Hallstein, Walter 74 102f., 117, 137f., 149f., 152, 173, 188f., 191
Harman, Avraham 7
Harriman, Averell 64
Held, Adolph 82, 87, 96, 160
Hellwege, Heinrich 194
Henderson, William 50ff., 56f., 64
Herwarth, Hans-Heinrich von 173

Heuss, Theodor 76, 194
Hitler, Adolf 126, 184
Hoffman, Michael 136
Hoofien, Siegfried 33
Horowitz, David 60, 63 ff., 74 f., 136

Israel, Wilfried 21
Istvrik, Leo 33
Jacobson, Jerome 99, 110 ff.
Jacobson, Jerry 136
Janner, Barnett 82, 87, 96
Joseph, Bernard (Dov) 31, 33 f., 36
Josephtal, Giora 95, 116, 119, 121, 136, 139, 146 ff., 153, 172, 189
Kagan, Saul 7, 82, 121, 131
Kaplan, Elieser 33, 49, 79
Kelman, Rudolf 82
Kennen, Isaiah 38
Keren, Mosche 102, 104, 112, 143
Kirkpatrick, Ivone 59, 138
Kohn, Leo 60
Kreisky, Bruno 217
Küster, Otto 109 f., 117 ff., 126 f., 132, 135, 138, 144 f., 153
Küstermeier, Rudolf 73

Lach, Richard 99, 121
Landauer, Georg 33, 53, 79, 100
Laor (Lichtenstein), Daniel 108
Leavitt, Moses 37, 82, 99, 114, 116, 119 ff., 125, 128, 131 f., 134, 155, 157, 160, 162, 168, 172
Lenz, Hans 109
Lewin, Isaak 82
Lewin, Kurt 110
Lewis, Geoffrey 196
Linder, Harold 41
Livneh, E. K. 75, 78, 189
Lloyd, Selwyn 139
Löbe, Paul 77
Lourie, Arthur 194
Ludwig 121, 131
Lüth, Erich 73

MacNeil, Hector 139
Marx, Karl 70
Mass, Hermann 73
McCloy, John 43, 59, 77, 105, 118, 137 ff., 196
Meyer, W. 145
Morgenthau, Henry 17

Moses, Siegfried 24 ff., 31, 36, 42, 100
Murphy, Robert 99

Nathan, Eli 95

O'Sullivan, D. N. 57

Parodi, Alexander 64
Polier, Shad 82

Raab, Julius 212 f., 215
Riesser, Hans 194
Robinson, Jacob 7, 22, 31, 40, 95 f.
Robinson, Nehemiah 7, 28, 30 f., 34, 37 f., 42, 44, 99 f., 121, 195, 212
Röpke, Wilhelm 145
Rubin, Seymour 99, 136 f.

Sacher, Harry 33
Schacht, Hjalmar 187
Schäffer, Fritz 86, 98, 117, 152, 154, 194, 196, 202
Scharett, Mosche 60, 62, 79, 95, 98 f., 142, 149, 172 f., 176, 182 f., 189, 204, 234 f.
Schmid, Carlo 72 f., 143, 193
Schmidt, Helmut 202
Schreiber, Zwi 23 f.
Schumacher, Kurt 60 f., 143
Schwartz, Joseph 53
Schwartz, L. 21
Shinnar, Elieser 75, 79, 95, 116 f., 121, 140, 142 f., 145 f., 147, 149 ff., 170, 172 f., 176 f., 189, 191, 203 ff.
Shmorak, Elieser 33
Singer, Paul 33
Sobek, Franz 216
Spreti, Graf von 193
Stein, Leonard 21
Strauß, Franz Josef 187, 194

Treutzschler, von 153, 170
Truman, Harry 139

Uruler, Mark 7

Weizmann, Chaim 21, 27, 36 f.
Warburg, Max 21
Westrick, Ludger 189
Wolf, Bernard 110, 143
Wolfsberg, Oscar 31

Yahil, Chaim 72, 198, 204

Yitzhak Navon
Die sechs Tage und die sieben Tore

Mit zwölf ganzseitigen Bildtafeln. Text zweisprachig, deutsch und hebräisch

Zukunft, Legende und Gegenwart – dichterisch und seherisch ineinander verwoben – sind das Faszinosum, Jerusalem ist das Thema des Buches »Die sechs Tage und die sieben Tore«: Im Juni 1967 brach Krieg aus. Für das Volk von Israel, für die Enkelkinder König Davids, nahte die Erfüllung des alten Traumes, in die Ewige Hauptstadt zurückzukehren. Doch durch welches Tor sollten sie gehen?

Nun sind die Tore Jerusalems, in den Zeiten König Salomons, Nehemiahs in der Mauer erbaut, auch Tore für zahlreiche Legenden und symbolkräftige Geschichten, die auch den geistigen Einfluß der Tore auf die Seele des Gläubigen widerspiegeln. Über den Vers im Hohen Lied (6,8) »Sechzig Königinnen sind es und achtzig Nebenfrauen und Jungfrauen ohne Zahl« sagt die jüdische Legende: die achtzig Nebenfrauen sind die achtzig Torah-Schulen in Jerusalem, eine für jedes Tor. Heute sind es erheblich weniger Tore, aber von einer Schönheit und Faszination wie eh und je.

In seinem Buch läßt Yitzhak Navon jedes Tor mit einem Plädoyer vor Gott treten, warum die Soldaten gerade durch dieses in die Heilige Stadt kommen sollten. Das eine Tor, weil es schön, das andere, weil es wichtig ist – und so hatte jedes Tor seine Argumente, und es fiel dem Himmlischen Gerichtshof schwer, eine Entscheidung zu treffen.

Zur gleichen Zeit ging der blutige Kampf um die Stadt weiter. Als das letzte Tor gefragt wurde, weigerte es sich zu antworten. Egal, durch welches Tor die Soldaten kommen würden – die Hauptsache war ihm, daß das Blutbad aufhörte und Jerusalem befreit würde.

Und wie sich Salomon entschloß, das Kind der Frau zu geben, die sagte: »Ich möchte kein halbes Kind und bin bereit, es der anderen zu überlassen, damit das Kind lebt«, entschied sich das Himmlische Gericht für das Tor, das nicht auf seinen eigenen Ruhm bedacht war, sondern auf das Leben der jungen Soldaten. Und als diese, fallend wie brennende Fackeln, sich hineinretten nach Jerusalem, ist das Wunder geschehen, das der Prophet Hiob in die Worte faßt: »In Deinem Blute sollst Du ewig leben.« – Das Wunder erfüllte sich in dem Krieg, der als »Sechs-Tage-Krieg« in die Geschichte eingegangen ist. Daher der Titel des Buches »Die sechs Tage und die sieben Tore«.

Seewald Verlag

Rolf Vogel (Hrsg.)
Das Echo

Widerhall auf Simon Wiesenthal

Main-Echo: »Der sicher erfolgreichste Jäger von NS-Tätern ist der streitbare Simon Wiesenthal, dem es u. a. gelang, Eichmann ausfindig zu machen und nach Israel vor Gericht zu bringen. In einem Interview und einem Vortrag gab er Auskunft über seine Motive und seine Handlungsweise. Beide Dokumente und das Echo, das sie auslösten, stellte Rolf Vogel zu dem Band ›Das Echo‹ zusammen. Das Buch kann einiges zur Erhellung der nicht immer recht verstandenen Person Wiesenthals beitragen – aber kontrovers werden die Meinungen über ihn auch weiterhin bleiben.«

Deutschland-Berichte: »Es ist nicht das geringste Verdienst Simon Wiesenthals, des Leiters des Jüdischen Dokumentationszentrums in Wien, daß sich an seiner Gestalt die prinzipiellen Positionen innerhalb der Bewältigungsproblematik der nationalsozialistischen Vergangenheit in einer Klarheit scheiden, ohne die auch die jüngste Debatte über die Verjährungsfristen für Mord nicht auf ihrem hohen Niveau hätte stattfinden können. So ist es nur zu begrüßen, daß im Mittelpunkt der Publikation ein Bonner Vortrag Wiesenthals steht, mit dem dieser im Januar 1979 noch einmal eine ebenso kompetente wie erfahrungsgesättigte Zusammenfassung aller zwingenden Gründe für eine Aufhebung der Verjährungsfristen für Mord bot. Darüber hinaus enthält dieser Band den Text einer im März 1978 erfolgten Sendung des Zweiten Deutschen Fernsehens über Person und Anliegen Simon Wiesenthals, ein Gespräch des Herausgebers mit dem Redakteur dieser Sendung, eine repräsentative Auswahl aus dem Hörer- und Presseecho auf diese Sendung sowie ein Nachwort des Leiters der Ludwigsburger Zentralstelle für die Verfolgung nationalsozialistischer Gewaltverbrechen, Adalbert Rückerl, und schließlich das Protokoll der 166. Sitzung des Deutschen Bundestages vom 3. Juli 1979, in der über die Verjährung von Mord debattiert und die Aufhebung der Verjährungsfristen beschlossen wurde.
   Dieser Band stellt zugleich auch ein erstrangiges zeitgeschichtliches Dokument über einen der signifikantesten Problemkomplexe der jungen Geschichte der Bundesrepublik Deutschland dar.«

Seewald Verlag

Yehoshafat Harkabi
Das palästinensische Manifest
und seine Bedeutung

»Harkabi war früher Leiter der Spionageabwehr der isrealischen Streitkräfte im Rang eines Generalmajors und ist nun Professor an der Hebräischen Universität in Jerusalem. Er gilt als profunder Kenner der Palästinensischen Befreiungsorganisation. Sein Buch macht deutlich, wo das Haupthindernis für den Frieden liegt« (ORF, Wien).

Professor Harkabi galt in der Vergangenheit als israelischer Falke, d. h. als jemand, der ebenso wie die PLO die harte, unnachgiebige Linie bevorzugt. Vor ganz kurzer Zeit hat jedoch ein Interview der New York Daily Tribune mit ihm eine Einstellung erkennen lassen, die selbst Yassir Arafat, der anschließend befragt wurde, als positiv und sehr ›bemerkenswert‹ bezeichnete« (Integral, Wien).

»Alles in allem: Das mit viel verlegerischem Engagement und Mut gerade jetzt herausgebrachte Buch ist ein außerordentlich wichtiges Dokument, ein Stück nahöstlicher Zeitgeschichte« (Die Welt).

»Allen am Nahostkonflikt Interessierten kann diese brillante Analyse eines der arabischen Schlüsseldokumente nur als Pflichtlektüre empfohlen werden« (deutschland-berichte).

»Pflichtlektüre für alle am Nahostkonflikt Interessierten« (Basisdienst und Mitteilungsblatt für öffentliche Bibliotheken).

Yehoshafat Harkabi
Palästina und Israel

»General Harkabi, einer der bedeutendsten israelischen Spezialisten für arabische Fragen und ehemaliger Chef des israelischen Geheimdienstes, legt in diesem Buch eine Analyse des israelisch-palästinensisch-arabischen Konfliktes von seinen Urgründen bis zum heutigen Tage vor. Er bietet nicht nur eine komprimierte und ausgezeichnete Sachinformation, sondern darüber hinaus – sicher nicht immer nur zur Freude der Landsleute des Autors – Anregungen für die Realisierung eines für alle Seiten annehmbaren Friedens« (Asien-Bibliographie).

Seewald Verlag